Geschichte 1

kurz & klar

von

Albrecht Sellen

 Auer Verlag GmbH

Gedruckt auf umweltbewußt gefertigtem, chlorfrei gebleichtem und alterungsbeständigem Papier.

2. Auflage. 1999
© by Auer Verlag GmbH, Donauwörth
Alle Rechte vorbehalten
Abbildungen: Karl Friedrich
Gesamtherstellung: Ludwig Auer GmbH, Donauwörth
ISBN 3-403-02511-X

Inhaltsverzeichnis

Die frühe Neuzeit

Das Zeitalter des Absolutismus

Die Aufklärung

Die Amerikanische Revolution

Register

Geschichte

Was ist Geschichte?

Das Wort *Geschichte* ist nicht so eindeutig, wie es auf den ersten Blick scheinen mag. Es geht auf das mittelhochdeutsche Substantiv *geschiht* zurück, das von dem Verb *geschehen* abgeleitet ist, bezeichnet ursprünglich das einmalige Ereignis, dann das vergangene Geschehen insgesamt.

Bei näherem Hinsehen erweist sich diese Erklärung jedoch als unbefriedigend. Wenn zum Beispiel ein aktuelles politisches Geschehen als »historisches« Ereignis charakterisiert wird, bezieht sich das Wort auf die Gegenwart. Es meint hier ein außergewöhnliches Ereignis, das aus dem Rahmen des Üblichen herausfällt und wahrscheinlich Weichen für die Zukunft stellt.

Andere Formulierungen – »Das wird die Geschichte erweisen«, »Das wird Geschichte machen« oder »Er wird sich vor der Geschichte verantworten müssen« – sprechen von ihr als etwas Zukünftigem und weisen ihr gar die Rolle einer moralischen Instanz zu.

Daneben wird das Wort aber auch im Sinne von »Erzählung«, »Darstellung« verwendet (»eine Geschichte erzählen«, »eine wahre Geschichte« usw.). Diese Bedeutung weist darauf hin, daß Geschichte sprachlich vermittelt wird und erst durch die zusammenfassende und ordnende Darstellung faßbar wird. Geschichte in diesem Sinne meint also nicht die Vergangenheit selbst, sondern ihre Darstellung. Um Verwechslungen zu vermeiden, wird Geschichte in dieser Bedeutung vielfach als *Historie* (vgl. Historiker) bezeichnet.

Zusammenfassend ergeben sich also zwei grundsätzliche Definitionen von Geschichte:

- als Objekt, d. h. als vergangenes, gleichwohl in die Gegenwart reichendes und die Zukunft bestimmendes Geschehen (realer oder materialer Geschichtsbegriff)
- als Darstellung des Objekts, als wissenschaftliche Erforschung und Beschreibung des vergangenen Geschehens (Historie, theoretischer oder formaler Geschichtsbegriff)

Objekt der Geschichte kann nun aber keineswegs alles sein, was je geschehen ist. Im Unterschied etwa zur Natur– und Erdgeschichte (Geologie) befaßt sich die Historie nur mit solchen Erscheinungen, die von Menschen gestaltet worden sind und ihr Leben geprägt haben. Geschichte ist also die »Wissenschaft von den Menschen in der Zeit« (Marc Bloch); sie »umfaßt menschliches Tun und Leiden in der Vergangenheit« (Karl Georg Faber).

Nun ist aber bei weitem nicht alles, was Menschen tun, für die Historie bedeutend (geschichtsrelevant). Eine wichtige Aufgabe des Historikers ist es deshalb, eine Auswahl zu treffen: Er muß sich auf die Darstellung solcher Handlungen beschränken, die entweder für eine bestimmte Zeit *typisch* gewesen sind oder aber zu *Veränderungen* geführt haben, die der Geschichte eine neue Richtung gewiesen haben.

Historie kann sich dabei nicht auf die eigene Vergangenheit beschränken, sondern muß die der Nachbarvölker, ja die Weltgeschichte überhaupt einbeziehen. Zum einen sind die Geschichten der europäischen und außereuropäischen Staaten so eng miteinander verknüpft, daß eine isolierte Betrachtung gar nicht möglich wäre. Zum anderen öffnet gerade der Vergleich mit anderen Staaten und Kulturen erst den Blick für das Spezifische der eigenen Geschichte.

Neben der sogenannten *allgemeinen Geschichte*, um die es in den vorliegenden zwei Bänden der Reihe »kurz und klar« geht, gibt es zahlreiche Teildisziplinen, die besondere Aspekte in den Mittelpunkt rücken, zum Beispiel *Kirchen-, Kunst-, Wirtschafts-, Regionalgeschichte* usw. Die Behandlung der jüngsten Geschichte ist in den Schulen vielfach ein Thema der *Sozialkunde* bzw. des *politischen Unterrichts*.

Methoden der Geschichtswissenschaft

Im Unterschied zum Naturwissenschaftler, der im Experiment beliebig oft Versuche unter gleichen Bedingungen durchführen kann, hat der Historiker es mit vergangenen, einmaligen und unwiederholbaren Ereignissen zu tun. Geschichte ist also gewissermaßen die »Wissenschaft von einem nicht mehr vorhandenen Gegenstande« (Kirn).

Um diesen Gegenstand zu untersuchen, ist der Historiker deshalb – nicht unähnlich dem Kriminologen – auf die *Spuren* angewiesen, die das Ereignis hinterlassen hat, die sogenannten **Quellen.**

Unter einer Quelle versteht man dabei alles, was bei richtiger Befragung Auskunft über die Vergangenheit geben kann, von der Tonscherbe und dem Knochenfund bis zu Verträgen und Tagebüchern. Dabei wird unterschieden zwischen *Überresten* und *Traditionen:*

- Überreste sind Quellen, die unmittelbar von den Begebenheiten übriggeblieben, d. h. nicht absichtlich überliefert worden sind. Dazu zählen etwa archäologische Funde (Sachüberreste), Verträge, Urkunden, Rechnungsbücher (schriftliche Überreste) sowie überlieferte Institutionen, Gewohnheiten und Gebräuche (abstrakte Überreste). Sie zählen, da für den jeweiligen Moment und ohne Blick auf die Nachwelt entstanden, zu den objektivsten Geschichtszeugnissen.

● Als Traditionen bezeichnet man solche Zeugnisse, die für die Nachwelt überliefert sind, also Annalen, Chroniken, Geschichtsdarstellungen jeder Art. Hier ist zu berücksichtigen, daß es sich um Quellen »aus zweiter Hand« handelt, die Geschichte bewußt vermitteln wollen und deshalb oft nicht frei von subjektiven Elementen sind. So kann es z. B. die Intention (Absicht) des Verfassers sein, bestimmte Ereignisse oder Personen zu verherrlichen, abzuwerten usw.

Die **Quellenkritik** ist deshalb eine grundlegende Aufgabe des Historikers. Es geht dabei zum einen um die Überprüfung der *Echtheit* einer Quelle, zum anderen um die Überprüfung ihres *Aussagewertes.*

Dabei verwendet die Geschichtswissenschaft zum Teil naturwissenschaftliche Methoden (z. B. die chemische Untersuchung des Materials); hauptsächlich aber ist sie auf den Vergleich angewiesen (komparative Methode). Schriftstücke derselben Kanzlei etwa weisen bestimmte gemeinsame Merkmale auf (Schriftart, Beschreibstoff, Stil usw.); Abweichungen von diesen Merkmalen deuten auf Fälschungen hin.

Zur quellenkritischen Untersuchung des überlieferten Materials hat die Geschichtswissenschaft seit dem 16./17. Jahrhundert eine Fülle von Spezialdisziplinen entwickelt, die sogenannten *historischen Hilfswissenschaften.* Dazu zählen etwa:

● Diplomatik (Urkundenlehre)
● Paläographie (Lehre von der Schriftentwicklung)
● Numismatik (Münzkunde)
● Sphragistik (Siegelkunde)
● Heraldik (Wappenkunde)
● Genealogie (Geschlechterkunde, Ahnenforschung)
● Chronologie (Lehre von der Zeitrechnung)

Die Hilfswissenschaften bilden das eigentliche Fundament für jede wissenschaftliche Beschäftigung mit der Geschichte – eine Tatsache, der im Geschichtsunterricht der Schulen leider kaum Rechnung getragen werden kann. Die in den Schulbüchern in sauberer Druckschrift und bereits in deutscher Übersetzung dargebotenen Quellen lassen von der Mühe des Quellenstudiums – des Entzifferns, Übersetzens und Überprüfens der Echtheit – kaum etwas ahnen.

Bei all diesen quellenkritischen Untersuchungen gilt natürlich die Grundregel, daß die wissenschaftliche Exaktheit um so größer ist, je breiter das Angebot an vergleichbaren Quellen ist. Je dünner die Überlieferung ist, um so unsicherer und lückenhafter muß die Rekonstruktion bleiben.

Ein besonderes Problem ist auch die Frage des *historischen Interesses,* das von der jeweiligen Gegenwart des Historikers abhängig ist. Da der Historiker selbst immer ein Kind seiner Zeit ist, sein Standpunkt also selbst historisch ist, unterliegen auch seine Fragestellungen einem geschichtlichen Wandel. Sie sind zumindest teilweise durch die jeweilige Gegenwart und deren spezifische Probleme motiviert. Ohne daß dadurch frühere Forschungsergebnisse aufgehoben würden, treten doch jeweils neue Aspekte und Fragestellungen hinzu, die das bisherige Geschichtsbild ergänzen und relativieren. Auch die Tatsache, daß der Geschichte ja mit jedem Tag neue Geschichte »zuwächst«, verändert ihr Bild. So erscheint etwa das 1917 mit der Oktoberrevolution begonnene Experiment einer kommunistischen Sowjetunion nach dem Zerfall der UdSSR 1991 (siehe Band 2, S. 149) in einem ganz anderen Licht. Von daher ist Geschichtswissenschaft also nie abgeschlossen. Sie muß vielmehr immer neu zwischen der eigenen und der vergangenen Zeit vermitteln.

Periodisierung der Geschichte

»Geschichte ist nicht nur das Gewordene, sondern auch das Werdende« (Faber). Sie umfaßt also einerseits die Vergangenheit – über eine Million Jahre –, ist andererseits aber auch ein in die Zukunft offener Prozeß. Das Bild vom *Strom der Geschichte,* der in einer fernen Zeit seinen Ursprung hat und in eine ungewisse Zukunft fließt, macht diesen Prozeßcharakter deutlich.

Eine grundlegende Voraussetzung aller Geschichtswissenschaft ist es deshalb, dieses Kontinuum der Geschichte überschaubar zu machen, also gewissermaßen Orientierungspunkte zu setzen und Maßeinheiten zu finden, die eine Einordnung der Ereignisse und Entwicklungen ermöglichen.

Die Tatsache, daß wir heute in Jahren vor und nach Christi Geburt zählen und von alter, mittlerer und neuer Geschichte sprechen, ist dabei keineswegs selbstverständlich, vielmehr selbst historisch bedingt.

Für unsere heutige Zeitrechnung ist der nach Julius Cäsar benannte *Julianische Kalender* von entscheidender Bedeutung. Er legt das Sonnenjahr schon annähernd präzise auf 365,25 Tage fest und teilt das Jahr in zwölf Monate (s. Seite 55). Die geringfügige

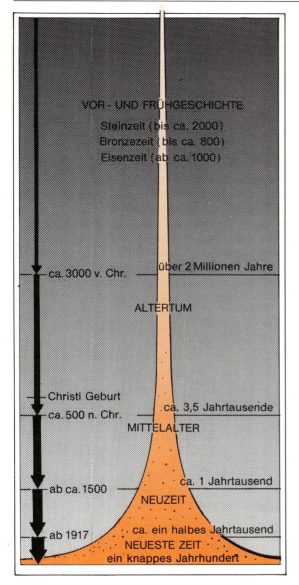

VOR- UND FRÜHGESCHICHTE

Steinzeit (bis ca. 2000)
Bronzezeit (bis ca. 800)
Eisenzeit (ab ca. 1000)

ca. 3000 v. Chr. ——— über 2 Millionen Jahre

ALTERTUM

Christi Geburt
ca. 500 n. Chr. ——— ca. 3,5 Jahrtausende

MITTELALTER

ab ca. 1500 ——— ca. 1 Jahrtausend

NEUZEIT

ab 1917 ——— ca. ein halbes Jahrtausend

NEUESTE ZEIT
ein knappes Jahrhundert

Berechnung allgemein anerkannt wird. Die Wahl eines solchen Fixpunktes ist im Grunde willkürlich. Da nun aber die europäische Geschichte seit dem 4./5. Jahrhundert in starkem Maße kulturell-religiös vom Christentum geprägt wird, setzt sich hier seit dem 10./11. Jahrhundert die Zählung *nach Christi Geburt* (n. Chr.) durch. Diese Zählung, obwohl also selbst historisch bedingt, hat sich seither etabliert und ist (auch für Nichtchristen) zur Selbstverständlichkeit geworden.

Relativ spät, erst im 17./18. Jahrhundert, wird auch die Rückwärtszählung *(vor Christi Geburt, v. Chr.)* üblich, nachdem alle Versuche, ein sicheres Anfangsdatum für die Schöpfung zu errechnen, ad absurdum geführt worden sind. Diese neue Zählweise eröffnet die Möglichkeit, nun auch den Raum der Vor- und Frühgeschichte gewissermaßen ins Unendliche zu öffnen.

Eine ganz andere Problematik zeigt sich bei der Einteilung des geschichtlichen Kontinuums in *Epochen*[1]. Sie ist in der abendländischen Geschichtsschreibung lange Zeit durch die biblische Überlieferung geprägt, derzufolge die Geschichte mit der Schöpfung beginne und mit der Wiederkehr des Messias im Reich Gottes ende. Es gibt deshalb zahlreiche, natürlich höchst unterschiedliche und nach heutigem Verständnis höchst unwissenschaftliche Versuche, beide Daten zu »berechnen«. Eine wichtige Rolle spielt dabei die Lehre von den *vier Weltmonarchien,* der babylonischen, persischen, makedonischen und schließlich der römischen, an deren Ende auch das Ende der Geschichte zu erwarten sei. Das von Karl dem Großen begründete mittelalterliche Kaisertum (s. Seite 77) hat in dieser Geschichtsauffassung keinen eigenständigen Charakter. Es wird nur als Fortführung des römischen Kaisertums gesehen, das auf die Franken übertragen worden sei (translatio imperii).

Eine ähnliche Aufteilung bietet der Kirchenvater *Augustinus (354-430).* Er unterteilt die Geschichte, entsprechend den Schöpfungstagen, in sechs Weltzeitalter. Mit dem Ablauf des sechsten, das mit der Geburt Christi begonnen habe, finde die Geschichte ihr Ende im Reich Gottes.

Wichtig an diesen biblisch-christlichen Periodisierungen ist die Tatsache, daß sie von einem bald zu erwartenden Ende der Geschichte ausgehen. Die Vorstellung, in einer Endzeit zu leben, prägt das Geschichtsbewußtsein der Menschen während des gesamten Mittelalters bis weit in die frühe Neuzeit, noch über Luther hinaus, und wird erst vom Humanismus und der beginnenden Aufklärung überwunden.

Abweichung von der tatsächlichen Dauer des Sonnenjahres (365,2422 Tage) veranlaßt Papst Gregor XIII. zu einer weiteren Kalenderreform *(Gregorianischer Kalender,* 1582). Der zur Korrektur des bisherigen Kalenders notwendige Zeitsprung vom 4. auf den 15. Oktober 1582 wird allerdings von nicht-katholischen Ländern anfangs nicht mitgetragen, so daß es bis ins 20. Jahrhundert zu Doppeldatierungen kommt. Die russische Oktoberrevolution 1917 zum Beispiel wäre nach dem Gregorianischen Kalender auf den November zu datieren.

Die Zählung nach Jahren ist aber erst sinnvoll, wenn ein Fixpunkt gesetzt wird, der als Grunddatum der

---

1 *Epoche* (griech. = Wende-, Haltepunkt): bedeutender Zeitabschnitt der Geschichte.

Im 16./17. Jahrhundert setzt sich dann auch folgerichtig die neue, gewissermaßen verweltlichte Periodisierung in *Antike, Mittelalter* und *Neuzeit* durch. Sie wird durch das entsprechend gegliederte Geschichtswerk des Gymnasialprofessors *Christoph Cellarius* Ende des 17. Jahrhunderts allgemein verbreitet und ist bis heute üblich. Diese Dreiteilung ist jedoch ein typisches Kind des sogenannten Renaissancehumanismus (s. Seite 113), dem die Jahrhunderte zwischen der eigenen Zeit und der bewunderten Antike eben nur als eine finstere Zwischenphase erscheinen (s. Seite 70).

Obwohl unbestreitbar ist, daß sich um 1500 welthistorisch bedeutsame Wandlungen vollziehen – vor allem durch den Buchdruck (ca. 1445), die Entdeckung Amerikas (1492) und die Reformation (ab 1517) –, kann die humanistische Periodisierung aus heutiger Sicht nicht mehr voll befriedigen. Abgesehen davon, daß sie natürlich von Anfang an nur die europäische Perspektive widerspiegelt, ist sie mittlerweile auch durch die historischen Ereignisse selbst überholt worden. So bieten sich heute, je nach Betrachtungsschwerpunkt, zwei Alternativen für den Beginn der Neuzeit an:

- Für die politische Geschichte stellt die *Französische Revolution,* also das Jahr 1789, den wichtigsten Einschnitt dar. Alle späteren Entwicklungen in Europa, aber auch darüber hinaus, leben aus der Auseinandersetzung mit den damals erstmals klar formulierten Prinzipien des Nationalismus, Liberalismus und Sozialismus.

- Aus sozial- und wirtschaftsgeschichtlicher Sicht dagegen wird die Neuzeit durch die *Industrielle Revolution* (s. Bd. 2, Seite 37) eingeleitet – eine Tatsache, die durch den Vergleich der heutigen Lebensverhältnisse mit denen des 17./18. Jahrhunderts unmittelbar einleuchtet. Folgt man dieser Einteilung, so findet sich ein vergleichbarer früherer Einschnitt nur in der *neolithischen*[1] *Revolution,* dem Übergang der Menschheit vom Jäger- und Sammlerleben zur bäuerlichen Seßhaftigkeit.

Die skizzierten Beispiele – sie ließen sich vermehren – zeigen, daß der »Strom der Geschichte« schon seiner Natur nach nicht in klar zu trennende Abschnitte zu unterteilen ist. Die verschiedenen historischen Prozesse überschneiden sich vielmehr in vielfältiger Weise, fließen ineinander über und lassen sich nicht in Schubladen mit festen Etikettierungen einordnen. Dennoch bleiben solche Periodisierungen zur Orientierung unerläßlich; allerdings muß man sich ihrer Relativität bewußt sein.

Wozu Historie?

Die Frage nach dem Sinn der Geschichtswissenschaft wird immer wieder gestellt und muß auch in Zukunft immer neu diskutiert werden. Die Antworten hängen nicht zuletzt vom jeweiligen Geschichtsbild, vom geschichtsphilosophischen Standpunkt des Betrachters ab und sind insofern teilweise selbst historisch. Wer etwa in der Geschichte eine gesetzmäßi-

---

[1] *Neolithikum* (griech.): Jungsteinzeit.

	7000	5000	3000	1000	500	vor Christus 0
Sechs Weltzeitalter (Augustinus)			Weltschöpfung / Sintflut	Abraham / David	586 / babylonische Gefangenschaft	
Vier Weltmonarchien (bis 16./17. Jahrhundert)			2000 / assyrisch-babylonisches Reich		600 / medisch-persisches Reich	300 / griechisch-makedonisches Reich / 27
Humanistische Periodisierung (ab 17. Jahrhundert)			3000 / Altertum			
Modifizierung der humanistischen Periodisierung	Vor- und Frühgeschichte		3000 / Altertum			
Wirtschafts- und sozialgeschichtliche Periodisierung	7000 / neolithische Revolution		3000			

ge Zielgerichtetheit sehen will (wie etwa mittelalterlich-christliche Denker oder der Marxismus), wird andere Antworten finden als jemand, der dies nicht tut und Geschichte etwa als einen nach vorne offenen Prozeß begreift. – Ohne auf solche Unterschiede im einzelnen einzugehen, lassen sich einige allgemein anerkannte Argumente nennen, die Notwendigkeit und Sinn der Geschichtswissenschaft belegen:

● Es gehört zu den grundlegenden Bedürfnissen des Menschen als eines geistigen Wesens, sich über seine Vergangenheit klarzuwerden. Er will wissen, woher er kommt und was vor ihm gewesen ist. *Geschichtsbewußtsein* ist also im Grunde »Gegenwartsbewußtsein in historischer Perspektive« (Faber).

● Ohne Kenntnis der Geschichte läßt sich die Gegenwart nicht verstehen. Geschichte ist zwar das vergangene Geschehen, aber sie ist nicht abgeschlossen. Sie ragt stets in die Gegenwart hinein, die sich ihrerseits täglich in Geschichte verwandelt. Insofern ist sie immer »Bestandteil unserer Gegenwart« und »Bedingung unserer Existenz« (Faber).

● Die Auseinandersetzung mit dem Handeln, Denken und Verhalten der Menschen in der Vergangenheit bietet eine Fülle von Vergleichsmöglichkeiten, an denen sich das eigene und das Tun und Denken der Mitmenschen messen läßt. Geschichte trägt insofern zur Persönlichkeitsbildung bei, indem sie zu besserer Menschenkenntnis,

besserem Selbstverständnis und damit zu einem bewußteren Leben verhilft.

● Die Analyse der Bedingungen (politisch, wirtschaftlich, kulturell), die das Handeln und Denken der Menschen in der Vergangenheit bestimmt haben, ermöglicht die Einsicht in die Relativität des eigenen Denkens und Tuns. Sie verschafft Distanz zur eigenen, ebenfalls historisch bedingten Position und befähigt dadurch zur Toleranz gegenüber Mitgliedern anderer Völker und Kulturen.

● Damit immunisiert sie zugleich gegen intolerante, *einen* Standpunkt verabsolutierende Ideologien (wie Nationalismus, Rassismus usw.) und liefert Argumente für die Auseinandersetzung mit solchen Tendenzen. Ein fundiertes Geschichtsbewußtsein ist eine wesentliche Voraussetzung jeder Ideologiekritik.

● Der Rekurs auf historische Ereignisse trägt auch zu einem bewußteren politischen Handeln in der Gegenwart bei. Zwar lassen sich aus der Geschichte keine »Rezepte« ableiten, da Wiederholungen nicht möglich sind; aber die Einsicht in historische Parallelen und Gesetzmäßigkeiten kann doch das Bewußtsein für die aktuelle Situation schärfen und eine Hilfe für politische Entscheidungen bieten. Von daher erklärt es sich, daß historische Vergleiche und Bezüge in der politischen Diskussion eine wichtige Rolle spielen und eine *kompetente* politische Meinungsbildung ohne den steten Rückgriff auf die Geschichte schlechterdings unmöglich ist.

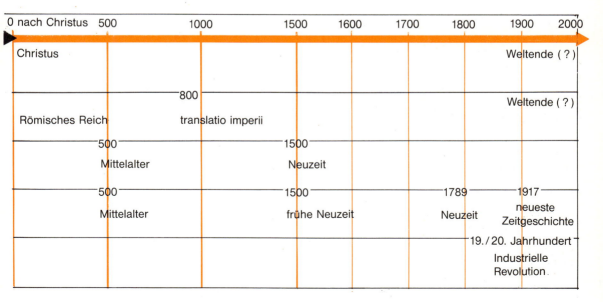

Griechische Geschichte

Überblick

- Die *frühgriechische Zeit* (Bronzezeit) ist nur durch Ausgrabungsfunde und die mythologische Überlieferung rekonstruierbar. Die führende Rolle spielt lange Zeit *Kreta*. Mit der Einwanderung der indoeuropäischen Protogriechen entstehen neue Machtzentren, allen voran *Mykene,* das um 1425 v. Chr. die kretische Vorherrschaft ablöst. In diese frühgriechische Zeit fällt auch der sagenhafte *Trojanische Krieg.*

- Die eigentliche griechische Geschichte wird eingeleitet durch die sog. *Dorische Wanderung.* In der Zeit von ca. 1200 bis ca. 800 v. Chr., dem Dunklen Zeitalter, bildet sich die griechische Welt mit einer Vielzahl unabhängiger Stadtstaaten (Poleis) heraus.

- Der politische Partikularismus[1] wird überdeckt durch eine gemeinsame hellenische Kultur (Religion, Schrift, Sprache, Mythologie).

- Wirtschaftliche Probleme (Landmangel, Mißernten) sind Hauptursache der **griechischen Kolonisation** (ca. 750 – 550), die zur Hellenisierung des Mittelmeerraumes und der Küsten des Schwarzen Meeres führt.

- Die wirtschaftlichen Probleme führen zu schweren sozialen Krisen, die in (fast) allen Poleis innenpolitische Reformen erzwingen. Nach einer Phase der Alleinherrschaft (»ältere Tyrannis«) wird die aristokratische Herrschaft durch mehr oder weniger demokratische Verfassungen abgelöst (in Athen durch Kleisthenes, 509/07).

- Die **Perserkriege** (492-479/448), ausgelöst durch den Ionischen Aufstand der Griechen Kleinasiens, zwingen die einzelnen Poleis erstmals zu einem Zusammenschluß. Trotz der Übermacht behaupten sich die Griechen unter Führung Athens und Spartas gegen die persische Bedrohung.

- Der überwältigende Erfolg der Perserkriege bewirkt einen enormen wirtschaftlichen und kulturellen Aufschwung, von dem vor allem Athen profitiert. Das 5. Jahrhundert wird zum *Klassischen Zeitalter* Athens. Unter **Perikles** erreicht die athenische Demokratie ihre vollste Ausprägung.

- Die Gründung des Attischen Seebundes führt zu wachsenden Spannungen mit dem Peloponnesischen Bund unter Führung Spartas. Der athenisch-spartanische *Dualismus* mündet in den **Peloponnesischen Krieg** (431-404), der sowohl die athenische wie die spartanische Hegemonialstellung erschüttert.

- Die Schwäche der griechischen Poleis ermöglicht im 4. Jahrhundert v. Chr. den Aufstieg des Königreichs *Makedonien* unter Philipp II. (359-336). In der Schlacht bei *Chaironeia* (338) erringt er die Hegemonie über Griechenland.

- Philipps Sohn, **Alexander der Große** (336-323), verwirklicht den schon von seinem Vater entworfenen Plan eines Feldzuges gegen das Perserreich. Nach der Eroberung von Persepolis (330) tritt Alexander die Nachfolge des persischen Großkönigs Dareios an und wird mehr und mehr zu einem Gottkönig orientalischen Gepräges.

- Nach Alexanders Tod (323) zerfällt das Reich in mehrere Nachfolgestaaten (Diadochenreiche). Kulturell bleiben sie jedoch durch die griechische Sprache, Philosophie, Wissenschaft und Kunst miteinander verbunden. Diese Epoche der »weltweiten« Dominanz des Griechentums wird als **Hellenismus** bezeichnet (ca. 330 – 30 v. Chr.).

- Die hellenistischen Staaten werden mit Beginn des 2. Jahrhunderts vom Imperialismus Roms erfaßt und werden zu römischen Provinzen.

Frühzeit

In der frühesten Phase – ab ca. 5000 v. Chr. – steht der griechische Raum fast ausschließlich unter dem Einfluß aus Vorderasien, wo sich der menschheitsgeschichtlich so bedeutsame Übergang vom Nomadentum zur Seßhaftigkeit, zu Ackerbau und Viehzucht zuerst vollzieht (sog. *neolithische Revolution*[2]) und wo sich in der Folgezeit die ersten *Hochkulturen* am Euphrat, Tigris und Nil bilden. Von hier finden die neuen Kulturtechniken Eingang in den ägäischen Raum. Man spricht von der *vorderasiatischen Kulturdrift.*

---

[1] (von lat. pars = Teil): Aufsplitterung in einzelne, unabhängige Teilherrschaften

[2] neolithische = jungsteinzeitliche Revolution; zu ihrer Bedeutung siehe auch Band 2, Seite 37

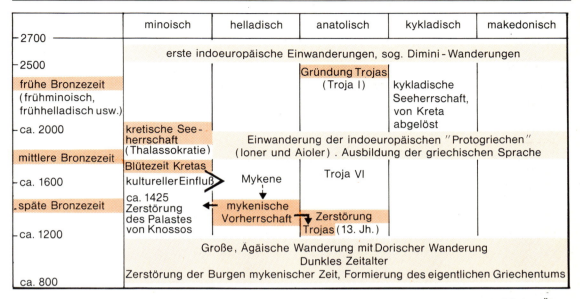

	minoisch	helladisch	anatolisch	kykladisch	makedonisch
–2700					
–2500	erste indoeuropäische Einwanderungen, sog. Dimini - Wanderungen				
frühe Bronzezeit (frühminoisch, frühhelladisch usw.)			Gründung Trojas (Troja I)	kykladische Seeherrschaft, von Kreta abgelöst	
–ca. 2000	kretische See- herrschaft (Thalassokratie)	Einwanderung der indoeuropäischen "Protogriechen" (Ioner und Aioler). Ausbildung der griechischen Sprache			
mittlere Bronzezeit	Blütezeit Kretas				
–ca. 1600	kultureller Einfluß ⟩ Mykene		Troja VI		
späte Bronzezeit	ca. 1425 Zerstörung des Palastes von Knossos ←	mykenische Vorherrschaft ➤	Zerstörung		
–ca. 1200			Trojas (13. Jh.)		
	Große, Ägäische Wanderung mit Dorischer Wanderung Dunkles Zeitalter				
–ca. 800	Zerstörung der Burgen mykenischer Zeit, Formierung des eigentlichen Griechentums				

Die Insel Kreta nimmt eine gewisse Sonderstellung ein. Hier werden auch ägyptische Einflüsse wirksam, so daß sich eine eigenständige Kultur entwickelt (Großbauten, Kuppelgräber, später Streitwagen und eine an die ägyptischen Hieroglyphen angelehnte Bilderschrift).

Im 3. Jahrtausend, etwa von 2700 bis 2500, kommt es zu ersten Einwanderungen indoeuropäischer[1] Völker (nach der von ihnen in Thessalien gegründeten Burg Dimini auch Dimini-Wanderung genannt). Mit ihr beginnt die Bronzezeit bzw. die frühgriechische Zeit (bis ca. 1200). Diese erste Einwanderungswelle ist noch schwach und hinterläßt wenig Spuren. Viel bedeutender ist der um 2000 einsetzende Einfall indoeuropäischer Scharen, der sog. *Protogriechen*[2] *(Ioner* und *Aioler).* Ihre Zahl ist so groß, daß sich auch ihre Sprache, ein frühes Griechisch, durchsetzt. Sie verschmelzen in der Folge mit den besiegten Vorbewohnern und begründen mächtige Herrschaften, vor allem *Mykene.* Ab dem 12. Jahrhundert wird die mykenische (oder achäische) Kultur durch eine große, von Norden kommende Einwanderungswelle aufgelöst bzw. umgestaltet. Über diese vier Jahrhunderte ist relativ wenig bekannt; sie werden deshalb vielfach als das *Dunkle Zeitalter* bezeichnet. In dieser Phase entstehen die Grundlagen der eigentlichen griechischen Geschichte, die ab dem

8. Jahrhundert mit dem Einsetzen schriftlicher Überlieferung auch deutlich greifbar wird.

In der frühgriechischen Zeit (Bronzezeit, ca. 2600 – 1200) lassen sich im ägäischen Raum fünf Kulturbereiche unterscheiden: der makedonische, der kykladische (Inselgruppe im südlichen ägäischen Meer), der anatolische (Kleinasien), der helladische (griech. Festland) und der minoische (Kreta, so genannt nach dem sagenhaften König Minos).

Auf Kreta entsteht die erste europäische Hochkultur, die sich in einem reichen Kunstgewerbe und in der Anlage prächtiger Paläste manifestiert. So viele Räume hat der Palast von Knossos, daß er in der Sage als Labyrinth weiterlebt, angeblich erbaut von *Dädalos,* der dann zusammen mit seinem Sohn *Ikaros* mit Hilfe selbstgefertigter Flügel aus Kreta flieht. Eine Ummauerung haben diese Paläste nicht, denn Kreta ist durch seine Insellage und die Vorherrschaft seiner Flotte hinreichend geschützt. Die Sage vom *Minotaurus,* dem jährlich vierzehn Jungfrauen geopfert werden müssen, bis er schließlich von *Theseus* erschlagen wird, erinnert an die minoische Hegemonie und läßt vermuten, daß die griechischen Städte den Kretern tributpflichtig waren.

Die festländische, helladische Kultur wird durch die Einwanderung der Protogriechen verändert. Die durch Verschmelzung indoeuropäischer Einwande-

---

[1]   Indoeuropäisch bzw. indogermanisch ist ein sprachwissenschaftlicher Begriff. Aufgrund des Vergleichs heutiger Sprachen und ihrer jeweiligen Entwicklung (altindisch: pitár, griech.: patér, lat.: pater, althochdeutsch: fater usw.) läßt sich eine Ursprache, ein gemeinsamer Stamm rekonstruieren, dessen Zweige vom Indischen bis zum Europäischen reichen (deshalb: indoeuropäisch). Die ursprüngliche Heimat des Indoeuropäischen war wohl das Gebiet nördlich des Schwarzen Meeres. Außer dem Finnischen und Ungarischen sind alle europäischen Sprachen indoeuropäisch.

[2]   (griech. protos = erster, vorderster): die frühesten, ersten Griechen.

rer und mittelhelladischer Bevölkerung entstehende neue Kultur begründet, unter minoischem Einfluß (Kuppelgräber, Streitwagen), mächtige Herrschaften in stark befestigten, kyklopischen[1] Burgen, deren Überreste noch heute einen imposanten Eindruck von der damaligen Macht vermitteln (Mykene, Tiryns, Ano Englianos: Palast des Pylos).

Die Herrscher von Mykene übernehmen die Führungsrolle und bereiten um 1400 der kretisch-minoischen Hegemonie ein gewaltsames Ende. An diese mykenische Zeit erinnern die Sagen um das Geschlecht der *Atriden,* also die Erzählungen um König *Atreus,* seinen Sohn *Agamemnon,* den Anführer der Griechen gegen Troja, und dessen Kinder *Orest* und *Iphigenie.*

Der bedeutendste Sagenkreis der griechischen Mythologie aber handelt von Troja bzw. Ilion. Nach *Homers* **Ilias** ist die Entführung Helenas durch den trojanischen Königssohn Paris Auslöser des zehnjährigen Trojanischen Krieges. *Helena* ist die Frau des Spartanerkönigs *Menelaos;* dessen Bruder *Agamemnon* ist Herrscher von Mykene. Unter seiner Leitung ziehen die Griechen (*Achill, Patroklos, Nestor,* die beiden *Ajax* u. a.) gegen Troja. Durch die List des *Odysseus* – das trojanische Pferd – gelingt schließlich die Eroberung der Stadt. *Aineas,* einer der Söhne des Königs *Priamos,* kann sich retten und nach Italien fliehen, wo er zum Stammvater der Römer wird. – Der geschichtliche Kern dieser Sage besteht darin, daß es Troja tatsächlich gegeben hat (Ausgrabungen Heinrich Schliemanns Ende 19. Jhd.). Die älteste Siedlung (Troja I) geht noch in die frühanatolische Zeit zurück. Sie wird mehrfach zerstört und wieder aufgebaut. In der mykenischen Zeit ist Troja (VI) eine stark befestigte, bedeutende Stadt mit weitreichenden Handelsbeziehungen. Durch ihre strategisch bedeutsame Lage am Eingang der Dardanellen kontrolliert sie den Zugang zum Schwarzen Meer. Es kann als sicher gelten, daß Troja in wirtschaftlicher Hinsicht eine Rivalin Mykenes gewesen und daß es auch zu kriegerischen Auseinandersetzungen gekommen ist. Der Trojanische Krieg dagegen ist nicht mit letzter Gewißheit zu belegen; die Zerstörung der Stadt im 13. Jahrhundert v. Chr. könnte auch auf ein Erdbeben zurückgehen. Das trojanische Pferd könnte als Symbol dieses Erdbebens erklärt werden; damals stellte man sich den Meeresgott *Poseidon,* verantwortlich auch für Erdbeben, in Gestalt eines wilden Rosses vor.

Um 1200 setzt die sog. *Große* oder *Ägäische Wanderung* ein. Indoeuropäische Völker dringen vom Norden in den ägäischen und vorderasiatischen Raum, erobern das Hethiterreich, Syrien, Zypern, die Küste Palästinas und begründen dort eigene Herrschaften. Sie zerstören auch Mykene, Tiryns und andere helladische Burgen.

Durch die große Einwanderungswelle geraten auch die Dorer in Bewegung (*Dorische Wanderung*). Die Dorer sind die im Norden und Nordwesten von Griechenland lebenden Stämme, die sich während der protogriechischen Einwanderungswelle um 2000 dort angesiedelt hatten, aber in ihren Bergregionen von der mykenischen Kulturentfaltung unberührt geblieben waren. Sie dringen nun von Norden ein und stoßen im Lauf der Zeit bis auf die Peloponnes vor. Die vordorische Bevölkerung gerät dabei in mehr oder weniger große Abhängigkeit (besonders in Sparta, s. Seite 15); zum Teil weicht sie auch auf die Inseln und die kleinasiatische Küste aus. Ergebnis dieser Wander- und Fluchtbewegungen ist die Aufteilung des ägäischen Raumes unter die drei großen Stämme der Dorer, Ioner und Aioler.

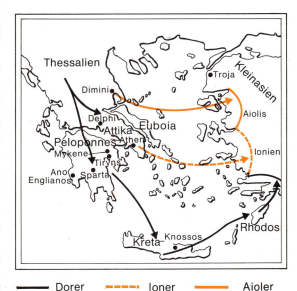

| | Dorer | ----- Ioner | Aioler |

---

[1] kyklopisch: Die Kyklopen (Zyklopen) (= griech.: die Rundäugigen) sind in der griechischen Sage ein Volk von Riesen mit einem Auge auf der Stirn; bekannt vor allem durch die Sagen um Odysseus, der den Zyklopen Polyphem blendet. Die sog. kyklopischen Mauern (v. a. in Tiryns) bestehen aus so großen Steinen, daß man sie für das Werk dieser Riesen hielt.

Die griechische Zeit

Die Polis

In der Zeit der Dorischen Wanderung formiert sich die eigentliche griechische, hellenische[1] Gesellschaft. Sie ist gekennzeichnet durch eine Vielzahl von **Poleis**[2], unabhängigen Stadtstaaten mit einem mehr oder weniger großen agrarischen Umfeld, die meist auf dem Boden ehemals mykenischer Anlagen entstehen. Die herrschende Schicht ist fast überall der Adel, die Aristokratie[3]. Nur in Epirus und Makedonien bleibt das ursprüngliche Königtum erhalten.

Der wesentliche Grund für die Aufgliederung in zahlreiche Partikularmächte liegt in der geographischen Eigenart Griechenlands (Gebirge, Inseln), die größere territoriale Herrschaften verhindert. Zwischen den einzelnen Poleis kommt es zu Rivalitäten, Machtkämpfen, Bündnissen und Kriegen.

Trotz der politischen Zersplitterung bilden die Hellenen ein Volk, das sich seiner Gemeinsamkeiten bewußt ist und sich gegen die Nicht-Hellenen, die *Barbaren*[4], abgrenzt. Die Gemeinsamkeiten liegen in ihrer Religion, ihren kultischen Stätten, in Sprache, Schrift und mythologischer Überlieferung.

Die Religion

Die griechische Religion, wie sie sich zu Beginn des 1. Jahrtausends, in den Werken *Homers* und *Hesiods,* zeigt, ist das Produkt einer jahrhundertelangen Entwicklung. Dabei sind – entsprechend der sonstigen Entwicklung – vorderasiatische Religionsvorstellungen von indoeuropäischen überlagert und ergänzt worden. Die alten matriarchalischen Vorstellungen von Fruchtbarkeits- und Muttergöttinnen treten in diesem Prozeß zurück hinter eine männlich dominierte (der indoeuropäische Wettergott Zeus) und hierarchisch geordnete Götterwelt. Ursprüngliche Kultstätten für Muttergöttinnen (in Delphi, auf Delos usw.) werden verdrängt und durch neue Kulte (Apollonheiligtümer) ersetzt.

Wie alle alten Religionen ist die griechische Religion *polytheistisch*[5]. Im Gegensatz zu älteren Vorstellungen tragen die griechischen Götter aber menschliche Gestalt und sind auch in ihrem Verhalten menschlich. Im Unterschied zu den Menschen aber sind sie unsterblich und verkörpern die menschlichen Wunschvorstellungen, wie Schönheit, Weisheit, Unbesieg-

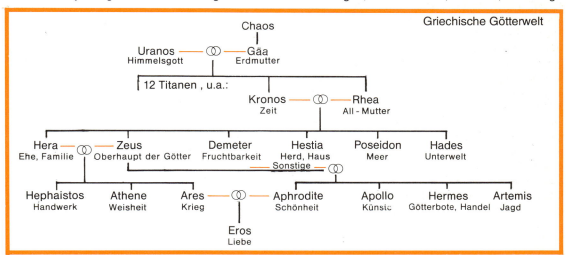

Griechische Götterwelt

Chaos
Uranos — Gäa
Himmelsgott — Erdmutter
12 Titanen , u.a.:
Kronos — Rhea
Zeit — All - Mutter
Hera — Zeus   Demeter   Hestia   Poseidon   Hades
Ehe, Familie — Oberhaupt der Götter   Fruchtbarkeit   Herd, Haus   Meer   Unterwelt
Sonstige
Hephaistos   Athene   Ares — Aphrodite   Apollo   Hermes   Artemis
Handwerk   Weisheit   Krieg   Schönheit   Künste   Götterbote, Handel   Jagd
Eros
Liebe

---

[1] Die Bezeichnung Griechen (graeci) stammt aus dem Römischen und ist von uns übernommen worden. Die Griechen selbst haben sich als Hellenen bezeichnet.

[2] Polis (Plural: Poleis): Stadtstaat. Die Polis ist charakterisiert durch eigene Gesetzgebung (Autonomie), wirtschaftliche Selbstversorgung (Autarkie) und außenpolitische Unabhängigkeit. Von Polis leitet sich unser Wort *Politik* ab, das also alle Angelegenheiten bezeichnet, die das Gemeinwesen, die Polis, betreffen.

[3] Von griech. aristoi (die Besten), kratein (herrschen); der Adel verfügt über hinreichenden Grundbesitz und kann sich dem Kriegshandwerk widmen.

[4] Barbaren: eigentlich die »Stammelnden«, die der (griechischen!) Sprache nicht mächtig waren und deshalb als roh und ungebildet galten.

[5] Polytheismus (griech.): Vielgötterei; die modernen Religionen dagegen (die jüdische, christliche und moslemische) sind monotheistisch (Glaube an einen einzigen Gott).

barkeit, im Ideal. Ebenfalls menschlichem Vorbild nachgestaltet ist die Vorstellung von der patriarchalisch strukturierten Götterfamilie und der Arbeitsteilung, die jeder Gottheit einen eigenen Bereich zuordnet. Wohnort der Götter ist der Olymp (von daher auch: die *Olympier*).

Neben den in ganz Griechenland verehrten Göttern gibt es zahlreiche regionale und lokale Gottheiten. Sie bleiben neben der gesamtgriechischen Götterwelt bestehen oder werden mit einem der großen Götter identifiziert, der dann einen entsprechenden Beinamen erhält. Apollon etwa hat eine Vielzahl älterer Kulte absorbiert und ist unter mehr als 200 Beinamen bekannt.

Die Götter werden in Tempeln verehrt. Das Darbringen von Tieropfern bietet zugleich Gelegenheit für einen Festschmaus. Gottesdienst ist zugleich ein freudiges, festliches Ereignis; »Fest« und »Opfer« sind im Griechischen ein einziges Wort.

Die Kultstätten

Einige Kultstätten erlangen überregionale Bedeutung und werden zum Anziehungspunkt für alle Griechen, zum Beispiel das Apollonheiligtum zu **Delphi.** Der ursprüngliche Kult zur Verehrung der Erdmutter Gäa wird Anfang des 1. Jahrtausends vom Kult um Apollon verdrängt, der hier die *pythische*[1] Schlange erschlagen haben soll. Im Apollontempel sieht man den Mittelpunkt der Welt; das Orakel der Pythia gibt Auskunft über die Zukunft und kann vor schwierigen Entscheidungen um Rat gefragt werden[2].

Ergänzend zum Kult, also der Verehrung des Gottes durch Opfer und Gesang, treten vielfach musikalische und sportliche Wettkämpfe. Auch in Delphi finden regelmäßig Spiele statt. Am bedeutendsten jedoch wird **Olympia,** Kultstätte zur Verehrung des Zeus. Die hier alle vier Jahre stattfindenden Spiele sind die berühmtesten; hier Sieger (Olympionike) zu werden und als Preis den Kranz aus Ölzweigen zu erhalten, verschafft höchstes Ansehen (und in späterer Zeit auch materielle Vorteile). Gekämpft wird in mehreren Disziplinen: Wettlauf, Weitsprung, Ringen, Pentathlon (Fünfkampf), Pankration (Allkampf), Wagenrennen. Man kämpft nackt, den Körper mit Öl eingerieben. Frauen sind nicht zugelassen; für sie gibt es eigene Spiele, die Heräen (zu Ehren der Göttin Hera).

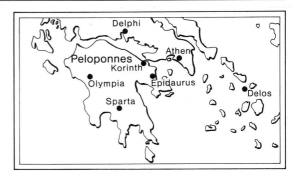

Während der Spiele, zu denen ja Teilnehmer aller, also auch verfeindeter Poleis kommen, herrscht Waffenruhe (olympischer Frieden). So schaffen die Spiele deutlich ein Stück Gemeinsamkeit oberhalb aller politischen Zersplitterung.

Die Bedeutung der Olympischen Spiele zeigt sich nicht zuletzt in der *griechischen Zeitrechnung.* Seit 776 v. Chr. sind die Spiele schriftlich bezeugt (Namenslisten der Sieger): Von da an rechnet man nach *Olympiaden,* womit nicht die Spiele selbst, sondern der zwischen ihnen liegende Zeitraum von vier Jahren gemeint ist. Die erste Olympiade reicht also von 776 bis 772, die zweite von 772 bis 768 usw.

Über 1000 Jahre später, nachdem das Christentum im Römischen Reich zur Staatsreligion geworden ist, werden die Spiele als »heidnisch« verboten (393 n. Chr.). 1894 werden sie von *Pierre de Coubertin* wieder ins Leben gerufen (1896: erste Olympische Spiele der Neuzeit in Athen).

Neben Olympia und Delphi sind auch die Isthmischen Spiele (am Isthmos von Korinth) zu Ehren des Poseidon und die Panathenäen (Athen) von Bedeutung.

Sprache und Schrift

Die politische Zersplitterung wird auch durch die, trotz unterschiedlicher Dialekte doch gemeinsame Sprache überdacht. Die Literatur, vor allem die Epen Homers, die in ganz Griechenland vorgetragen werden und auch die wichtigste Grundlage der Schulbildung sind, verstärken diese Gemeinsamkeit.

Das gleiche gilt für die griechische Schrift, die sich Anfang des 1. Jahrtausends herausbildet. Die Griechen übernehmen sie von den Phönikern, die als erste eine Buchstabenschrift entwickelt haben. Eine solche Lautschrift ist viel rationaler, flexibler und vor

---

[1] Der Name erinnert an die ursprünglich vorgriechische Kultstätte Apollons, Pytho. Deshalb auch die Bezeichnung Apollons als »der Pythier«.

[2] Die Sprüche sind freilich verschlüsselt und oft doppeldeutig wie das berühmte Orakel an den Lyderkönig Krösus (s. Seite 22 Anm. 1).

allem leichter zu erlernen als die älteren Bilder- und Silbenschriften. Während die phönikische Schrift aber nur die Konsonanten aufzeichnet, erfinden die Griechen auch die Vokalzeichen hinzu, für die sie phönikische Konsonantenzeichen verwenden, die für die griechische Sprache überflüssig sind. Damit ist die *erste moderne Lautschrift oder Alphabetschrift*[1] entwickelt.

Sie wird von den Römern übernommen und prägt über das lateinische Alphabet unsere heutige Schrift.

Es ist in dieser Hinsicht geradezu ein Glücksfall, daß die viel komplizierteren frühgriechischen Schriften, die alte minoische Bilderschrift und die jüngere mykenische Schrift, während der dorischen Wanderung zugrundegegangen sind.

Mythologie

Unter Mythologie verstehen wir die Summe aller Erzählungen (griech.: Mythen), die von der geschichtlich nicht greifbaren Zeit erzählen und sagenhafte Erklärungsmodelle anbieten. Was den Menschen unbegreiflich ist, etwa die Entstehung der Welt oder Naturereignisse wie Erdbeben oder Vulkanausbrüche, wird in anschaulicher, bildhafter Weise erklärbar gemacht. So sieht man den Verursacher der Erdbeben in Poseidon; das Funkensprühen aus Vulkanen wird erklärbar, wenn man im Bergesinnern die Werkstatt des Götterschmieds Hephaistos vermutet.

Zur griechischen Mythologie gehören die Geschichten vom Anfang der Welt und vom Kampf der Titanen, vor allem aber die Heldensagen um *Herakles, Theseus,* die *Argonauten* usw., die zugleich vom Handeln der Götter und ihrem Eingreifen ins Leben der Menschen erzählen. Sie werden lange Zeit mündlich überliefert, dabei auch immer wieder ergänzt und verändert.

Die bedeutendste Überlieferung bilden die Epen Homers (8. Jh. v. Chr.), die *Ilias* und die *Odyssee,* also die Sagen um den trojanischen Krieg und die Irrfahrten des Odysseus. Homer ist der Klassiker schlechthin, sein Werk wird zum Schulstoff überall im griechisch sprechenden Raum. Damit wird aber auch die homerische Sicht der Dinge, etwa seine Darstellung der Götterwelt, überall verbreitet und gemeinsames Kulturgut. Die Bedeutung Homers (hinter dem sich mehrere Autoren verbergen) ist so groß, daß auch von einem **Zeitalter Homers** (bis ca. 500) gesprochen wird.

Sparta

Die Entstehung des Kriegerstaates Sparta ist sicher die auffälligste und eigenartigste Folge der Dorischen Wanderung. Die Spartaner sind Dorer, die im Lauf der Wanderung auf die Peloponnes und hier ins fruchtbare Eurotastal gelangen (11. Jh.). Dieser Prozeß aber dauert Jahrzehnte und länger, denn die Zahl der Eindringlinge ist klein, und die altgriechische Festung Amyklai leistet lange Zeit Widerstand. Die Spartaner sind deshalb gezwungen, in ständiger Kriegsbereitschaft zu leben. Daran ändert auch die Eroberung Amyklais nichts, denn die Sieger bilden nur einen Bruchteil der Gesamtbevölkerung. Die vordorischen Bewohner (über 70%) sind zu *Heloten,* zu völlig rechtlosen, abgabepflichtigen Ackerbauern herabgedrückt worden. Sie müssen, gewissermaßen als Staatssklaven, das Land bewirtschaften und einen Teil der Erträge abliefern. Der Besitz von Waffen ist ihnen strengstens untersagt. Rechtlich gesehen sind sie vogelfrei: Ein Helot, der sich irgendwie verdächtig macht, darf ohne weiteres umgebracht werden. Um in ihnen das Bewußtsein ihrer bedingungslosen Abhängigkeit wachzuhalten, wird den Heloten jedes Jahr aufs neue förmlich der Krieg erklärt.

Die *Perioken* (Umwohner) hingegen sind wie die Spartaner Dorer, stehen aber unter spartanischer Hegemonie. Sie leben frei und dürfen Handel treiben, sind auch zur Heeresfolge verpflichtet, haben aber kein politisches Mitspracherecht.

Das volle Bürgerrecht und damit die alleinige Herrschaft besitzen nur die *Spartiaten.* Sie leben in einer Siedlung aus fünf unbefestigten Dörfern (Limnai, Mesoa, Kynosura, Pitane, Amyklai) nach dem Prinzip des Heerlagers. Die ständige Furcht vor einem Aufstand der zahlenmäßig weit überlegenen Heloten zwingt sie zu permanenter Wachsamkeit und militärischer Anspannung. Die Männer leben in kasernenartiger Gemeinschaft, trainieren täglich, nehmen ihre Mahlzeiten gemeinsam ein. Ein Familien- und Privatleben gibt es kaum. Die Kinder werden früh in die Gemeinschaft Gleichaltriger gesteckt und dort unter der Aufsicht älterer Jugendlicher erzogen. Die Erziehung ist ganz auf die militärischen Bedürfnisse ausgerichtet: Disziplin, Aushalten von Strapazen, Bedürfnislosigkeit, Abhärtung, Schweigsamkeit[2] sind die wesentlichen Erziehungsideale. Kleinkinder, deren körperliche Konstitution den Ansprüchen nicht zu genügen scheint, werden ausgesetzt.

---

[1] Nach den ersten beiden Buchstaben (alpha und beta).

[2] Die »lakonische (= spartanische) Kürze« ist bis heute sprichwörtlich.

Der spartanische Kriegerstaat begnügt sich nicht mit dem Besitz Lakoniens (Lakedaimons). Er greift auch, über das Taygetosgebirge hinweg, nach Westen aus und erobert das fruchtbare Messenien (Ende 8. Jh.). Im Gegensatz zu den partikularen Herrschaften, die ansonsten im Zuge der Dorischen Wanderung entstehen, verfügt Sparta damit über ein größeres zusammenhängendes Territorium, das freilich nur durch die kleine Elite der Spartiaten zusammengehalten wird.

Im 7. Jh. gerät Sparta (ebenso wie die übrigen Poleis, s. Seite 18) in eine Krise. Sie beruht zum Teil auf sozialen Konflikten, die aus der gesellschaftlichen Differenzierung in reich und arm erwachsen (was der Entwicklung im übrigen Griechenland entspricht), zum Teil auf äußerer Bedrohung. Die Messener, unterstützt von Argos, Elis und den Arkadern, erheben sich gegen die spartanische Herrschaft und stellen Sparta in dem sich über zwei Jahrzehnte erstreckenden

2. Messenischen Krieg   ca. 660 – 640

auf eine schwere Belastungsprobe. Die außerordentliche Bedrohung zwingt den Spartanern eine neue Kampfweise auf: Die *Hoplitenphalanx*[1] ersetzt den früheren, in den homerischen Epen eindrucksvoll geschilderten Einzelkampf.

Die neue Taktik bedingt ein neues Ethos, eine neue Kampfmoral, die in der Folgezeit zu einer Art Markenzeichen der Spartaner wird (vor allem in der Schlacht an den Thermopylen, 480, s. Seite 25): Die Notwendigkeit, die Phalanx geschlossen zu halten, die gegenseitige Verantwortung eines jeden für jeden, zwingt zum gemeinsamen Vorwärtsschreiten, zum gemeinsamen Sieg oder Untergang. Die Flucht aus der Phalanx führt unweigerlich zur Ächtung und zum Verlust der Bürgerrechte.

Die neue Kampfweise hat auch soziale Auswirkungen, im Sinne einer Egalisierung gesellschaftlicher Unterschiede. Da jeder Hoplit einen gleichen Anteil am Ausgang der Schlacht hat, muß er auch im politischen und sozialen Alltag gleiches Recht beanspruchen dürfen. So führt die außenpolitische Krise des Messenischen Krieges zu einer Demokratisierung der Verfassung.

Das Ergebnis ist die *Große Rhetra*[2], die Verfassung,

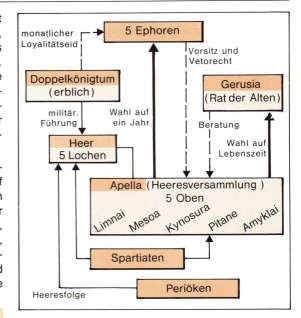

die der Sage nach auf den Spartanerkönig *Lykurg* zurückgeht (*Lykurgische Verfassung*), in Wirklichkeit aber Produkt eben dieser Krise des 7. Jahrhunderts ist.

Sie behält die wichtigsten altspartanischen Institutionen – das *Doppelkönigtum*, die *Heeresversammlung (Apella)* und den *Ältestenrat (Gerusia)* – bewußt bei. In der Praxis aber erfahren sie wesentliche Veränderungen:

● Die Gerusia (28 Mitglieder), eine ursprünglich aristokratische Versammlung mit Erbrecht, wird nun durch Wahlen gebildet, also demokratisiert.

● Die Apella übernimmt die Funktion einer Volksversammlung. Sie entscheidet über die Wahl der Beamten ebenso wie über Krieg und Frieden. Zu der alten Phylenordnung[3], die die führenden Familien begünstigt, tritt ergänzend eine territoriale Gliederung nach fünf Oben (Dörfer), in Entsprechung zu den fünf Dörfern, aus denen sich Sparta zusammensetzt. Auch das Heer wird in fünf Einheiten (sog. Lochen) eingeteilt.

● Die wichtigste Neuerung besteht in der Schaffung einer jährlich neu zu wählenden Führungsspitze, die (analog den fünf Lochen und Oben) aus fünf Männern besteht, den *Ephoren*[4]. Die Ephoren,

---

[1] Eine feste Reihe, ca. 8 Mann tief, schwerbewaffneter Kämpfer (griech. hoplon = Schild), die in geschlossener Formation vorgehen. Der mit dem linken Arm getragene schwere Schild schützt dabei die rechte Seite des jeweiligen Nachbarn, so daß jeder Kämpfer auf seinen Nebenmann angewiesen ist.

[2] Rhetra = Beschluß, Rede, Vertrag. Sie geht der Sage nach auf eine Weisung des Orakels von Delphi an den (sagenhaften) König Lykurg zurück.

[3] Unterteilung nach Stämmen bzw. Geschlechtern, s. Seite 19

[4] Ephoren (griech.: Aufseher)

nicht die Könige, bilden die Exekutive, also die Staatsführung.

Die neue spartanische Verfassung ist natürlich nicht (wie die systematische Darstellung nahelegen könnte) Produkt einer einmaligen und rationalen Setzung; sie ist vielmehr das Ergebnis eines längeren und krisenhaften Prozesses. Sie spiegelt in ihren demokratischen Elementen die wichtige Rolle, die jedem einzelnen wehrfähigen Spartaner – als gleichberechtigtem Glied in der Hoplitenphalanx – im Gemeinwesen zukommt und ist damit die erste *Hoplitenverfassung* Griechenlands. Dieses neue politische Bewußtsein führt auch zu einem neuen Selbstverständnis: Die Spartaner bezeichnen sich nunmehr als »die Gleichen« (hómoioi) und halten ihre – angeblich altehrwürdige, »lykurgische« – Verfassung für die ursprünglichste und beste Griechenlands.

Die griechische Kolonisation

Kolonisation bezeichnet allgemein die Inbesitznahme und Besiedlung fremder Gebiete, wobei die von den Kolonisten gegründeten Siedlungen (Kolonien) eine gewisse Abhängigkeit, zumindest eine enge Bindung an ihre »Mutterstadt« behalten.

In den zwei Jahrhunderten der griechischen Kolonisation ca. 750-550 entstehen zahlreiche Tochterstädte rund um das Schwarze Meer und an fast allen Küsten des Mittelmeeres. Die Siedlungsbewegungen gehen, unabhängig voneinander, von mehreren griechischen Poleis aus. Bedeutende Mutterstädte sind *Milet, Chalkis, Korinth, Megara, Eretria, Phokaia* und andere. Die Spartaner beteiligen sich nicht an der Bewegung; ihre einzige Gründung ist *Taras* (Tarent) in Süditalien.

Die griechischen Kolonien sind ausnahmslos Küsten- und Hafenstädte. Von hier werden aber griechische Produkte auch ins Hinterland vermittelt. Griechische Vasen aus dieser Zeit sind selbst in der Gegend von Paris, in der Schweiz und Süddeutschland gefunden worden.

Voraussetzung für den Erfolg der umfassenden Kolonisierung ist neben der Seefahrt die kulturelle und technische Überlegenheit. Alle Gebiete, in denen die Griechen Fuß fassen, befinden sich noch auf einer primitiven Kulturstufe und kommen erst durch die Siedler in Kontakt mit einer Hochkultur. Wo dieses Kulturgefälle nicht gegeben ist, kommt es nur in Ausnahmefällen zur Koloniegründung (z. B. Kyrene an der eigentlich von den Phönikern beherrschten nordafrikanischen Küste).

Die Kolonisation, die sich im nachhinein wie eine große und abenteuerliche Eroberungsbewegung ausmacht, ist in Wirklichkeit aus der Not geboren. Ihre Hauptursache ist der *Mangel an Ackerboden* in dem gebirgigen Griechenland, der im 8. Jahrhundert durch ein rapides *Bevölkerungswachstum* und gelegentliche *Mißernten* verschärft wird. Die dadurch hervorgerufenen sozialen Krisen finden in der Kolonisation ein Ventil. Unter dem Druck ihrer wirtschaftlichen Not verlassen viele der Kolonisten die Heimatstadt aus eigenem Antrieb, um sich in der Fremde eine neue Existenz aufzubauen. Meist aber wird die Auswanderung von der Stadt organisiert und oft sogar erzwungen: Zum Beispiel zwingt die Volksversammlung der Insel Thera (Santorin) unter Androhung der Todesstrafe jede Familie mit zwei oder mehr Söhnen, einen Kolonisten zu stellen. Als der erste Siedlungsversuch scheitert und die ausgesandten Schiffe zurückkehren, verweigern die Theraier ihnen die Landung und schicken sie zurück (Gründung von Kyrene, ca. 630 v. Chr.).

Wenn also wirtschaftliche Not und Landsuche das ursprüngliche Motiv der Kolonisation gewesen sind, so treten doch im Lauf der Zeit auch andere, vor allem handelspolitische Motive hinzu. Manche Kolonien werden nun angelegt, um Handelswege zu sichern, andere im Hinblick auf begehrte Rohstoffe.

Griechische Kolonisation

Phönikische Kolonisation

■ □ Mutterstädte

● ○ Kolonien

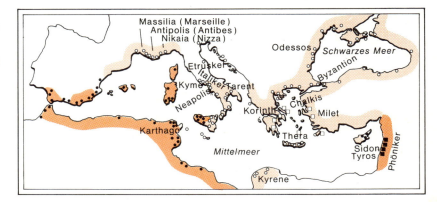

Die *Folgen* der griechischen Kolonisation sind überaus bedeutsam. Sie führt

- zu einer Belebung des Handels und zu wirtschaftlichem Aufschwung sowohl in den Mutter- wie in den Tochterstädten,

- zur Stärkung des griechischen Selbstbewußtseins und – aufgrund der gemeinsamen Leistungen gleichberechtigter Siedler – zur Förderung und Durchsetzung demokratischer Tendenzen,

- zu einer **Hellenisierung** weiter Gebiete des Mittelmeerraumes. Über die mittelitalischen Kolonien Kyme und ihre Nachfolgerin Neapel (Nea-polis = Neue Stadt) finden griechisches Alphabet und griechische Religion ihren Weg zu den Etruskern und schließlich zu den Römern.

Die soziale Krise

Überbevölkerung und Landmangel sind die Hauptursachen der griechischen Kolonisationsbewegung gewesen. Dieser Exodus war aber in der Regel ein letztes, verzweifeltes Mittel, und er hat die Probleme in Hellas selbst wohl lindern, aber nicht auf Dauer beseitigen können.

Im Laufe des 7. Jahrhunderts spitzt sich die Krise immer weiter zu. Der Mangel an fruchtbarem Boden und die *Erbteilungen* haben von Generation zu Generation zu einer Verkleinerung des bäuerlichen Grundbesitzes geführt, der schließlich seinen Bebauer kaum noch ernähren kann. Im Falle von Mißernten sind diese Kleinbauern gezwungen, Schulden aufzunehmen und ihr Land an die Gläubiger, meist reiche Adlige, zu verpfänden (der Begriff *Hypothek*[1] stammt aus dieser Zeit). Wer nicht mehr zahlen kann, gerät in *Schuldknechtschaft,* muß also

seine Arbeitskraft dem Gläubiger zur Verfügung stellen oder wird gar als Sklave verkauft, sofern er nicht außer Landes flieht. So wird die Diskrepanz zwischen adeligen Großgrundbesitzern und verarmtem Kleinbauerntum immer größer und führt zu einer sozialen Krise von außerordentlicher revolutionärer Sprengkraft.

Diese Entwicklung ist für ganz Griechenland typisch, und überall hat sie Reformen erzwungen. In dieser ersten krisenhaften Phase mit ihrem starken Reformdruck, der sich gegen den grundbesitzenden Adel wendet, ist es in vielen Poleis vorübergehend zur Errichtung einer Tyrannis gekommen (s. Seite 20), bevor sich schließlich mehr oder weniger demokratische Formen durchgesetzt haben. – Besonders gut informiert sind wir über die Entwicklung in Athen.

Die Reformen Solons

Die oben geschilderten sozialen Spannungen führen in Attika allmählich zu einer so ernsthaften Gefährdung der Macht der Aristokratie, daß sie sich zu schnellen und durchgreifenden Reformen gezwungen sieht. Sie wählt im Jahr 594 einen *Archon*[2] mit außerordentlichen Vollmachten, dem die Aufgabe zufällt, als »Friedensstifter« und »Versöhner« die soziale Krise zu überwinden. Die Wahl fällt auf *Solon (ca. 640-560),* der aus vornehmer Familie stammt, sich aber darüber hinaus als Intellektueller, als Schriftsteller, als gebildeter und nachdenklicher Mensch großes Ansehen erworben hat. In der späteren Überlieferung wird er zu den »Sieben Weisen« gezählt. Die

Solonischen Reformen   594/93

gehen über die Lösung der wirtschaftlich-sozialen Krise weit hinaus und begründen eine neue Verfas-

Klassen	Einkommen	politische Rechte	
I Pentakosiomédimnoi (''Fünfhundertscheffler'')	über 500 Scheffel (= 22 500 Liter)	Zulassung zu allen Ämtern	Reformen Solons
II Hippeis (von hippos = Pferd) : Reiter, Pferdebesitzer	über 300 Scheffel	Zulassung zu allen Ämtern außer Archontat und Areopag	
III Zeugiten (von zeugos=Joch,Fuhrwerk) : Besitzer eines Ochsengespanns	über 200 Scheffel		
IV Theten besitzlose Lohnarbeiter, Handwerker	– – –	Zulassung nur zum Volksgericht und zur Volksversammlung	

---

[1] *Hypothek* (griech.): Pfandrecht an einem Grundstück zur Sicherung einer Forderung

[2] *Archon,* Plural: *Archonten* (griech.: »Herrscher«): höchster Beamter in Athen (und anderen Poleis). Ursprünglich wohl auf Lebenszeit ernannt, schließlich auf ein Jahr gewählt. In Athen gibt es insgesamt neun Archonten.

sung, eine politische Ordnung, die Athen erst jetzt zu einem Staat im eigentlichen Sinne macht. Solon ist der erste große Staatsmann der europäischen Geschichte.

Die Reformen Solons betreffen

- Die *Bauernbefreiung:* Aufhebung der Schuldknechtschaft und ersatzlose Tilgung aller Schulden und Hypotheken. Die als Sklaven ins Ausland verkauften Athener werden, soweit möglich, zurückgekauft; die vor dem Zugriff der Gläubiger Geflohenen können zurückkehren.

- die *Neueinteilung der Bürgerschaft* in vier Vermögensklassen mit entsprechend abgestufter Zuweisung politischer Rechte.

  Diese Einteilung gilt nur für die männliche athenische Bürgerschaft; Frauen sind am politischen Leben nicht beteiligt. Ebenfalls ohne politische Rechte sind die *Metöken* (»Mitbewohner«, die in Athen leben, aber von auswärts kommen) und natürlich die *Sklaven.*

- die Schaffung des *Rates der 400 (bulé):* Der Rat ist ein ständiger Ausschuß, der jährlich gewählt wird und die Leitung der *Volksversammlung (ekklesía)* ausübt. Der Rat setzt sich aus je 100 Vertretern der vier alten *Phylen* zusammen, die neben der neuen Einteilung in Vermögensklassen weiterbestehen. Als Phyle wird die Unterteilung nach »Stämmen« bezeichnet. Ihre Grundeinheiten sind die Geschlechter und Phratrien (»Bruderschaften«), Vereinigungen auf nachbarschaftlicher Basis, die gemeinsame Mahlzeiten (Tischgemeinschaft), Feste usw. organisieren und das Geburtenregister führen. Der Zusammenschluß mehrerer Phratrien ist die Phyle, die auch Grundlage für die Heereseinteilung bildet. Die Mitgliedschaft in einer Phyle bleibt auch bei einem Ortswechsel bestehen; sie ist also keine territoriale, sondern eine gentilizische (geschlechterspezifische) Organisation.

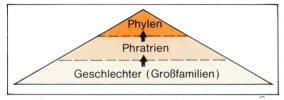

Die Einrichtung des Rates der 400 bedeutet eine Schwächung des *Areopags*[1], des ursprünglichen Adelsrates, der sich aus den ehemaligen Archonten zusammensetzt.

- die *Schaffung des Volksgerichts (heliaia)* bildet ebenfalls ein Gegengewicht zum Areopag, dem aber die hohe Gerichtsbarkeit und die Verfassungsaufsicht bleiben.

- das *Appellationsrecht* jedes Bürgers (also das Recht zur Anrufung der Gerichte).

- *wirtschaftspolitische Maßnahmen* (ein Exportverbot für Agrarprodukte außer Oliven führt zu Preissenkungen, eine Münzreform zu erhöhtem Geldumlauf) bewirken eine spürbare Verbesserung der Lebensqualität und stützen so das Reformwerk.

Solons Reformen begründen den athenischen Staat, die Polis der Politen, indem sie *jedem* Bürger seinen Anteil an politischen Rechten und Pflichten zumessen. Die neue Aufteilung in Vermögensklassen beendet im Prinzip die aristokratische Herrschaft, beläßt dem Adel aber eine führende Rolle, insofern er nämlich als Mitglied der ersten Klasse nach wie vor über besondere Rechte verfügt. Er kann sich dabei aber nicht mehr auf seine Herkunft, sondern nur auf sein Vermögen berufen, und der Aufstieg in die erste Klasse ist eben auch Nichtadeligen möglich. Dieses Prinzip, das auf der Abstufung nach dem Vermögen bzw. Einkommen beruht, nennt man **Timokratie.** Die Timokratie ist in Athen, ebenso wie in anderen Poleis und in der römischen Republik (s. Seite 43), die logische Zwischenstufe zwischen Aristokratie und Demokratie.

Verfassung Solons 594/93

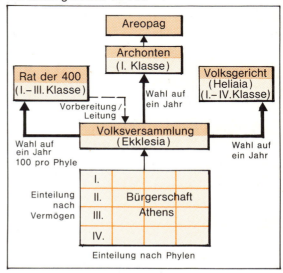

---

[1] Areopag (griech.: Areshügel): älteste Gerichtsversammlung in Athen, die bis zur Solonischen Reform auch die Aufsicht über alle übrigen Behörden ausübte und damit das eigentliche Machtzentrum war.

Die Tyrannis der Peisistratiden

Die Reformen Solons führen nicht zu einer wirklich stabilen Ordnung. Es bleiben Widerstände auf beiden Seiten: Manchen konservativen Adeligen geht die Reform zu weit, vielen Kleinbauern geht sie nicht weit genug (sie haben eine Neuaufteilung des Landes erwartet). Vor allem fehlt auch noch weitgehend das Verantwortungsgefühl für die gemeinsame Sache, so daß es mehrfach zu Unregelmäßigkeiten und Verfassungsbrüchen bei der Wahl der Archonten kommt. Die Bevölkerung zerfällt in drei rivalisierende Gruppen, zu deren Vertretern und Anführern sich jeweils prominente Adelsfamilien machen. Nach mehreren Anläufen (erstmals 561) gelingt es schließlich dem *Peisistratos,* Führer der Kleinbauern aus dem gebirgigen Teil Attikas, sich der Akropolis zu bemächtigen und eine

| *Alleinherrschaft (Tyrannis)* | 560/46–510 |

zu errichten. Die Herrschaft des Peisistratos beruht zwar auf Gewalt (Leibwache) und auf der Verbannung der rivalisierenden Adelsgruppen, doch ist sie keineswegs (wie die heutigen Vorstellungen des Begriffs suggerieren) eine brutale Gewaltherrschaft. Er stützt sich vielmehr bewußt auf die Solonische Verfassung und achtet peinlich auf die regelmäßige Abhaltung der Wahlen, wobei er freilich Einfluß auf die Aufstellung der Kandidaten nimmt und so letztlich die athenische Politik bestimmt. Unter Peisistratos erhält Athen erstmals eine gut funktionierende Exekutive, die sich effektiv für die Interessen der Bürger einsetzt: Günstige Darlehen für die Kleinbauern, öffentliche Aufträge (Tempelbauten, Wasserleitungen usw.) führen zu einem spürbaren wirtschaftlichen Aufschwung, zu Wohlstand und auch politisch wachsender Macht Athens.

Die positive Entwicklung hält auch nach dem Tod des Peisistratos (528/27) unter der Herrschaft seiner Söhne *Hippias* und *Hipparch* an. Erst als Hipparch durch ein Mißverständnis Opfer eines Attentats wird (514) – der Anschlag, der aus persönlichen Motiven geführt wird, gilt seinem jüngeren Bruder –, verschärft sich das politische Klima in Athen und nimmt Züge einer Gewaltherrschaft an. In dieser Situation gelingt es *Kleisthenes,* Haupt der Familie der *Alkmaioniden,* der alten Rivalin der Peisistratiden, mit Hilfe der Spartaner Athen zu erobern und die Tyrannis zu beenden (510).

Die Tyrannis ist im nachhinein von den Athenern verteufelt worden und gilt in der späteren griechischen Staatstheorie als die schlechteste Herrschaftsform. Historisch gesehen ist die zeitweise Alleinherrschaft aber als fast notwendig scheinende Übergangsphase zwischen der anachronistisch gewordenen Adelsherrschaft und den aufkommenden, aber noch nicht durchsetzungsfähigen Hoplitenregierungen anzusehen. Eine solche Phase ist jedenfalls in den meisten Poleis (außer Sparta und Aigina) zu registrieren, wobei der Tyrann sich jeweils, gestützt auf das Volk, gegen die Aristokratie richtet (obwohl er selbst natürlich dieser Schicht entstammt). Entsprechend ist die Politik der Tyrannen in der Regel durchaus volksfreundlich, jedenfalls zu Beginn ihrer Herrschaft. In manchen Städten, wie Korinth, Milet oder auch Athen, ist die Zeit der Tyrannis eine ausgesprochene Blütezeit.

Sypnose »ältere« Tyrannis

Athen	Korinth	Sikyon	Milet	Samos u. a.
Verarmung des Kleinbauerntums (→ Kolonisation) / soziale Polarisierung / Krise der Adelsherrschaft				
		ca. 650		
		Orthagoras, Kleisthenes u. a.		
620 Drakon	ca. 615		ca. 620	
594 Solon			Thrasyboulos u. a.	
	Kypselos, Periandros			
560		ca. 550		
Peisistratos, Hippias und Hipparch	540			
			ca. 530	537 Polykrates (1)
510				522

Die Reformen des Kleisthenes

Als Schwachpunkt der Solonischen Verfassung haben sich die Phylen erwiesen, die nach dem gentilizischen Prinzip organisiert sind (s. Seite 19) und so den führenden Adelsgeschlechtern nach wie vor dominierenden Einfluß ermöglichten. Die

Reformen des Kleisthenes	509/507

setzen an diesem Punkt an. Neue politische Basiseinheiten werden die *Demen (Gemeinden),* in denen die Bürger eines bestimmten Stadt– oder Landbezirks zusammengefaßt sind. Die Demoten regeln in der Gemeindeversammlung ihre lokalen Angelegenheiten selbständig, wählen einen Gemeindevorsteher (Demarch) und führen die Bürgerlisten, die zugleich Grundlage für die Einberufung der Soldaten sind. Die ca. 100 Demen ordnet Kleisthenes drei regional definierten Einheiten *(Trittys = Drittel)* zu: der Stadt Athen mit ihrem näheren Umland, dem Binnenland und dem Küstengebiet.

Jeweils drei Trittys – je eine aus den drei Regionen – werden durch Auslosung zu (insgesamt zehn) Phylen vereinigt, so daß nun jede Phyle in sich die gesamte Region Attikas repräsentiert.

Die kleisthenische hat mit der alten Phyle also nur mehr den Namen gemein: Im Gegensatz zur alten, gentilizischen Phyle beruht die neue Phylenordnung auf einem territorialen Gliederungsprinzip. Durch die Kombination dreier unterschiedlicher Trittys in jeder

		10 Phylen (neuen Stils)									
		1	2	3	4	5	6	7	8	9	10
Trittys	I	Stadt Athen mit Umland									
	II	Küstengebiet									
	III	Binnenland									

Phyle wird die Einflußmöglichkeit adeliger Familien, die ja an ihre lokale Herrschaft geknüpft ist, bewußt verhindert oder doch reduziert. Von der territorialen Neugliederung unberührt bleibt die Solonische Aufteilung des Volkes in vier Vermögensklassen.

Auch die Verfassung wird in entscheidenden Punkten verändert:

● Der Solonische Rat der 400 wird auf 500 aufgestockt (50 Mitglieder pro Phyle).

● Die 50 Abgeordneten jeweils einer Phyle bilden – in ausgeloster Reihenfolge und jeweils für ein Zehnteljahr (36 Tage) – den geschäftsführenden Ausschuß des Rates, die *Prytanie.* Deren Vorsitzender (Epistates) wird von den Prytanen jeweils für einen Tag gewählt, später ausgelost, und ist dann für 24 Stunden »Staatschef«. Die Prytanie ist verpflichtet, mindestens einmal im Laufe ihrer Amtszeit eine Volksversammlung einzuberufen. Da sie für den Ablauf der Versammlung verant-

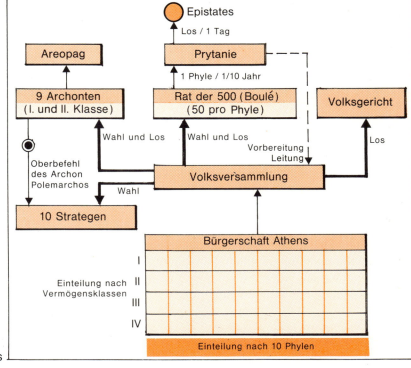

Verfassung des Kleisthenes

wortlich ist, muß sie die Tagesordnung festlegen und Vorlagen zur Beschlußfassung unterbreiten. Damit hat der Rat die Möglichkeit, die Volksversammlung in seinem Sinne zu lenken.

- Bei der Wahl der höchsten Beamten, der *Archonten,* bleibt das von Solon stammende timokratische Prinzip erhalten, aber in etwas gemilderter Form: Archon kann nur werden, wer Mitglied der ersten oder zweiten (bei Solon nur der ersten) Vermögensklasse ist. Um die Gefahr zu großen persönlichen Einflusses zu verringern, wird auch hier das Losverfahren eingeführt: Aus einer größeren Zahl gewählter Kandidaten entscheidet das Los.

- Ab 501/500 obliegt der Ekklesia auch die Wahl der zehn **Strategen** (einer pro Phyle), also der Heerführer, die unter dem Oberbefehl des Archon Polemarchos (Führer im Krieg) stehen. Später wird der Polemarch verdrängt, und die Strategen übernehmen abwechselnd das Oberkommando.

- Eine weitere Neuerung (von der allerdings nicht sicher ist, ob sie noch auf Kleisthenes zurückgeht) ist der **Ostrakismos** *(Scherbengericht).* Er ist als Schutz gegen eine Erneuerung der Tyrannis gedacht. Wer in entsprechenden Verdacht gerät, kann durch diese spezielle Form der Volksabstimmung auf zehn Jahre aus der Stadt verbannt werden. Es handelt sich dabei um eine rein politische Vorsichtsmaßnahme, nicht um eine Verurteilung. Der Ostrakisierte behält seine bürgerlichen Rechte ebenso wie sein Vermögen.

Zusammenfassend läßt sich feststellen, daß mit den Reformen des Kleisthenes, obwohl auch seine Verfassung noch aristokratisch-timokratische Elemente enthält, ein entscheidender Schritt in der Entwicklung der athenischen Demokratie vollzogen wird. Ihre volle Ausbildung erhält sie rund 50 Jahre später zur Zeit des *Perikles* (s. Seite 27).

Das Persische Weltreich

Griechische Stadtstaaten befinden sich auch an der kleinasiatischen, ionischen Küste. Sie stehen dort unter der Herrschaft des lydischen Königs, der ihnen aber weitgehende Selbständigkeit beläßt, ihre Autonomie und kulturelle Überlegenheit anerkennt. Man arrangiert sich, profitiert gegenseitig vom wirtschaftlichen und kulturellen Austausch.

Die Situation ändert sich um die Mitte des Jahrhunderts schlagartig, als nach dem Tod des Mederkönigs Astyages (585-550) dessen Enkel **Kyros,** seit 559 Vasallenfürst in Anschau (Persis), die Herrschaft an sich reißt. Mit dieser Erhebung beginnt die Herrschaft des Persertums unter dem Haus der *Achämeniden.* Für die Griechen machte das freilich keinen Unterschied: »Medisch« und »persisch« bleibt für sie synonym.

Sowohl Babylonien als auch Lydien sehen in der Machtübernahme des Kyros eine Bedrohung. Der Lyderkönig *Krösus* (bekannt wegen seines sagenhaften Reichtums) beginnt den Krieg, wird aber geschlagen. Die lydische Hauptstadt Sardes wird 546 von den Persern erobert[1]. 539 erobert Kyros Babylonien[2], und sein Nachfolger *Kambyses (529-522)* fügt Ägypten dem persischen Herrschaftsgebiet bei (525). Damit ist innerhalb von drei Jahrzehnten das persische Weltreich geschaffen worden.

König *Dareios I. (521-486),* der sich anfangs gegen innere Unruhen durchsetzen muß (Aufstand des Magiers *Gaumata,* der sich als noch lebender Bruder des Kambyses ausgibt), gibt dem Riesenreich eine neue und straff zentralisierte Verwaltung:

- Das Reich wird in zwanzig *Satrapien* (Verwaltungsbezirke, Unterkönigtümer) aufgeteilt, die von Satrapen (Statthaltern) regiert werden und jährlichen Tribut zu leisten haben.

- An der Spitze der Verwaltung steht der *Großwesir,* der zugleich Oberbefehlshaber der Leibwache ist (der sog. »Zehntausend Unsterblichen«).

Aufbau des Perserreiches unter Dareios

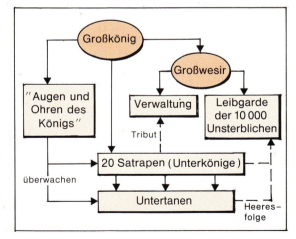

---

[1]   Das Orakel von Delphi hatte dem Krösus prophezeit, er werde, wenn er den Grenzfluß Halys überschreite, ein großes Reich zerstören. Unrecht hatte das Orakel also nicht!

[2]   Für das *jüdische Volk* bedeutet der Sieg des Kyros die Befreiung aus der sog. *Babylonischen Gefangenschaft* (seit 597/87). Die Juden dürfen zurückkehren und den (587 zerstörten) Tempel in Jerusalem wiederaufbauen. Dieser »Zweite Tempel« wird 70 n. Chr. von den Römern zerstört.

- Über ein gut ausgebautes Straßennetz (»Königs-straßen«) mit zahlreichen Stationen zum Wechseln der Pferde lassen sich in kurzer Zeit Nachrichten und Anordnungen in alle Reichsteile vermitteln.

- Im ganzen Reich gelten eine einheitliche Währung (der *Dareikos)* und eine einheitliche Verwaltungssprache (das *Aramäische).*

- Die Kontrolle der Satrapen wird von Beamten ausgeübt, die direkt dem Großkönig unterstellt sind und ihm Bericht erstatten (»die Augen und Ohren des Königs«).

- Hauptstadt ist Persai (griech.: Persepolis).

Im Unterschied zu den überschaubaren griechischen Poleis, die eine Identifizierung der Bürger mit »ihrer« Stadt ermöglichen, ist das Perserreich in den Augen der Griechen ein widernatürlicher Koloß. Anders als in der Polis läuft hier die Entscheidungsgewalt von oben nach unten; die Menschen sind hier nicht selbstbewußte Politen, sondern rechtlose Untertanen, die auch in der Form der Unterwerfung, der *Proskynese*[1], ein für Griechen unverständliches Maß an Selbsterniedrigung pflegen. In griechischer Sicht sind die Perser nichts weiter als Barbaren.

Für die Griechenstädte am Ostrand der Ägäis bedeutet die persische Herrschaft eine Verschärfung ihrer Lage. Denn die persische Politik richtet sich gegen demokratische Strömungen in den Poleis und setzt gezielt auf das Bündnis mit lokalen Tyrannen, die zur Behauptung ihrer Macht wiederum auf die persische Rückendeckung angewiesen sind. Im Unterschied zur sogenannten »älteren Tyrannis« (s. Seite 20), die im wesentlichen einer vom Volk getragenen Bewegung gegen die Aristokratie entsprungen ist, trägt diese neue Tyrannis im persisch beeinflußten Gebiet reaktionäre Züge: Sie läuft den Tendenzen der Zeit, die auf Demokratisierung hinauslaufen, zuwider und nimmt deshalb zwangsläufig vielfach gewalttätige Züge an. Jetzt erhält der Begriff Tyrannis die negative Bedeutung, die ihm bis heute eignet.

Der Ionische Aufstand

Von Milet, der mächtigsten und bedeutendsten Polis an der kleinasiatischen Küste, geht der

| Ionische Aufstand | 500 |

gegen die Perserherrschaft aus. Er erhält seinen – zufälligen – Anstoß durch die Politik des Tyrannen Anaxagoras von Milet, den aber weniger antipersische Gefühle (bislang war er gut mit den Persern

ausgekommen) als vielmehr persönlicher Ehrgeiz leiten. Der Aufstand, der das Überraschungsmoment auf seiner Seite hat, führt zu raschen Anfangserfolgen, vor allem zur

| *Eroberung von Sardes,* | 499, |

dem Sitz des persischen Satrapen. Alle Griechenstädte schließen sich der Erhebung an, und auch einige der Mutterstädte entschließen sich zur Militärhilfe. Eretria und Athen, das ja selbst erst kürzlich die Tyrannis der Peisistratiden abgeschüttelt hat, senden einige Schiffe und Soldaten.

Der anfangs erfolgreiche Aufstand bricht bald zusammen, wie es angesichts der enormen militärischen Überlegenheit des Perserreiches auch kaum anders zu erwarten war. In der *Seeschlacht bei Lade vor Milet (495)* vernichten die Perser die ionische Flotte und machen dem Aufstand mit der

| *Eroberung Milets* | 494 |

ein Ende. Die Stadt wird zerstört, ihre Bewohner werden als Sklaven ins Landesinnere deportiert.

Der Aufstand der Ioner, der ein so klägliches Ende genommen hat, ist im nachhinein oft als »nationaler« Freiheitskampf der Griechen gedeutet worden. Der Unterschied zwischen griechischer und persischer Ideologie ließ sich dabei in zugkräftigen Antagonismen darstellen: Es sei ein Kampf gewesen zwischen hellenischer Kultur und Barbarei, zwischen Autonomie und Despotie, Freiheit und Knechtschaft, zwischen freier Selbstentfaltung und dumpfer Untertanenmentalität, zwischen klassischem Maß und orientalischer Üppigkeit usw.

Das griechische Streben nach Freiheit und Isonomie (Gleichheit) der Bürger ist sicherlich ein wichtiges Motiv des Aufstandes. Die recht plakative Kontrastierung von Persertum und Griechentum ist aber wohl eher eine nachträgliche Stilisierung, zu der auch das nationalstaatliche Denken des 19. Jahrhunderts (Bd.2, S. 17) das Interpretationsmuster geliefert hat. In Wirklichkeit schlossen sich beide trotz aller Gegensätze nicht so radikal aus. Auch unter persischer Herrschaft war das kulturelle Eigenleben der griechischen Poleis nicht fundamental bedroht: Griechen arbeiteten als Architekten, Künstler usw. in persischen Diensten, und selbst der Reformer Kleisthenes, Begründer der athenischen Demokratie (s. Seite 21), hatte keine Skrupel, gegen die Bedrohung durch Sparta um persische Hilfe nachzusuchen (509).

---

[1] *Proskynese* (griech.: Anbetung, Verehrung): Fußfall mit Fußkuß oder Niederwerfen auf den Boden und Berühren des Bodens mit der Stirn.

Die Perserkriege

Der Ionische Aufstand verändert das griechisch-persische Verhältnis grundlegend. Die Griechen am äußersten Westrand des Reiches haben sich als Sicherheitsrisiko entpuppt, und damit rückt auch das festländische Griechentum in den Blickwinkel der Perser. Zur dauernden Sicherung ihrer Herrschaft im Westen scheint eine Unterwerfungsexpedition nach Griechenland notwendig. König Dareios soll, so die Überlieferung, einem Sklaven den Auftrag gegeben haben, ihn täglich an diese Aufgabe zu erinnern (»Herr, gedenke der Athener!«).

Eine erste, vorbereitende Maßnahme ist die

Sicherung Thrakiens und Makedoniens   492.

Beide Länder sind schon 512 in persische Abhängigkeit geraten. Seitdem hat Persien die Dardanellen und damit den griechischen Schwarzmeerhandel kontrolliert (möglicherweise auch ein zusätzliches, wirtschaftspolitisches Motiv für den Ionischen Aufstand). Obzwar ein Teil der Flotte am Athos-Gebirge vom Sturm zerstört wird, wird das Ziel des Feldzuges erreicht: die Suprematie (Vorherrschaft, Obergewalt) in der nördlichen Ägäis und damit die Sicherung des Landweges nach Griechenland.

Der eigentliche Angriff erfolgt im

ersten Perserzug   490,

einer reinen Flottenexpedition. Ziel ist die Unterwerfung der Städte, die sich im Ionischen Aufstand gegen Persien gestellt haben. In Athen sollte bei dieser Gelegenheit die Tyrannis des Hippias (s. Seite 20), der seit seiner Flucht unter persischem Schutz lebt, wieder eingeführt werden. Auf der Hinfahrt erobert die persische Flotte die Insel Naxos, wendet sich dann gegen Euböa und zerstört Eretria.

In Athen hat zu dieser Zeit *Miltiades* den größten Einfluß. Seine Familie hatte über einen eigenen Kleinstaat in Thrakien geherrscht und war durch den persischen Feldzug von 492 vertrieben worden. Miltiades ist in Athen schnell zu hohem Ansehen gelangt und ist 490 einer der zehn Strategen. Auf seinen Rat ziehen die Athener den Persern entgegen, die in der Ebene von Marathon, ca. 40 km östlich von Athen, landen. In der berühmten

Schlacht bei Marathon   490

erweist sich die athenische Hoplitenphalanx den leichter bewaffneten Persern als überlegen. Die Schlacht endet mit einem eindeutigen Sieg der Athener, die nur ca. 200 Mann verlieren (gegen ca. 6000 Perser). Ein Läufer soll die Siegesbotschaft nach Athen gebracht haben, wo er vor Erschöpfung tot zusammengebrochen sei: der legendäre Ursprung des Marathonlaufes.

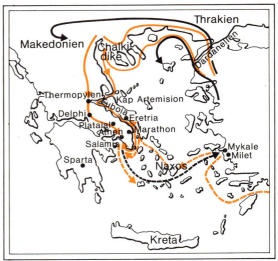

Persischer Angriff ——— 492 ----- 490 ——— 480
Griechischer Angriff - - - - - 479

Nach der Niederlage von Marathon zieht sich das persische Heer zurück. Das Ziel, die Unterwerfung Griechenlands, gibt Dareios jedoch nicht auf. Nach seinem Tod übernimmt sein Sohn *Xerxes (486-465)* diese Aufgabe. Der

zweite Perserzug   480/79

ist ein großangelegtes Unternehmen. Xerxes soll diesen Feldzug sogar durch ein Bündnis mit Karthago abgesichert haben, einer phönikischen Kolonie, die inzwischen eine beherrschende Stellung im westlichen Mittelmeerraum einnimmt (s. Seite 17). Er verläßt sich auch nicht allein auf die Flotte, sondern startet einen kombinierten Angriff zu Land und zur See.

Aber auch die Griechen haben sich vorbereitet. Nach dem Tod des Miltiades (489) hat in Athen **Themistokles** den größten Einfluß. Er setzt auf den Ausbau der Flotte. Ein dunkles Orakel aus Delphi, Athen müsse vor den Persern Schutz hinter hölzernen Mauern suchen, interpretiert er in seinem Sinne: Mit den hölzernen Mauern seien die Schiffswände gemeint.

Ebenso wichtig wie der planmäßige Aufbau der Flotte ist, daß die griechischen Poleis, die ja nach wie vor ihre eigene und konkurrierende Politik treiben, sich angesichts der drohenden Gefahr doch zu einem gemeinsamen Vorgehen entschließen können. 481 schließen rund 30 Städte, allen voran Sparta, Athen und Korinth, ein antipersisches Schutzbündnis, verknüpft mit einem innergriechischen Sonderfrieden.

480 erfolgt der Angriff. Die griechische Flotte errichtet einen Sperrgürtel am *Kap Artemision,* während

gleichzeitig ein griechisches Landheer unter Führung des Spartanerkönigs *Leonidas* am *Thermopylenpaß,* einer engen und gut zu verteidigenden Stelle, die persischen Truppen aufzuhalten sucht. Auf die Vorhaltung, die Zahl der Perser sei so groß, daß ihre Pfeile den Himmel verdunkeln würden, soll Leonidas geantwortet haben: »Um so besser, dann können wir im Schatten kämpfen!« – Musterbeispiel für die berühmte »lakonische Kürze« (S. 15 Anm. 2).

Als es den Persern nach dreitägigem Kampf gelingt, auf einem Nebenpfad den Thermopylenpaß zu umgehen und den Verteidigern in den Rücken zu fallen, ist der Kampf verloren. Um der Flotte am Kap Artemision den geordneten Rückzug zu ermöglichen, hält Leonidas mit einer kleinen, vorwiegend aus Spartanern bestehenden Truppe die Stellung bis zum sicheren Ende. Die

| Schlacht an den Thermopylen | 480 |

ist zu einem Symbol für den griechischen, vor allem spartanischen Widerstandsgeist geworden. Dem Leonidas und seinen Soldaten hat man ein Denkmal gesetzt mit der berühmten Inschrift (in der Übersetzung Friedrich von Schillers):

»Wanderer! Kommst du nach Sparta, verkündige dorten, du habest uns hier liegen sehn, wie das Gesetz es befahl.«

Nach den Erfolgen an den Thermopylen und bei Artemision rückt das persische Heer nach Athen vor, dessen Bewohner auf die vorgelagerte Insel Salamis evakuiert worden sind. Die Athener setzen, der Strategie des Themistokles folgend, ganz auf ihre Flotte, die trotz zahlenmäßiger Unterlegenheit in den engen Gewässern eine Chance gegen die schwerfälligeren persischen Schiffe hat. In der

| Seeschlacht bei Salamis | 480 |

erzielen die Griechen einen glänzenden Sieg und zwingen die Reste der persischen Flotte zum Rückzug. Das persische Landheer hingegen bleibt erfolgreich. Es zerstört die Stadt Athen und wird erst in der

| Schlacht von Plataiai | 479 |

unter Führung des Spartaners *Pausanias* aufgerieben. Ungefähr zur gleichen Zeit können die Griechen der persischen Flotte in der

| Schlacht bei Mykale | 479 |

eine weitere Niederlage zufügen und sie damit auf lange Sicht schwächen.

Der ungleiche Kampf zwischen dem kleinen Griechenland und dem persischen Weltreich ist zugunsten der Griechen ausgegangen. Fragt man nach Gründen für diesen überraschenden Sieg, so sind vor allem folgende zu nennen:

- Die Griechen verfügen über die bessere Ortskenntnis und können in ihrer Strategie geographische Vorteile nutzen (Thermopylen, Salamis).

- Die griechischen Schiffe sind wendiger und deshalb im Nahkampf den größeren und schwerfälligeren persischen Schiffen überlegen (Salamis).

- Die Hoplitenphalanx erweist sich der leichteren Bewaffnung der persischen Krieger als überlegen (Marathon).

- Im Unterschied zu den Persern, die einen bloßen Eroberungskrieg führen, geht es bei den Hellenen um die Abwehr einer existentiellen Bedrohung, um Sein oder Nichtsein. Sie kämpfen gewissermaßen mit dem Rücken zur Wand und sind in dieser Situation zur Konzentration all ihrer Kräfte fähig.

Der Sieg über die Perser ist oft als Ereignis von weltgeschichtlicher Bedeutung interpretiert worden. Er habe dem Vordringen des Orients nach Europa ein Ende gemacht und habe damit Freiheit, Denken und Kultur der Griechen gerettet. Da diese aber Grundlage der europäischen Kultur seien, habe sich bei Marathon und Salamis auch das Schicksal Europas entschieden.

Diese Deutung ist aber vielleicht doch etwas übertrieben. Es ging den Persern nicht um Austilgung der griechischen Kultur (Delphi zum Beispiel ließen sie völlig unangetastet), sondern um Unterwerfung der in ihrem Sinne aufständischen Griechen. Überlegungen, wie die Geschichte im Falle eines persischen Erfolges verlaufen wäre, bleiben natürlich spekulativ. Mit Sicherheit läßt sich sagen, daß der Sieg über den scheinbar übermächtigen Feind das griechische Selbstbewußtsein stärkt und vor allem die Athener zu großen Leistungen anregt. Die athenische Politik wird in der Folge Großmachtpolitik. Athen steigt zur unumstrittenen, führenden Seemacht auf und erlebt einen wirtschaftlichen und kulturellen Aufschwung, wie er ohne den großen Sieg gewiß nicht zustandegekommen wäre.

In der Zeit nach den Perserkriegen entsteht der Neubau der Akropolis mit dem Parthenon, den Propyläen und zahlreichen Werken des *Pheidias (490-ca.417),* des berühmtesten griechischen Bildhauers. Es ist die Blütezeit des attischen Dramas, das auch nach über 2000 Jahren nichts von seiner Wirkung verloren hat *(Aischylos, 525-456, Sophokles, 496-406, Euripides, 484-405, Aristophanes, ca. 445-385).* Ebenfalls bis heute nachwirkend ist die Philosophie des *Sokrates (469-399),* seines Schülers *Platon (427-347)* und dessen Schülers *Aristoteles (384-322). Herodot (ca.485-ca.430)* und *Thukydides (ca.460-ca.400)* schreiben die ersten uns bekannten

Geschichtswerke; Herodot gilt als der »Vater der Geschichtsschreibung«. Unter *Perikles* (s. Seite 27), dem berühmtesten athenischen Staatsmann, wird die Demokratie auf ihre höchste Stufe geführt.

Zusammenfassend wird diese Epoche als **klassische Zeit**[1] Athens bezeichnet.

Der Attische Seebund

Mit den Siegen von Salamis, Plataiai und Mykale ist der persische Angriff zwar abgewehrt, doch die Gefahr eines dritten Krieges bleibt bestehen. Zum dauerhaften Schutz vor persischen Übergriffen wird deshalb der

Delisch-attische Seebund[2]	478/77

gegründet. Er ist von seiner Zielsetzung her eine Erneuerung des antipersischen Bündnisses von 481 (s. Seite 24). Hinsichtlich seiner Organisation aber ist er etwas grundlegend Neues:

- Es handelt sich um einen Seebund. Sparta, das 481 noch die führende Rolle gespielt hat, ist als fast reine Landmacht an diesem Bündnis nicht beteiligt.

- Der Bund wird, anders als das Zweckbündnis von 481, »auf ewige Zeiten« geschlossen.

- Der Bund erhält eine feste Organisation. Alle Mitglieder haben einen jährlichen Beitrag zu leisten. Sie müssen entweder Schiffe stellen oder ersatzweise einen Geldbeitrag leisten. Die Bundeskasse wird auf der Insel Delos verwahrt, wo auch die Bundesversammlungen stattfinden.

- Die Mitglieder sind gleichberechtigt. Athen, das über die größte Flotte verfügt und in den Perserkriegen die entscheidende Rolle gespielt hat, ist formell nur *primus inter pares*[3].

Es kann jedoch nicht ausbleiben, daß Athen faktisch zur Führungsmacht des Bundes wird. Es baut mit den Geldern des Bundes seine Flotte kontinuierlich aus (20 Trieren pro Jahr). Als Naxos die Zahlungen einstellt und aus dem Bund austritt (ca.470), erobert Athen die Insel und zwingt sie zur Bündnistreue. Das gleiche Schicksal erfährt die nordägäische Insel Thasos (ca.463). De facto wird Athen zur Führungsmacht, der attische Bund immer mehr zum attischen Reich.

Der eigentliche Zweck des Bundes – die Verteidigung gegen die Perser – rückt nur noch gelegentlich in den Blickpunkt: Als eine persische Flotte Zypern erobert und sich gegen die Griechenstädte Kleinasiens wendet, wird sie in der

Schlacht am Eurymedon	469 (?)

im südlichen Kleinasien geschlagen. Einige Jahre später führt die

ägyptische Expedition der Athener	460-454

zu einer ernsthaften Krise. Als sich Ägypten nach Xerxes' Tod (465) gegen den neuen Großkönig *Artaxerxes I. (464-425)* erhebt, unterstützt Athen den Aufstand. Nach anfänglichen Erfolgen (Eroberung von Memphis) werden die griechisch-ägyptischen Truppen auf der Nilinsel Prosopitis eingeschlossen und aufgerieben; eine zum Entsatz herbeigeschickte athenische Flotte wird ebenfalls geschlagen (454). Die Situation erscheint so kritisch, daß die

Überführung der Bundeskasse von Delos nach Athen	454

veranlaßt wird. Die Perser nutzen ihren Sieg jedoch nicht aus, begnügen sich mit der Sicherung ihrer Herrschaft in Ägypten.

In Athen haben sich mittlerweile innenpolitische Veränderungen ergeben. Die neue Führungsgruppe unter *Perikles* ist an der Beendigung der Perserkriege interessiert. Nach einer letzten Flottenexpedition mit dem Ziel, Zypern zu befreien (450 Schlacht bei Salamis auf Zypern) beginnen die Friedensverhandlungen, die von *Kallias,* einem Vertrauten des Perikles, geführt werden. Der nach ihm benannte

Kalliasfrieden	448

beendet, mehr als vierzig Jahre nach Marathon, die Zeit der Perserkriege. Der Frieden enthält

- eine gegenseitige Nichtangriffserklärung

- die Zusicherung der Autonomie der griechischen Städte im Perserreich (Kleinasien, Zypern)

- die Festlegung von Einflußzonen: Die Ägäis wird zu einem rein griechischen Meer.

Der athenisch-spartanische Dualismus

Die wachsende Macht Athens im Seebund führt fast unvermeidlich zu Spannungen mit dem **Peloponnesischen Bund,** an dessen Spitze Sparta steht. Über der Frage nach dem zukünftigen Verhältnis zwischen den beiden griechischen Führungsmächten spaltet sich die athenische Politik: Während *Themistokles,* der Sieger von Salamis, die zukünftige Auseinandersetzung mit Sparta für unvermeidbar hält und eine entsprechende Absicherung Athens fordert (Ausbau der Befestigungen, Beilegung des Perserkrieges), hält sein Rivale *Kimon,* Sohn des Miltiades, am

---

[1] Von lat. *classicus* (der ersten Steuerklasse zugehörig): erstrangig, vollendet

[2] Die Bezeichnung ist neueren Datums. In den antiken Quellen ist nur von »Athen und seinen Verbündeten« die Rede.

[3] (lat.): Erster unter Gleichen

Bündnis mit Sparta fest. Die innenpolitische Auseinandersetzung führt zur

Ostrakisierung des Themistokles 471.

Themistokles geht erst nach Argos, dem alten Gegner Spartas. Als ihm schließlich auf Druck der Spartaner in Abwesenheit der Prozeß wegen Hochverrats gemacht wird, muß er auch von dort fliehen. Er findet Schutz ausgerechnet bei dem persischen Großkönig Artaxerxes, der den Sieger von Salamis ehrenvoll aufnimmt und ihn mit einem Vasallenfürstentum ausstattet.

Der Konflikt mit Sparta, den Themistokles vorausgesehen hat, läßt sich aber trotz aller Bemühungen Kimons nicht verhindern. Sparta, geschwächt durch ein Erdbeben (464) und einen erneuten Helotenaufstand *(3. Messenischer Krieg),* erbittet athenische Waffenhilfe, die auch gewährt wird. Als die Hilfstruppen eintreffen, kommt es aber wohl wegen der von den Athenern mitgebrachten demokratischen Ideen zu Unstimmigkeiten, so daß Sparta das athenische Heer kurzerhand wieder nach Hause schickt (462). Diese offene Brüskierung läßt die Stimmung in Athen völlig umschlagen in eine offene Spartafeindlichkeit. Sie führt nun zur

Ostrakisierung Kimons 461,

des Repräsentanten der spartanischen Partei, zu einer Annäherung an die Feinde Spartas, an Argos und Megara, und zum Bau der »langen Mauern« (460-457), die den Hafen Piräus mit Athen verbinden und die Stadt zu einer starken Festung machen. Die

Flottenexpedition des Tolmides 455

demonstriert die athenische Überlegenheit zur See: Tolmides umrundet die Peloponnes, erobert Gytheion und Methone, unterwirft die Inseln Zakynthos und Kephallenia, läuft in den Golf von Korinth ein und siedelt in Naupaktos messenische Heloten an. – Dagegen erringen Sparta und seine Verbündeten, darunter Aigina und Korinth, deutliche Erfolge in Mittelgriechenland. Athen wird mehrfach geschlagen, seine Bundesgenossen in Böotien, Phokis und Lokris fallen schließlich von ihm ab, ein spartanisches Heer unter König Pleistoanax kann gar in Attika einfallen. Athen sieht sich gezwungen, den auf dreißig Jahre festgesetzten

athenisch-spartanischen Frieden 446

zu schließen. Der athenisch-spartanische Dualismus[1] bleibt aber trotz dieses Friedens bestehen und mündet 431 in den *Peloponnesischen Krieg* (s. Seite 30), der zur gegenseitigen Vernichtung und in der Folge zum Aufstieg Makedoniens führt.

Vollendung der Demokratie unter Perikles

Perikles ist zweifellos der berühmteste athenische Politiker, geradezu eine Symbolfigur. Zu seiner Zeit erlebt Athen innenpolitisch die Vollendung der demokratischen Verfassung, außenpolitisch seine größte Machtentfaltung und kulturell eine einzigartige Blütezeit. Diese Phase von 461 bis zum Tod des Perikles 429 wird deshalb oft das **Perikleische Zeitalter** genannt.

Perikles stammt aus adeliger Familie. Sein Vater Xanthippos hat sich in den Perserkriegen als Feldherr hervorgetan (Schlacht bei Mykale, 479). Über seine Mutter ist er verwandt mit dem Reformer Kleisthenes (s. Seite 21). Als Angehöriger einer vornehmen und reichen Familie hat Perikles eine exzellente Ausbildung bei berühmten Lehrern seiner Zeit erhalten, unter anderem in Rhetorik (Redekunst). Vor allem seine rhetorischen Fähigkeiten, die Kunst also, in freier Rede die Volksversammlung zu überzeugen und mitzureißen, dürfte die entscheidende Voraussetzung für seine Erfolge gewesen sein: Perikles ist – noch im neutralen Sinne des Wortes – ein *Demagoge*[2].

Perikles gehört, ob aus Überzeugung oder aus Kalkül, zu den Kreisen, die sich gegen die konservative und prospartanische Politik Kimons (s. Seite 26) wenden. Führer dieser »Partei« ist *Ephialtes.* Sein Hauptangriffsziel ist der Areopag, höchster Gerichtshof und Bollwerk der bestehenden Ordnung. Durch Prozesse gegen einzelne Areopagiten (wegen Bestechlichkeit und ähnlicher Vergehen) kann Ephialtes die Stellung des Areopags erschüttern. 461, in engem Zusammenhang mit der Ostrakisierung Kimons (s. oben), gelingt der Sturz des Areopags. Seine Befugnisse, mit Ausnahme der Blutgerichtsbarkeit, werden auf den Rat der 500 bzw. auf die Volksversammlung übertragen. Damit ist die letzte noch aus der Adelszeit stammende Institution entmachtet.

Nach dem Tod des Ephialtes, der einem Attentat zum Opfer fällt (461), wird Perikles Führer der demokratischen »Partei«. Er setzt die Demokratisierungspoli-

---

[1] *Dualismus* (von lat. *duo* = zwei): Rivalität, Gegensatz zweier etwa gleichstarker Mächte innerhalb eines gemeinsamen politischen Verbandes.

[2] *Demagoge* (griech.: Volks-Führer); erst in späterer Zeit, vor allem unter *Kleon* (s. Seite 30), hat das Wort seine negative Bedeutung (Volksverführer, -verhetzer) erhalten.

tik konsequent fort: Unter Perikles

- werden auch die Zeugiten (3. Einkommensklasse) zum Archontat zugelassen (457),
- wird die Besoldung der Amtsträger eingeführt. Die Einführung dieser (wenn auch bescheidenen) *Diäten*[1] erlaubt es jedem athenischen Bürger, ein Amt zu übernehmen; in der Praxis war das bislang nur den vermögenderen Schichten möglich. In späterer Zeit (403) werden Tagegelder auch für den Besuch der Volksversammlung gezahlt.

Mit den von Ephialtes und Perikles durchgeführten Maßnahmen hat die athenische Demokratie ihre höchste Stufe erreicht.

Es bleibt zu fragen, wie sich die herausragende Stellung des Perikles, der spätestens seit 443 (Ostrakisierung seines Rivalen Thukydides) bis zu seinem Tod eine geradezu monarchische Macht ausübt, mit den Prinzipien einer Demokratie vereinbaren läßt. Sie läßt sich nur erklären durch die persönliche Autorität und das Charisma des Perikles, der es offensichtlich verstanden hat, in den Versammlungen die Masse zu überzeugen und auf seine Seite zu ziehen. Diese Fähigkeit und der Erfolg seiner Politik haben ihm das Vertrauen des Volkes eingebracht, das ihn über Jahre hinweg immer wieder zum Strategen wählt (eines der ganz wenigen Ämter, die

Verfassungsentwicklung

	Archontat	Areopag	Rat	Gerichte	Volksversammlung
Adelszeit **Aristokratie**	höchste Beamte (nur Adelige)	reine Adels-versammlung (ehemalige Archonten)			
Solonische Reform **Anfang 6. Jh.** **Timokratie**	1. Steuerklasse Ermittlung durch Wahl	1. Steuerklasse Rechtsprechung/Aufsicht über Verfassung	**Rat der 400** 1.–3. Steuerklasse / Ermittlung durch Wahl	alle 4 Steuerklassen	alle 4 Steuerklassen Organisation nach 4 Phylen (alten Stils)
Tyrannis der Peisistratiden					
Reformen des **Kleisthenes** **Demokratie**	Zulassung der 2. Steuerklasse Ermittlung durch Los (487?)	Zulassung der 2. Steuerklasse	**Rat der 500** mit wechselnder Prytanie als Verwaltungsausschuß Ermittlung durch Los		Neugliederung der Bevölkerung nach Demen, Trittys, 10 Phylen neuen Stils / mindestens 10 Tagungen im Jahr / Beschlußfassung in *allen* Fragen / Kontrolle der Ämter / letzte Instanz der Rechtsprechung / Wahl der 10 Strategen / *Ostrakismos* (erstmals 488)
Ephialtes		Entmachtung des Areopags / Beschränkung auf Blutgerichtsbarkeit	Übernahme bisher dem Areopag vorbehaltener Aufsicht	Aufteilung in mehrere Gerichtshöfe (insgesamt ca. 6000 Geschworene!)	
Perikles **höchste Entfaltung der Demokratie**	Besoldung 457 Zulassung der 3. Steuerklasse (Zeugiten)	Besoldung Zulassung der 3. Steuerklasse	Besoldung	Besoldung	ca. 40 Tagungen pro Jahr (403 Besoldung)

---

[1] *Diäten* (von lat. dies = Tag): Tagegelder; Entschädigung für den Verdienstausfall der politischen Amtsträger.

nicht durch Los bestimmt werden). So kommt es zu dem scheinbaren Widerspruch, daß Perikles im Rahmen der athenischen Verfassung *de jure* keine besonderen Befugnisse hat (alle Entscheidungen hängen von der Volksversammlung ab), daß er aber aufgrund seiner Persönlichkeit, seiner staatsmännischen Fähigkeit, seiner überragenden rhetorischen Begabung ebenso wie aufgrund seines Strategenamtes im Lauf seiner politischen Karriere immer größere Autorität erlangt und so *de facto* den beherrschenden Einfluß auf die gesamte Staatsführung ausübt. Schon Perikles' Zeitgenosse, der Historiker *Thukydides,* hat diese sonderbare Stellung des Perikles auf den Punkt gebracht, wenn er feststellt: »So war es dem Namen nach Demokratie, in Wirklichkeit aber Herrschaft des ersten Mannes« (Thuk. II 65,9).

Beurteilung der athenischen Demokratie

Die Ausbildung einer demokratischen Staatsform – es ist die erste in der Geschichte – hat das klassische Griechenland natürlich zum großen Vorbild auch der modernen Freiheitsbewegungen des 18./19. Jahrhunderts werden lassen. Anfang des 19. Jahrhunderts herrscht in den aufgeklärten Kreisen Europas eine wahre Griechenbegeisterung, die sich in spontaner Hilfeleistung im griechischen Unabhängigkeitskrieg äußert (s. Bd.2, Seite 25).

Es ist jedoch festzuhalten, daß sich die athenische Demokratie in manchem von unserem heutigen Demokratiebegriff unterscheidet:

● Es handelt sich um eine *direkte Demokratie.* Die Volksversammlung ist in allen Belangen die maßgebliche Instanz. Sie kann sowohl selbst Beschlüsse fassen als auch Beschlüsse der Prytanen oder der Gerichte rückgängig machen, kann auch jederzeit Beamte abberufen oder ihnen den Prozeß machen. Das Volk übt seine Macht also *unmittelbar* aus; ein Repräsentativsystem im heutigen Sinne mit der zeitlich befristeten Delegation der Macht an gewählte Repräsentanten ist unbekannt.

● Die Theorie der Gewaltenteilung, die im 18. Jh. von *Locke* und *Montesquieu* begründet wird (s. Seite 167) und seitdem als unverzichtbares Prinzip einer demokratischen, rechtsstaatlichen Verfassung gilt, ist in Athen unbekannt. Das Fehlen unabhängiger Instanzen, die direkte Machtausübung durch die jeweilige Volksversammlung wirft natürlich massenpsychologische Probleme auf. Vor allem in unruhigen Zeiten kann es zu ungerechten oder unverantwortlichen Entscheidungen kommen (wie im Peloponnesischen Krieg, s. Seite 30).

● Die Rechtsprechung (Judikative) beruht auf dem Rechtsempfinden und damit letztlich der Willkür der Gerichtshöfe und der Volksversammlung. Ein festgeschriebenes (»positives«), allgemeinverbindliches Recht gibt es in der athenischen Demokratie noch nicht (es wird erst von den Römern entwickelt, s. Seite 41).

● Das Prinzip der Volksherrschaft gilt nur für die Politen, diejenigen also, die das athenische Bürgerrecht besitzen. Es gilt nicht für Sklaven, Metöken (Mitbewohner) und Frauen. Bedenkt man ferner, daß die Landbevölkerung aus praktischen Gründen kaum an den politischen Entscheidungsprozessen mitwirken kann, reduziert sich die Zahl der »Aktivbürger« auf ca. ein Achtel der Gesamtbevölkerung. Der im Grunde also exclusive[1] Charakter dieser Demokratie spiegelt sich im *Bürgerrechtsgesetz* (457?), das Kinder aus Ehen mit nichtathenischen Partnern ausschließt.

● Angesichts der relativ kleinen Zahl an Bürgern und der relativ hohen an Ämtern (ca. 6000 !) kommt jeder athenische Vollbürger ständig in die Situation, in ein Amt gelost zu werden und Verantwortung übernehmen zu müssen. Er muß sich entsprechend informieren und sein politisches Urteil bilden. Den »unpolitischen« Bürger, der in der heutigen Massendemokratie allzu oft anzutreffen ist, gibt es in Athen nicht.

● Trotz der prinzipiellen Demokratisierung ist es im Grunde doch eine kleine Schicht, die sich aufgrund ihres Reichtums, ihrer Anhängerschaft, ihrer Bildung und ihres Selbstbewußtseins profilieren und die politischen Entscheidungen beeinflussen kann. Alle herausragenden Politiker dieser Zeit, von Kleisthenes bis Perikles, sind Adelige.

---

[1] *exclusiv* (von lat. *excludere* = ausschließen): sich von anderen abgrenzend, elitär.

Die politische Auflösung Griechenlands und der Hellenismus

Der Peloponnesische Krieg

Die *Ursache* des sogenannten Peloponnesischen Krieges, der die Vormachtstellung Athens und auf Dauer auch die Spartas zerstört, ist der trotz des Friedens von 446 nach wie vor bestehende Dualismus zwischen Attischem und Peloponnesischem Bund. Der *Anlaß* ist im Grunde nebensächlich: Es geht um Einmischungen in die jeweils anderen Machtbereich. Athen beeinträchtigt durch ein Bündnis mit Korkyra und eine Handelssperre gegen Megara die Interessen Korinths, das mit Sparta verbündet ist. Sparta und Korinth dagegen unterstützen den Aufstand Poteidaias (auf der Chalkidike), das sich aus dem Seebund lösen will. Auf Betreiben Korinths beschließen die Mitglieder des Peloponnesischen Bundes den Krieg gegen Athen.

Die erste Kriegsphase, nach dem spartanischen König *Archidamos* auch

Archidamischer Krieg	431-421

genannt, ist durch eine defensive Taktik Athens bestimmt. Perikles vermeidet die Feldschlacht mit dem als überlegen eingeschätzten spartanischen Heer. Er bringt die attische Bevölkerung zwischen den langen Mauern in Sicherheit und nimmt es hin, daß die Spartaner das Umland Athens verwüsten. Die athenische Flotte fährt unterdessen Angriffe auf peloponnesische Ziele und demonstriert ihre absolute Seeherrschaft.

Einen schweren Schlag erleiden die Athener durch den

Ausbruch der Pest	429,

die in dem von Flüchtlingen überfüllten Athen rasche Verbreitung findet und rund ein Drittel der Bevölkerung hinrafft. Auch Perikles fällt der Seuche zum Opfer. Unverantwortliche Demagogen wie der ungebildete *Kleon,* der aber geschickt an die Wünsche und Instinkte der Masse zu appellieren vermag, bekommen Oberwasser. Kleon verhindert mit seinen maßlosen Forderungen den Abschluß eines Friedens, zu dem die Spartaner nach einer vergleichsweise bedeutungslosen Niederlage auf der Insel Sphakteria bereit sind. Erst nachdem der Kriegstreiber Kleon in der von Athen verlorenen

Schlacht bei Amphipolis (in Thrakien)	422

fällt, kann sein gemäßigter Gegenspieler *Nikias* den nach ihm benannten

Nikiasfrieden	421

schließen, in dem Sparta Athens Machtstellung anerkennen muß.

Der Erfolg Athens führt zu einer zeitweisen Desorganisation des Peloponnesischen Bundes: Korinth, Elis, Megara, Mantineia und Argos fallen von Sparta ab, das aber in der

Schlacht von Mantineia	418

der inneren Bedrohung Herr werden kann.

In Athen ist mittlerweile **Alkibiades** an die Spitze des Volkes getreten. Er ist überaus begabt, reich, aus bester Familie, ein Verwandter und sogar eine Art Ziehsohn des Perikles. Im Unterschied zu Perikles, als dessen Gegenstück er oft gesehen wird, ist Alkibiades aber ein höchst fragwürdiger Charakter, opportunistisch, ehrgeizig, machtbesessen. Als 415 Gesandte aus der sizilischen Stadt Segesta eintreffen und Athen um Hilfe gegen Selinus und Syrakus bitten, peitscht Alkibiades die Volksversammlung auf und begeistert sie für das gewagte Unternehmen.

Sizilische Expedition

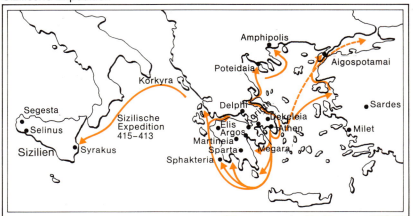

athenische Flotte
spartanische Flotte (405)

Amphipolis
Poteidaia
Aigospotamai
Korkyra
Delphi
Sardes
Segesta
Sizilische Expedition 415–413
Dekeleia
Selinus
Elis
Athen
Milet
Argos
Sizilien
Syrakus
Martineia
Megara
Sparta
Sphakteria

Eroberung Siziliens, danach Karthagos und dann Beherrschung des Mittelmeeres – das sind Visionen, die bei der Masse ankommen. Gegen den Widerstand des Nikias setzt Alkibiades die

Sizilische Expedition   415-413

durch. Sie wird zu einer militärischen Katastrophe. Nach anfänglichen Erfolgen wird ein Großteil der athenischen Flotte zerstört; die überlebenden Athener werden gefangen und in sizilische Bergwerke zur Zwangsarbeit gesteckt.

Alkibiades selbst ist an dem von ihm zu verantwortenden Desaster persönlich schon nicht mehr beteiligt. Seine Gegner in Athen haben ihn 415 des Religionsfrevels bezichtigt, eine Anklage, der Alkibiades sich durch die Flucht entzieht. Er spielt seitdem eine noch fragwürdigere Rolle. Er flieht zu den Spartanern und wird deren militärischer Berater – gegen Athen. Er bewirkt, daß die Spartaner das von Athen bedrohte Syrakus unterstützen und sich 413 wieder direkt gegen Athen wenden, indem sie die attische Festung *Dekeleia* besetzen und von hier das Umland Athens kontrollieren. Dieser sogenannte

Dekeleiische Krieg   413-404

ist ein unaufhaltsamer Niedergang Athens. Durch die sizilische Katastrophe schwer geschwächt, verliert es nun auch die bisherige Dominanz zur See, zumal ein

Bündnis Spartas mit Persien   412

den Spartanern die nötigen Gelder zum Ausbau einer eigenen Flotte gibt. Das Perserreich, bislang Erzfeind der Griechen, profitiert von dem innergriechischen Krieg, ohne sich selbst sonderlich exponieren zu müssen. Als Gegenleistung für das Bündnis verzichtet Sparta auf die Griechenstädte Kleinasiens, die damit wieder unter persische Herrschaft fallen.

Der persisch-spartanische Beistandspakt ist von Alkibiades vermittelt worden, dem großen Intriganten des Krieges. In der für Athen immer kritischer werdenden Situation bietet er nun wieder den Athenern seine Hilfe an und kann 408/07 nach Athen zurückkehren. Sein Plan, die Perser nun auf athenische Seite zu ziehen, scheitert jedoch. In der letzten Kriegsphase, die durch den Kampf der athenischen mit der neuaufgebauten spartanischen Flotte bestimmt ist, können die Spartaner unter *Lysander* in der

Schlacht bei Aigospotomai   405

die athenische Flotte zerstören. Die sich anschließende Seeblockade führt zur bedingungslosen

Kapitulation Athens   404.

Daß Athen nicht, wie sonst durchaus üblich, zerstört wird, verdankt es seiner historischen Rolle als Retterin Griechenlands gegen die Perser, die eine solch brutale Maßnahme nicht erlaubt. Es muß aber seine Befestigungswerke schleifen und erhält für kurze Zeit eine oligarchische Regierung, die eine Schreckensherrschaft gegen die Anhänger der Demokratie ausübt.

Der Aufstieg Makedoniens

Mit der Niederlage Athens ist das Attische Reich zusammengebrochen. Aber auch der Sieger ist durch den fast dreißigjährigen Krieg geschwächt. Es ist festzuhalten, daß ohne die persische Hilfe der Sieg Spartas gar nicht möglich gewesen wäre. Sparta ist jedenfalls nicht in der Lage, die Ordnungsfunktion zu übernehmen, die bislang Athen ausgeübt hat. Es ist eine Art »Machtvakuum« entstanden.

Die Zeit von 404 bis zum Sieg *Philipps von Makedonien* 338 in der *Schlacht bei Chaironeia* zeigt folglich alle Anzeichen der Destabilität. Es ist eine Zeit ständiger Machtkämpfe und Kriege, wechselnder Bündnisse und Konstellationen, wobei neben den »klassischen« Kontrahenten – Sparta, Athen und dem Perserreich – auch neue Größen ins Spiel kommen, vor allem *Theben* und schließlich *Makedonien*.

In der verwirrend unübersichtlichen Zeit von 404 bis 338 lassen sich vier größere Phasen feststellen:

- In der ersten Phase (399-387) übernimmt Sparta den Schutz der Griechenstädte Kleinasiens und kämpft gegen seinen bisherigen Verbündeten Persien. Dieses findet Unterstützung bei den griechischen Rivalen Spartas, Athen und Theben. Mit persischem Geld (!) werden die Befestigungsanlagen Athens wieder aufgebaut. In der

Seeschlacht bei Knidos   394

gegen eine athenisch-persische Flotte bricht die Seeherrschaft Spartas zusammen. Daraufhin einigt sich Sparta mit dem Perserreich (Preisgabe der kleinasiatischen Griechenstädte) und behält durch den von *Artaxerxes II.* erzwungenen

Königsfrieden   387

seine Hegemoniestellung in Griechenland.

- In einer zweiten Phase erneuert Athen im Bündnis mit dem aufsteigenden Theben seine Seemachtstellung im sog.

2. Attischen Seebund   377.

Sparta, das seine Stellung durch die Landmacht Theben stärker gefährdet sieht als durch die Seemacht Athen, wendet sich im Bündnis mit Athen gegen Theben, wird aber in der

Schlacht bei Leuktra   371

vernichtend geschlagen. Theben, unter der Führung des herausragenden Feldherrn *Epameinondas*[1], befreit das spartanische Helotenland Messenien und beendet damit die Ära Spartas. Insofern hat die Schlacht bei Leuktra epochale Bedeutung.

- Die neu erkämpfte Führungsrolle Athens im Zweiten Seebund (seit 377) wird durch die energische Politik des neuen Perserkönigs *Artaxerxes III. (359-338?)* erschüttert, der die östlichen Mitglieder des Seebundes auf seine Seite zieht. Athens Versuch, im

Bundesgenossenkrieg   357-355

die Bündnistreue der abgefallenen Mitglieder wiederherzustellen, scheitert an Persien.

- Die vierte Phase ist gekennzeichnet durch den Aufstieg Makedoniens unter König *Philipp II. (359-336)*. Makedonien hatte an der neueren Entwicklung der griechischen Welt keinen Anteil. Es galt, obwohl es historisch und sprachlich ein griechisches Land ist, den meisten Griechen als Barbarenland. Durch Unterwerfung Illyriens, Thessaliens, der Chalkidike (348 Zerstörung von Olynthos) und Thrakiens erreicht Philipp die Hegemonie im nordgriechischen Raum. Der große athenische Rhetor *Demosthenes* erkennt die von Makedonien drohende Gefahr und ruft in seinen *Philippika*[2] zum Widerstand auf. Der sich gegen Makedonien formierende Widerstand wird von Philipp II. in der

Schlacht bei Chaironeia   338

gebrochen. Im sogenannten

Korinthischen Bund   337

schließen sich die griechischen Städte (mit Ausnahme Spartas) unter der Hegemonie Makedoniens zusammen. Das offizielle Ziel des Bundes, mit dem Philipp das nötige Gemeinschaftsgefühl wecken will, ist der gemeinsame Kampf gegen das Perserreich um die Befreiung der kleinasiatischen Griechenstädte.

Alexander der Große

336 wird Philipp II. ermordet, und sein Sohn Alexander – erst 20jährig – wird König von Makedonien. Die eben erst unterworfenen Griechen nutzen die Wirren des Thronwechsels, um sich gegen die Hegemonie Makedoniens aufzulehnen. Aber Alexander, der sich bereits in der Schlacht bei Chaironeia als Führer der Reiterei hervorgetan hat, schlägt die Erhebung schnell nieder. Sein kompromißloser, aber auch brutaler Charakter zeigt sich in dem Befehl, ein Exempel zu statuieren und die aufständische Stadt Theben dem Erdboden gleichzumachen (335). Nur das Haus des berühmten Dichters *Pindar* habe er verschonen lassen.

Nachdem Alexander so die Hegemonie im Korinthischen Bund wiederhergestellt hat, geht er unverzüglich an die Verwirklichung des Feldzuges gegen Persien. Offiziell ist der Krieg ein panhellenischer »Rachefeldzug« – Rache für die Zerstörung Athens in den Perserkriegen vor fast 150 Jahren! In Wirklichkeit geht es um den Ausbau der makedonischen Macht durch die Eroberung Kleinasiens. Der Erfolg des Unternehmens verleitet Alexander dann, über das ursprüngliche Ziel hinauszugehen und die Nachfolge des Perserkönigs anzutreten. Dieser zweite

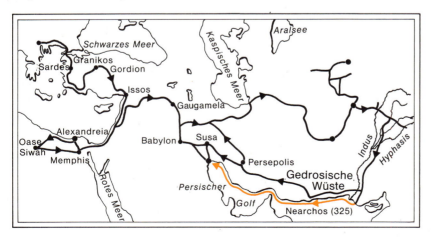

Alexanders Zug nach Asien

---

[1] Erfinder der *schiefen Schlachtordnung,* die es durch einen verstärkten Angriffsflügel möglich macht, den Gegner in der Flanke zu treffen. Diese Taktik wird später von Alexander dem Großen erfolgreich gegen die Perser angewandt.

[2] Reden des Demosthenes gegen Philipp II. von Makedonien; heute im übertragenen Sinne: Kampfrede, Abrechnung

Teil des Unternehmens wird im Unterschied zum »Rachekrieg« (bis 330) dann als »Eroberungsfeldzug« (bis 324) bezeichnet.

Im Frühjahr 334 überquert Alexander den Hellespont (Dardanellen). Bevor er den Boden Kleinasiens betreten hat, soll er vom Schiff aus seine Lanze auf das Land geschleudert haben und sich dadurch symbolisch – »kraft des Rechts der Waffen« – des neuen Erdteils bemächtigt haben. Symbolisch auch der Besuch des alten Troja und die Verehrung der alten Helden, vor allem des Achill, der Alexanders großes Vorbild ist. – In der

Schlacht am Granikos 334

besiegt er die Perser zum ersten Mal. Gemäß seinem Plan, zuerst die Küsten in die Hand zu bekommen, geht Alexanders Zug vom Granikos über Sardes zu den bedeutenden Seestädten der ionischen Küste (die meisten gehen kampflos zu Alexander über). In *Gordion* bezieht er Winterquartier. Von hier erzählt die Geschichte vom berühmten *Gordischen Knoten* des Königs Midias, der als unlösbar gilt, von Alexander aber kurzerhand mit dem Schwert zertrennt wird. Der Sage nach sollte aber der, dem es gelingt, den Knoten zu lösen, Herr der ganzen Welt werden.

In der

Schlacht von Issos 333

besiegt Alexander das Perserheer unter König Dareios III. entscheidend. Statt aber dem geschlagenen Perserheer nachzusetzen, wendet er sich nach Süden. Der Zug nach Ägypten erklärt sich aus der Notwendigkeit, zuerst die Küsten zu sichern und so einem möglichen Flottenangriff auf Griechenland die Basis zu entziehen. In Ägypten, das sich mehrfach gegen die persische Herrschaft aufgelehnt hat, wird Alexander als Befreier empfangen und in der Hauptstadt Memphis mit der ägyptischen Doppelkrone der Pharaonen gekrönt.

Nach der Gründung Alexandreias (331) zieht Alexander mit einem kleinen Gefolge quer durch die Wüste zur Oase Siwah, einem Heiligtum des ägyptischen Gottes Ammon, den die Griechen mit Zeus gleichsetzen. Die dortigen Priester begrüßen ihn als Sohn des Ammon – nach der Übernahme der ägyptischen Krone der zweite Schritt auf Alexanders Weg zum Gottkönigtum.

Nach der Sicherung Ägyptens wendet sich Alexander nach Osten ins Zentrum der persischen Macht.

Die endgültige Entscheidung über das Schicksal des Perserreiches fällt in der

Schlacht bei Gaugamela 331,

die den Griechen den Weg nach Mittelasien öffnet. Über Babylon und Susa zieht Alexander zur Hauptstadt Persepolis. Mit der Zerstörung des dortigen Königspalastes ist der sogenannte Rachekrieg beendet (330).

Alexanders Pläne reichen mittlerweile aber weit über den Rachegedanken hinaus. Er erklärt sich nach dem Tod des Dareios, der von einem Satrapen ermordet wird, offiziell zu dessen Nachfolger. Für seine Soldaten befremdlich, übernimmt er auch die orientalischen Bräuche, selbst die von den Griechen verachtete Sitte der Proskynese (s. Seite 23 Anm.). Immer mehr entwickelt er sich zu einem unumschränkten, selbstherrlichen König orientalischer Prägung. Er scheut nicht davor zurück, selbst enge Freunde, die ihm seine Wandlung zum Vorwurf machen, ermorden zu lassen. Sein Ziel ist nun die Verschmelzung des makedonischen mit dem persischen Reich. Er nimmt persische Soldaten in sein Heer auf, er heiratet die Fürstentochter Rhoxane und später, entsprechend der in Persien üblichen Polygamie (Vielehe), noch zwei weitere Prinzessinnen, darunter eine Tochter des Dareios. Die Verschmelzungspolitik findet ihren deutlichsten Ausdruck in der

Massenhochzeit von Susa 324,

bei der sich ca. 10 000 Makedonen mit persischen Frauen verheiraten.

Nach der Eroberung von Persepolis setzt Alexander seinen Feldzug fort. Er will den Osten des Reiches sichern, darüber hinaus aber bis ans Ende der Welt vorstoßen. Er gelangt auf diesem Zug bis zum Hyphasis, einem Nebenfluß des Indus. Hier meutern die erschöpften Soldaten, und Alexander ist zur Rückkehr gezwungen. Während er selbst durch die Gedrosische Wüste zieht, entdeckt sein Flottenkapitän Nearchos den Seeweg vom Indus durch den Persischen Golf.

Überhaupt ist der Alexanderzug nicht nur eine militärische, sondern auch eine wissenschaftliche Leistung. Zahlreiche Geographen, Kartographen, Botaniker, Zoologen usw. sind beteiligt und werten die Expedition wissenschaftlich aus.

Bald nach der Beendigung des Eroberungsfeldzuges wird Alexander von einer fiebrigen Krankheit befallen und stirbt, erst 32 Jahre alt, am 10. Juni 323 in Babylon.

Der Hellenismus

Die Bedeutung, die dem Alexanderzug auf lange Sicht zukommt, liegt in der Ausbreitung der griechischen Kultur nach Osten. An vielen strategisch wichtigen Punkten des eroberten Gebietes hat Alexander Städte anlegen lassen, in denen er Soldaten ansiedelt. Bald erhalten sie aber auch Zulauf vom Mutterland. Ähnlich wie die griechische Kolonisation von ca. 750 bis 550 (s. Seite 17), die zur Hellenisierung des Mittelmeerraumes geführt hat, führt diese zweite große Kolonisationsbewegung der Griechen zur Hellenisierung des Ostens. Diese Epoche, die durch den Alexanderzug eingeleitet worden ist, aber erst unter seinen Nachfolgern zur vollen Ausgestaltung kommt, wird als

Epoche des Hellenismus   ca. 330 – 30 v. Chr.

bezeichnet. In ihr wird das Griechische zur Weltsprache. Vom westlichen Mittelmeerraum bis zum Indus wird Griechisch die Sprache der Gebildeten, der Wissenschaft, Literatur und der Verwaltung. Eine Vielzahl heutiger Begriffe aus diesen Bereichen – zum Beispiel: Mathematik, Astronomie, Technik, Grammatik, Politik, Bibliothek usw. – ist griechischen Ursprungs.

Auch wirtschaftlich wächst dieser riesige Raum zu einer Einheit zusammen. Die Stadt Alexandreia in Ägypten wird zur bedeutendsten Wirtschaftsmetropole der hellenistischen Zeit, zum »Knotenpunkt der Erde«.

Die Hellenisierung beschränkt sich allerdings weitgehend auf die Städte, die von einer griechisch-makedonischen Elite dominiert werden und auch in ihrer ganzen, überaus rationalen und planmäßigen Anlage ein griechisches Gepräge haben. All diese Städte besitzen Tempel, Theater und Gymnasien. Im ägyptischen Alexandreia wird um 280 v. Chr. das Museion[1] gegründet, ein Forschungs- und Bildungszentrum allerersten Ranges. Die ihm beigefügte Bibliothek verfügt über mehr als 500 000 Schriftrollen. Die Bibliotheken der hellenistischen Zeit sind im übrigen auch zu einer bedeutenden Quelle unseres heutigen Wissens geworden. Ohne die damalige Sammel- und Forschungstätigkeit wären viele griechische Schriften, auch die Platons oder Aristoteles', heute unbekannt.

Im Hellenismus wird nicht nur klassisches Erbe bewahrt; er ist auch selbst eine Zeit hoher kultureller und wissenschaftlicher Leistung. Viele der damaligen Kunstwerke, Gedanken, Erfindungen und Entdeckungen sind noch heute lebendig. Um nur einige zu nennen:

- Weltberühmte Kunstwerke wie der *Pergamonaltar* (heute in Berlin), die *Venus von Milo* (Louvre), die *Laokoongruppe* (Vatikanmuseum) usw. sind Ausdruck der hellenistischen Epoche.

- Der alexandrinische Mathematiker *Euklid* begründet die Lehre der Geometrie, die bis in die Neuzeit (bis Einstein) maßgeblich bleibt (Euklidisches System). *Archimedes* von Syrakus entdeckt das spezifische Gewicht, das Hebelgesetz, den Flaschenzug, berechnet die Kreiszahl Pi u. a. m.. Er gilt als der bedeutendste Physiker und Mathematiker der Antike.

- *Eratosthenes* aus Alexandreia stellt die Hypothese von der Kugelgestalt der Erde auf (eine Vermutung, die erst im 16. Jahrhundert durch die Erdumseglung Maghellans bewiesen wird). *Aristarch* von Samos vermutet, daß nicht die Erde, sondern die Sonne das feststehende Zentrum der Welt ist (dieses heliozentrische[2] Weltbild wird erst im 16./17. Jahrhundert durch Kopernikus und Galilei bestätigt).

- In der Philosophie bleibt auch in hellenistischer Zeit Athen bestimmend. Neben die klassischen Philosophenschulen in der Nachfolge Sokrates', Platons und Aristoteles'[3] treten vor allem die Schulen der *Epikureer* und der *Stoiker*[4]. Während Epikur ein zurückgezogenes, privates Leben empfiehlt, in dem der einzelne zusammen mit seinen Freunden nach möglichst hohem (vor allem geistigen!) Genuß und innerer Harmonie streben soll, verpflichtet der Stoizismus seine Anhänger auch zum sozialen Engagement. In ruhiger, vernünftiger und leidenschaftsloser Art[5] will der Stoiker in Übereinstimmung mit der Weltordnung leben. Sie verlangt vom Menschen Arbeit, Pflichterfüllung, Mitmenschlichkeit und Verantwortungsbewußtsein. Die Stoiker sind als erste für die Gleichberechtigung von Mann und Frau und die Abschaffung der Sklaverei eingetreten. Sie sehen

---

[1] Im wörtlichen Sinn: Heiligtum der Musen. Die *Musen* sind die Göttinnen der Künste und Wissenschaften (Chlio z. B. ist die Muse der Geschichtswissenschaft). Von diesem Musen-Heiligtum leitet sich unser Wort *Museum* ab.

[2] *helios* = Sonne; *heliozentrisch:* Sonne als Mittelpunkt der Welt (im Gegensatz zum geozentrischen Weltbild)

[3] Aristoteles war auch der Erzieher Alexanders des Großen gewesen.

[4] *Epikureer:* nach dem Philosophen *Epikur* (341-270); *Stoiker/Stoizismus:* nach einer bemalten Säulenhalle in Athen, der *Stoa poikile,* in der *Zenon,* der Begründer dieser Philosophie, unterrichtete.

[5] Wir sprechen heute noch von »stoischer Ruhe« (im Sinne von: durch nichts zu erschütternde Ruhe).

in allen Menschen Brüder. Ihr Denken ist deshalb *kosmopolitisch (weltbürgerlich[1])*.

Viele Gedanken und Forderungen der Stoiker sind vom *Christentum* übernommen worden und haben durch dessen Ausbreitung weltweite Wirkung erzielt.

Die Diadochenreiche

Im Gegensatz zum kulturellen Bereich, wo der Hellenismus eine gemeinsame, ökumenische (=weltumspannende) Grundlage bildet, zerfällt das Reich Alexanders politisch bald in mehrere Teilstaaten. Mehrere *Diadochen* (=Nachfolger) kämpfen um sein Erbe. Da keiner dieser Nachfolger sich in den *Diadochenkämpfen* (323-ca. 280) als Hegemon durchsetzen kann, zerfällt das Alexanderreich in mehrere Teilreiche: das Reich der Ptolemäer in Ägypten, das Seleukidenreich in Vorderasien, das Antigonidenreich[2] in Makedonien und Griechenland sowie kleinere Herrschaften in Pergamon, Bithynien, Pontos, Kappadokien und Epirus. Auch die Juden lösen sich aus dem Seleukidenreich und begründen durch den Makkabäer-Aufstand (168-165) einen eigenen Staat.

Die hellenistischen Staaten werden bald mit einer neuen Großmacht konfrontiert, die sich seit dem 3. Jahrhundert unaufhaltsam im westlichen Mittelmeerraum ausdehnt: dem Römerreich. Der erste hellenistische Herrscher, der in Konflikt mit dem aufstrebenden Rom gerät, ist König *Pyrrhos von Epirus,* der die Griechen Süditaliens gegen den römischen Angriff unterstützt. Er siegt zwar gegen die Römer, aber seine eigenen Verluste sind so groß, daß er sich zurückziehen muß (*Pyrrhossieg*[3]).

Ende des 3. Jahrhunderts, im Zusammenhang mit dem Zweiten Punischen Krieg (s. Seite 46), gerät Philipp V. von Makedonien in Konflikt mit Rom. Mehrere Kriege führen zur Unterwerfung Makedoniens und Griechenlands, die zu römischen Provinzen werden (s. Seite 47).

Auch die übrigen Diadochenreiche fallen nach und nach unter römische Herrschaft. Am längsten selbständig bleibt Ägypten, das sich mit der neuen Großmacht arrangiert und erst in den Kämpfen des zu Ende gehenden römischen Bürgerkriegs römische Provinz wird. Die letzte Herrscherin des Ptolemäerreiches, die berühmte *Kleopatra,* wird ein Opfer des innerrömischen Machtkampfes (s. Seite 57) und gibt sich, nach der Niederlage bei Actium (30 v. Chr.), den Freitod.

Mit der Annexion Ägyptens geht die Epoche des Hellenismus zu Ende. Sein Nachfolger, das Römertum, hat aber mittlerweile so vieles vom Griechentum in sich aufgenommen, daß griechische Sprache, Philosophie, Literatur und Kunst in ihm weiterleben und über die Vermittlung der Römer Zugang nach Mitteleuropa finden.

---

[1] *kosmos* = Welt; *politisch* = die Angelegenheiten der Polis betreffend. Mit diesem Denken ist die frühere Beschränkung der Griechen auf ihre enge Polis überwunden, die Welt als gemeinsamer Wohnraum entdeckt: Eine mehr als 2000 Jahre alte Einsicht, die wir zur Zeit mühsam genug neu gewinnen müssen.

[2] Die Namen leiten sich ab von den Diadochen Ptolemäus, Seleukos, Antigonos u. a., die die jeweilige Dynastie begründen.

[3] Noch heute spricht man im übertragenen Sinne von einem Pyrrhussieg, wenn ein Erfolg durch hohe, letztlich selbstzerstörerische Verluste erkauft worden ist.

Zeittafel
Griechische Geschichte

ca. 2500-800	Frühzeit (s.S. 10 ff.)
8. Jh.	*Homer, Ilias* und *Odyssee*
776	*Olympische Spiele* (erstmals schriftl. belegt)
8./7. Jh.	Wirtschaftliche und soziale Krisen ↓ zeitweise Alleinherrschaften (sog. »ältere Tyrannis«) und Reformversuche (in Athen: 594/3 Solon und 509/7 Kleisthenes) → Ablösung der Aristokratie durch Demokratie
ca. 550/25	Gründung des persischen Weltreiches durch Kyros
500-494	Ionischer Aufstand gegen Persien ↓
492-479	*Perserkriege* 490: Marathon 480: Thermopylen, Salamis, Zerstörung Athens 479: Plataiai, Mykale ↓ 448: Kalliasfrieden
478/77	*Attischer Seebund* ↓ *Dualismus Athen – Sparta* ↓
431	*Peloponnesischer Krieg* 431-421: Archidamischer Krieg 415-413: Sizilische Expedition 413-404: Dekeleiischer Krieg 404 : Kapitulation Athens
387	Königsfrieden
377	Zweiter Attischer Seebund
371	Niederlage Spartas gegen Theben bei Leuktra (Ende der spartanischen Vormachtstellung)
359	*Aufstieg Makedoniens*
338	Schlacht bei *Chaironeia*
337	Korinthischer Bund unter Führung Makedoniens
336	Ermordung Philipps; Aufstand der Griechen
335	Niederwerfung des Aufstands; Zerstörung Thebens
334	*»Rachekrieg« gegen Persien* 334: Granikos 333: Issos 331: Gaugamela 330: Zerstörung von Persepolis
329-324	Eroberungsfeldzug bis zum Indus

Side boxes:

Griechische Kolonisation (ca. 750-550 v. Chr.)

Zeitalter des *Perikles* (461-429): Vollendung der athenischen Demokratie, Blütezeit: *klassische Epoche Athens*

Philipp II. von Makedonien (359-336)

Alexander der Große (336-323)

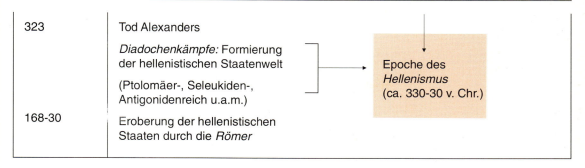

| 323 | Tod Alexanders |
| 168-30 | *Diadochenkämpfe:* Formierung der hellenistischen Staatenwelt

(Ptolomäer-, Seleukiden-, Antigonidenreich u.a.m.)

Eroberung der hellenistischen Staaten durch die *Römer* |

Epoche des
Hellenismus
(ca. 330-30 v. Chr.)

Römische Geschichte

Königszeit und Republik

Überblick

- Die latinische Siedlung Rom wird unter der Herrschaft *etruskischer Könige* (8. Jh. – ca. 500 v. Chr.) zur Stadt ausgebaut.

- Nach dem Sturz der Monarchie (ca. 500 v. Chr.) übernimmt der Adel, das *Patriziat*, die politische Führung. Der Staat wird zur **res publica**, zur Sache der Allgemeinheit.

- In den **Ständekämpfen** (494 -287 v. Chr.) können die *Plebejer* nach und nach politische Mitbestimmung und formale Gleichheit erringen. Dabei verschmelzen die vornehmsten und reichsten Plebejer mit den Patriziern zur neuen Führungsschicht der *Nobilität*.

- In zahlreichen Kriegen gegen die italischen Nachbarn, Etrusker und Gallier im Norden, Griechen im Süden breitet sich ab dem 5. Jh. die Herrschaft Roms über Italien aus.

- Mit dem Sieg in den *Punischen Kriegen* beginnt der Aufstieg Roms zur **Weltmacht.**

- Die soziale Krise entlädt sich im **Jahrhundert der Bürgerkriege** (133 – 27 v. Chr.).

- Die fast ununterbrochene Bürgerkriegssituation bringt die wachsende Auflösung der republikanischen Verfassung mit sich: Sie dient allenfalls noch der notdürftigen Bemäntelung der real existierenden *Militärdiktaturen* (Sulla, Marius, Pompeius u. a.).

- Der republikanische Widerstand gegen die sich abzeichnende Institutionalisierung der Alleinherrschaft führt 44 v. Chr. zur *Ermordung Cäsars.*

- Erst die Niederlage der Republikaner bei Philippi (42 v. Chr.) und die allgemeine Friedenssehnsucht ermöglichen es dem Cäsar-Erben *Octavian,* nach dem Sieg über seinen Gegenspieler *Antonius* (31 v. Chr.) die Alleinherrschaft zu begründen (**Prinzipat des Augustus,** 27 v. Chr. – 14 n. Chr.).

Die Anfänge der römischen Geschichte

Der Sage nach knüpft die Vorgeschichte Roms an die Zerstörung Trojas an (s. Seite 12). *Aeneas,* der trojanische Held und Halbgott – Sohn des Anchises und der Göttin Aphrodite – gelangt nach langen Irrfahrten nach Latium in Italien und gründet dort die Stadt Lavinium. Sein Sohn und Nachfolger *Julus* gründet eine zweite Stadt, Alba Longa (heute Castelgandolfo), wo er und seine Nachkommen bis ins 8. Jahrhundert v. Chr. regieren. Zwischen den letzten beiden Königen von Alba Longa, den Brüdern *Numitor* und *Amulius,* entsteht ein Zwist um die Herrschaft. Amulius vertreibt den rechtmäßigen Herrscher Numitor und bestimmt dessen Tochter *Rea Silvia* zur Vestalin[1], um zu verhindern, daß Numitors Geschlecht sich fortpflanzt. Dieser Plan scheitert jedoch, weil der Kriegsgott Mars sich in Rea Silvia verliebt. Die Zwillinge *Romulus* und *Remus,* Ergeb-

nis der Verbindung, werden von Amulius ausgesetzt, aber von einer Wölfin aufgefunden und genährt. Als Erwachsene erfahren sie von ihrer Herkunft, töten Amulius und setzen ihren Großvater Numitor wieder als König ein. Sie selbst gründen eine neue Stadt: Rom (21.4.753). Dabei kommt es zum Streit, bei dem Romulus seinen Bruder tötet.

Um die Stadt zu bevölkern, entführen die Römer die Frauen des benachbarten Sabiner-Stammes (*Raub der Sabinerinnen*).

Auf Romulus folgen noch sechs weitere Könige. Der letzte, Tarquinius Superbus[2], bringt durch seine tyrannische Herrschaft das Volk gegen sich auf und wird von *Lucius Iunius Brutus* verjagt (509 v. Chr.). Damit beginnt die Geschichte der römischen Republik.

Die Wirklichkeit sieht natürlich anders aus: Im Zuge der indogermanischen »großen Wanderung« (ab ca. 1200 v. Chr., s. Seite 12) siedeln sich auf der Apen-

---

[1] *Vestalinnen:* Priesterinnen der Vesta, der Göttin des häuslichen Herdes und des Herdfeuers. Den Priesterinnen war die geschlechtliche Beziehung zu Männern bei Todesstrafe verboten.

[2] *Superbus* = der Hochmütige; der Sage nach war die Schändung der vornehmen Römerin Lucretia durch einen Sohn des Tarquinius der Anlaß für seine Vertreibung.

ninenhalbinsel *italische Stämme* an[1]. Um 1000 legen sie auf dem Palatin-Hügel eine dörfliche Siedlung an, die Keimzelle des späteren Rom. Anfang des Jahrtausends wandern die *Etrusker* ein, die wahrscheinlich aus Kleinasien stammen, und besiedeln die heutige Toskana (Tuszien, von lat. Tusci = Etrusker).

Die Küstengebiete Süditaliens und Ostsiziliens geraten im Zuge der griechischen Kolonisation (ca. 750 – 550, s. Seite 17) unter die Herrschaft griechischer Poleis, während Westsizilien und die Inseln Korsika und Sardinien unter den Einfluß der phönikischen Karthager fallen.

Die kulturell und technisch überlegenen Etrusker weiten ihre Herrschaft auch in das latinische Gebiet aus und bauen Rom, damals noch eine unbedeutende Siedlung, zur Stadt aus (der Name Rom ist wohl etruskischen Ursprungs, abgeleitet vom Geschlecht der Ruma). Die Könige, die hier – in Übereinstimmung mit der Gründungssage – vom 8. bis zum Beginn des 5. Jahrhunderts regieren, sind also in Wirklichkeit etruskischer Herkunft.

Die etruskische Ausdehnung nach Süden, vor allem aber auch wirtschaftliche Konkurrenz (Seehandel), führt zum Konflikt mit den griechischen Städten Italiens. Im 6. Jahrhundert können sich die Etrusker noch behaupten und – im Bündnis mit Karthago – die griechische Kolonie Alalia auf Korsika zur Aufgabe zwingen (540 v. Chr.). Bald darauf beginnt ihre Herrschaft jedoch zu bröckeln, und bei dem Versuch, die vorgeschobenste griechische Kolonie, Cumae (Kyme), zu erobern, erleiden sie eine vernichtende Niederlage gegen die herbeigeeilte Flotte Hierons von Syrakus (Seeschlacht bei Cumae, 474 v. Chr.).

Der Zerfall der etruskischen Macht um 500 führt auch zur Lösung der italischen Gebiete, unter anderem der Stadt Rom, aus etruskischer Vorherrschaft. Hier liegt der wahre Kern der Sage um die Vertreibung des Tarquinius Superbus. Auch die Datierung (um 500) entspricht in etwa der Realität.

Der etruskische Einfluß bleibt jedoch bestehen, zumal in der sog. Königszeit etruskische und latinische Familien eine gemeinsame Führungsschicht gebildet haben und miteinander verschmolzen sind. Die etruskische Kultur, die ihrerseits stark von der griechischen geprägt ist, prägt die römische Gesellschaft

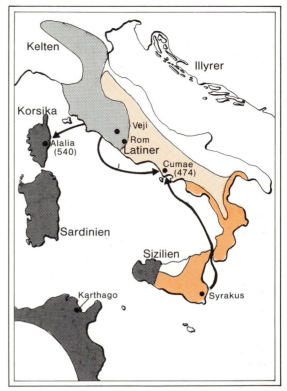

□ italische Stämme	▨ Etrusker
▨ Griechen	▨ Karthager

in starkem Maße. Viele der römischen Bräuche und Errungenschaften – Häuser und Tempelbau, Entwässerungsanlagen (cloaca maxima), Gladiatorenspiele, Namensystem (praenomen, nomen gentile und gegebenenfalls cognomen[2]) Mantik[3], einzelne Symbole wie die fasces[4] u. a.m. – sind etruskischen Ursprungs.

Die Ständekämpfe

Die wichtigste Institution der Gesellschaft ist im alten Rom die Familie: Sie ist aus der gesamten Hausgemeinschaft, einschließlich der Sklaven, gebildet und untersteht der absoluten Gewalt des männlichen Familienvorstands, des *pater familias,* der auch die

---

[1] Die Italiker werden unterschieden nach der latinisch-faliskischen und der umbrisch-sabellischen (bzw. oskisch-umbrischen) Gruppe, die ihrerseits jeweils wieder in zahlreiche Kleinstämme zu untergliedern sind (Latiner, Sabiner, Samniten usw.). Die Ostflanke Italiens wird von den Illyrern besiedelt.

[2] Vornamen, Namen des Geschlechts, Beinamen (z. B. Quintus Fabius Maximus)

[3] *Mantik* (griech.: Weissagung): Erforschung des göttlichen Willens durch Auslegung von Zeichen. Am gebräuchlichsten sind die Eingeweidenschau (haruspicina) sowie die Deutung der Blitze (ars fulgatoria) und des Vogelflugs (auspicium).

[4] *fasces:* Rutenbündel mit Beil als Zeichen der Amts- und Strafgewalt der hohen römischen Beamten.

Rechtsprechung ausübt (einschließlich der Todesstrafe) und sogar berechtigt ist, seine Kinder als Sklaven zu verkaufen. Die miteinander verwandten Familien bilden eine *gens* (Geschlecht, Sippe) und tragen den gleichen Namen (nomen gentile).

Schon in der Königszeit formiert sich eine kleine Gruppe vornehmer und reicher Geschlechter, das **Patriziat**[1]. Ihre Vertreter bilden den **Senat** (Adelsrat), beraten den König, besetzen die hohen Ämter und üben den dominierenden politischen Einfluß aus.

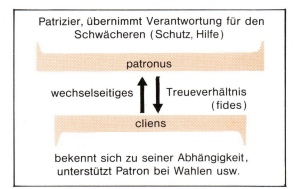

Patrizier, übernimmt Verantwortung für den Schwächeren (Schutz, Hilfe)

patronus

wechselseitiges ↑↓ Treueverhältnis (fides)

cliens

bekennt sich zu seiner Abhängigkeit, unterstützt Patron bei Wahlen usw.

Die Patrizier übernehmen das *Patronat,* eine Art Schutzherrschaft und Vormundschaft, für sozial schwächere, von ihnen abhängige Bürger (abhängige Bauern, mittellose Bürger, freigelassene Sklaven) und gewinnen so eine feste Anhängerschaft, eine *Klientel.* Beide Seiten sind zu Leistungen verpflichtet: Die clientes geben ihrem Herrn bei Wahlen ihre Stimme, begleiten ihn bei öffentlichen Auftritten usw.; der patronus bietet seinen Klienten dafür Schutz, vertritt sie zum Beispiel vor Gericht, und unterstützt sie finanziell. Je größer die Klientel einer patrizischen Familie, um so größer auch ihr Ansehen und ihre politische Macht.

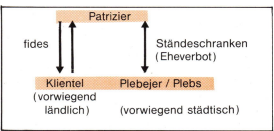

Patrizier

fides   Ständeschranken (Eheverbot)

Klientel   Plebejer / Plebs
(vorwiegend
ländlich)   (vorwiegend städtisch)

Den Patriziern gegenüber stehen die **Plebejer,** die Angehörigen der *plebs* (des Volkes). Es handelt sich dabei wohl vor allem um freie und selbständige Handwerker, Händler usw., also um die vorwiegend städtische Bevölkerung, die sich bei der wachsenden Bedeutung der Stadt auch durch Zuzug von außen stetig vermehrt. Es ist anzunehmen, daß diese Bevölkerungsgruppe auch nicht in einem Klientelverhältnis zu den patrizischen Familien steht (sonst wären die späteren Auseinandersetzungen zwischen Plebejern und Patriziern nicht zu erklären).

Die Plebejer sind zwar persönlich frei, haben aber keine politischen Rechte und sind auch sozial durch Ständeschranken von den Patriziern getrennt (Eheverbot).

Die politische und soziale Diskriminierung gerät im Lauf der Zeit in Widerspruch zu der wachsenden Bedeutung, die die Plebejer für den Staat gewinnen:

● Die Wandlung der Kampftechnik vom (adeligen) Einzelkampf zum Kampf in der geschlossenen Schlachtreihe (Phalanx, s. Seite 16) mißt den Plebejern eine militärisch entscheidende Rolle zu.

● Es entwickelt sich eine plebejische Oberschicht, die über erhebliche finanzielle Mittel verfügt und sich gegenüber den patrizischen Familien als durchaus gleichwertig empfindet.

Aufgrund dieser veränderten Voraussetzungen entwickeln die Plebejer, vor allem natürlich ihre führende Schicht, ein wachsendes Selbstbewußtsein, das sich in der Forderung nach politischer Mitsprache und sozialer Gleichberechtigung, aber auch – bei den unteren Schichten – nach wirtschaftlichen Vorteilen (Landzuteilung, Schuldenerlaß) artikuliert.

Da sich das Patriziat diesen Forderungen verschließt, sich sogar noch stärker abschottet als bisher, bleibt den Plebejern nur der revolutionäre Weg. Ihre stärkste Waffe ist dabei die Verweigerung der Heeresfolge oder gar der Auszug aus der Stadt (*secessio plebis*). Die Sage schildert eine solche Sezession und die Not, in die das Patriziat dadurch gerät. Der patrizische Abgesandte, *Menenius Agrippa,* soll – mit der Parabel vom Bauch (= Patrizier) und den Gliedern (= Plebejer), die trotz ungleicher Arbeitsteilung doch aufeinander angewiesen seien – die Plebejer zur Rückkehr bewogen haben (494 v. Chr.).

In der Anfangsphase dieser sog. **Ständekämpfe** (494-287) gründen die Plebejer eine eigene Versammlung, das *concilium plebis,* und bestimmen eigene Vertreter zur Durchsetzung ihrer Forderungen und zum Schutz ihrer Mitglieder (*tribuni plebis*). Die Volkstribune fungieren gewissermaßen als Anwälte der Plebejer und schützen sie durch ihr *Veto* (»Ich verbiete es!«) gegen Übergriffe patrizischer Beamter. Da Volksversammlung und Volkstribunat

---

[1] *Patrizier* (von lat. patres = Väter, Vorfahren): die seit der römischen Frühzeit senatsfähigen vornehmen Familien (Aristokratie).

revolutionäre, gegen den aristokratischen Apparat gerichtete Institutionen sind, werden sie durch ein »heiliges Gesetz« (lex sacrata) legitimiert. Die Volkstribune stehen damit unter dem Schutz der Götter und sind unverletzlich (sacrosanctus). Der vorgeblich religiösen Weihe ihrer Einrichtungen verschafft die Plebs massiv Geltung, indem sie sich gegen jeden patrizischen Angriff solidarisch zur Wehr setzt, nicht selten auch zur Lynchjustiz greift, und damit de facto ihre Vertreter wirklich zu unangreifbaren Autoritätspersonen macht. Zwischen den Volkstribunen, die natürlich aus der obersten Schicht der Plebs stammen, und den einfachen Plebejern entwickelt sich so eine Art Klientelverhältnis, ein wechselseitiges Hilfs- und Schutzbündnis.

Dem solidarischen und selbstbewußten, von den Tribunen geführten Widerstand der Plebejer haben die Patrizier nichts entgegenzusetzen. Sie müssen nach und nach Zugeständnisse machen und die rechtliche Gleichstellung der Plebs akzeptieren. Die wichtigsten Stationen dieser Entwicklung, die rund 200 Jahre in Anspruch nimmt, sind:

494:      Einrichtung des concilium plebis und des Amtes der Volkstribunen (anfangs zwei, später zehn)

ca.450: Zwölftafelgesetz; die schriftliche Festlegung (Kodifizierung) der Gesetze ist eine Absicherung gegenüber dem bisher gültigen und für patrizische Willkür offenen Gewohnheitsrecht.

445:      Aufhebung des Eheverbots (Lex Canuleia)

ca.400: Servianische Zenturienordnung (s. Seite 42)

367/66: Zulassung von Plebejern zum Konsulat, Festlegung einer Höchstgrenze für Grundbesitz aus Staatsland und Schuldenermäßigung (Licinisch-sextische Gesetze)

bis 300: schrittweise Zulassung zu allen übrigen Ämtern (Zensur, Diktatur, Praetur, Priesterämter)

287:      Anerkennung des concilium plebis als gesetzgebender Versammlung (Gesetzeskraft der Volksbeschlüsse/Plebiszite) (Lex Hortensia)

Das Jahr 287 markiert das Ende der Ständekämpfe und den Sieg der Plebejer. – Mittlerweile hat sich aber auch die Struktur der römischen Gesellschaft entscheidend geändert. Durch die Aufhebung des Eheverbots (445) und die Öffnung der Ämter ist die reiche plebejische Oberschicht längst mit dem Patriziat verschmolzen und bildet mit ihm zusammen eine neue Führungsschicht, die **Nobilität,** die sich nun ihrerseits nach unten abgrenzt. Der Aufstieg eines

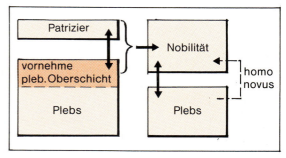

homo novus, eines »Emporkömmlings« aus unbekannter Familie, in die Nobilität ist zwar möglich, in der Praxis aber selten. Die neue Grenze in der römischen Gesellschaft ist nun nicht mehr durch Geburt festgelegt, sondern durch Reichtum und die Tatsache, daß Mitglieder der Familie das Konsulat innehatten. Es ist also eine neue Aristokratie entstanden, ein Geld- und Amtsadel.

Mit dieser sozialen Verschiebung verliert auch das Amt des Volkstribuns seinen ursprünglich revolutionären Charakter: Es wird zum affirmativen Instrument in der Hand der Nobilität und vorwiegend als Sprungbrett für die weitere politische Karriere benutzt.

Die Verfassung der römischen Republik

Mit der Vertreibung der Könige wird Rom eine Republik, eine »öffentliche Sache« (res publica). Die Institutionen der Republik, die Ämter und die Befugnisse der einzelnen Amtsträger, die Modalitäten des politischen Entscheidungsprozesses usw. sind zu diesem Zeitpunkt jedoch noch keineswegs festgelegt. Vielmehr bildet sich die Verfassung in einem Evolutionsprozeß heraus und erhält erst im Jahre 287 ihre »klassische« Form. Die Verfassungsentwicklung verläuft parallel zu den Ständekämpfen (s. oben) und spiegelt deren Ergebnisse wider. Erschwert wird ihr Verständnis durch die Tatsache, daß Einrichtungen, die durch die historische Entwicklung überholt worden sind, nicht abgeschafft werden, sondern neben den sich neu entwickelnden bestehen bleiben; andere Institutionen, etwa das Volkstribunat, verändern im Lauf der Zeit ihren Charakter und ihre Funktion so sehr, daß sie – je nach der Phase der Verfassungsentwicklung – ganz unterschiedlich bewertet werden müssen.

Die drei Grundpfeiler der Verfassung bilden die Volksversammlungen, der Magistrat und der Senat.

Die Volksversammlungen

Die Tatsache, daß es nicht weniger als vier Volksversammlungen gibt, spiegelt am deutlichsten den Evolutionsprozeß der Verfassung wider. Noch aus der

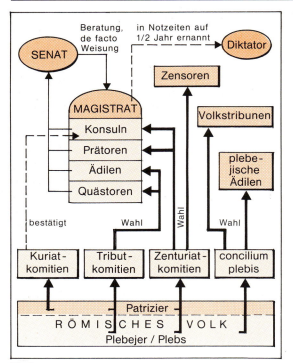

Verfassung

Königszeit stammen die

● *Kuriatkomitien (comitia curiata):*

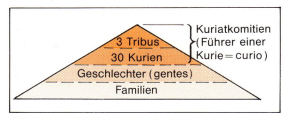

Danach ist das Volk in drei Tribus, gewissermaßen familiäre und lokale Großverbände, unterteilt. Die Tribus wiederum sind in je 10 Kurien (von coviria = Männergesellschaft) gegliedert, die zugleich als Organisationseinheiten für die Volksversammlung und für das Heer dienen.

Den Kuriatkomitien gehören ursprünglich nur die Patrizier an. Diese Versammlung spiegelt damit deren Vorherrschaft in der Königszeit wider.

● Im Unterschied zu den gentilizisch strukturierten Kuriatkomitien sind die *Tributkomitien (comitia tributa)* regionale, nach Wohnbezirken gegliederte Einheiten (4 städtische und 16, später 31 ländliche Tribus). Für die Plebejer ist das regionale Gliederungsprinzip ein deutlicher Fortschritt gegenüber dem gentilizischen, aber von einer adäquaten Repräsentation der Plebs kann auch hier nicht die Rede sein. Da nicht nach Bevölkerungs-

zahl abgestimmt wird, sondern nach Bezirken, sind die vier städtischen – trotz hoher Bevölkerungsdichte – gegenüber den ländlichen Tribus benachteiligt.

● Die *Plebejische Standesversammlung (concilium plebis)* ist ursprünglich eine revolutionäre Gegenversammlung aus der Anfangszeit der Ständekämpfe (Anfang 5. Jh.), in der nur die Plebejer vertreten sind. Ihre wichtigste Funktion ist die Wahl der Volkstribunen, die auch Vorsitzende der Versammlung sind, und der plebejischen Ädilen (Gehilfen des Volkstribuns, eine Art Polizei). Als im Jahr 287 die Beschlüsse des concilium plebis (Plebiscite) Gesetzeskraft erhalten (lex Hortensia), wird die Versammlung das wichtigste Legislativorgan. Ihren revolutionären Charakter hat sie zu jener Zeit jedoch schon längst verloren, da die Volkstribunen als Mitglieder der neu entstandenen Nobilität eine durchaus konservative, staatstragende Rolle einnehmen.

● Die *Zenturiatkomitien (comitia centuriata)* sind lange Zeit, bis zur lex Hortensia 287, die wichtigste Versammlung. Ihr obliegt die Wahl der hohen Magistrate, der Prätoren, Konsuln und Zensoren. Zugleich ist sie Grundlage für die neue militärische Gliederung. Der Überlieferung zufolge ist die Zenturienordnung von König Servius Tullius eingeführt worden (»Servianische Zenturienordnung«); in Wirklichkeit entsteht sie um 400 v. Chr. und spiegelt die in den Ständekämpfen errungene Führungsrolle des neuen Adels, der Nobilität. – Die römische Bürgerschaft wird in Besitzklassen eingeteilt und entsprechend ihrer Steuerleistung den insgesamt 193 Zenturien (»Hundertschaften«) zugeordnet. Dabei werden die vermögenden Klassen, die für die teure Ausrüstung als Reiter oder Schwerbewaffnete aufkommen können, in extremem Maße begünstigt. Sie erhalten insgesamt 98 Zenturien und verfügen damit bei Abstimmungen (eine Stimme pro Zenturie) be-

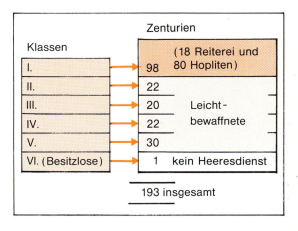

reits über die absolute Mehrheit, obwohl sie zahlenmäßig eine Minderheit bilden. Diese extreme Bevorzugung der besitzenden Klassen weist die römische Republik als eine **timokratische** Verfassung aus, als eine Herrschaft der Besitzenden. Daß die römische Verfassung weit entfernt von einer Demokratie im heutigen Sinne ist, zeigt auch die Tatsache, daß die Volksversammlungen nicht über das Initiativrecht verfügen, d. h.: Sie können weder eigene Gesetzesvorschläge unterbreiten noch eigene Kandidaten[1] aufstellen, sondern lediglich über vom Magistrat eingereichte Vorschläge entscheiden.

Der Magistrat

Die nähere Untersuchung des Magistrats, der Beamtenschaft, bestätigt den timokratischen Charakter der Verfassung. Alle Ämter, vom Quästor bis zum Konsul, sind Ehrenämter – also unbesoldet. Damit sind sie in der Praxis nur für die finanziell unabhängige Schicht der Nobilität zugänglich. Hinzu kommt, daß eine Kandidatur nicht ohne Zustimmung des Magistrats und des hinter diesem stehenden Senats erfolgen kann. Damit liegt die Besetzung der Ämter voll und ganz in der Hand der Nobilität.

Um eine Machtanhäufung zu verhindern, sieht die Verfassung zahlreiche Sicherungen und Einschränkungen bei der Besetzung der Ämter vor:

- das Prinzip der *Kollegialität:* Jedes Amt ist mindestens doppelt besetzt, wobei beide Amtsinhaber gegen Entscheidungen ihres jeweiligen Kollegen ein Einspruchsrecht haben.

- das Prinzip der *Annuität:* Die Amtszeit ist auf jeweils ein Jahr beschränkt. Eine unmittelbare Wiederwahl (Iteration) ist nicht möglich.

- das Verbot der *Kontinuation:* Beim Durchlaufen des *cursus honorum* (Ämterlaufbahn) ist nach jeder Amtsperiode eine mindestens einjährige Pause vorgesehen.

- die Festsetzung eines *Mindestalters* für die einzelnen Ämter; Konsul zum Beispiel konnte man erst mit 43 Jahren und nach Absolvierung der Ämterlaufbahn werden.

Eine Ausnahme von der Regel ist das Amt des *Diktators.* Er wird nur im Falle des Staatsnotstandes, z. B. eines Krieges, eingesetzt (Ernennung durch die Konsuln) und mit unbegrenzten, eben diktatorischen Vollmachten ausgestattet. Seine Amtszeit ist jedoch auf ein halbes Jahr beschränkt.

Eine besondere Rolle nehmen auch die *Zensoren* ein. Sie werden nur alle fünf Jahre gewählt (für eine Amtszeit von etwa eineinhalb Jahren). Ihre Aufgaben sind die Erstellung der Bürgerlisten und die Zuordnung der Bürger zu den Vermögensklassen (Zensor: von lat. *censere* = schätzen) sowie die Sittenaufsicht. Dabei steht ihnen das Recht zu, auch Senatoren wegen unwürdigen Verhaltens aus der Senatsliste zu streichen. Diese Aufsichtsfunktion bewirkt die hohe Autorität des Amtes, das praktisch noch mehr Ansehen genießt als das Konsulat. In der Regel werden auch nur ehemalige Konsuln zu Zensoren gewählt.

Der Senat

Der Senat – in der Königszeit ausschließlich von Patriziern, später von Mitgliedern der Nobilität besetzt – hat formal nur eine beratende Funktion (consilium). De facto jedoch ist er das einflußreichste und politisch dominierende Organ der Republik.

Für den großen Einfluß des Senats lassen sich mehrere Gründe anführen:

- Die Senatoren sind ehemalige Konsuln oder Prätoren (seit Sulla berechtigt dann bereits die Quästur zu einem Sitz im Senat). Sie verfügen also über politische Erfahrung, die sie gegenüber den Magistraten geltend machen können. Auch liegt – gegenüber der einjährigen Amtszeit des Beamten – das Moment der Kontinuität und Beständigkeit auf Seiten des Senats.

- Fast alle hohen Magistrate sind selbst Senatoren gewesen und werden es nach Ablauf ihrer Amtszeit wieder. Diese personale Verknüpfung bedingt eine Identität der Interessen und macht die Magistrate praktisch zu ausführenden Organen des Senats.

- Senatoren und Magistrate stammen aus derselben exklusiven Schicht der Nobilität. Auch von daher ist eine Interessenidentität gegeben, die solidarisches Handeln zur selbstverständlichen Regel macht. Das gilt auch für das Volkstribunat, das seiner revolutionären Ursprünge ungeachtet mehr und mehr zum verlängerten Arm der Nobilität wird.

---

[1] (von lat. *candidus* = schneeweiß): Der Bewerber um ein Amt trug als Zeichen seiner Kandidatur eine weiße Toga.

Die Ausbreitung der römischen Herrschaft

Anfang des 5. Jahrhunderts, nach dem Zerfall der etruskischen Vorherrschaft, ist Rom nur einer von vielen Stadtstaaten. Noch deutet nichts auf seine künftige überragende Rolle hin. Der Aufstieg Roms zur Vormacht in Italien ist das Ergebnis einer rund zwei Jahrhunderte dauernden kriegerischen Geschichte, in der sich Rom trotz schwerer Rückschläge durchsetzen kann.

- Die erste Phase dieser Entwicklung (5. Jahrhundert) ist durch die Auseinandersetzung mit den italischen Nachbarn gekennzeichnet. Gegen die Bergstämme der Aequer, Volsker und Osker, die in die fruchtbare Ebene vordringen, schließt Rom ein Bündnis mit den latinischen Städten (*Latinischer Bund*). Nachdem diese Gefahr Ende des 5. Jahrhunderts gebannt ist, wendet es sich gegen die etruskische Stadt *Veii,* die nur 20 km nordöstlich von Rom liegt und damit eine ständige Gefahr bildet. Mit dem Sieg über Veii (406-396) wird Rom zur stärksten Macht der Region und übernimmt faktisch auch die Führung innerhalb des Latinischen Bundes.

- Die zweite Phase (erste Hälfte des vierten Jahrhunderts) bringt schwere Rückschläge. Die **Kelten,** die im Verlauf ihrer Wanderungen im 6./5. Jahrhundert Frankreich, Britannien, Irland und Teile Spaniens erobert haben, fallen Anfang des 4. Jahrhunderts auch in Italien ein. Sie besiegen die Etrusker, schlagen das römische Heer in der

Schlacht an der Allia   387

und brandschatzen die Stadt. Nach dieser verheerenden Niederlage (*Gallierkatastrophe*) muß der Latinische Bund sich erneut gegen die alten Gegner behaupten, die seine Schwäche auszunutzen versuchen. Um 350 ist dieser Kampf – gegen die Volsker im Süden, die Etrusker im Norden – erfolgreich abgeschlossen. In dieser Zeit baut Rom – als Konsequenz der Gallierkatastrophe – auch eine Stadtbefestigung, die sog. Servianische Mauer[1].

- Um die Mitte des 4. Jahrhunderts entsteht für Rom eine neue Bedrohung: Die oskischen Stämme im Süden schließen sich zum *Samnitischen Bund* zusammen und bilden eine starke Gegenmacht zum latinisch-römischen Bund. Als die kampanischen Städte Rom gegen die samnitische Bedrohung zu Hilfe rufen, kommt es zum Konflikt. Über fünfzig Jahre dauert der Kampf um die Vormacht in Mittelitalien. Drei Kriege, die sogenannten

Samnitenkriege   343-41, 326-04, 298-90,

sind erforderlich, bis Rom sich durchsetzen kann. Zur gleichen Zeit gelingt es Rom, im Krieg gegen die *Sabiner* (304-290) auch seine nördliche Grenze vorzuschieben und das Sabinerland in römische Abhängigkeit zu bringen.

- Nach dem Erfolg im ersten Samnitenkrieg bricht der Latinische Bund auseinander. Ursache des Konflikts ist die Diskrepanz zwischen der formalen Gleichberechtigung der Partner und der tatsächlichen Hegemonialstellung Roms. Der mit großer Härte geführte

Latinische Krieg   340-338

endet mit der völligen Niederlage der Latiner. Die latinischen Städte verlieren ihre Selbständigkeit und werden in das römische Verwaltungsgebiet eingegliedert.

- Der Sieg über die Samniten und die dadurch gesicherte Vorherrschaft über Kampanien rückt den Einflußbereich Roms weit nach Süden vor. Die griechische Stadt *Tarent* sieht darin eine potentielle Bedrohung ihrer Vormachtstellung in Süditalien und sucht die Auseinandersetzung mit Rom. Sie stützt sich dabei auf die Hilfe des Königs *Pyrrhos von Epirus,* der seinerseits den Plan hegt, die griechischen Städte Siziliens und Süditaliens unter seiner Herrschaft zu vereinigen. Im

Tarentinischen Krieg   282 -272

stößt Rom erstmals auf einen Gegner aus der griechisch-hellenistischen Welt, die bis dahin vorwiegend nach Osten orientiert ist und die Entwicklung in Italien wenig beeinflußt hat. Im Kampf

---

[1] Wie schon die Servianische Zenturienordnung (s. Seite 42) fälschlich dem König Servius Tullius zugeschrieben.

Map legend (within image):
Latiner · Rom · Kampanien · Ausculum · Benevent · Tarent · Herakleia
Samnitischer Bund
Griechen
Pyrrhos von Epirus
Sizilien

gegen König Pyrrhos und Tarent, die von den Samniten unterstützt werden, erleidet Rom bei *Herakleia* (280) und *Ausculum* (279) verheerende Niederlagen. Aber auch Pyrrhos muß schwere Verluste hinnehmen (Pyrrhossieg, s. Seite 35). Nach einer dritten Schlacht, die ohne klaren Sieger bleibt (275 bei Benevent[1]), gibt Pyrrhos seine italischen Pläne auf. Nach seinem Abzug kann Rom den Krieg für sich entscheiden: Die Samniten werden endgültig unterworfen, die süditalischen Städte in Bündnisverträge gezwungen. Ab 272 ist Rom die Vormacht in ganz Mittel- und Unteritalien. Es stützt seine Herrschaft auf ein Netz von Kolonien und Bündnissen, mit denen es die unterworfenen Völker unter seine Kontrolle bringt.

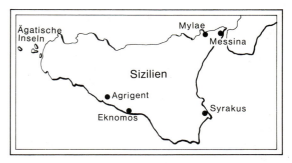

Der Erste Punische Krieg

In den zahllosen Kriegen, die Rom seit Anfang des 5. Jahrhunderts geführt hat bzw. zu führen gezwungen war, hat sich sein Machtbereich kontinuierlich ausgedehnt. Jede Erweiterung bringt es in Berührung mit der jeweils angrenzenden Macht und führt früher oder später zu weiteren Machtkämpfen. Nach dem Sieg im Tarentinischen Krieg (272) ist deshalb die Auseinandersetzung mit den Karthagern, dem neuen Nachbarn, gewissermaßen programmiert.

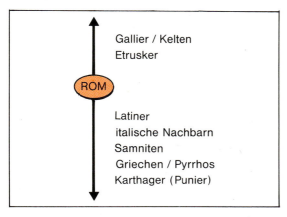

Gallier / Kelten
Etrusker

ROM

Latiner
italische Nachbarn
Samniten
Griechen / Pyrrhos
Karthager (Punier)

Den Anlaß für den

1. Punischen Krieg[2]	264 – 241

liefert der Konflikt zwischen den Städten Syrakus und Messina. Die Bürger Messinas, in eine prorömische und eine prokarthagische Fraktion gespalten, bitten beide Mächte um Hilfe. Rom nimmt die Aufforderung an und schickt eine Hilfstruppe nach Messina. Ein bereits vorher dort stationiertes karthagisches Kontingent räumt vor den anrückenden Römern das Feld.

Das römische Vorgehen wird von Syrakus, aber auch von Karthago, als Affront und unzulässige Einmischung in die süditalisch-sizilischen Verhältnisse gewertet. Beide schließen sich gegen Rom zusammen. Zwar kann Syrakus bereits 263 gezwungen werden, auf die römische Seite überzuwechseln; der Konflikt mit der Großmacht Karthago aber entwickelt sich zu einem überaus harten und langen Krieg.

Das Problem des Krieges liegt ähnlich wie im Peloponnesischen Krieg zwischen Athen und Sparta (s. Seite 30): Rom ist eine Landmacht und kann auf Sizilien Erfolge verbuchen (Eroberung von Agrigent 261). Karthagos Stärke dagegen liegt in seiner Flotte, die ungehindert die italischen Küsten heimsuchen kann.

Um Karthagos Seeherrschaft zu brechen, baut Rom die erste Kriegsflotte seiner Geschichte. Um den Mangel an Erfahrung im Seekrieg auszugleichen, rüsten die Römer ihre Schiffe mit Enterbrücken aus – eine Erfindung, die es ermöglicht, das feindliche Schiff zu stürmen und die Seeschlacht gewissermaßen in einen Landkampf umzufunktionieren. Mit dieser neuen Taktik gelingt den Römern auf Anhieb ein glänzender Sieg in der

Seeschlacht bei Mylae	260.

Um die Entscheidung herbeizuführen, greift Rom den Gegner auf seinem eigenen Territorium an. Nach anfänglichen Erfolgen (Seeschlacht bei Eknomos, 256, und Landung in Afrika) wird das Afrikaheer jedoch geschlagen (Schlacht bei Tunis, 255). Etwa zur gleichen Zeit wird die Flotte in mehreren Stürmen fast völlig zerstört, und auf Sizilien, wo die Punier 254 Agrigent zurückerobern, setzt der zermürbende Kleinkrieg des karthagischen Feldherrn *Hamilkar Barkas* den Römern zu.

---

[1]   Eigentlich Malvent, nach der Schlacht umbenannt in Benevent (= »es ist gut gekommen«).

[2]   *Punier* (lat. *Poeni*) = Phöniker; Karthago ist eine Tochterstadt (gegründet 814 v. Chr.) des phönikischen Tyros; die Beziehungen zwischen Rom und Karthago waren bislang durch drei Verträge geregelt, die v. a. eine klare Abgrenzung der Handelsinteressen enthalten.

In dieser verzweifelten Kriegslage rafft sich Rom zu einer letzten Anstrengung auf. Die Angehörigen der besitzenden Schicht, der Nobilität, lassen aus privaten Mitteln eine neue Flotte bauen. In der

Schlacht bei den Ägatischen Inseln   241

erringt Rom den entscheidenden Sieg, der die Punier zur Aufgabe bewegt. Sie müssen auf Sizilien verzichten und eine hohe Kriegsentschädigung leisten.

Die Niederlage löst in Karthago eine schwere innenpolitische Krise aus. Sie gipfelt in einem Aufstand der punischen Söldner, die sich um einen Teil ihres Solds betrogen fühlen. Rom nutzt die Notlage Karthagos skrupellos aus, um auch Sardinien und Korsika zu annektieren (238).

Der Erste Punische Krieg ist in zweifacher Hinsicht von weltgeschichtlicher Bedeutung:

● Rom, bislang eine Landmacht mit entsprechend begrenztem Aktionsradius, wird zur führenden Seemacht im Mittelmeer.

● Rom greift erstmals über das italische Territorium hinaus, wird zur Großmacht. Die neu gewonnenen Gebiete (Sizilien, Sardinien, Korsika) werden als **Provinzen**[1] eingegliedert.

Der Zweite Punische Krieg

241/238 verliert Karthago zwar seine Hegemonialstellung im Mittelmeerraum. Es bleibt aber doch ein Machtfaktor, und es liegt auf der Hand, daß es unter günstigeren Umständen den Kampf mit Rom wieder aufnehmen wird. Die Überlieferung, Hamilkar Barkas habe seinen kleinen Sohn *Hannibal* einen feierlichen Eid schwören lassen, dereinst Rache an den Römern zu nehmen, mag in ihrem Kern durchaus zutreffen. Die *Ursache* für den

2. Punischen Krieg   218-201

liegt also im Dualismus, in der grundsätzlichen Rivalität der beiden Mächte. Den *Anlaß* liefern die Ereignisse in Spanien, das Karthago ab 237 – gewissermaßen als Ersatz für die an Rom verlorenen Gebiete – zu erobern beginnt (227: Gründung von Carthago Nova/Cartagena). Um den möglicherweise bedrohlichen Machtzuwachs der Punier in Spanien zu kontrollieren, schließt Rom mit *Hasdrubal,* dem Schwiegersohn und Nachfolger des Hamilkar Barkas, den

Ebrovertrag   226,

der das karthagische Einflußgebiet auf die Region südlich des Ebro beschränkt. Trotz dieser grundsätzlichen Festlegung der Interessenzonen mischt Rom sich in der Folgezeit in die spanischen Angelegenheiten ein und geht ein Bündnis mit der südlich des Ebro gelegenen Stadt *Sagunt* ein. Die Eroberung Sagunts (219/18) durch *Hannibal,* den Sohn des Hamilkar, der seit 221 die Nachfolge seines ermordeten Schwagers Hasdrubal angetreten hat, ist somit schon ein kalkuliertes Risiko, löst aber noch nicht den Krieg aus. Erst als Hannibal den Ebro überschreitet, erfolgt die römische Kriegserklärung (218).

Die römische Strategie, den Krieg direkt nach Spanien und Afrika zu tragen, wird durch die

Karthagisches Gebiet
→ Hannibal
→ röm. Gegenangriff

[1] *Provinz:* Gebiet außerhalb Italiens, das von einem Statthalter (Prokonsul, von pro consule = anstelle des Konsuls) verwaltet und durch Besatzungstruppen gesichert wird. Die Provinzbewohner sind im Unterschied zu den Bundesgenossen *(socii)* rechtlose Untertanen *(subiecti)* und haben jährliche Steuerzahlungen zu leisten. Die Provinzen sind vielfach Objekt der Ausbeutung und der persönlichen Bereicherung der Statthalter.

Alpenüberquerung Hannibals 218

zunichte gemacht. Dieser völlig überraschende, aber auch riskante Schachzug (Hannibal verliert auf dem Marsch durch die Alpen zwei Drittel seines Heeres), gibt den Puniern die Initiative und macht Italien zum Schlachtfeld des Krieges. Die Lage Roms wird erschwert durch den Umstand, daß sich die keltischen Stämme Norditaliens mit den Karthagern verbünden. Zudem verfügt der Angreifer mit Hannibal über einen überlegenen, geradezu genialen Feldherrn, dem Rom nichts Gleichwertiges entgegenzusetzen hat. In mehreren Schlachten – am *Ticinus (218),* an der *Trebia (218)* und am *Trasimenischen See (217)* – werden die Römer geschlagen. Die katastrophalste Niederlage aber erleiden sie in der

Schlacht bei Cannae 216,

in der Hannibal mit seiner überlegenen Reiterei die römischen Fußtruppen einkesseln und vernichten kann. Die Römer verlieren ca. 50 000 Mann.

Die Erfolge Hannibals veranlassen *Makedonien* und *Syrakus,* das seit 263 mit Rom verbündet ist (s. Seite 45), sich auf die Seite der Karthager zu stellen (215 bzw. 214). Die Ausweitung des Krieges kommt anfangs wohl den Puniern zugute. Auf längere Sicht aber entscheiden gerade die Kämpfe in den Randgebieten den Krieg zugunsten der Römer. Denn Hannibal bleibt zwar in Italien nach wie vor unbesiegt (Eroberung Tarents 212); die Römer erringen jedoch Erfolge in Spanien (Eroberung von Sagunt, 212, Cartagena, 209, Siege bei Baecula, 208, und Ilipa, 206) und auf Sizilien (Eroberung von Syrakus[1], 212, und Agrigent, 210) und isolieren die Truppen Hannibals, die zur Einnahme von Rom nicht stark genug sind. Damit wendet sich allmählich das Blatt, und Rom kann nun, obwohl Hannibal noch immer in Italien steht, den Krieg nach Afrika tragen, wo es Unterstützung bei dem Numiderkönig *Masinissa* findet. Um die Eroberung Karthagos zu verhindern, muß Hannibal Italien verlassen und sich dem römischen Heer in Afrika stellen. In der

Schlacht von Zama 202

wird er geschlagen (der römische Feldherr, *Scipio Africanus,* wendet dabei die gleiche Einkreisungstaktik an, die 216 zum punischen Sieg bei Cannae geführt hat). Im Friedensschluß von 201 muß Karthago

- eine hohe Kriegsentschädigung zahlen
- die Flotte auf wenige Schiffe reduzieren
- Spanien den Römern überlassen (Provinz Hispania)

- Gebiete in Afrika an Roms Verbündeten Masinissa abtreten
- auf eine eigenständige Außenpolitik verzichten (Kriegsführung nur mit römischer Erlaubnis)

Mit dem 2. Punischen Krieg erringt Rom die unbestrittene Vormacht im gesamten westlichen Mittelmeerraum; Karthago sinkt auf die Stufe einer zweitrangigen, abhängigen Macht herab (Verlust der außenpolitischen Souveränität) und wird durch das mit Rom verbündete Numiderreich in Schach gehalten.

Begründung des Weltreichs

Nach dem Sieg im 2. Punischen Krieg führt Rom noch einige Folgekriege, die sich gegen Hannibals Verbündete richten. Im

Keltenkrieg 200-190

sichert es sich endgültig die Herrschaft in Oberitalien (Provinz *Gallia cisalpina*).

Eine weltgeschichtlich bedeutsame Folge des 2. Punischen Krieges ist die **Orientierung der römischen Politik nach Osten:** Das Bündnis Hannibals mit Philipp von Makedonien (1. Makedonischer Krieg, 215-105) hat die Gefahr aufgezeigt, die von dieser Seite drohen kann. Deshalb unterstützt Rom die Griechen gegen die hegemonialen Bestrebungen Makedoniens und des Seleukidenherrschers *Antiochos III. von Syrien.* Die ursprüngliche Absicht, als Schutzmacht der Griechen aufzutreten (Proklamation der griechischen Freiheit durch Konsul Flamininus, 196) und die rivalisierenden Staaten im Osten nur zu kontrollieren, wird bald zugunsten einer unverschleierten Machtpolitik aufgegeben: In den *Makedonischen Kriegen* (200-197, 171-168), im *Krieg gegen Antiochos III.* (192-188) und schließlich gegen den *Achäischen Bund,* der sich gegen die römische Herrschaft erhebt (146 Zerstörung Korinths), erringt Rom die Vormachtstellung auch im östlichen Mittelmeerraum (Provinzen Macedonia (148) und Achaea (146). Im

3. Punischen Krieg 149-146,

für den die Streitigkeiten zwischen Masinissa und Karthago den Vorwand liefern, schaltet Rom den ehemaligen Hauptrivalen ganz aus, zerstört Karthago (146) und errichtet auf dessen ehemaligem Boden die Provinz Africa.

Die durch zahlreiche Aufstände bedrohte Herrschaft in Spanien wird durch die *Eroberung Numantias (133)* gesichert. Im gleichen Jahr vererbt König Attalos III. von Pergamon, Roms Bündnispartner, sein Reich den Römern *(Provinz Asia, 133).*

---

[1] Bei der Eroberung von Syrakus wird *Archimedes,* der bedeutendste Mathematiker und Physiker der Antike, von einem römischen Soldaten erschlagen (»Störe meine Kreise nicht!«).

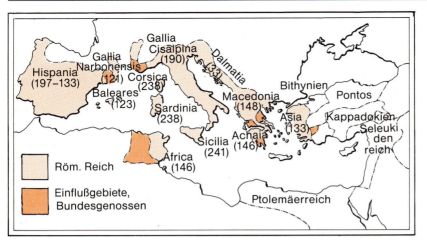

Römische Provinzen

Die Eroberungen des 2. Jahrhunderts weiten den römischen Herrschaftsbereich auf das östliche Mittelmeer, auf Kleinasien und Nordafrika aus und heben Rom, nach damaligen Begriffen, in den Rang einer Weltmacht. Bedenkt man, daß diese Expansion indirekt eine Folge des 2. Punischen Krieges ist, wird verständlich, daß der 2. Punische Krieg von vielen Historikern als der bedeutendste Wendepunkt der antiken Geschichte angesehen wird.

Das Jahrhundert der Bürgerkriege

Innenpolitische Folgen der Kriege

Die militärischen und außenpolitischen Erfolge sind jedoch nur die eine Seite der Medaille. Die zahlreichen Kriege, die Eroberung neuer Provinzen, das Vordringen in bislang fremde Lebenswelten wirken auf die innenpolitische Situation zurück. Sie verändern tiefgreifend die wirtschaftliche und soziale Struktur Roms und stürzen es in eine schwere Krise, die schließlich zum Verfall der Republik führt.

- Kriegsbeute, Reparationen und Steuergelder aus den Provinzen fließen in enormen Summen nach Rom, das wirtschaftlich gesehen noch ein rückständiges Land ist. Noch dominieren Ackerbau und Tauschhandel[1]. Nun verliert die römische Wirtschaft ihren agrarischen Charakter. Es entwickelt sich ein reges Wirtschaftsleben mit internationalen Handelsbeziehungen, Niederlassungen und Umschlagsplätzen im gesamten Mittelmeerraum, Handelsgesellschaften, Bankwesen, Großbetrieben usw. Rom wird zur bedeutendsten Handelsmetropole und reichsten Stadt im Mittelmeerraum.

- Problematisch an dieser Entwicklung ist jedoch, daß der kriegsbedingte Wirtschaftsaufschwung nur einer relativ kleinen Schicht zugute kommt. Am meisten profitieren die sog. *Ritter,* Mitglieder der ersten Steuerklasse (s. Seite 42), die als Händler, Heereslieferanten, Steuerpächter usw. große Vermögen machen. Der Reichtum der Ritter wird jedoch erkauft durch politische Enthaltsamkeit. Die traditionsbewußte Schicht der Nobilität grenzt sich von den Neureichen ab, indem sie ihren Angehörigen verbietet, Handel zu treiben (*lex Claudia,* 218). Damit bleibt die politische Führung in der Hand der großgrundbesitzenden Senatsaristokratie. Daneben ensteht als eigene Klasse der Ritterstand als reine Geldaristokratie ohne politische Führungsfunktion.

- Hauptleidtragende der Kriege sind die *Bauern,* aus deren Reihen sich das römische Heer rekrutiert. Die ungeheuren Verluste an Menschen (allein bei Cannae, 216, kommen über 50 000 Soldaten ums Leben) und die Verwüstung der Felder im 2. Punischen Krieg führen zum Niedergang dieser Schicht. Da auch nach dem Sieg über Hannibal keine Ruhepause eintritt und die Bauernsoldaten nun für die Kriege im Osten rekrutiert werden, liegen die Äcker brach oder werden nur notdürftig bestellt. Geradezu katrastophal wirkt sich der Import von billigem Getreide aus den neu erworbenen Provinzen aus: Er beraubt die Bauern ihrer Haupteinnahmequelle, des Getreideanbaus, und führt zu ihrer raschen Verschuldung. – Den Großgrundbesitzer hingegen trifft die Konkurrenz des Billig-Getreides nicht. Er kann auf den

---

[1]   Als Tauscheinheit diente das Stück Vieh; das römische Wort für Geld (*pecunia*) ist von *pecus* (=Vieh) abgeleitet.

gewinnträchtigen Anbau von Wein, Oliven, Obst oder auf die Viehzucht ausweichen. Den kleinen und mittleren Bauern jedoch fehlt das Kapital, das für eine solche Umstellung nötig ist. Sie sind gezwungen, ihr Land an die Großgrundbesitzer zu verkaufen.

● Diese Besitzumschichtung wird durch zwei weitere, ebenfalls kriegsbedingte Voraussetzungen ermöglicht: Zum einen verfügt die Schicht der Großgrundbesitzer über das notwendige Kapital zum Ankauf des bäuerlichen Kleinbesitzes, zum anderen sind zahllose Kriegsgefangene als *Sklaven* nach Italien verschleppt worden, wo sie ein fast unerschöpfliches Reservoir an billigen Arbeitskräften bilden.

Die Sklaven sind völlig rechtlos und gelten den Römern als »Werkzeuge mit menschlicher Stimme« (instrumenti genus vocale). Entsprechend schlecht ist ihre Behandlung. Vor allem auf den Landgütern und in den Bergwerken wird ihre Arbeitskraft rücksichtslos ausgebeutet. Besser haben es die städtischen Sklaven, die in verschiedenen Handwerksberufen eingesetzt werden und relativ selbständig arbeiten können. Ihnen wird als Arbeitsanreiz häufig die Freilassung in Aussicht gestellt. Vereinzelt erhalten Sklaven auch ausgesprochene Vertrauensposten, etwa die Kindererziehung, die Verwaltung des Besitzes usw. – Diese Differenzierung innerhalb der Sklavenschicht kann jedoch nicht darüber hinwegtäuschen, daß insgesamt gesehen die Lage der Sklaven im 2. Jahrhundert v. Chr. überaus schlecht ist. Mehrfach kommt es im 2. und 1. Jh. zu Sklavenaufständen, zuerst von 136-132 auf Sizilien, wo die Sklaven einen eigenen Staat gründen und in einem regelrechten Krieg unterworfen werden müssen. Am berühmtesten ist der Aufstand unter Führung des Gladiators *Spartakus,* der Zehntausende Sklaven befreit und in ihre Heimatländer zurückführen will. Erst nach mehrjährigen Kämpfen (73-71) wird die Erhebung durch Crassus und Pompeius (s. Seite 53) niedergeschlagen.

● Das Angebot an billigem Land und die Sklavenhaltung ermöglichen die Bildung und Bewirtschaftung riesiger Plantagen, sog. *Latifundien*[1]. Zugleich verhindert die Sklavenwirtschaft, daß die ehemaligen Kleinbauern sich auf den Gütern als Knechte verdingen. Die durch den Verkauf ihrer Äcker existenzlos gewordenen Bauern sind folglich gezwungen, in die Städte abzuwandern, wo sie bald ihre Mittel verbraucht haben und in die Masse der Besitzlosen absinken. So führt die

Landflucht im 2. Jh. zu einem gewaltigen Anwachsen des *Proletariats*[2], der arbeits- und mittellosen städtischen Unterschicht.

● Ihm gegenüber steht eine kleine Anzahl von Großgrundbesitzern und Geschäftsleuten, die von der Bauernnot und den Kriegen profitieren und immer reicher werden. Diese extreme *Polarisierung* führt zwangsläufig zu sozialen Spannungen und läßt, je krasser die Unterschiede zwischen arm und reich werden, die Gefahr einer sozialen Revolution immer drohender werden.

● Die Dezimierung des selbständigen Bauerntums wirkt sich zugleich negativ auf das römische Heerwesen aus, dessen Stärke gerade auf der Rekrutierung der Bauernsoldaten beruht hat. Die Besitzlosen hingegen, also die unterste Klasse in der Zenturienordnung (s. Seite 42), sind nicht zum Heeresdienst zugelassen. – Die Proletarisierung der ehemals selbständigen Bauern läßt folglich – neben den Verlusten, die jeder Krieg fordert – die Zahl der waffenfähigen Männer absinken und führt zu einer auf längere Sicht bedrohlichen Schwächung des Römischen Heeres.

Alle oben genannten Punkte – Geldwesen, Überseehandel, Latifundienbildung, Sklavenwirtschaft, Proletarisierung der Bauern, soziale Polarisierung und Rückgang der Wehrfähigkeit – hängen zusammen und verstärken sich gegenseitig. Sie bilden die negative Seite der erfolgreichen römischen Expansionspolitik und sind Ursache der Bürgerkriege, an deren Ende die Auflösung der Republik und das Kaisertum stehen.

Reformversuche der Gracchen

133, im selben Jahr, in dem Rom mit der Eroberung Numantias und dem Erwerb Pergamons (s. Seite 47) erneut zwei große außenpolitische Erfolge erringt, beginnt die Phase der Bürgerkriege. An ihrem Anfang stehen die Reformversuche der Gracchen 133 und 123.

Tiberius Sempronius Gracchus stammt aus der plebejischen gens Sempronia, die aber schon lange ihren Platz in der Nobilität hat. Sein Vater ist zweimal zum Konsul und einmal zum Zensor gewählt worden; über seine Mutter ist er ein Enkel des berühmten Scipio Africanus, des Siegers im 2. Punischen Krieg. Tiberius kennt die Problematik der wirtschaftlichen Lage aus eigener Anschauung und sieht den Zusammenhang zwischen dem Schwinden des selbständi-

---

[1] *Latifundium* (von lat. latus = breit, fundus = Grund, Grundstück): Großgrundbesitz.

[2] *Proletarier* (von lat. proles = Nachkommen): freier, aber besitzloser Bürger (der nur seine Nachkommen sein eigen nennen kann).

gen Bauerntums einerseits, dem Rückgang der Wehrfähigkeit und den Sklavenaufständen andererseits[1]. Er läßt sich für das Jahr 133 zum Volkstribunen wählen und legt ein *Ackergesetz* vor, das die verhängnisvolle Entwicklung rückgängig machen soll. Das Gesetz sieht vor:

- Beschränkung des Besitzes am ager publicus[2] auf 500 Joch (= 125 Hektar); für zwei männliche Nachkommen werden noch einmal je 250 Joch zugestanden (Höchstgrenze also bei 1000 Joch/250 Hektar).

- Verteilung des freiwerdenden Landes zu je 30 Joch an Neusiedler.

- Unveräußerlichkeit dieses Landes (um zu verhindern, daß sich der Verdrängungsprozeß der Kleinbauern wiederholt).

- Starthilfe für Neusiedler; zur Finanzierung wird die Erbschaft König Attalos' III. von Pergamon (s. Seite 47) herangezogen.

- Kontrolle und Durchführung des Programms durch eine Kommission von drei Männern.

Obwohl die Reform sinnvoll und angesichts der zugespitzten sozialen Lage in gewisser Weise längst überfällig ist, erscheint sie natürlich vielen Großgrundbesitzern ungerecht. Sie berufen sich auf ihre Gewohnheitsrechte, verweisen auf die Investitionen, die sie getätigt haben, und versuchen mit allen Mitteln, das Projekt zu verhindern.

Sie bedienen sich dabei eines anderen Volkstribunen, *Octavius'*, und bewegen ihn, sein Veto gegen den Antrag des Tiberius einzulegen.– Die Interzession des Octavius führt zur Zuspitzung des Konflikts: Tiberius läßt seinen Kollegen durch die Volksversammlung absetzen und bringt auf diese Weise sein Ackergesetz durch.

Mit der Absetzung seines Kollegen verletzt Tiberius jedoch ein zentrales Verfassungsprinzip: die Immunität des Volkstribunen. Es ist eine eindeutig *revolutionäre* Maßnahme, die der Senat nicht hinnehmen kann. Als Tiberius noch einen Schritt weitergeht und sich erneut um das Tribunat bewirbt (Verletzung des Prinzips der Annuität), greift eine Gruppe von Senatoren zur Selbsthilfe. Unter Berufung auf den Staatsnotstand stürmt sie die Volksversammlung, erschlägt den Tiberius und läßt zahlreiche seiner Anhänger ermorden.

Die Auseinandersetzung um die Agrarreform führt zur Spaltung der bislang recht homogenen Nobilität:

Die Gruppe der **Optimaten** (von lat. optimus = der Beste) beharrt auf der politischen Vorrangstellung des Senats; die Gruppe der **Popularen** (von lat. populus = Volk) ist hingegen bereit, das concilium plebis und das Volkstribunat als politische Waffen gegen den Widerstand konservativer Senatskreise zu nutzen.

Als Vertreter der Popularen wird *Gaius Sempronius Gracchus,* der jüngere Bruder des Tiberius, im Jahre 123 zum Volkstribun gewählt. Er greift das Reformprojekt seines Bruders auf, erweitert es aber in mehrfacher Hinsicht. Neben dem Ackergesetz sieht sein Programm weitere Reformen vor:

- Anlage neuer Kolonien, erstmals auch außerhalb Italiens; neben der Versorgung von Proletariern würde damit mittelbar auch die Romanisierung (s. Seite 65) der betreffenden Gebiete eingeleitet.

- Versorgung des städtischen Proletariats mit Getreide (Getreidegesetz).

- Schaffung von Arbeitsplätzen durch staatliche Maßnahmen, z. B. Straßenbau.

- Verleihung des Bürgerrechts an die italischen Bundesgenossen, die – obwohl sie erheblichen Anteil an den militärischen Erfolgen Roms haben – rechtlich benachteiligt bleiben und sich mehr und mehr als Bürger zweiter Klasse empfinden.

- gleichberechtigte Beteiligung der Ritter in den bislang den Senatoren vorbehaltenen Geschworenengerichten; mit dieser politischen Aufwertung des Ritterstandes (s. Seite 48) ist die Schwächung des Senats beabsichtigt.

Um diesen zweiten großen Reformversuch zu kippen, verfällt die Partei der Optimaten, die rechtlich keinen Angriffspunkt gegen Gaius findet, auf ein massenpsychologisch überaus wirksames Mittel: Sie übernimmt nicht nur teilweise die gracchischen Ziele, sondern gestaltet sie scheinbar noch volksfreundlicher (zusätzliche Kolonien in Italien statt der ausländischen). In der Bürgerrechtsfrage appelliert sie geschickt an den Sozialneid des römischen Proletariats, das im Falle der Gleichberechtigung der Bundesgenossen seine Vorrechte verlöre und Zuteilungen mit den Neubürgern teilen müßte.

Die Agitation der Optimaten ist erfolgreich. Das Volk beginnt an den guten Absichten des Gaius zu zweifeln und erneuert sein Tribunat nicht[3]. Als es daraufhin zu Unruhen kommt, geht der Senat mit Waffengewalt gegen die Anhänger des Gracchus vor.

---

[1]   Das Tribunat des Tiberius S. Gracchus (133) fällt in die Zeit der ersten großen Sklavenerhebung auf Sizilien (136-132).

[2]   *Ager publicus:* Staatsland, das an römische Bürger verteilt wird, aber juristisch im Besitz der Allgemeinheit bleibt und deshalb – im Unterschied zum *ager privatus* – für eine Bodenreform disponibel ist.

[3]   Die Wiederwahl eines Tribunen ist mittlerweile für gesetzlich erklärt worden.

Ca. 3000 seiner Anhänger werden umgebracht; er selbst läßt sich von einem Sklaven töten.

Damit ist zum zweiten Mal eine Reform vereitelt worden, die im Hinblick auf die sich immer mehr zuspitzenden sozialen Probleme dringend notwendig gewesen wäre. Diese kurzsichtige Politik muß in absehbarer Zeit in neue Krisen münden.

Die Heeresreform des Marius

Wenige Jahre nach dem Scheitern der Reformversuche der Gracchen liefern äußere Bedrohungen den Anstoß zu einer neuen, weitreichenden Entwicklung:

- Im Jahr 113 v. Chr. tauchen germanische Stämme, die **Kimbern** und **Teutonen,** im Norden Italiens auf. Die Niederlagen der römischen Heere bei Noreia (in Kärnten, 113) und Arausio (Orange/Südfrankreich, 105) lösen Panik aus und wecken die Erinnerung an den Galliereinfall von 387 (s. Seite 44).

- Zur gleichen Zeit wird Rom in Afrika in einen Krieg verstrickt: In Numidien, dem Staat des ehemaligen römischen Verbündeten Masinissa (s. Seite 47), bricht ein Streit um die Herrschaft aus, den einer der Prätendenten, *Jugurtha,* gewaltsam und gegen den erklärten Willen Roms für sich entscheidet. Die militärischen Maßnahmen, die Rom zur Wiederherstellung seiner Autorität einleitet, offenbaren die Schwäche des römischen Heeres und verwickeln Rom wider Erwarten in einen längeren Krieg, den sog.

Jugurthinischen Krieg	111-105

Die außenpolitische Krise verbindet sich mit dem innenpolitischen Machtkampf zwischen Popularen und Optimaten. Gegen den Willen des Senats überträgt die Volksversammlung den Oberbefehl durch Plebiszit dem Kandidaten der Popularen, *Gaius Marius (108),* der seine Aufgabe glänzend löst und Jugurtha gefangen nach Rom führt (105).

Die anhaltende Bedrohung Italiens durch die Kimbern und Teutonen und das militärische Prestige, das Marius sich im Jugurthinischen Krieg erworben hat, liefern die Rechtfertigung für seine regelmäßige Wiederwahl zum Konsul. Mehrere Jahre hintereinander wird er – verfassungswidrig – mit diesem Amt betraut. Marius bestätigt die in ihn gesetzten Erwartungen durch den Doppelsieg über die Kimbern und Teutonen in den Schlachten bei *Aquae Sextiae* (Aix-en-Provence, 102) und *Vercellae* (Vercelli, 101).

Wesentliche Voraussetzung für diese Siege ist die Umstrukturierung des Heeres in der sog.

Marianischen Heeresreform:

- Rekrutierung der Soldaten aus der Schicht des Proletariats

- Verpflichtung auf 16 Jahre (Berufsheer)

- qualifizierte Ausbildung (nach dem Vorbild der Gladiatoren[1])

- Anrecht auf Zivilversorgung der Veteranen[2], d. h. Ausstattung mit Ackerland nach Ablauf der Dienstzeit

Die Reform, aus der konkreten Notsituation geboren, löst zwei grundsätzliche Probleme der römischen Gesellschaft: den Mangel an Soldaten, die bislang aus der Schicht der selbständigen Bauern rekrutiert worden sind, und das Überhandnehmen des städtischen Proletariats, das nun im Heeresdienst eine Tätigkeit und die Aussicht auf eine zukünftige gesicherte Versorgung findet.

Die neue Regelung verändert nachhaltig die Prinzipien des römischen Militärwesens:

- Die bisherige Verbindung von Heeresdienst und Besitz (Servianische Heeresverfassung, s. Seite 42) wird aufgegeben.

- Damit verändern sich Motivation und Mentalität der Soldaten: Sie werden vom Erfolg ihres Feldherrn als dem Garanten ihrer zukünftigen Zivilversorgung abhängig, werden praktisch seine Klienten (s. Seite 40).

- Das Heer wird damit zu einem persönlichen Machtinstrument des Feldherrn, das dieser auch im innenpolitischen Kampf einsetzen kann. Dadurch ist die Voraussetzung geschaffen für die **Militärdiktaturen,** die in der Folgezeit den politischen Auseinandersetzungen in Rom ihren Stempel aufdrücken.

Der Bundesgenossenkrieg

Nach wie vor ungelöst ist die Frage des römischen Bürgerrechts für die italischen Bundesgenossen. Seit der gescheiterten Initiative des Gaius Gracchus (s. Seite 50) ist dieses Problem ignoriert worden. Als der Volkstribun *Marcus Livius Drusus* erneut das volle Bürgerrecht für die Bundesgenossen fordert, wird er umgebracht (91 v. Chr.). Das Scheitern des Livius Drusus bringt den seit langem gärenden Konflikt zum Ausbruch und löst den Aufstand gegen Rom, den Bundesgenossenkrieg bzw.

---

[1] *Gladiator* (von lat. gladius = Schwert): speziell ausgebildete Berufskämpfer, vielfach Sklaven, die in öffentlichen Spielen gegeneinander oder gegen wilde Tiere kämpfen.

[2] *Veteranen* (von lat. vetus = alt): Soldaten, die ihre Dienstzeit beendet haben.

Italischen Krieg   91-89

aus. Die Aufständischen verfügen über eine, schon seit längerem vorbereitete effektive Organisation, über eine Art Gegenhauptstadt (Corfinium, von den Aufständischen umbenannt in *Italica*) und vor allem über ein Heer, das denselben hohen Ausbildungsstand wie das römische hat.

Der Krieg trifft Rom unvorbereitet und bringt es anfänglich in große Schwierigkeiten. Das Blatt wendet sich erst, als Rom politische Zugeständnisse macht und den Bundesgenossen schließlich das volle römische Bürgerrecht zugesteht. – Damit ist genau die Lösung erzielt, die Gaius Gracchus bereits dreißig Jahre zuvor angestrebt hat (s. Seite 50). Mit dem Unterschied freilich, daß man das, was man seinerzeit freiwillig nicht geben wollte, jetzt nach einem blutigen und verlustreichen Krieg zu geben gezwungen ist.

Marius und Sulla

Ein Jahr nach der Beilegung des Italischen Krieges bricht im Osten des Reiches ein Aufstand gegen die römische Herrschaft aus. König *Mithridates VI. von Pontos (112-63)* schlägt die in Kleinasien stationierten römischen Truppen und läßt gegen die römischen und italischen Zivilisten, vor allem die verhaßten Steuereintreiber, ein Pogrom veranstalten. Bei diesem *Pogrom von Ephesos (88)* sollen rund 80 000 Menschen ermordet worden sein. Das Ziel des Mithridates ist es, Kleinasien und Griechenland von der römischen Herrschaft und Ausbeutung zu befreien.

Der nun unumgängliche Feldzug, der

Mithridatische Krieg   88 – 84,

löst abermals innenpolitische Spannungen aus: Der Senat überträgt den Oberbefehl einem der Konsuln des Jahres 88, dem Optimaten *Lucius Cornelius Sulla,* der sich bereits im Jugurthinischen und Italischen Krieg militärisch hervorgetan hat. Die Popularen dagegen lassen durch Volksbeschluß »ihrem« Kriegshelden, Marius, das Kommando übertragen. Sulla,der mit seinem Heer bereits aufgebrochen ist, ignoriert den Beschluß, kehrt um und *erobert Rom (88)*. Erstmals zeigt sich hier – Folge der Marianischen Heeresreform – der neue Charakter des Heeres, das zu einer Art Privatarmee des Feldherrn geworden ist. Sulla zwingt Marius und seine Anhänger zur Flucht, stellt die Senatsherrschaft wieder her

und läßt sich den Oberbefehl für den Krieg gegen Pontos bestätigen.

Kaum aber hat Sulla Rom wieder verlassen, beginnt das Spiel von neuem – mit umgekehrtem Vorzeichen. Marius, unterstützt von dem Konsul *Lucius Cornelius Cinna,* stellt ein Heer auf, marschiert nun seinerseits in Rom ein (87) und läßt die Anhänger Sullas gnadenlos verfolgen. Nach seinem Tod (17.8.86) übt Cinna allein die Macht in Rom aus.

Parallel zu diesem Bürgerkrieg findet in Griechenland der Kampf gegen Mithridates statt. Für Sulla, dem das Kommando offiziell natürlich sofort wieder entzogen worden ist, kommt es darauf an, einen schnellen Sieg zu erringen, um dann mit seinem Heer in Italien eingreifen zu können. Er tritt daher nach ersten Erfolgen in Griechenland (86) schnell in Verhandlungen mit Mithridates und schließt mit ihm den Frieden von Dardanus (84).

Danach wendet er sich nach Italien, erobert Rom (82) und errichtet eine Diktatur (82-79), deren Hauptziel die Wiederherstellung der Senatsherrschaft ist[1]:

● Verfolgung der Popularen und Beschlagnahme ihres Besitzes; dabei Aufstellung sogenannter *Proskriptionslisten*[2].

● »Entschärfung« des Volkstribunats: Zum einen können in Zukunft Anträge auf Volksbeschlüsse nur noch in Abstimmung mit dem Senat gestellt werden, zum anderen werden Volkstribune von der Ämterlaufbahn ausgeschlossen. Damit verliert das Volkstribunat, das bislang als Sprungbrett für die politische Karriere benutzt werden konnte, seine Attraktivität[3].

● Beseitigung des Einflusses der Ritter in der Rechtsprechung (s. Seite 50) und Einrichtung mehrerer senatorischer Gerichtshöfe mit festgelegten Aufgabenbereichen.

● Aufstockung des Senats auf 600 Mitglieder und Neuregelung der Zulassung: In Zukunft berechtigt die Bekleidung der Quästur automatisch zur Mitgliedschaft. Damit verbunden ist die Entwertung des Censor-Amtes, dem bislang die Ernennung der Senatoren (*lectio senatus*) zustand.

● Wiederherstellung der alten Regeln zur Begrenzung der Macht einzelner (Annuität, Mindestalter usw., s. Seite 43).

● Erhöhung der Zahl der Magistrate (8 Prätoren, 20 Quästoren).

---

[1]   Sulla läßt sich zum »Diktator zur Aufzeichnung der Gesetze und Neuordnung des Staates« wählen (*dictator legibus scribendis et rei publicae constituendae*)

[2]   *Proskription* (von lat. proscribere = öffentlich bekanntmachen, ächten): Veröffentlichung einer Tafel mit den Namen der politischen Gegner, die damit für vogelfrei erklärt sind; das Vermögen der Proskribierten wird konfisziert.

[3]   Diese Regelung wird jedoch, ebenso wie die beiden folgenden Punkte, im Jahre 70 von *Pompeius* wieder abgeschafft.

Nach Erledigung der Verfassungsreform legt Sulla die Diktatur nieder (79) und zieht sich ins Privatleben zurück, wo er bald darauf stirbt (78).

Pompeius

Noch unter Sulla vollzieht sich der Aufstieg des *Gnaeus Pompeius (106-48)*. Seine Karriere ist nur vor dem Hintergrund des römischen Bürgerkriegs zu verstehen. Aus überaus reicher Familie stammend, rüstet er eine Privatarmee aus, die er Sulla für die Rückeroberung Roms (82) zur Verfügung stellt. Dieser zeichnet ihn dafür mit dem Titel »Imperator« aus und betraut ihn mit weiteren militärischen Aufgaben: Auf Sizilien und in Afrika geht er gegen Sullas Gegner vor, in Spanien schlägt er den Aufstand des Sertorius nieder (76-72), und bei seiner Rückkehr besiegt er in Oberitalien die Reste der Spartakus-Armee[1]. Als Anerkennung für seine Verdienste erhält Pompeius im Jahre 70 zusammen mit Crassus das Konsulat.

Pompeius verdankt seinen Aufstieg also ausschließlich den militärischen Erfolgen, die ihn – unter Umgehung der Ämterlaufbahn und vor Erreichen des Mindestalters, also verfassungswidrig – ins höchste politische Amt katapultieren. Daß er für dieses Amt besonders qualifiziert gewesen wäre, läßt sich auch kaum behaupten. Obwohl er als Gefolgsmann Sullas begonnen hat, macht er wesentliche Teile von dessen Verfassungsreform rückgängig (s. Seite 52 Anm.), läßt damit aber genau die Probleme wieder aufleben, die zu dieser Verfassungsreform geführt haben.

Nach dem Ausflug in die Politik übernimmt Pompeius wieder militärische Aufgaben. Ausgestattet mit weitreichenden Vollmachten, übernimmt er gewissermaßen als »Reichsfeldherr« den Kampf gegen die Seeräuber, die seit langem ihr Unwesen im Mittelmeer treiben, und gegen Mithridates (s. Seite 52), der sich im Jahre 74 erneut gegen die römische Herrschaft erhoben hat. Beide Unternehmungen schließt Pompeius im Laufe der 60er Jahre erfolgreich ab. Die enorme Machtfülle, die er als siegreicher Feldherr erworben hat, trägt ihm freilich das Mißtrauen der Senatsaristokratie ein. Die Furcht jedoch, Pompeius werde nach seiner Rückkehr aus dem Osten eine Diktatur errichten, erweist sich als unbegründet. Im Unterschied zu Sulla (s. Seite 52) entläßt Pompeius bei seiner Ankunft in Italien die Truppen und kehrt als Privatmann nach Rom zurück.

Das erste Triumvirat

Für die weitere Entwicklung bedeutsam ist die Tatsache, daß der Senat dem siegreich, aber machtlos zurückgekehrten Pompeius erhebliche Schwierigkeiten in den Weg legt. Die von Pompeius getroffenen Entscheidungen im Osten und die von ihm gegebenen Garantien für die Zivilversorgung seiner Soldaten werden vom Senat in Frage gestellt. Diese Widerstände zwingen Pompeius geradezu, den Weg der Verfassung zu verlassen und eine Lösung im Bündnis mit *Cäsar* und *Crassus* zu suchen, die sich ihrerseits benachteiligt fühlen und ihren politischen Einfluß mehren wollen. So kommt es zur Bildung des

1. Triumvirats 60,

einer politischen Interessengemeinschaft der drei damals mächtigsten Männer. Pompeius bringt in dieses Bündnis seinen Ruhm und seine gewaltige Heeresklientel ein, Crassus, der damals reichste Mann Roms, steuert die notwendigen Geldmittel bei, und Cäsar erhält aufgrund der gemeinsamen Absprache für das Jahr 59 das Konsulat, das er im Sinne seiner Partner ausübt: Gegen den Widerstand der Optimaten werden die notwendigen Gesetze erlassen, um die Zivilversorgung von Pompeius' Veteranen zu sichern und die von Pompeius im Osten getroffenen Entscheidungen zu bestätigen.

Gaius Julius Cäsar

Cäsar stammt aus der überaus vornehmen patrizischen Familie der Julier, die ihre Herkunft von Iulus, dem Sohn des Aeneas, und über diesen von der Göttin Aphrodite (Venus) ableitet (s. Seite 38). Seine Verwandtschaft mit führenden Popularpolitikern – er ist ein Neffe des Marius und ein Schwiegersohn Cinnas (s. Seite 52) – bringt ihn während der Diktatur Sullas (s. Seite 52) in Schwierigkeiten, denen er sich durch den Militärdienst in Kleinasien entzieht. Erst nach Sullas Tod kehrt er nach Rom zurück und steigt nach dem durch Pompeius eingeleiteten popularen Umschwung im Jahre 70 (s. oben) in die Ämterlaufbahn ein: Er wird Quästor (69), Ädil (65), Pontifex maximus (63), Prätor (62) und schließlich Proprätor (Statthalter) in Spanien (61), ein Amt, das ihm ermöglicht, die enormen Schulden zu tilgen, die er als Ädil für Spiele, Gladiatorenkämpfe und ähnliches aufgenommen hat. Das Triumvirat mit Pompeius und Crassus (60) ermöglicht ihm schließlich auch die Übernahme des Konsulats im Jahre 59.

Nach Ablauf des Konsulats erhält er ein mehrjähriges Provinzkommando für Gallia cisalpina, Gallia trans-

---

[1] Der Hauptteil der Spartakustruppen (s. Seite 49) ist in Süditalien von *Marcus Licinius Crassus* niedergeschlagen worden.

alpina und Illyricum, das er sich mit massiver Unterstüzung seiner Triumviratspartner durch Volksbeschluß übertragen läßt. Damit steht er im Rang eines Prokonsuls, bleibt also römischer Beamter und ist so vor seinen senatorischen Gegnern geschützt, die ihm liebend gerne den Prozeß machen würden. Zugleich kann er sich auf diese Weise ein ergebenes Heer schaffen, das im Notfall auch als innenpolitisches Instrument einzusetzen wäre.

Cäsar begnügt sich nicht mit der Sicherung der bereits bestehenden gallischen Provinzen, sondern beginnt mit der systematischen

Eroberung ganz Galliens	58-51

die freilich immer wieder durch Erhebungen in Frage gestellt wird, besonders durch den großen Aufstand des Arvernerfürsten *Vercingetorix* im Jahre 52. Erst die Niederschlagung dieses Aufstandes in der *Schlacht von Alesia (52)* sichert die Eroberung und die Romanisierung Galliens – ein Vorgang von weltgeschichtlicher Bedeutung.

Von Gallien aus hält Cäsar ständigen Kontakt zu Pompeius und Crassus. Im Jahre 56 wird das Triumvirat erneuert, und zwar in der Form, daß Crassus und Pompeius das Konsulat des Jahres 55 erhalten und danach wie Cäsar mit mehrjährigen Provinzkommandos ausgestattet werden. Pompeius erhält Spanien, Crassus Syrien.

Dennoch bricht das Triumvirat allmählich auseinander. Crassus fällt im Jahre 53 im Kampf gegen die Parter; zugleich verschlechtert sich das Verhältnis zwischen Cäsar und Pompeius, der sich mit dem Senat arrangiert und 52 v. Chr. zum alleinigen Konsul (*consul sine collega*), also praktisch zum Diktator ernannt wird.

Für Cäsar wird diese neue innenpolitische Situation zusehends kritischer, da sein Prokonsulat in Gallien im Jahre 50 abläuft, er aber unbedingt einen nahtlosen Übergang ins Konsulat benötigt, um nicht als Privatmann den Angriffen seiner Gegner schutzlos ausgeliefert zu sein. Als eine diplomatische Lösung des Problems scheitert und der Senat nach längerem Hin und Her am 1.1.49 den definitiven Beschluß faßt, Cäsar habe sein Heer abzugeben und sich als Privatmann um das Konsulat zu bewerben, bleibt Cäsar nur die Wahl zwischen dem Verzicht auf seine politische Karriere und der militärischen Gewalt. Er entscheidet sich – mit den berühmten Worten *alea iacta est* (»Der Würfel ist gefallen.«) – für die zweite Möglichkeit und überschreitet am 10.1.49 mit seinen Truppen den *Rubicon,* den Grenzfluß zwischen der gallischen Provinz und Italien. Damit beginnt erneut ein blutiger Bürgerkrieg.

Der Sieg Cäsars

Der Heerführer der Senatstruppen ist Cäsars ehemaliger Verbündeter Pompeius. Er überläßt dem anrückenden Cäsar vorerst Italien und zieht sich, zusammen mit der großen Mehrheit des Senats, nach Griechenland zurück. Cäsar kann also ohne Probleme nach Rom marschieren und sich dort zum Konsul und Diktator wählen lassen. Bald darauf nimmt er den Kampf auf. Er wendet sich erst nach Spanien, wo Pompeius Prokonsul gewesen ist und noch über starke Truppen verfügt. Durch den Sieg in der *Schlacht bei Ilerda (49)* beseitigt Cäsar diese potentielle Gefahr und gewinnt die notwendige Rückenfreiheit für den Krieg im Osten, wo Pompeius inzwischen ein starkes Heer aufgestellt hat. In der

Schlacht von Pharsalos	9.8.48

gelingt Cäsar der entscheidende Sieg über die Senatsarmee. Pompeius flieht nach Ägypten, wo er – in vorauseilendem Gehorsam gegenüber dem Sieger – ermordet wird. Dennoch hält sich Cäsar fast ein Jahr in Ägypten auf. Er mischt sich in den Streit der ptolemäischen Familie um die Thronfolge und unterstützt die junge Königin *Kleopatra,* die seine Geliebte wird und ihm einen Sohn gebiert. Erst im Juni 47 verläßt er Ägypten, schlägt bei *Zela* den Aufstand des Mithridates-Sohnes Pharnakes nieder (*veni vidi vici:* »Ich kam, sah und siegte.«) und erreicht Ende des Jahres Rom.

Mittlerweile haben sich die Reste der bei Pharsalos geschlagenen Senatstruppen unter Führung *Catos* (95-46, Selbstmord) mit anderen Cäsar-Gegnern in Afrika gesammelt. Cäsar besiegt sie in der *Schlacht von Thapsos (6.4.46).* Kurz darauf formiert sich jedoch in Spanien unter den Pompeius-Söhnen Gnaeus und Sextus erneuter Widerstand. Zum zweiten Mal muß Cäsar in Spanien eingreifen. Erst mit dem Sieg in der

Schlacht bei Munda	17.3.45

ist der Bürgerkrieg endgültig zu seinen Gunsten entschieden.

Diktatur und Ermordung Cäsars

Über Jahre hinweg ist Cäsar durch die militärischen Unternehmungen gegen Pompeius und seine Anhänger gebunden. Nur wenig Zeit bleibt für die Ordnung der inneren Verhältnisse. Von den vielen Plänen Cäsars sind nur wenige durchgeführt bzw. eingeleitet worden:

● Die Gründung neuer Kolonien, auch außerhalb Italiens, vor allem in der Provence und in Spanien.

Bürgerkrieg unter Cäsar

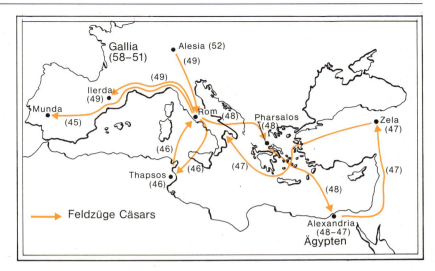

Feldzüge Cäsars

Auch Karthago und Korinth, beide 146 v. Chr. von den Römern zerstört (s. Seite 47), werden als römische Kolonien neu errichtet. Cäsars Kolonialisierungsprogramm knüpft an entsprechende, seinerzeit verworfene Ideen des Gaius Gracchus (s. Seite 50) an. Es dient der Lösung wirtschaftlich-sozialer Probleme – der Zivilversorgung der Veteranen und der Reduzierung des städtischen Proletariats –, ist zugleich aber auch ein wesentlicher Beitrag zur *Romanisierung* der Provinzen (s. Seite 65). In diesem Zusammenhang ist auch die Verleihung des vollen römischen Bürgerrechts an die Einwohner Oberitaliens (Gallia Transpadana, der nördlich des Po gelegene Teil der Gallia cisalpina) zu sehen, eine Ergänzung der Ergebnisse des Bundesgenossenkrieges (s. Seite 51).

● Die Kalenderreform: Der nach Cäsar benannte **Julianische Kalender** (ab 1.1.45) kommt dem heutigen System bereits sehr nahe. Das Jahr zählt nun 365 Tage[1]; alle vier Jahre wird im Februar ein »Schalttag« hinzugefügt. Damit ist bereits eine äußerst präzise Berechnung des Sonnenjahres gelungen. Die noch verbleibende Abweichung von wenigen Minuten wird im Jahre 1582 durch die Kalenderreform Papst Gregors XIII. (1572-85) ausgeglichen[2]. Der ursprünglich fünfte Monat (*Quintilis*) erhält zu Ehren Cäsars den Namen Juli(us).

Römische Monatsnamen

Januar (31 Tage)	von *Janus,* dem doppelgesichtigen Gott der Vergangenheit und Zukunft, des Ein- und Ausgangs, Beschützer der Stadttore
Februar (28/29 T.)	nach den *Februalia* (februus = reinigend, einem Reinigungs- und Sühneopfer, das jeweils am Ende des Jahres veranstaltet wird
März (31 T.)	nach dem Kriegsgott *Mars (Martius);* ursprünglich erster Monat des Jahres
April (30 T.)	von *aprire* = öffnen; gemeint ist das Aufgehen der Knospen im Frühling
Mai (31 T.)	nach *Maia,* der Mutter des Götterboten Merkur (entspricht dem griech. Hermes)
Juni (30 T.)	nach *Juno,* der Fruchtbarkeitsgöttin und Gattin Jupiters (Zeus)
Juli (31 T.)	ursprünglich *Quintilis* (quinque = fünf): 5. Monat, vom März aus gerechnet; im Jahre 44 v. Chr. nach Gaius *Julius* Cäsar benannt
August (31 T.)	ursprünglich *Sextilis* (sex = sechs) 6. Monat; 8 v. Chr. nach (Kaiser) *Augustus* benannt
September (30 T.)	(septem = sieben): siebter Monat

[1] Die Länge der Monate entspricht der heutigen Regelung; auch unsere Monatsnamen sind lateinischer Herkunft (s.Tabelle)

[2] *Gregorianischer Kalender:* Ausgleich der seit Cäsar bis 1582 aufgelaufenen Differenz von 10 Tagen und leichte Modifizierung der Schalttage (Wegfall bei vollen Hunderten, die nicht durch 400 teilbar sind, also Schalttag im Jahr 2000, aber nicht 1700, 1800, 1900). Da die gregorianische Reform nicht überall gleichzeitig angenommen wird, kommt es zu Abweichungen von 10 bis 12 Tagen: z. B. findet die russ. Revolution 1917 nach julianischem Kalender im Oktober statt, nach gregorianischem im November.

Oktober (31 T.)	(octo = acht): achter Monat
November (30 T.)	(novem = neun): neunter Monat
Dezember (31 T.)	(decem = zehn): zehnter Monat

● Am schwierigsten ist die Frage der politischen Neuordnung. Für Cäsar ist es eine ausgemachte Sache, daß die Republik sich überlebt habe, nur noch »ein Nichts, ein bloßer Name ohne Körper und konkrete Gestalt« sei. – Im öffentlichen Bewußtsein dagegen bleibt die Republik trotz aller Auflösungs- und Verfallserscheinungen eine unantastbare Institution. Eben die Wiederherstellung der Republik ist es, was man von Cäsar erwartet, und nur dieses Ziel schiene den langen Bürgerkrieg letztlich zu rechtfertigen.

So bewegt sich Cäsar auf einem schmalen Grat zwischen tatsächlicher Alleinherrschaft und formaler Beibehaltung der Republik. Er übt seine Macht formal im Rahmen der republikanischen Ämter aus, übernimmt mehrfach das Konsulat und die zeitlich befristete Diktatur. Doch es gelingt ihm nicht, diese Fiktion aufrechtzuhalten. Zu offensichtlich greift er in die Befugnisse des Senats[1] und der Volksversammlung ein, zu aufdringlich ist der Personenkult, der ihn in den Rang der Könige und gar der Götter hebt. In der Öffentlichkeit tritt er im Purpurgewand und mit goldenem Lorbeerkranz auf, seine Statue wird im Tempel und neben den Königsbildern aufgestellt, er nimmt die Titel »imperator« und »pater patriae« an, empfängt den Senat sitzend und läßt es zu, daß – wie für einen Gott – ein Monat nach ihm benannt wird (Juli).

Der Verdacht, Cäsar strebe nach der Monarchie, bleibt angesichts des beispiellosen Personenkults lebendig und führt zur Bildung einer republikanischen Opposition, an deren Spitze *Brutus* und *Cassius* stehen. Als Cäsar sich Ende 45 zum *dictator perpetuus* (Diktator auf Lebenszeit) ernennen läßt, sehen die Verschwörer ihre Befürchtungen bestätigt. Die Diktatur auf Lebenszeit ist etwas Neues und Unerhörtes. Alle bisherigen Diktaturen, auch die Sullas (s. Seite 52), sind zeitlich befristet gewesen. Mit der Perpetuierung der Diktatur wird Cäsars faktisch ohnedies ausgeübte Alleinherrschaft institutionalisiert.

Das können seine republiktreuen Gegner nicht hinnehmen. In der Senatssitzung an den

Iden des März	**15.3.44**

wird Cäsar ermordet.

Antonius und Octavian

Die Ermordung Cäsars löst einen erneuten Bürgerkrieg aus, der sich mit Unterbrechungen bis 31 v. Chr. hinzieht. Die Kontrahenten dieser Auseinandersetzung sind *Marcus Antonius,* einer der Konsuln des Jahres 44, und *Octavian*[2], der Großneffe und Adoptivsohn Cäsars.

Gestützt auf seine konsularischen Befugnisse, nutzt Antonius das nach den Iden des März entstandene Machtvakuum, um Cäsars Erbschaft und Sekretariat in seine Hand zu bringen. Ohne sich offen gegen die Tyrannenmörder zu stellen, schürt er durch seine demagogische Leichenrede bei Cäsars Begräbnis den Volkszorn und zwingt die Verschwörer zum Verlassen Roms. Er selbst läßt sich durch einen manipulierten Volksbeschluß für das Jahr 43 das Prokonsulat in Oberitalien übertragen, obwohl dieser Posten bereits durch *Decimus Brutus,* einen der republikanischen Verschwörer, besetzt ist. Die nun immer deutlicher werdende Absicht des Antonius, auf stillem Wege die Nachfolge Cäsars anzutreten, weckt den Widerstand des Senats.

Die republikanische Seite findet einen ungewöhnlichen Verbündeten in dem erst knapp zwanzigjährigen Octavian, dem eigentlichen Erben Cäsars, den Antonius um sein Erbe betrogen hat. Dieser Octavian stellt aus eigenen Mitteln wie seinerzeit Pompeius (s. Seite 53) eine Privatarmee auf, in die vor allem ehemalige Cäsar-Soldaten eintreten oder überlaufen. Gemeinsam mit den Senatstruppen besiegt er Antonius in der *Schlacht von Modena (43).*

Nun aber zeigt sich, daß auch Octavian sich nicht an die Regeln der Republik zu halten gedenkt: Er fordert für sich das Konsulat, obwohl er erst zwanzig Jahre alt ist und noch kein einziges politisches Amt innegehabt hat. Als es ihm verweigert wird, marschiert er gegen Rom und setzt seine Forderung gewaltsam durch (19.8.43).

Die erste Maßnahme, die Octavian als Konsul trifft, ist die offizielle Verurteilung der Cäsar-Attentäter. Das ist gleichbedeutend mit einer Kriegserklärung an Brutus und Cassius, die mittlerweile (mit Zustim-

---

[1]   Cäsar stockt den Senat auf 900 Mitglieder auf und ernennt viele seiner Anhänger, auch sozial weniger hochgestellte Personen, zu Senatoren.

[2]   Ursprünglich *Octavius;* erst mit der testamentarisch von Cäsar vollzogenen Adoption trägt er den Namen *Gaius Iulius Cäsar Octavianus;* 27 v. Chr. verleiht ihm der Senat den Ehrentitel *Augustus* (»der Erhabene«).

mung des Senats) die Statthalterschaft in Makedonien und Syrien ausüben.

Inzwischen ist es jedoch dem Marc Anton gelungen, trotz seiner Niederlage vor Modena eine neue Machtbasis zu finden. Er verbündet sich mit *Marcus Aemilius Lepidus,* dem Statthalter in Südfrankreich, und gewinnt auch die Statthalter Spaniens und Galliens. Damit ist Octavians in Rom angemaßte Stellung von zwei Seiten bedroht und im Grunde unhaltbar geworden.

In dieser prekären Lage entschließt sich Octavian zu einem ganz ungewöhnlichen, nur von pragmatischen und machtpolitischen Erwägungen geleiteten Schritt: Er verständigt sich mit seinen Gegnern im Westen und schließt mit Antonius und Lepidus das sogenannte

Zweite Triumvirat   43.

Die unmittelbare Auswirkung dieses Bündnisses ist eine blutige Säuberungsaktion in Rom und Italien. Wie seinerzeit unter Sulla (s. Seite 52) wird eine Proskriptionsliste erstellt. Tausende von Menschen, darunter ca. 300 Senatoren, fallen der Verfolgung zum Opfer. Ihr Vermögen wird konfisziert, ihr Grundbesitz zur Zivilversorgung der Veteranen verwendet. Prominentestes Opfer der Proskriptionen ist der Philosoph *Marcus Tullius Cicero,* der als Politiker zum energischen Verteidiger der Republik geworden ist und sich zuletzt in scharfen öffentlichen Reden (den sog. *Philippischen Reden,* s. Seite 32) gegen den Machtanspruch des Antonius gewandt hat.

Im folgenden Jahr kommt es zum Krieg gegen Brutus und Cassius. In der

Schlacht bei Philippi   42

in Makedonien fällt die Entscheidung zugunsten der Triumvirn. Cassius und Brutus begehen Selbstmord.

Mit der Schlacht von Philippi ist das Schicksal der Republik besiegelt. Die Sieger teilen das römische Reich unter sich auf: Octavian erhält den Westen,

Antonius den Osten, Lepidus wird mit dem wenig bedeutsamen Afrika abgefunden.

Das Arrangement zwischen Octavian und Antonius bleibt jedoch ständig gefährdet. Im Jahre 40 kommt es fast zur militärischen Auseinandersetzung: Antonius ist bereits mit seinem Heer in Italien gelandet. Doch die Soldaten, die in Philippi noch Waffenbrüder gewesen sind, weigern sich, gegeneinander zu kämpfen. Sie zwingen ihre Feldherren im

Vertrag von Brundisium   40

zur Beilegung ihres Konfliktes. Durch die Ehe des Antonius mit *Octavia,* der Schwester Octavians, scheint das von den Soldaten erzwungene Bündnis zusätzliche Festigkeit zu erhalten.

Anlaß für den endgültigen Machtkampf ist das Ablaufen des Triumvirats Ende 33 und damit die Notwendigkeit, die politischen Gewichte neu zu bestimmen. Octavian beginnt den Kampf mit der systematischen Diffamierung seines Rivalen. Er wirft ihm orientalisches, »unrömisches« Verhalten vor, attackiert sein Privatleben und ganz besonders seine Beziehung zu der ägyptischen Königin *Kleopatra,* der ehemaligen Geliebten Cäsars (s. Seite 54), mit der Antonius drei Kinder hat. Er wolle Rom von Ägypten abhängig machen...

Die Demagogie Octavians bleibt nicht ohne Wirkung. Als Antonius ausgerechnet in dieser Situation sich offiziell von seiner Frau Octavia trennt, wirkt dies wie ein Beweis für Octavians Behauptung, Antonius sei von Kleopatra abhängig. Damit ist die Auseinandersetzung ideologisch bereits vorentschieden. Militärisch unterliegt Antonius in der

Schlacht bei Actium   31.

Ebenso wie Kleopatra gibt sich Antonius nach der Niederlage den Freitod (30). Ägypten wird, als letzter der hellenistischen Staaten, römische Provinz (30).

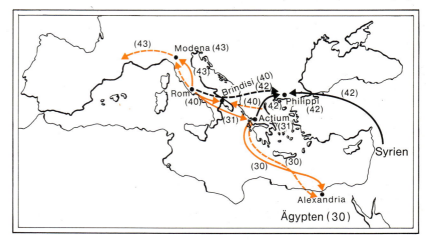

Bürgerkrieg

→ Brutus u. Cassius
--→ Triumvirat
→ Octavian
--→ Antonius

(43) Modena (43)
(43)
Rom Brindisi (40)
(40) (42)
(40) (42) Philippi
(42) (42)
(31) Actium
(31)
(30)
(30)
Syrien
Alexandria
Ägypten (30)

Zeittafel
Römische Geschichte Teil 1: Königszeit und Republik

753	**sagenhafte Gründung Roms** etruskische Könige in Rom	Vorherrschaft der *Etrusker* in ← Mittelitalien
ca. 500	Vertreibung der Könige, Begründung der Adelsrepublik	Verfall der etruskischen ← Vormachtstellung
ab 494	**Ständekämpfe** und allmähliche *Ausformung der republikanischen Verfassung*	5. Jh.: Kämpfe Roms und der Latiner gegen italische Nachbarn
ca.450	Zwölftafelgesetz	396 Eroberung Veiis ←
ca.400	Servianische Zenturienordnung	*387 Gallierkatastrophe*
		340-338 Latinischer Krieg
		343-290 Samnitenkriege
287	formale Gleichberechtigung der Plebejer / Gesetzeskraft der Volksbeschlüsse / Ende der Ständekämpfe	282-272 Krieg gegen Tarent u. König Pyrrhos
		264-241 1. Punischer Krieg
		218-201 2. Punischer Krieg
2. Jh.:	Proletarisierung der Bauernsoldaten / Sklavenwirtschaft / Latifundien / **soziale Polarisierung**	200-190 Keltenkrieg (Gallia cisalpina) ← **2. Jh. Eroberungen im Osten** (Makedonien, Achaea, Asia)
		149-146 3. Punischer Krieg
136-132	Sklavenaufstand auf Sizilien	
133/123	Reformversuch der *Gracchen* / Beginn des *Jahrhunderts der Bürgerkriege*	113/105 Niederlagen gegen *Kimbern u. Teutonen*
ab 104	mehrjähriges Konsulat des *Marius* / **Heeresreform**	111-105 Jugurthinischer Krieg ← 102/101 Sieg über Kimbern und Teutonen
		91-89 Bundesgenossenkrieg
88	Eroberung Roms durch *Sulla*	88-84 Mithridatischer Krieg (Sulla)
87	Eroberung Roms durch *Marius*	
82	Eroberung Roms durch *Sulla*	
82-79	**Diktatur Sullas**	
73-71	Spartakusaufstand	74-63 Mithridatischer Krieg (Pompeius)
60	**1. Triumvirat** *(Cäsar, Crassus, Pompeius)*	**58-51 Eroberung** *Galliens (Cäsar)*
49	*Cäsar* überschreitet den Rubikon	48 Schlacht von *Pharsalos*
45	Sieg Cäsars im Bürgerkrieg	45 Schlacht von *Munda*
44 (15.3.)	**Ermordung Cäsars**	
43	**2. Triumvirat** (Antonius, Lepidus, Octavian)	42 Schlacht bei *Philippi*
	Führungskampf zwischen *Antonius* und *Octavian*	31 Schlacht bei *Actium*
	Sieg Octavians im Bürgerkrieg	30 Ägypten römische Provinz
27	formale Wiederherstellung der Republik / **Prinzipat Octavians** (Augustus)	(Fortsetzung s. Seite 69)

(Fortsetzung s. Seite 69)

Die Kaiserzeit

Überblick

- Das Prinzipat des Augustus (27 v. Chr. – 14 n. Chr.) leitet über in die römische **Kaiserzeit,** die im westlichen Teil des Imperiums bis 476, im östlichen bis 1453 dauert.

- Die ungeklärte Frage der Nachfolge (dynastische Erbfolge, Adoptivkaiser, Soldatenkaiser, Tetrarchie) führt immer wieder zu politischen Krisen und Machtkämpfen rivalisierender Kandidaten. Unter Kaiser Theodosius wird das Reich in eine östliche (Konstantinopel) und eine westliche Hälfte (Rom, Ravenna) geteilt.

- Von weltgeschichtlicher Bedeutung ist die Verbreitung des **Christentums.** Nachdem alle Versuche, die neue Religion zu unterdrücken, fehlgeschlagen sind, wird das Christentum 313 toleriert (Konstantin), 391 zur *Staatsreligion* erhoben (Theodosius).

- Von weltgeschichtlicher Bedeutung ist auch der Prozeß der **Romanisierung.** Romanisierung und Christianisierung schaffen die Voraussetzungen für das Entstehen einer gemeinsamen abendländisch-christlichen Kultur in Europa.

- Die **Völkerwanderung** (375-568) leitet die Auflösung des weströmischen Reiches ein. Unter den germanischen Staatsgebilden, die auf dem Boden des weströmischen Reiches entstehen, übernimmt das *Frankenreich* die Führungsrolle.

- Die Absetzung des Kaisers Romulus Augustulus (476) bedeutet zwar den *politischen* Untergang des weströmischen Reiches; das römische Erbe lebt aber in den germanischen Nachfolgestaaten auf vielfältige Weise fort.

Das Prinzipat des Augustus

Nach dem Sieg im Bürgerkrieg stellt sich die Frage nach der staatlichen Neuordnung:

Einerseits ist in den letzten Jahrzehnten deutlich geworden, daß die res publica, die historisch gesehen im Rahmen eines kleinen Stadtstaates entstanden ist, den Gegebenheiten des Großreiches immer weniger gewachsen ist. Im Laufe des ersten Jahrhunderts v. Chr. erweist sich, als Folge der Marianischen Heeresreform (s. Seite 51), die Militärdiktatur als nächstliegende Alternative. Von Sulla bis zu Octavian zieht sich eine Kette von mehr oder weniger kaschierten Militärdiktaturen.

Andererseits sind die republikanischen Traditionen, obwohl sie faktisch längst ausgehöhlt sind, noch so im Bewußtsein verankert, daß die offizielle Abschaffung der Republik als undenkbar gilt. Das Beispiel Cäsars, der seine Alleinherrschaft zu unverhohlen gezeigt hat, hat dies deutlich vor Augen geführt.

Die Lösung, die Octavian findet, ist ein politischer Kompromiß. In einem wohlkalkulierten und publikumswirksamen Akt gibt er in der

Senatssitzung vom 13.1.27

alle ihm übertragenen Vollmachten zurück und stellt damit formal die Republik wieder her. – Die Rolle des Senats in diesem einstudierten Schauspiel ist es, den Sieger zu bitten, seiner politischen Verantwortung auch in Zukunft gerecht zu werden, um ihm sodann entsprechende Befugnisse und Ämter zu übertragen:

- die Titel *princeps* (»erster Bürger«), *augustus* (»der Erhabene«) und *imperator* (eigentlich Inhaber der Befehlsgewalt, dann Ehrentitel für den siegreichen Feldherrn).

- die prokonsularische Gewalt über alle gefährdeten und unruhigen Provinzen; ihre Verwaltung erfolgt nun nicht mehr durch selbständige Statthalter, sondern durch abhängige *Legaten.*

- Da natürlich fast alle Truppen in den Rand- und Krisengebieten stationiert sind, erhält Octavian/Augustus auf diese Weise den Oberbefehl über fast das gesamte Heer; auch das Steueraufkommen dieser Provinzen fließt nicht in die Senatskasse, sondern in die Kasse des Augustus, den sog. *fiscus Caesaris.*

- das Konsulat und die Unverletzlichkeit eines Volkstribunen; in den Jahren 23 bzw. 19 wird ihm dann die tribunizische bzw. konsularische Amtsgewalt auf Lebenszeit übertragen (womit er von der tatsächlichen Wahl in diese Ämter unabhängig wird).

- ab 12 v. Chr. das Amt des *Pontifex maximus,* ab 2 v. Chr. den Titel *pater patriae* u. a. m.

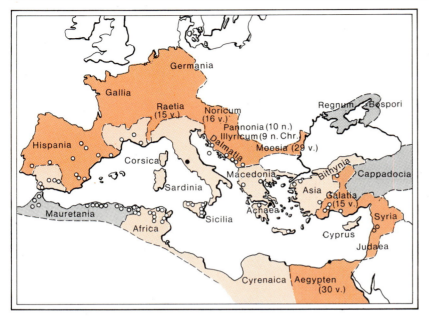

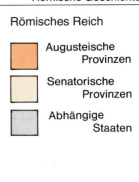

Römisches Reich

Augusteische
Provinzen

Senatorische
Provinzen

Abhängige
Staaten

Zusammenfassend ist festzustellen, daß Augustus *de jure* den von der Republik vorgegebenen Rahmen respektiert, *de facto* jedoch eine Alleinherrschaft ausübt, die auf der Verfügungsgewalt über den Fiskus und das Heer beruht (in Rom selbst bildet Augustus eine persönliche Leibgarde, die Prätorianergarde). Diese spezifische Herrschaftsform des Augustus wird in Anlehnung an den princeps-Titel als **Prinzipat** bezeichnet. Es steht gewissermaßen janusköpfig auf der Schwelle zwischen zwei Epochen: Es bewahrt die Elemente der republikanischen Zeit und leitet zugleich in die Kaiserzeit über.

Interessant ist die Frage, warum die Quasi-Monarchie des Augustus hingenommen wird, während Cäsar, obwohl er keineswegs mehr Macht gehabt hat, ermordet worden ist. Für diese Tatsache lassen sich mehrere Gründe anführen:

● Eine große Zahl republikanisch gesinnter Politiker, wie Brutus, Cassius, Cato, Cicero u. a., ist Opfer der Bürgerkriege geworden.

● Im Unterschied zu Cäsar, der sich offiziell die Diktatur auf Lebenszeit übertragen läßt, wahrt Augustus den Schein und hält die Fiktion der Republik aufrecht.

● Der schleichende Verfall der republikanischen Ordnung in den vergangenen Jahrzehnten hat, im Sinne eines Abstumpfungsprozesses, die Sensibilität gegenüber Verfassungsverletzungen geschwächt.

● Das Bedürfnis nach Frieden, Ruhe und Ordnung ist nach einem Jahrhundert der Bürgerkriege so groß geworden, daß die Herrschaft eines »starken Mannes« dafür in Kauf genommen wird. Diesem fundamentalen Bedürfnis wird Augustus gerecht. Seine Herrschaft leitet eine Friedensepoche ein, die als **Pax Romana** (römischer Friede) oder **Pax Augusta** geradezu sprichwörtlich geworden ist.

Die Kaiserzeit

Das Prinzipat – eine Monarchie in republikanischer Verkleidung – bildet gewissermaßen die Gelenkstelle zwischen Republik und Kaiserzeit. Als Augustus noch zu Lebzeiten die Weichen für seine Nachfolge stellt, wird diese höchst unrepublikanische Regelung bereits als normal empfunden. Da er selbst keinen Sohn hat, seine Schwiegersöhne und Enkel aber frühzeitig sterben, bestimmt Augustus schließlich – ohne rechte Überzeugung und offenkundig als Notlösung – seinen Stiefsohn *Tiberius(14-37)* zum Nachfolger. Er begründet damit die *Julisch-Claudische Dynastie,* zu der auch *Caligula*[1], *Claudius* und *Nero* zählen. Bereits in dieser frühen Phase zeigt sich die generelle Tatsache, daß verwandtschaftliche Bindung an sich kein Qualifikationsmerkmal ist. Verschwörungen, Ermordung von potentiellen Rivalen, auch engen Familienmitgliedern, Majestätsprozesse, Hinrichtungen, nicht zuletzt Selbstüberschät-

---

[1] Eigentlich *Gaius Iulius Cäsar Germanicus;* den Namen *Caligula* (= Soldatenstiefelchen) erhält er als kleines Kind von den Soldaten seines Vaters.

zung und Größenwahn sind Merkmale der frühen Kaiserzeit. Besonders Caligula (ermordet 41) und Nero (Selbstmord 68) gelten bis heute als Musterbeispiele für Cäsarenwahn und Willkürherrschaft.

Dennoch haben die Kaiser auch später immer wieder versucht, die Herrschaft zu vererben. Die *Flavische* (69-96), *Severische* (193-235), *Konstantinische* (306/24-363) und schließlich die *Theodosianische Dynastie* (379-455) sind hier zu nennen.

Ein anderes Prinzip zur Regelung der Nachfolge ist die Adoption eines Mannes, der sich durch seine erwiesenen Fähigkeiten und Leistungen für das Amt qualifiziert. Damit ist die Nachfolge des bestgeeigneten Kandidaten möglich. Tatsächlich hat die Phase des sog. *Adoptivkaisertums (96-192)* mit *Trajan, Hadrian, Antoninus Pius* und *Marc Aurel,* dem Philosophen auf dem Kaiserthron, mehrere bedeutsame Herrscher hervorgebracht. Die Epoche der Adoptivkaiser gilt als die glücklichste Phase der Kaiserzeit.

Zwischen diesen Zeiten relativer Stabilität gibt es immer wieder Bürgerkriegsphasen. In den Jahren 69 und 193 etwa streiten sich jeweils vier Kaiser um die Herrschaft. Ihre Ernennung bzw. Ausrufung verdanken sie ihren jeweiligen Truppen, doch sichert dieses Verfahren wenig Stabilität, da andere Legionen in anderen Provinzen »ihren« Kaiser proklamieren. In der Zeit von 235 bis 305, der Zeit der **Soldatenkaiser,** herrscht diese Nachfolgeregelung vor und stürzt das Reich in eine tiefe Führungskrise. Eine Vielzahl von Kaisern wechselt sich ab: Sie regieren oft nur wenige Monate, viele fallen Mordanschlägen zum Opfer. Typisch für diese Zeit ist auch die Tatsache, daß viele dieser Kaiser aus den Provinzen stammen: *Septimius Severus (193-211)* aus Afrika, *Maximinus (235-238)* aus Thrakien, *Philippus Arabs (244-249)* aus Arabien, *Decius (249-251)* aus Illyrien. Damit verliert Rom als Herrschaftsmittelpunkt zunehmend an Bedeutung. Diese Entwicklung findet unter *Diokletian (284-305),* der Mailand zur Hauptstadt macht, und *Konstantin (306/24-337),* der seine Residenz nach *Byzanz (Konstantinopel)* verlegt, ihren Abschluß.

Die Krise des 3. Jahrhunderts, die auch außenpolitisch zu einer ernsthaften Bedrohung des Reiches führt (s. Seite 63 f.), kann durch *Aurelian (270-275)* und vor allem *Diokletian (284-305)* noch einmal aufgefangen werden. Mit der Reichsreform des Diokletian verändert sich aber auch das Gesicht des Kaisertums. Es entwickelt sich endgültig zum **Dominat**[1], zum spätantiken absolutistischen Zwangsstaat.

Die wichtigsten Reformen des Diokletian sind:

● Begründung der **Tetrarchie** (Viererherrschaft): Unter prinzipieller Wahrung der Reichseinheit teilen sich vier Herrscher die Regierung, zwei ältere (Diokletian und Maximian) mit dem Titel Augustus, zwei jüngere (Galerius und Constantius) mit dem Titel Cäsar. Nach jeweils zwanzig Jahren rücken die Cäsaren zu Augusti auf und ernennen zwei neue Stellvertreter.

● Aufteilung des Reiches in 12 *Diözesen* (griech.: Verwaltungsbezirk) und 4 *Präfekturen* (von lat. praefectus = Vorgesetzter) mit den Hauptstädten Nicomedia (in Kleinasien), Mailand, Sirmium (in Illyrien) und Trier. Jeder Herrscher ist für eine Präfektur zuständig.

● Währungsreform durch Neuprägung wertbeständiger Goldmünzen, um die im 3. Jahrhundert grassierende Inflation zu beenden.

● Bindung der Bauern und Landpächter (*Kolonen*) an ihren Grund und Boden, um die Agrarproduktion wieder in Gang zu bringen.

● Bindung der Handwerker und Händler an ihren Beruf durch Bildung von Zwangsinnungen (Korporationen); die Söhne sind verpflichtet, den Beruf des Vaters zu übernehmen.

● Neuordnung des Steuersystems: Nach einer *im voraus* festgelegten Veranlagung (*indictio* = Anzeige) sind die Steuern zu zahlen; die Haftung für die Steuerzahlung liegt bei den Innungen und den Stadträten. Damit ist erstmals in der Geschichte die längerfristige Planung von Staatseinnahmen und -ausgaben, also ein *Staatshaushalt,* möglich.

● Festlegung von Höchstpreisen für Waren und Dienstleistungen.

Die umfassenden Reformen Diokletians führen zu neuer wirtschaftlicher Sicherheit, begründen allerdings auch einen Zwangsstaat, in dem die Bürger endgültig zu Untertanen (*subiecti*) werden. Die Ursache für die Einführung dieses absolutistischen Systems ist in der existentiellen Krise des 3. Jahrhunderts zu sehen, die eine andere Lösung wohl nicht erlaubt hat. Eine Parallele findet sich später, im 17. Jahrhundert, als der moderne Absolutismus sich ebenfalls aus einer ernsten und scheinbar unlösbaren Krisensituation heraus entwickelt (s. Seite 147).

Das System der Tetrarchie hat keinen Bestand. Zwar erfolgt 305 ordnungsgemäß der Wechsel in der Führungsspitze, doch schon bald kommt es zu Machtkämpfen. Dabei gelingt es *Konstantin dem Großen (312/24-337),* die alleinige Herrschaft erst im Westen (312), schließlich im Gesamtreich (324) zu erringen.

---

[1] Von lat. *dominus* (= Herr); seit Aurelian (270-275) trägt der Kaiser den Titel *dominus et deus* (= Herr und Gott).

Dennoch ist das einmal praktizierte Prinzip der Teilung nicht mehr zu verdrängen. Kaiser *Theodosius (379-395)* teilt das Reich unter seine Söhne und Mitregenten *Arcadius* und *Honorius.* Diese

Reichsteilung	**395**

des Theodosius erweist sich als definitiv. Die sprachlichen und kulturellen Unterschiede – lateinische Sprache und römisch-griechische Kultur im Westen, griechische Sprache und hellenistische Kultur im Osten – gewinnen wieder die Oberhand und verdrängen die Idee der (formal fortexistierenden) Reichseinheit. Während das **Weströmische Reich** im Zuge der Völkerwanderung zerfällt (476, s. Seite 66), bleibt das **Oströmische** oder **Byzantinische Reich** noch über tausend Jahre bestehen. Es wird erst 1453 von den Türken erobert.

Römische Kaiser (Auswahl)

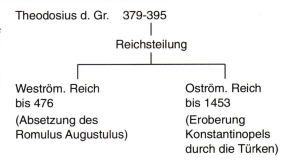

Theodosius d. Gr.	379-395

Reichsteilung

Weström. Reich	Oström. Reich
bis 476	bis 1453
(Absetzung des	(Eroberung
Romulus Augustulus)	Konstantinopels
	durch die Türken)

Augustus 27 v. Chr.-14 n. Chr.		
Tiberius	14-37	
Caligula	37-41	Julisch-Claudische Dynastie
Claudius	41-54	
Nero	54-68	
Galba/Otho/Vitellius/Vespasian 69		Vierkaiserjahr
Vespasian	69-79	
Titus	79-81	Flavische Dynastie
Domitian	81-96	
Nerva	96-98	
Trajan	98-117	
Hadrian	117-138	
Antoninus Pius	138-161	Adoptivkaisertum
Marc Aurel	161-180	
Commodus	180-192	
...		
Septimius Severus	193-211	
Caracalla	211-217	Severische Dynastie
Macrinus	217-218	
Elagabal	218-222	
Severus Alexander	222-235	
Maximinus Thrax	235-238	
...		
Decius	249-251	
...		
Valerian	253-259	
Gallienus	259-268	Soldatenkaisertum
Claudius II.	268-270	
Aurelian	270-275	
...		
Diokletian u. a.	284-305	(Tetrarchie)
Konstantin d.Gr.	306/24-337	Konstantinische Dynastie
Konstantius II.	337-361	
Julian Apostata	361-363	
...		

Außenpolitische Entwicklung bis Diokletian

In den acht Jahren von 58 bis 51 v. Chr. hat Cäsar ganz Gallien unterworfen. Am Ende der Bürgerkriege steht – als Konsequenz der Verbindung des Antonius mit Kleopatra – die Annexion Ägyptens (30 v. Chr.) (s. Seite 57). Das außenpolitische Programm des Augustus, der seit 27 v. Chr. die prokonsularische Gewalt über alle gefährdeten Reichsgebiete ausübt (s. Seite 59), liegt nun vor allem in der »Befriedung« der Provinzen und in der Abrundung und Sicherung der Grenzen.

Diesem Zweck dienen die Feldzüge in die Gebiete südlich der Donau. Die hier neu gegründeten Provinzen *Mösien, Illyricum, Pannonia, Noricum* und *Rätien* reihen sich von der Donaumündung am Schwarzen Meer bis zu den (damals entdeckten) Donauquellen bei Donaueschingen.

Dem gleichen Zweck dient der Vorstoß ins rechtsrheinische Germanien. Er beginnt im Jahre 12 v. Chr. mit den Feldzügen des *Drusus,* eines Stiefsohns Augustus', der als erster Römer die Elbe erreicht. Nach seinem Tod übernimmt *Tiberius,* der spätere Nachfolger des Augustus, das Kommando in Germanien. Bedingt durch Unruhen in anderen Reichsteilen, wird die Unterwerfung Germaniens aber zeitweise ausgesetzt. Als der Feldzug wieder aufgenommen wird, hat sich der germanische Widerstand formiert. Unter dem Cherusker *Arminius* (Hermann), der selbst im römischen Heer gedient hat, besiegen die Germanen in der

Schlacht im Teutoburger Wald	**9 n. Chr.**

die Legionen des *Varus* (auch *Varusschlacht*). Es ist eine der schwersten Niederlagen der römischen Geschichte. Dennoch wird das Ziel der Elbgrenze noch nicht endgültig aufgegeben. Unter *Germanicus,* Sohn des Drusus und Adoptivsohn des Tiberius, unternimmt Rom noch einmal eine erfolgreiche Offensive, die aber 16 n. Chr. zugunsten der Sicherung der Ostgrenzen aufgegeben wird. Damit behält Germanien seine Freiheit; es bleibt freilich auch von dem

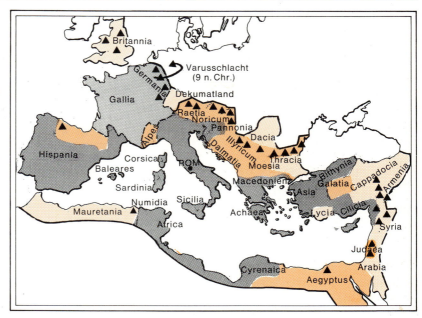

Römisches Reich zur Zeit Trajans

- römisches Reich vor Cäsar
- Eroberungen Cäsars (ermordet 44 v. Chr.)
- Eroberungen des Augustus (27 v. Chr. – 14 n. Chr.)
- Eroberungen der röm. Kaiser bis Trajan (98–117)
- ▲ Legionslager

zivilisatorischen Fortschritt, den römische Herrschaft ja auch mit sich gebracht hat (s. Seite 65), weitgehend unberührt.

Die Varusschlacht ist im 19. Jahrhundert, im Überschwang des deutschen Nationalismus nach der Reichsgründung 1871 (s.Bd. 2, Seite 57), zum Symbol deutscher Überlegenheit und zum Ausgangspunkt deutscher Geschichte hochstilisiert worden. Das berühmte Hermannsdenkmal bei Detmold (1875 eingeweiht) ist als Zeugnis dieser Phase noch heute zu besichtigen.

Unter den Kaisern des 1. Jahrhunderts werden noch verschiedene Gebiete hinzugewonnen, so die Provinz *Britannia*[1] und in Germanien das sog. Dekumatland zwischen Rhein, Donau, Main und Neckar. Im Osten gewinnt Trajan die Provinzen Dacia und Arabia; die im Feldzug gegen die Parther ebenfalls eroberten Gebiete Armenia, Assyria und Mesopotamia werden allerdings von Hadrian wieder aufgegeben (117). Unter Trajan (98-117) erreicht das römische Imperium seine größte Ausdehnung.

Eine immer größere Rolle spielt nun die Sicherung und Befestigung der Grenzen. Kaiser *Domitian* (81-96) beginnt mit der Anlage des berühmten **Limes**[2],

der von den späteren Kaisern, Hadrian, Antoninus und Marc Aurel, verlängert und verstärkt wird. Der obergermanisch-rätische Limes, der etwa von Remagen am Rhein bis in die Nähe von Regensburg an der Donau führt, ist ca. 550 km lang, hat rund 80 Kastelle und über 900 Wachtürme. Zumeist besteht er aus Wall und Graben, teilweise auch aus einer Steinmauer. – Auch in anderen Reichsteilen, in Britannien (Hadrianswall), Afrika und Arabien, werden die Grenzen befestigt.

Der Druck auf die Grenzen nimmt seit der Mitte des 2. Jahrhunderts zu. Im Osten bildet das *Partherreich*, nach dessen Ende (227) das neupersische Reich der *Sassaniden* eine ständige Bedrohung. Einer der römischen Kaiser, *Valerian*, fällt 259 in die Hand des Gegners und stirbt in persischer Gefangenschaft.

Nachdem die germanische Grenze schon im 2. Jahrhundert von den *Markomannen* und *Quaden* durchbrochen worden ist (Markomannenkriege 167-180), fallen um die Mitte des 3. Jahrhunderts die *Alamannen*, *Franken* und *Goten* in das römische Reich ein. Die Franken stoßen bis Spanien vor; die Goten[3] besetzen Dakien, plündern Griechenland, die kleinasiatische Küste und erreichen mit ihren Schiffen

---

[1] Schottland und Irland werden von der römischen Expansion allerdings nicht berührt.

[2] *Limes* (lat.): Grenze, Grenzweg, -wall

[3] Die Goten stammen ursprünglich aus Schweden und Gotland; seit Ende des 2. Jh. siedeln sie an der Schwarzmeerküste.

sogar Zypern; die Alamannen besetzen das Dekumatland, also das Gebiet zwischen Rhein und Donau[1].

Die äußere Krise korrespondiert mit der inneren: Es ist die Zeit der Soldatenkaiser (s. Seite 61), in der das Reich ohne feste Leitung ist. Die Truppen, schon rein zahlenmäßig zu schwach und vielfach durch die internen Führungskämpfe gebunden, sind mit der Verteidigung der Grenzen überfordert.

Eine Wendung zum Besseren setzt mit Kaiser *Gallienus* (259-268) ein, der eine *Heeresreform* durchführt:

- Aufstellung eines Reiterheeres, das von seiner Kampftechnik her den ebenfalls berittenen Truppen der Sassaniden und Goten gewachsen ist und wegen seiner Beweglichkeit schnell in Krisengebieten eingesetzt werden kann.

- Staffelung der Grenzverteidigung: Mobile Truppen werden ins Hinterland verlegt, von wo sie schnell und gezielt an den jeweiligen Einbruchstellen eingreifen können.

Die Heeresreform des Gallienus schafft die Voraussetzungen für die Abwehrsiege, die seine Nachfolger *Claudius II. Gothicus* (268-270) und *Aurelian* (270-275) erzielen. Die äußere Bedrohung des Reiches kann abgewehrt werden, allerdings unter Verzicht auf Dakien (271) und die rechtsrheinischen Gebiete (260). Die innere Krise wird durch die Reichsreform Diokletians (s. Seite 61) überwunden.

Das Christentum

Zu Beginn des 1. Jahrhunderts (»Es begab sich aber zu der Zeit des Kaisers Augustus...«) entsteht in Galiläa eine neue Religion, das Christentum. Ihr Begründer ist der Jude *Jesus,* Sohn eines Zimmermanns in Nazareth. Als Wanderprediger sammelt er einen Schülerkreis um sich, gerät in Konflikt mit den jüdischen Pharisäern und wird schließlich als Aufwiegler von dem römischen Statthalter *Pontius Pilatus* hingerichtet. Nach seinem Tod bildet sich in Jerusalem die erste christliche Gemeinde, die Jesus als Gottessohn begreift und von seiner Auferstehung überzeugt ist. Die neue Religion wird für die Zukunft so bedeutsam, daß sich unsere Zeitrechnung am Datum der Geburt Jesu Christi orientiert[2].

Anfangs ist das Christentum nur eine von vielen miteinander rivalisierenden Religionen. Die politische Unsicherheit der vor-augusteischen Zeit, die nachlassende Überzeugungskraft der traditionellen griechisch-römischen Göttervorstellung und die im Zuge der römischen Eroberungen eindringende hellenistisch-orientalische Gedankenwelt führen zu einem starken Bedürfnis nach religiöser Orientierung und zugleich zu einem vielfältigen Angebot an Glaubenslehren. Geheimnisvolle Kulte wie der von Eleusis[3], Kulte um die kleinasiatische Muttergöttin Kybele, den persischen Mithras, die ägyptische Isis und viele andere finden zahlreiche Anhänger. Vielfach findet auch eine Gleichsetzung und Verschmelzung der fremden mit den römischen Gottheiten statt.

Vor diesem geistigen Hintergrund entsteht das Christentum, das zahlreiche Elemente des jüdischen Glaubens und der hellenistischen Kulte übernimmt. Der Glaube an einen einzigen Gott (Monotheismus) und die Offenbarung des Gotteswortes in der Heiligen Schrift sind jüdischer Herkunft; die Vorstellungen von der Menschwerdung Gottes, von Erlösung und Auferstehung, Riten wie die Taufe und das Abendmahl finden sich auch in den hellenistischen Kulten.

Daß sich das Christentum trotz dieses durchaus synkretistischen[4] Charakters letztlich gegen die rivalisierenden Religionen durchsetzen kann, liegt vor allem an

- dem konsequenten sozialen Gebot der Nächstenliebe, sogar Feindesliebe, und der damit verbundenen Zurücknahme persönlicher, egoistischer Interessen; viele dieser Gedanken sind bereits durch die griechische Philosophenschule der Stoiker (s. Seite 34 f.) vorbereitet worden.

- der Vorstellung eines gütigen, vergebenden Gottes.

- der Vorstellung von der Gleichheit aller Menschen vor Gott, die vor allem den unteren Schichten, den Sklaven und nicht zuletzt auch den Frauen eine verheißungsvolle Perspektive bietet.

- der überaus erfolgreichen Missionstätigkeit vor allem des *Paulus* (64 hingerichtet), der in Kleinasien und Griechenland zahlreiche Christengemeinden gründet. Begünstigt durch die Pax Romana und die excellenten Verkehrsverbindungen

---

[1]   Von daher erklärt sich die französische Bezeichnung für Deutschland/Deutsche: *Allemagne/Allemands.*

[2]   Die Berechnung des Datums stammt von dem Mönch Dionysius Exiguus (6. Jh.), der sich dabei freilich um einige Jahre verrechnet hat.

[3]   Griechische Stadt in der Nähe von Athen.

[4]   *Synkretismus* (griech.): Vermischung von Religionen.

im Reich, breitet sich das Christentum rasch aus und gewinnt bis zum 3. Jahrhundert Anhänger in fast allen Reichsteilen.

Die römischen Kaiser haben die Ausbreitung des Christentums kaum behindert. Einzelne Verfolgungen wie die im Jahre 64 unter *Nero,* der die Christen für den Brand Roms verantwortlich macht, sind regional begrenzt und an konkrete Anlässe gebunden. Allgemeine und systematische Christenverfolgungen finden erst im 3. Jahrhundert unter den Soldatenkaisern *Decius (249-251)* und *Diokletian (284-305)* statt. Ursache für diese Verfolgungen ist die Tatsache, daß das Christentum mittlerweile bereits so stark und selbstbewußt ist, daß es immer häufiger in Konflikt mit der Staatsgewalt gerät, vor allem durch die Verweigerung des Militärdienstes und des vorgeschriebenen Kaiserkults.

Die Verfolgung durch Decius, der die Christen unter Androhung der Todesstrafe zum Kaiseropfer zwingen will, bleibt ohne den erhofften Erfolg. Im Gegenteil: Das Vorbild der zahlreichen Märtyrer dieser Zeit stärkt eher den inneren Zusammenhalt der Kirche. Die letzte und schwerste Verfolgung unter Diokletian (ab 303) zeigt endgültig, daß die gewaltsame Unterdrückung des Christentums nicht mehr möglich ist. Seine Nachfolger ziehen daraus die Konsequenz und beenden die Verfolgung. Im

Mailänder Toleranzedikt	313

erkennt *Konstantin der Große* das Christentum offiziell als gleichberechtigt an und gewährt ihm die völlige Freiheit der Religionsausübung. Die Legende deutet dieses Edikt als Dank Konstantins für den Sieg, den er 312 an der Milvischen Brücke über seinen Rivalen Maxentius errungen hat: Vor Beginn der Schlacht habe er eine Erscheinung gehabt, die ihm den Sieg im Zeichen des Kreuzes verheißen habe.

Nach dem Mailänder Toleranzedikt ist der Sieg des Christentums nicht mehr aufzuhalten. Kaiser *Theodosius (379-395)* erklärt es schließlich zur

Staatsreligion	391

und verbietet alle heidnischen Kulte. Damit finden unter anderem die Olympischen Spiele zu Ehren des Zeus (s. Seite 14) ihr Ende.

Die staatliche Anerkennung bringt die Kirche jedoch zugleich in Abhängigkeit vom Staat. Im Interesse einer einheitlichen Glaubensauslegung greifen die Kaiser in innerkirchlich-theologische Streitigkeiten ein. So wird der sog. *Arianische Streit*[1], in dem es um die göttliche oder menschliche Natur Christi geht, auf dem von Konstantin einberufenen *Konzil von Nicaea (325)* beigelegt und ein einheitliches Glaubensbekenntnis formuliert.

Die Spaltung zwischen dem arianischen und schließlich als rechtgläubig erklärten katholischen[2] Bekenntnis ist allerdings auch nach Nicaea nicht völlig überwunden. Sie hat zudem politisch weitreichende Auswirkungen, da einige germanische Stämme – Goten, Langobarden und Vandalen – in jener Zeit von arianischen Priestern missioniert werden. Als diese Stämme sich im Zuge der Völkerwanderung (s. Seite 66) auf weströmischem Boden ansiedeln, kommt es zu religiösen und sozialen Konflikten. Vor allem in Afrika finden unter der Herrschaft der arianischen Vandalen (429-534) schwere Katholikenverfolgungen statt.

Die Romanisierung des Reiches

Die jahrhundertelange römische Herrschaft in einem Großteil der damals bekannten Welt setzt in den betreffenden Gebieten einen Prozeß der kulturellen Vereinheitlichung in Gang. Römische Zivilisation[3], Kultur[4] und Sprache finden Eingang in die Provinzen. Dieser Prozeß der Überlagerung und Verschmelzung wird als **Romanisierung** bezeichnet.

Zentren der Romanisierung sind die Städte, in denen sich Veteranen, Verwaltungsbeamte, Händler usw. ansiedeln. Sie sind vielfach nach dem Vorbild Roms mit Forum, Tempeln, Amphitheater, Thermen und Aquaedukten ausgestattet und bieten einen Lebensstandard, wie er erst Ende des 19. Jahrhunderts wieder erreicht wird. Es gibt Abwässerkanäle und Sanitäranlagen, viele Häuser verfügen sogar über Fußboden- bzw. Wandheizungen. Noch heute zeugen viele römische Bauten von dieser hochentwickelten Kultur, zum Beispiel in Trier, Köln, Arles, Orange und vielen anderen Städten.

Auch Landwirtschaft und Handwerk profitieren von der höher entwickelten römischen Technik und bewirken einen deutlichen Anstieg des Lebensstandards.

---

[1] Genannt nach dem alexandrinischen Priester *Arius;* sein Hauptgegner, der griechische Kirchenlehrer *Athanasios,* kann sich durchsetzen und die Verurteilung der arianischen Lehre erreichen.

[2] Von griech. *katholikos* = das Ganze betreffend, allumfassend, allgemein.

[3] Von lat. *civilis* = bürgerlich

[4] Von lat. *cultura* = Landbau, Pflege (des Körpers und Geistes).

Mit der römischen Herrschaft verbreitet sich auch die lateinische Sprache. Durch die Verschmelzung mit den vorrömischen Sprachen entsteht die verwandte Sprachfamilie der **romanischen Sprachen** (Französisch, Spanisch, Portugiesisch u. a.). Auch die Germanen übernehmen – mit den Dingen, die sie bei den Römern kennenlernen – viele lateinische Wörter. Die deutsche Sprache kennt zahlreiche solcher *Lehnwörter,* z. B. Wein (vinum), Pfirsich (persicum), Mauer (murus), Fenster (fenestra), Keller (cellarium), Spiegel (speculum) usw. – Es ist eine ähnliche Entwicklung, wie sie heute bei der Übernahme und Eindeutschung anglo-amerikanischer Wörter zu beobachten ist (High Tech, Computer, Job usw.).

Ebenfalls von weitreichender Bedeutung ist die Verbreitung des römischen Rechts. Es ist im *Codex Theodosianus* (438) und schließlich im *Corpus Juris Civilis* des oströmischen Kaisers *Justinian (527-565)* zusammengefaßt. Diese Rechtssammlungen üben seit ihrer Wiederentdeckung im 11. Jahrhundert einen großen Einfluß auf die Entwicklung des modernen Rechts aus. Viele unserer heutigen Rechtsgrundsätze haben hier ihre Wurzel.

Neben der römischen Zivilisation breiten sich auch die vielfachen philosophischen und religiösen Vorstellungen, schließlich das Christentum in den Provinzen aus. Die Christianisierung der Mittelmeerwelt ist Teil des Romanisierungsprozesses.

Zusammenfassend läßt sich feststellen, daß im Prozeß der Romanisierung wesentliche Grundlagen gelegt worden sind für die Entstehung der abendländisch-christlichen Kultur, in der sich die europäischen Länder auch heute noch wiederfinden können.

Völkerwanderung und Ende des weströmischen Reiches

Schon oft in seiner Geschichte ist das römische Reich von Einfällen fremder Völker heimgesucht worden. In der frühen Zeit waren es die *Gallier* (387 v. Chr., s. Seite 44), dann die germanischen Stämme der *Kimbern* und *Teutonen* (113-101 v. Chr., s. Seite 51). Später, in der Kaiserzeit, vor allem in der Krisensituation des 3. Jahrhunderts, fallen *Markomannen, Alamannen, Goten* und *Franken* ein (s. Seite 63). Die Römer müssen es teilweise sogar zulassen, daß die Eindringlinge sich auf römischem Boden ansiedeln, so die Alamannen im Gebiet zwischen Rhein und Donau, die Goten in der Provinz Dakien.

Ende des 4. Jahrhunderts bricht eine neue, nun ungleich mächtigere Welle von Invasionen in das Reich ein. Diese sogenannte

Völkerwanderung	375-568

wird durch das mongolische Reitervolk der **Hunnen** ausgelöst, die 375 in das ostgotische Gebiet am Schwarzen Meer einfallen. Der Vorstoß dieses wilden und furcherregenden Volkes bringt die ostgermanischen Stämme in Bewegung und drängt sie nach Westen. Sie überschreiten die Grenzen des römischen Reiches, wo sie nur wenig Widerstand finden, und lassen sich – zum Teil nach jahrzehntelangen Wanderungen – auf dem Boden des weströmischen Reiches nieder:

● Die **Westgoten** fallen 375 in das oströmische Reich ein, besiegen Kaiser Valens in der *Schlacht bei Adrianopel (378),* durchziehen jahrelang plündernd die Balkanhalbinsel und wenden sich um 400 nach Italien, wo sie die Kaiserresidenz Mailand belagern (daraufhin Verlegung der Residenz in das besser geschützte Ravenna). Der Angriff kann von dem römischen Heerführer *Stilicho,* der selbst germanischer (vandalischer) Abstammung ist, zwar abgewehrt werden, doch nach Stilichos Tod (408) fallen die Westgoten unter ihrem König *Alarich* erneut ein und belagern Rom. Die

Eroberung und Plünderung Roms	410

durch die »Barbaren« ist ein Schock für die zivilisierte Welt, spiegelt aber die tatsächliche Ohnmacht des Reiches wider. Nach dem Tod Alarichs in Süditalien ziehen die Westgoten durch die Provence nach Südwestgallien und gründen hier das sog. *Tolosanische Gotenreich*[1]. Nach dessen Eroberung durch die Franken unter König Chlodwig 507 (s. Seite 71) siedeln sich die Westgoten in Spanien an (711 von den Moslems erobert, s. Seite 73).

● Die **Vandalen** ziehen plündernd durch Gallien und siedeln sich Anfang des 5. Jahrhunderts in Spanien an. Unter ihrem König *Geiserich* überqueren sie 429 die Straße von Gibraltar und erobern die Provinz Africa. Von hier aus unternehmen sie mit erbeuteten römischen Schiffen Plünderungsfahrten an die benachbarten Küsten. Bei einer dieser Fahrten kommt es zur zweiten

Plünderung Roms	455.

In unserem Wort *Vandalismus* lebt noch die Erinnerung an die Zerstörungswut dieses Volkes. 534 wird die Provinz Africa von den Oströmern zurückerobert, 698 fällt sie in die Hände der Moslems (s. Seite 73).

● Die **Angeln, Sachsen** und **Jüten,** die ursprünglich in Schleswig und an der Nordseeküste bis zum Niederrhein siedeln, wandern im 5. Jahrhun-

---

[1]   Nach der Hauptstadt Tolosa (= Toulouse).

Die Völkerwanderung

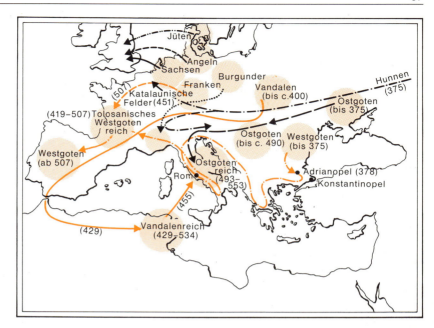

dert nach Britannien aus und gründen mehrere Reiche (im 9. Jh. zusammengefaßt, 1066 von den Normannen erobert, s. Seite 78). Die heutige Bezeichnung *angelsächsisch* erinnert an diese Landnahme.

- Die **Burgunder** gründen Anfang des 5. Jahrhunderts in der Gegend von Worms und Speyer ein Reich, werden aber 436 von den Hunnen besiegt. Diese Ereignisse liegen dem *Nibelungenlied,* den Sagen um Siegfried, Hagen von Tronje, Attila usw. zugrunde. Die Reste der Burgunder siedeln sich dann weiter südlich, am Westrand der Alpen, an (die heutige Landschaft Burgund).

- Die **Franken** dringen im 4. Jahrhundert in das Gebiet des heutigen Belgien und weiter südlich ins Moselgebiet vor. Das Frankenreich wird im Lauf des frühen Mittelalters durch die Eroberungen Chlodwigs und seiner Nachfolger (s. Seite 71) zum mächtigsten Nachfolgestaat auf dem ehemals weströmischen Boden und zum bedeutendsten Faktor der mittelalterlichen Geschichte.

So entstehen überall auf dem Boden des weströmischen Reiches germanische Staatsgebilde. Die Römer sind gezwungen, diese Ansiedlungen und Reichsgründungen auf ihrem Boden zu dulden. Zum Teil werden die Germanen offiziell als *Föderaten*[1] angesiedelt, wofür sie den Römern Waffenhilfe ge-

gen andere Eindringlinge leisten. Ein großer Erfolg dieser römisch-germanischen Kooperation ist die gemeinsame Abwehr der Hunnen in der

Schlacht auf den Katalaunischen Feldern[2] 451.

Nach dieser Schlacht ziehen sich die Hunnen zurück. Als 453 ihr König *Attila* stirbt, löst sich das Hunnenreich auf.

Das weströmische Kaisertum ist mittlerweile nur noch ein Schatten seiner selbst. Die letzten Kaiser, die seit dem Einfall der Westgoten in Ravenna residieren, sind praktisch ohne Macht und können durch die vertragliche Billigung der germanischen Landnahme allenfalls die Fiktion der römischen Oberhoheit aufrechthalten. Als 476 der Skire *Odoaker,* Offizier in römischen Diensten, an der Spitze seiner germanischen Söldnertruppen in Italien einfällt, besetzt er Ravenna und schickt den letzten Kaiser, *Romulus Augustulus*[3], gewissermaßen in Pension. Die Absetzung des Romulus Augustulus bedeutet das

Ende des Weströmischen Reiches 476.

Italien bis zu den Langobarden

Odoaker ist keineswegs ein wüster Barbar; er respektiert die römischen Institutionen, gewinnt durch eine rücksichtsvolle Besatzungspolitk die römische Aristokratie für sich, bemüht sich um die Anerkennung Ostroms, legt sich gar einen römischen Namen

---

[1] *Föderaten* (von lat. *foedus* = Vertrag): Vertrags-, Bündnispartner.

[2] In der Nähe von Troyes in der Champagne.

[3] *Augustulus* ist die Verniedlichungsform von *Augustus;* diesen ironischen Beinamen erhält Romulus vom damaligen oströmischen Kaiser.

zu. Dennoch beauftragt der byzantinische Kaiser *Zenon* (474/76-491) seine ostgotischen Verbündeten in Illyrien mit der Eroberung Italiens. Der Ostgotenkönig **Theoderich** – in der Sage Dietrich von Bern – besetzt Italien und erobert nach dreijähriger Belagerung auch Ravenna (»Rabenschlacht«). Odoaker wird ermordet (493).

Mit der Herrschaft Theoderichs (493-526) beginnt eine über dreißigjährige Friedenszeit für Italien. Wie schon Odoaker läßt Theoderich (der seine Jugendzeit als Geisel am Hof von Konstantinopel verbracht hat) die römischen Einrichtungen unangetastet und regiert formell als Stellvertreter des oströmischen Kaisers. Römer und Goten sind rechtlich gleichgestellt; ihre Verschmelzung wird allerdings durch ein Eheverbot verhindert: Die Goten sind arianisch (s. Seite 65), die Römer katholisch.

Außenpolitisch sichert Theoderich seine Herrschaft durch Bündnisse und eine gezielte Heiratspolitik ab. Sowohl zu den Vandalen in Afrika wie zu den nördlichen Nachbarn, den Burgundern und den gefährlich expandierenden Franken, knüpft er enge politische und verwandtschaftliche Beziehungen.

Trotz der römisch-ostgotischen Koexistenz und der Anerkennung der byzantinischen Oberhoheit plant Kaiser *Justinian (527-565)* die Rückgewinnung nicht nur Afrikas, sondern auch Italiens. Dieser Plan der *renovatio imperii,* der Erneuerung des Reiches, stürzt Italien abermals in blutige Kriege und beendet die ostgotische Friedensphase.

Nach der überraschend schnellen Eroberung des Vandalenreiches (533/534) landet Justinians Feldherr *Belisar* auf Sizilien (535) und stößt von hier nach Norden vor. Nach jahrelangen Kämpfen um die wichtigsten Festungen, Neapel, Rom, Mailand, kann Belisar 540 Ravenna einnehmen. Da aber im selben Jahr die Perser das byzantinische Reich angreifen (Ergebnis eines Bündnisses mit den Goten!), muß er Italien verlassen. Das ermöglicht dem neuen Gotenkönig *Totila (541-552),* einen Großteil Italiens zurückzugewinnen. 544 beginnt der zweite Angriff der byzantinischen Truppen, der 552/53 mit der gotischen Niederlage und dem Tod Totilas endet. Die letzten Goten unter König *Teja* werden bei Neapel aufgerieben[1]. Damit findet das von Theoderich begründete Ostgotenreich in Italien (493-553) sein Ende.

Die unter großen Verlusten erreichte Wiederherstellung der (ost)römischen Herrschaft in Italien ist aber gleichfalls nicht von Dauer. Im Jahre 568 erobert der germanische Stamm der *Langobarden*[2], bislang Verbündeter Ostroms und an der Niederschlagung der Goten beteiligt, die oberitalische Ebene und begründet das **langobardische Königreich (568-774).** Den Oströmern bleiben vorerst die Gebiete um Ravenna, Rom und Süditalien.

Mit der langobardischen Eroberung Oberitaliens, der letzten germanischen Staatenbildung auf ehemals weströmischem Boden, findet auch die Epoche der Völkerwanderung (375-568) ihren Abschluß.

---

[1] Die skizzierten Ereignisse sind Thema des bekannten historischen Romans »Ein Kampf um Rom« von Felix Dahn (1876).

[2] Die *Lombardei,* die oberitalienische Landschaft um Mailand, ist nach diesem Stamm benannt.

Zeittafel
Römische Geschichte Teil 2: Kaiserzeit

27 v. Chr. -14 n. Chr.	**Prinzipat des Augustus**		**Pax Augusta (Romana)**
14-68	julisch-claudische Dynastie		Sicherung der Donaugrenzen
64	Christenverfolgung in Rom unter *Nero*		Feldzüge in Germanien
		9n. Chr.	**Schlacht im Teutoburger Wald**
		ab 81	Anlage des *Limes*
		117	größte Ausdehnung des Reiches unter **Trajan**
		Ende 2. Jh.	Einfälle germanischer Stämme / im Osten Bedrohung durch Parther bzw. ab 227 Sassaniden
235-305	Soldatenkaisertum / Führungskrise des Reiches	←	
ca. 250	Christenverfolgung unter *Decius*		
ca. 300	Christenverfolgung unter *Diokletian*		
	Reichsreform Diokletians (Tetrarchie, Dominat, Übergang zum Zwangsstaat)		
313	**Mailänder Toleranzedikt** (Konstantin)		
330	Konstantinopel (»zweites Rom«)		
		375	Vorstoß der Hunnen / **Beginn der Völkerwanderung**
391	**Christentum wird Staatsreligion (Theodosius)**	378	Schlacht bei Adrianopel
395	**Reichsteilung** (Theodosius)	**5. Jh.:**	**Ansiedlung germanischer Stämme auf dem Boden des weströmischen Reiches**
	Ohnmacht der weström. Kaiser ←		
410	Plünderung Roms durch *Westgoten*	451	röm.-germ. Sieg über Hunnen *(Katalaunische Felder)*
455	Plünderung Roms durch *Vandalen*		
476	Absetzung des *Romulus Augustulus* durch *Odoaker* / **Ende des weströmischen Reiches**		
493-553	Ostgotenreich *(Theoderich)*		
568	Begründung des Langobardenreichs	568	mit langobardischer Ansiedlung in Oberitalien Abschluß der Völkerwanderungszeit
1453	**Ende des oströmischen / byzantinischen Reiches**		

Das Mittelalter

Überblick

- Die Epoche des Mittelalters beginnt mit der Auflösung des weströmischen Reiches im Zuge der *Völkerwanderung* (ab 375); das *oströmische Reich* bleibt bis 1453 bestehen.

- Im Süden des ehemaligen Imperium Romanum entsteht das *islamische Großreich* (7. Jahrhundert); im nordwestlichen Teil bildet sich – ausgehend vom fränkischen Großreich – *Europa* als eigenständige politische und kulturelle Einheit heraus.

- Das europäische Mittelalter ist gekennzeichnet durch das Fortleben der *römischen Kultur,* durch *germanisch-fränkische Elemente* (Lehenswesen, Grundherrschaft) und durch die herausragende Rolle der *christlichen Kirche.*

- Durch Erbteilungen zerfällt das Frankenreich in sich verselbständigende Teile: Im Westen entwickelt sich *Frankreich,* im Osten *Deutschland.*

- Mit der Krönung Karls des Großen zum *römischen Kaiser* (25.12.800) tritt das Frankenreich das Erbe Westroms an. Mit der Krönung Ottos des Großen (2.2.962) geht das Kaisertum an Deutschland, einen der karolingischen Nachfolgestaaten, über und bleibt bis 1806 mit ihm verbunden (*Heiliges Römisches Reich deutscher Nation*).

- Das Bündnis der Karolinger mit dem Papsttum begründet den für das gesamte Mittelalter charakteristischen *Dualismus von Kirche und Staat.* Er führt zu teilweise dramatischen Machtkämpfen (*Investiturstreit, Stauferzeit*) und bestimmt die europäische Geschichte bis ins 14. Jahrhundert.

- Auch der *Dualismus von Zentralgewalt* (Königtum) *und Partikulargewalten* (Fürstentum) durchzieht die gesamte mittelalterliche Geschichte. Während sich besonders in Frankreich eine starke Zentralgewalt entwickelt, setzen sich in Deutschland die Fürsten durch und begründen praktisch autonome Landesherrschaften. Der *Partikularismus* wird zum charakteristischen Merkmal des Reiches.

- Das Spätmittelalter ist durch die Auflösung der bestehenden Ordnungen, vor allem durch den *Niedergang des Papsttums* gekennzeichnet (*Avignonesische Gefangenschaft, Großes Abendländisches Schisma*).

- Die im 14./15. Jahrhundert entstehenden Bewegungen der *Renaissance* und des *Humanismus* überwinden im Rückgriff auf antike Vorbilder die mittelalterlichen Wertmaßstäbe und Denkweisen und leiten die *Wende zur Neuzeit* ein.

Zum Begriff des Mittelalters

Der Begriff *Mittelalter* ist eine Prägung des 15./16. Jahrhunderts. Die Zeit der Renaissance und des Humanismus (s. Seite 113), die durch die Wiederentdeckung der griechisch-römischen Kultur gekennzeichnet ist, empfindet die Jahrhunderte zwischen der bewunderten Antike und der eigenen Zeit als Zwischenspiel, und zwar als eines von minderem Wert. Der üble Ruf, der dem »finsteren Mittelalter« seitdem anhaftet, ist freilich nicht das Ergebnis einer objektiven und umfassenden Beurteilung, sondern beruht vor allem auf der humanistischen Sprachkritik, die sich über den schmählichen Verfall des klassischen Lateins in jener Zeit erregt oder auch nur mokiert (»Küchenlatein«).

Der seit dem 16. Jahrhundert fest eingebürgerte Epochenbegriff »Mittelalter« bezeichnet etwa die Zeit von 500 bis 1500. Zur Eingrenzung des Mittelalters werden oft die Daten 476 und 1453 genannt, also das Ende des west- bzw. des oströmischen Reiches. Sinnvoll ist auch die Periodisierung von 375

bis 1492: Sowohl durch die Völkerwanderung (ab 375) als auch durch die Entdeckung Amerikas (1492) verlagert sich jeweils der Schauplatz bzw. Schwerpunkt des historischen Geschehens.

Ohne sich auf ein genaueres Datum festlegen zu müssen, läßt sich sagen, daß das Mittelalter im Laufe der Völkerwanderungszeit durch die Verschmelzung von Germanentum und christlichem Römertum ein eigenes Profil gewinnt. *Römische und germanische Kultur* sowie in besonderem Maße die *christliche Religion und Kirche* prägen das Bild des Mittelalters.

Als weiteres Element tritt im 7. Jahrhundert der *Islam* hinzu (s. Seite 72). Er gewinnt die Vorherrschaft in Nordafrika und Vorderasien, also im nicht-europäischen Teil des ehemaligen Römerreiches. Neben die Reichsteilung von 395, in deren Folge sich der lateinische Westen vom griechischen Osten absondert, tritt damit die Nord-Süd-Teilung zwischen christlicher und islamischer Welt. Da der Islam nicht nur das Christentum, sondern auch das römische Erbe ablehnt, entsteht südlich des Mittelmeers eine kulturell eigenständige Welt. Damit ist die ursprüngliche Einheit der antiken Mittelmeerkultur endgültig aufgelöst. Im nordwestlichen Teil bilden sich in der Folgezeit, vor allem durch das fränkische Großreich Karls des Großen, die Grundlagen des modernen *Europa* heraus.

Das Mittelalter wird üblicherweise in drei Phasen unterteilt:

- Frühmittelalter (375/500 – Anfang 10. Jahrhundert)

- Hochmittelalter (Anf. 10. Jh. bis ca. 1250)

- Spätmittelalter (ca. 1250 – ca. 1500)

Das frühe Mittelalter

Die Entstehung des Frankenreiches

Den bedeutendsten Nachfolgestaat auf ehemals weströmischem Boden gründen die **Franken,** die im 4. Jahrhundert als Föderaten im Gebiet des heutigen Belgien siedeln und ihre Herrschaft allmählich nach Süden und Westen ausdehnen. Anfangs existieren mehrere Fürsten- bzw. Königtümer nebeneinander. Die Schaffung eines einheitlichen Reichsgebietes erfolgt erst unter

König Chlodwig   482-511,

der die fränkischen Gaukönige gewaltsam beseitigt und die Herrschaft über den gesamten Stamm erringt. In einem knappen Vierteljahrhundert dehnt Chlodwig dann die fränkische Herrschaft fast über ganz Gallien aus: 486 erobert er das *Reich des Syagrius,* ein römisches Teilreich, das sich bis dahin aus den Wirren der Völkerwanderung hinübergerettet hat. Um 496 unterwirft er die *Alamannen,* 507 das *Tolosanische Westgotenreich* (s. Seite 66). Unter

seinen Söhnen folgt die Eroberung des *Thüringerreiches* (531), des *Burgunderreiches* (532) und der *Provence* (537).

Neben der Gründung des fränkischen Großreiches ist die

Taufe Chlodwigs   498

von historischer Bedeutung. Sie beseitigt den religiösen Gegensatz zwischen den Eroberern und der katholischen provinzialrömischen Bevölkerung und trägt zur Akzeptanz der fränkischen Herrschaft bei. Anders als in den damals noch existierenden Reichen der Vandalen, der West- und der Ostgoten, in denen der Gegensatz von arianischem (s. Seite 65) und katholischem Bekenntnis eine unüberwindliche soziale Barriere aufbaut, ermöglicht Chlodwigs Übertritt zum Katholizismus die Verschmelzung von fränkischer und provinzialrömischer Bevölkerung und damit auch die dauerhafte Sicherung der Herrschaft. Die Taufe sichert dem Frankenkönig zudem das Wohlwollen und die Unterstützung der Kirche, die seine skrupellose, auch vor Mord nicht zurückschreckende Machtpolitik übersieht und ihn stattdessen zu einem »zweiten Konstantin« hochstilisiert.

Das von Chlodwig begründete, von seinen Söhnen erweiterte Reich zerfällt in der Folgezeit aufgrund von Erbteilungen zwar mehrfach in Teilreiche (Neustrien, Austrasien, Burgund), doch bleibt die Reichseinheit letztlich gewahrt. Allerdings verlagert sich die Macht von den *merowingischen Königen*[1] auf die sogenannten *Hausmeier,* die als Verwalter des königlichen Besitzes, als Heerführer und damit auch als Führer der adeligen Königsgefolgschaft die tatsächliche Herrschaft im Frankenreich übernehmen.

---

[1] Abgeleitet von *Merowech,* dem (historisch nicht belegbaren) Begründer der Dynastie.

Die Entstehung des islamischen Großreiches

Der Islam[1] ist neben Judentum und Christentum die dritte der drei großen monotheistischen Offenbarungsreligionen. Sein Begründer ist *Mohammed* (ca. 570-632). Er stammt aus der einflußreichen, in Mekka ansässigen Familie der Haschimiden[2] aus dem Stamm der Koraischiten. Er verliert früh seine Eltern, wächst bei einem Onkel auf und wird schließlich Karawanenführer und Kaufmann. In Mekka lernt er die noch polytheistischen Religionsvorstellungen der Beduinenstämme kennen, denen bei aller politischen Rivalität und Feindschaft die *Kaaba,* der Heilige Stein, als gemeinsames Heiligtum und religiöser Mittelpunkt gilt. Auf seinen weiten Geschäftsreisen kommt Mohammed aber auch in engen Kontakt mit der jüdischen und christlichen Religion.

Die intensive Beschäftigung mit religiösen Fragen gipfelt in einem visionären Erlebnis, der Erscheinung des Erzengels Gabriel, der ihn beauftragt, den Islam zu predigen. Nach dieser Vision (610) fühlt sich Mohammed zum *Propheten* berufen und beginnt mit der Verkündigung der neuen Lehre:

- Es gibt nur einen einzigen Gott (*Allah).*
- Mohammed ist sein Prophet. Im Unterschied zur christlichen Auffassung, die in Jesus Christus den menschgewordenen Gott sieht, ist Mohammed ausschließlich ein Mensch. Die Bezeichnung »Mohammedaner« als Analogiebildung zu »Christen« ist deshalb verfehlt und klingt in den Ohren eines Muslims – so die korrekte Bezeichnung – abschätzig und beleidigend.

- Gott hat sich durch den Erzengel Gabriel seinem Propheten Mohammed offenbart. Die Worte Gottes sind im *Koran,* dem Heiligen Buch des Islams, niedergeschrieben (aufgeteilt in 114 *Suren).* Für die Muslime ist der Koran – mehr noch als die Bibel für Christen – von allerhöchstem Wert, weil er als *unmittelbares* Wort Gottes gilt.
- Mohammed ist der letzte der Propheten, ein Erneuerer und Vollender der göttlichen Offenbarung. Abraham, Moses, vor allem auch Jesus werden als seine Vorgänger betrachtet und genießen bei den Muslimen hohes Ansehen.
- Die Gläubigen sind zur Einhaltung bestimmter Rituale verpflichtet – als sichtbares Zeichen der Unterwerfung unter Gottes Gebot, aber auch zur Demonstration der inneren Einheit der muslimischen Gemeinde. Verstöße gegen diese Vorschriften werden deshalb auch streng geahndet. Die wichtigsten Vorschriften, die »fünf Pfeiler des Islams«, sind die Bezeugung des einzigen Gottes[3], das Gebet (fünfmal täglich, Gebetsrichtung nach Mekka), das Fasten im Monat Ramadan, das Almosen für die Armen und die Pilgerfahrt nach Mekka.
- Die religiösen Vorschriften, etwa die Verpflichtung zur Mildtätigkeit und zur Sorge um die Familie, sowie die Vorstellung von einem jüngsten Gericht, von Strafe und Belohnung also, verleihen dem Islam auch einen deutlich sozialen Charakter.
- Neben dem Koran werden auch die Aussagen und Handlungen Mohammeds, die *Sunna* (arab.: Gewohnheit), Quellen und Grundlage der islamischen Lehre.

Ausbreitung des Islams

- Westgotenreich (711)
- Karthago (698)
- Tours u. Poitiers (732)
- Langobardenreich
- Byzantinisches Reich
- Konstantinopel
- Zypern
- Syrien
- Persien
- Jerusalem (638)
- Libyen (642)
- Ägypten (641)
- Medina
- Mekka
- ⟶ Eroberungszüge
- ⇢ fehlgeschlagene Eroberungszüge

---

[1] *Islam* (arab.): Hingabe, bewußte Unterwerfung unter den Willen Gottes.

[2] Nach *Haschim,* dem Urgroßvater Mohammeds.

[3] Die christliche Auffassung von der Einheit Gottes in drei Personen ist für Muslime nicht nachvollziehbar.

Die Verkündigung des Islams bringt Mohammed in Konflikt mit den herrschenden Kreisen in Mekka, die befürchten, daß Mekka seine Rolle als religiöses Zentrum verlieren könnte. Dabei spielen nicht zuletzt wirtschaftliche Gründe eine Rolle, denn die Pilgerfahrten zur Kaaba tragen erheblich zum Wohlstand der Stadt bei. Mohammed ist gezwungen, Mekka zu verlassen und in Yathrib (später *Medina = Stadt des Propheten*) Zuflucht zu suchen. Diese Flucht, die sogenannte

Hedschra   15.6.622,

markiert den *Beginn der islamischen Zeitrechnung.*

In Medina macht sich Mohammed, gestützt auf seine Anhänger, zum Stadtherrn und kann nun auch mit kriegerischen Mitteln für die Verbreitung seiner Lehre kämpfen.

Im Jahre 630 gelingt die Eroberung Mekkas. Das ursprünglich heidnische Heiligtum der Kaaba wird nun zur zentralen Kultstätte des Islams umfunktioniert.

Die Vereinigung von weltlicher und geistlicher Macht, wie sie schon im Regiment Mohammeds sichtbar wird, ist ein kennzeichnendes Element des Islams. Im Unterschied zu den Christen, denen »das Reich Gottes nicht von dieser Welt« ist, suchen die Muslime die Synthese von weltlicher Herrschaft und Religion zu verwirklichen. So gelingt es noch unter Mohammed, die verschiedenen arabischen Stämme im Zeichen des Islams zu einen. Der Gedanke der Einheit bleibt aber nicht auf das arabische Volk beschränkt; er ist vielmehr universell, zielt in letzter Konsequenz also auf die Islamisierung der ganzen Welt.

Bereits unter Mohammeds Nachfolgern, den Kalifen, beginnt die Ausbreitung des Islams. Innerhalb eines knappen Jahrhunderts erobern die muslimischen Heere ganz Nordafrika, überqueren die Meerenge von Gibraltar und vernichten das westgotische Reich in Spanien (711). Im Osten dringen sie über Syrien, Palästina, Persien bis zum Indus.

Die erstaunlichen militärischen Erfolge erklären sich

- aus dem Sendungsbewußtsein des Islams (Einheit im Glauben) und der Pflicht jedes einzelnen, Gott zu bekennen – eine Form des Bekennens ist der Glaubenskampf.

- aus der Vorstellung vom *Heiligen Krieg (Dschihad):* Demjenigen, der im Kampf gegen die Ungläubigen sein Leben verliert, wird im Jenseits reicher Lohn versprochen; diese innere Gewißheit trägt zur Kampfmoral der Truppen bei.

- aus der relativen Erträglichkeit der muslimischen Herrschaft: Niemand wird gezwungen, zum Islam überzutreten; die Eroberer verlangen lediglich die Anerkennung ihrer Oberhoheit und die Zahlung der Kopfsteuer (von der die Muslime selbst befreit sind).

Der Siegeszug des Islams wird im Westen durch das Frankenreich gestoppt. Die schon tief ins Frankenreich eingedrungenen muslimischen Truppen werden in der

Schlacht bei Tours und Poitiers   732

von dem fränkischen Hausmeier **Karl Martell** (= »der Hammer«) besiegt und nach Spanien zurückgedrängt.

Im Osten wird die Expansion des Islams durch das byzantinische Reich aufgehalten. Konstantinopel behauptet sich gegen mehrere Angriffe und versperrt den Muslimen damit den Weg nach Osteuropa. Erst mit der

Eroberung Konstantinopels   1453

gelingt der Durchbruch, der die Türken dann im 16./17. Jahrhundert bis nach Wien vorstoßen läßt (s. Seite 154).

Die äußeren Erfolge des 7./8. Jahrhunderts verdecken etwas die innere Uneinigkeit des Islams, die sich an der Frage nach dem rechten Kalifen, also dem Nachfolger und Stellvertreter Mohammeds, entzündet. Zur konfessionellen Spaltung des Islams kommt es, als *Ali,* der Ehemann von Mohammeds Lieblingstochter *Fatima,* im Kampf gegen die Familie der Omajjaden die Forderung aufstellt, der Nachfolger Mohammeds müsse ein *direkter* Abkomme des Propheten sein. Im Unterschied zur Partei Alis – der *Schiat Ali* (den *Schiiten*) – genügt es den *Sunniten,* daß der Kalif aus dem Stamm Mohammeds hervorgeht. Eine dritte, freilich wenig bedeutsame Gruppe sind die Charidschiten, die ohne Berücksichtigung der Familie Mohammeds einen geeigneten Führer wählen.

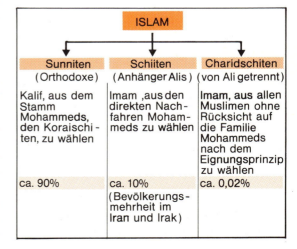

ISLAM		
Sunniten (Orthodoxe)	**Schiiten** (Anhänger Alis)	**Charidschiten** (von Ali getrennt)
Kalif, aus dem Stamm Mohammeds, den Koraischiten, zu wählen	Imam ,aus den direkten Nachfahren Mohammeds zu wählen	Imam, aus allen Muslimen ohne Rücksicht auf die Familie Mohammeds nach dem Eignungsprinzip zu wählen
ca. 90%	ca. 10% (Bevölkerungsmehrheit im Iran und Irak)	ca. 0,02%

Die Schitten, die wiederum in verschiedene Untergruppen aufzuteilen sind (Zaiditen, Drusen, Ismailiten u. a.), bleiben in der Minderheit und sind religiösen Verfolgungen ausgesetzt. Die größte Gruppe – die *Imamiten* bzw. *Zwölferschia* – ist der Überzeugung, daß der letzte der zwölf Imame sich in die Verborgenheit zurückgezogen habe und am Ende der Zeiten als *Mahdi* wiederkehre. Von besonderer Bedeutung ist ihnen das Martyrium *Husseins*, eines Sohnes Alis und Fatimas, der mit seiner Familie auf Befehl des Omajjaden Yazid umgebracht wird. Die Ermordung Husseins bei *Kerbela* am 10.10.680 (Passionstag der Schiiten) ist für die Angehörigen der Schia bis heute lebendige Wirklichkeit. Noch im 20. Jahrhundert, im *1. Golfkrieg (1980-88),* wird sich Ayatollah *Khomeini* auf diese Ereignisse beziehen und die schiitischen Muslime des Irans zum Heiligen Krieg gegen den sunnitischen Staatspräsidenten des Irak, *Sadam Hussein,* aufrufen (s. Bd. 2, Seite 161).

Der Aufstieg der karolingischen Hausmeier

Die zwei Jahrhunderte zwischen dem Tod des Reichsgründers Chlodwig (s. Seite 71) und der Machtübernahme durch die Familie der **Karolinger** bieten ein recht verwirrendes Bild. Sie sind gekennzeichnet

- durch Erbteilungen und das rivalisierende Nebeneinander merowingischer Teilkönigreiche, wobei sich drei große Gebiete – Austrien, Neustrien und Burgund – herauskristallisieren,

- durch die Selbständigkeitsbestrebungen des Adels, auf dessen militärische Gefolgschaft die Könige angewiesen sind; der Adel weiß diese Abhängigkeit zu nutzen, um die eigene Macht zu stärken. So muß *Chlotar II. (613-629),* der für kurze Zeit die Reichseinheit wiederherstellen kann, im sogenannten *Edictum Chlotarii (614)* zugestehen, daß die Grafen[1] in Zukunft nur aus der Schicht des regionalen Grundbesitzeradels ernannt werden dürfen.

- durch die sich verselbständigende Rolle des *Hausmeiers (maior domus),* dessen Aufgabe vor allem die Verwaltung des königlichen Besitzes und die Führung des Heeres ist. Aus dieser Zwischenposition – als Vertreter des Königs und als Führer der adeligen Gefolgschaft – wächst ihm eine Machtstellung zu, die ihn zum eigentlichen Regenten, die merowingischen Könige aber zu bloßen Marionetten macht.

Ende des 7. Jahrhunderts kann sich der austrische Hausmeier, Pippin II. der Mittlere (gest. 714), in der *Schlacht bei Tertry (687)* gegen seinen neustrischen Rivalen durchsetzen. Mit diesem Sieg legt er die Basis für die Herrschaft der Karolinger im Gesamtreich. Der Name des Geschlechts – Karolinger – leitet sich allerdings erst von seinem (unehelichen) Sohn *Karl Martell (714-741)* ab, der durch seine militärischen Erfolge über den sich abermals erhebenden neustrischen Adel *(Schlacht bei Soissons, 719)* die Herrschaft der karolingischen Hausmeierdynastie endgültig festigt. Durch den weltgeschichtlich bedeutsamen Sieg über die Araber in der

Schlacht von Tours und Poitiers	732

legitimiert er diese Machtstellung und wird zum unumstrittenen Herrscher des Frankenreiches, dem inoffiziell, aber seiner tatsächlichen Stellung entsprechend, in manchen Quellen auch schon der Titel eines Königs beigelegt wird.

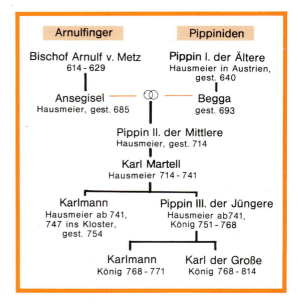

Das Königtum der Karolinger

Seit dem 7. Jahrhundert sind die Könige aus der merowingischen Dynastie praktisch entmachtet. Sie tragen zwar den Titel, sind aber nur dem Namen nach Könige und haben ihre Macht längst an die Hausmeier verloren. Die Bedeutungslosigkeit der Merowinger zeigt sich darin, daß Karl Martell es nicht für erforderlich hält, einen Nachfolger für den 737 verstorbenen König *Theuderich IV.* zu bestimmen. Bis 743 bleibt der Thron vakant. Daß Karl Martells

---

[1] *Graf* (von griech. *graphein* = schreiben): ursprünglich königlicher Beamter mit administrativen und richterlichen Aufgaben.

Nachfolger Pippin III. 743 erneut einen König einsetzen läßt, ist nur von taktischer Bedeutung: Die Erhebung *Childerichs III. (743-751)* ist eine Maßnahme gegen den aufständischen Adel, dem damit das Argument genommen wird, Pippins Herrschaft entbehre der Legitimation.

Nach wie vor nämlich ist die germanische Vorstellung vom *Geblütsrecht* lebendig, nach der nur Blutsverwandte des Königs ein Anrecht auf den Thron haben. Diese Forderung folgert aus dem *Königsheil*, dem besonderen Charisma[1], das nur der Königssippe eigne und sie in eine religiöse Sphäre hebe.

Um den merowingischen König zu stürzen, braucht Pippin deshalb eine Legitimation, die stärker ist als die Vorstellung vom Königsheil. Er erhält sie von der höchsten kirchlichen Autorität, dem Papst, der sich als Stellvertreter Christi auf Erden sieht. Entsprechende Verhandlungen mit Papst *Zacharias (741-752)* führen zu einem Ergebnis im Sinne Pippins. Die päpstliche Entscheidung, »es sei besser, daß der König heiße, der die Gewalt habe, als der, dem keine königliche Gewalt verblieben sei«, ermöglicht die Absetzung Childerichs und die

Königswahl Pippins 751.

Zusätzlich zur Wahl und Huldigung erfolgt erstmals die *Salbung* des Königs mit heiligem Öl durch den Mainzer Erzbischof *Bonifatius* (s. Seite 79). Mit dieser neuen Zeremonie, die zum festen Bestandteil auch der späteren Krönungen wird, erhält das Königtum erneut eine besondere religiöse Weihe und Heiligkeit, diesmal aber in christlicher Form. Auch die seit Karl dem Großen übliche Devotionsformel *Dei gratia rex* (von Gottes Gnaden König) spiegelt die sakrale Legitimierung des mittelalterlichen Königtums wider.

Das Entgegenkommen des Papsttums erfolgt freilich nicht ohne eigenes Kalkül. Im 8. Jahrhundert sieht sich das Papsttum zunehmend dem Druck der Langobarden (s. Seite 68) ausgesetzt. Da zur gleichen Zeit das byzantinische Reich, zu dessen noch verbliebenem italischen Herrschaftsgebiet auch Rom gehört, durch die Angriffe der muslimischen Araber gebunden ist (s. Seite 73), es zudem auch wegen kirchlicher Fragen zu einer Entfremdung des Papsttums von Byzanz gekommen ist (s. Seite 86), ist der Papst auf einen neuen Bündnispartner angewiesen. Für diese Rolle kommt aber nur das mächtige Frankenreich in Frage. Schon 739 wendet sich *Gregor III. (731-741)* mit einer entsprechenden Bitte an Karl Martell.

Im Jahre 753 spitzt sich die Lage zu, nachdem der Langobardenkönig *Aistulf* den byzantinischen Exarchat von Ravenna erobert hat (751) und nun Rom bedroht. Papst *Stephan II. (752-757)* begibt sich persönlich ins Frankenreich und bittet Pippin um Hilfe. Bei dieser Gelegenheit erneuert er die Salbung und verleiht dem König und seinen Söhnen den Titel eines *patricius Romanorum* (Schutzherr der Römer). Als Gegenleistung unternimmt Pippin zwei Feldzüge nach Italien (754, 756), in denen er Aistulf zur Rückgabe der eroberten Gebiete und zur Anerkennung der fränkischen Oberhoheit zwingt.

Die zurückgewonnenen Gebiete überläßt Pippin in der

Pippinischen Schenkung 754/756

dem Papsttum. Diese Schenkung begründet den **Kirchenstaat** und die weltliche Herrschaft des Papsttums, die bis ins 19. Jahrhundert, bis zur nationalstaatlichen Einigung Italiens (s. Bd. 2, Seite 34 ff.), bestehen bleibt.

Nun handelt es sich bei dem Territorium des Kirchenstaates aber um vormals byzantinisches Gebiet, über das Pippin gar keine Verfügungsgewalt zukommt. Um die also sehr anzweifelbare Rechtsgrundlage der Pippinischen Schenkung abzusichern, lanciert das Papsttum ein scheinbar altehrwürdiges Dokument, die sogenannte *Konstantinische Schenkung,* der zufolge bereits Kaiser Konstantin (s. Seite 65) anläßlich der Verlagerung seiner Residenz nach Konstantinopel dem Papst Rom sowie alle Provinzen Italiens und des Westreiches zur Herrschaft überlassen habe. Obwohl es sich bei dieser Urkunde um eine Fälschung handelt (ca. 800 entstanden), erfüllt sie lange Zeit ihren Zweck. Darüber hinaus ist sie in den späteren Auseinandersetzungen zwischen Papst und Kaiser von Bedeutung und liefert ein Hauptargument für die auch weltlich interpretierte Vorherrschaft des Papsttums.

Das Abkommen zwischen Stephan II. und Pippin, der

Vertrag von Quierzy 14.4.754,

der zur Gründung des Kirchenstaates führt und die fränkischen Könige zu Schutzherren dieses Gebietes macht, hat weitreichende historische Folgen. Die enge Verknüpfung mit Rom und dem Papsttum sichert den fränkischen, später ostfränkisch-deutschen Königen wohl eine herausragende Stellung, führt aber auch zu zahlreichen Konflikten und bindet Kräfte, die letztlich im Kampf um die innenpolitische Machtstellung des Königtums fehlen.

---

[1] *Charisma* (griech.): Gnadengabe, Begabung mit göttlichem Geist, der sich in besonderen Fähigkeiten und persönlicher Ausstrahlung widerspiegelt.

Karl der Große

Karl der Große (768-814) gilt als der bedeutendste karolingische König. Unter seiner langen Regierung erreicht das Frankenreich seine größte Ausdehnung und höchste Machtentfaltung. Sie findet ihren Höhepunkt in der Kaiserkrönung (25.12.800, s. Seite 77), die Karl zum Nachfolger der weströmischen Imperatoren macht und auf eine Stufe mit dem byzantinischen Herrscher stellt.

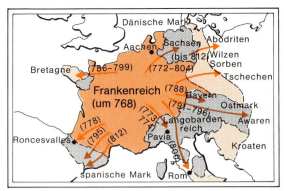

→ Feldzüge Karls des Großen

◻ Eroberungen Karls des Großen   ◻ abhängige Staaten

- Am Anfang dieser Entwicklung steht die Unterwerfung des Langobardenreiches. Hier hat König *Desiderius (757-774)* die anfängliche Schwäche Karls, die aus dem Streit mit seinem Bruder und Mitkönig *Karlmann (gest. 771)* erwachsen ist, genutzt, um sich von der fränkischen Oberhoheit zu lösen und die Expansionspolitik seiner Vorgänger wiederaufzunehmen. Die Bedrohung durch die Langobarden veranlaßt Papst *Hadrian I. (772-795),* Karl als den Schutzherrn des Kirchenstaates um Hilfe zu bitten. Der Feldzug gegen die Langobarden (773/74) führt zur Eroberung der Hauptstadt Pavia und zur Absetzung des Desiderius. Anders als sein Vater Pippin begnügt sich Karl nicht mit der Herstellung der fränkischen Oberhoheit: Er läßt sich selbst zum König der Langobarden krönen (774) und vereinigt damit das fränkische und langobardische Reich in Personalunion.

- Bereits 772 hat Karl einen ersten Feldzug gegen die Sachsen unternommen, die zwischen Rhein und Elbe siedeln und eine ständige Bedrohung der fränkischen Nordostgrenze bilden. Da die Sachsen noch der heidnisch-germanischen Religion anhängen, kann Karl dem Eroberungsfeldzug die Legitimation eines gerechten Glaubenskrieges verleihen. In diesem Zusammenhang ist die Zerstörung der Irminsul, des zentralen sächsischen Stammesheiligtums, zu erklären.– Der 772 begonnene Sachsenkrieg zieht sich jedoch über mehr als dreißig Jahre hin. Die Sachsen finden sich mit der fränkischen Vorherrschaft nicht ab. Sowie Karl durch andere Feldzüge (Langobardenkrieg 773/74, Spanischer Krieg 778 u. a.) gebunden ist, nutzen sie die Gelegenheit zum Widerstand. Führer des Aufstandes ist der westfälische Adelige *Widukind.* Erst nach harten Kämpfen und brutalen Unterdrückungsmaßnahmen – unter anderem der Hinrichtung von angeblich 4500 Sachsen in Verden an der Aller (782) – kann

Karl sich durchsetzen. Widukind unterwirft sich und läßt sich taufen (785). Bereits 792 brechen jedoch neue Aufstände aus. Erst 804 erfolgt die endgültige Unterwerfung, wobei den Sachsen in der *Lex Saxonum* (Sächsisches Gesetz, 802) weitgehende Eigenständigkeit zugestanden werden muß.

- 778 scheitert ein erster Feldzug in das von den Moslems beherrschte Spanien (Emirat von Cordoba). Die Niederlage des fränkischen Aufgebotes im Tal von Roncevalles liefert den Stoff für die bekannte *Rolandsage.* Weitere Kämpfe gegen die Araber, die zeitweise bis nach Narbonne vorstoßen können, führen zur Besetzung des nordspanischen Gebietes bis zum Ebro und zur Sicherung der Grenze durch die Einrichtung der *Spanischen Mark*[1].

- 787 wendet sich Karl gegen den Bayernherzog *Tassilo,* der trotz formaler Unterordnung eine eigenmächtige Politik treibt und durch seine verwandtschaftlichen Bindungen zum gestürzten langobardischen Königshaus eine potentielle Gefahr darstellt. Als Tassilo sich mit dem slawischen Stamm der Awaren verbündet, kann Karl ihn als Landesverräter absetzen (788). Bayern wird der Verwaltung von Karls Schwager Gerold unterstellt und damit enger in das Frankenreich eingebunden.

- Die *Awaren,* die 788 als Verbündete Tassilos nach Westen vorgestoßen sind, werden von 791 bis 796 unterworfen. Zur gleichen Zeit muß Karl mehrere Feldzüge gegen slawische Stämme – Böh-

---

[1] *Mark* (von althochdt. *marcha* = Grenze): militärisch besonders gesichertes Grenzgebiet unter der Leitung eines *Markgrafen;* die Verteidigungsaufgaben erfordern vom Markgrafen ein weitgehend selbständiges Handeln und verschaffen ihm häufig eine mächtige, fast herzoggleiche Position. In verschiedenen Ländernamen (Dänemark, Steiermark u. a.) ist das Wort Mark noch enthalten.

men, Sorben und Wilzen – im Osten des Reiches unternehmen. Die am nördlichsten siedelnden Wilzen werden dabei von den Dänen unterstützt. Bis 812 dauern diese Kämpfe an.

Das bekannteste Ereignis in der Herrschaftszeit Karls des Großen ist die

Kaiserkrönung 25.12.800,

die am Weihnachtstag während der Messe von Papst *Leo III. (795-816)* vorgenommen wird. Anlaß für den Romzug Karls ist ein Hilfegesuch des Papstes, der durch einen Aufstand aus der Stadt vertrieben worden ist. Als Schutzherr der römischen Kirche läßt Karl die gegen Leo erhobenen Vorwürfe überprüfen und stellt, nachdem sich seine Unschuld herausgestellt hat, die Herrschaft des Papstes wieder her (23.12.800). Zwei Tage später findet, gewissermaßen als Gegenleistung, die Kaiserkrönung statt.

Die Überlieferung, Karl habe das Kaisertum im Grunde gar nicht angestrebt und sei vom Papst überrumpelt worden, ist wenig glaubhaft. Allerdings ist es gut möglich, daß die Form der Krönung nicht im Sinne Karls gewesen ist, läßt sie doch das Kaisertum als eine Würde erscheinen, die vom Papst verliehen wird. Die spätere Krönung von Karls Sohn Ludwig zum Mitkaiser (813), die ohne päpstliche Beteiligung durchgeführt wird, scheint zu belegen, daß Karl dem möglichen Eindruck einer Vorrangstellung des Papsttums entgegenwirken will. Gegen die These spricht wiederum, daß Ludwig die Eigenkrönung offenbar nicht als ausreichend ansieht und sich 816

durch Papst *Stephan IV.* erneut krönen läßt. Seitdem bleibt das mittelalterliche Kaisertum an Rom und den Papst gebunden. Diese Interessenverknüpfung zwischen *imperium* und *sacerdotium*, zwischen höchster weltlicher und höchster geistlicher Gewalt, ist Ursache der zahlreichen Konflikte und Machtkämpfe, die den weiteren Verlauf der mittelalterlichen Geschichte prägen (s. Seite 86, 92, 96).

Lehenswesen und Grundherrschaft

Die Notwendigkeit, dem Königtum zuverlässige und immer verfügbare Helfer für Verwaltungsaufgaben und für militärische Dienste als schwerbewaffnete Panzerreiter zu gewinnen, führt im Laufe des 8. Jahrhunderts zur Entwicklung des *Lehenswesens*[1].

Dabei verleiht der König aus dem Reichsgut einen Landbesitz (einschließlich der darauf wohnenden Leute, also:»Land und Leute«) an einen Adeligen, der dadurch sein *Lehensmann* oder *Vasall* wird. Der Vasall übernimmt als Gegenleistung bestimmte Verwaltungsaufgaben (Rechtsprechung, Polizeiaufgaben) und verpflichtet sich, den König zu beraten und ihm Heeresfolge zu leisten – ihm also mit »Rat und Tat« (auxilium et consilium) zur Seite zu stehen. Der König als *Lehensherr* verpflichtet sich seinerseits zum Schutz des Vasallen und sichert ihm durch die Landvergabe die wirtschaftliche Existenz.

Im Lehensakt gehen also beide Parteien ein *gegenseitiges und persönliches Treueverhältnis* auf Le-

Lehenswesen

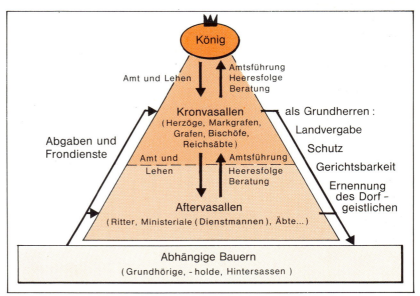

<hr>

[1] *Lehen* (lat. *feudum, beneficium*) ist abgeleitet von althochdt. lihan = leihen; heute noch in den Wörtern Darlehen, Lehnwort, entlehnen enthalten.

benszeit ein. Es wird in der *Kommendation*[1] symbolisch begründet: Der Vasall leistet seinen Lehenseid und legt seine gefalteten Hände in die des Lehensherrn; dieser umschließt sie und nimmt mit dieser Geste den Mann in seinen Schutz.

Entsprechend seinem personalen Charakter endet der Lehensvertrag mit dem Tod eines der Partner (*Herrenfall* oder *Mannfall*) und muß von dem jeweiligen Nachfolger erneuert werden. Eine vorzeitige Beendigung des Lehensverhältnisses ist nur bei einseitigem Treuebruch (*Felonie*) möglich.

Der Lehensmann ordnet sich dem Herrn zwar unter – hier wirkt auch das germanische Prinzip der *Gefolgschaftstreue* nach –, bleibt aber ein freier und im Prinzip ebenbürtiger Mann. Die personale Bindung an den König (*Königsnähe*) und die Übernahme herrschaftlicher Befugnisse heben sogar das soziale Ansehen der Königsvasallen, die in ihrer Gesamtheit die *Reichsaristokratie* bilden.

Ursprünglich verfolgt das Lehenswesen also den Zweck, den Adel persönlich an den König zu binden und damit auch seine partikularen Interessen zu kontrollieren. Dieses Ziel wird aber aus mehreren Gründen nicht erreicht:

● Da der König die Lehen und die damit verbundenen Ämter beim Mannfall in aller Regel dem Sohn des Vasallen überträgt, werden sie faktisch erblich und verschmelzen mit dem Allodialgut (Eigenbesitz) des Lehensmannes (*Allodialisierungsprozeß*). Der König verliert damit – außer bei Treuebruch – den Zugriff auf das Lehen.

● Da die bedeutenden Vasallen über sehr großen Allodial- und Lehensbesitz verfügen, können sie ihr Land an sog. *Aftervasallen* verleihen, also selbst Lehensherren werden. Diese Hierarchisierung (Lehenspyramide) führt gegen Ende der Karolingerzeit abermals zur Herausbildung starker Partikulargewalten, der sog. »jüngeren Stammesherzogtümer« (s. Seite 83), und schwächt die Position des Königs, da die Aftervasallen ihm nur mittelbar abhängig sind,

● Auch die *Doppelvasallität*, d. h. die Lehensbindung eines Adeligen an zwei oder mehrere Herren, schwächt die Position des Lehensherrn, der im Falle eines Konflikts auf seinen Mann nicht zählen kann. Ein bekanntes Beispiel ist die Situation, die 1066 durch die normannische Eroberung Englands geschaffen wird: Als englische Könige sind Wilhelm der Eroberer und seine Nachfolger

dem französischen König gleichgestellt und seine politischen Rivalen; als Herzöge der Normandie sind sie seine Vasallen und zur Gefolgschaft verpflichtet.

Die mittelalterliche Form der Staatlichkeit ist also im Unterschied zu heute nicht territorial, sondern personal bestimmt: Sie besteht aus einem Geflecht persönlicher Abhängigkeiten und Bindungen, einem *Personenverband,* an dessen Spitze der König steht. Im Unterschied zum modernen Territorial- und Nationalstaat wird die mittelalterliche Form deshalb als **Personenverbandsstaat** bezeichnet.

Mit dem Lehenswesen eng verknüpft – in gewisser Weise seine Verlängerung nach unten (s. Skizze) – ist das System der *Grundherrschaft*. Der Grundherr, der als Allodialherr (Eigenherr) oder Lehensmann über »Land und Leute« verfügt, behält nur einen Teil zur Eigenbewirtschaftung (Fron- bzw. Herrenhöfe). Den Rest vergibt er zu bestimmten Bedingungen an abhängige Bauern (Grundholde, Hintersassen), für die er auch Schutzherr (Leibherr), Gerichtsherr und Kirchenherr ist. Als Gegenleistung entrichtet der Grundhörige Abgaben und leistet Frondienste (Herrendienste). Art und Höhe der Abgaben sowie Art und Dauer der Frondienste variieren von Fall zu Fall.

Das oben skizzierte System, das den Adeligen (weltlichen und geistlichen) als Lehensmännern und Grundherren eine führende Rolle zuweist, wird seit dem 17. Jahrhundert auch als **Feudalismus** (von lat. *feudum* = Lehen) bezeichnet.

Mönche und Klöster

Die mittelalterliche Geschichte ist in einem erheblichen Maße durch die christliche Kirche geprägt. Das Königtum ist religiös legitimiert, geistliche Würdenträger treten als Berater der Könige auf und üben selbst weltliche Herrschaft aus. Die Kirche ist für das Bildungswesen zuständig, missioniert, stellt den Kanzleien schriftkundige Verwaltungsbeamte zur Verfügung, ist gewissermaßen in allen Lebensbereichen präsent. Im Unterschied zu heute ist Glauben im Mittelalter keine Privatsache, sind weltlicher und kirchlicher Bereich aufs engste miteinander verknüpft.

Eine wichtige Rolle im kirchlichen Leben des Mittelalters spielen die *Klöster*[2]. Ihre Entstehung ist in engem Zusammenhang mit der staatlichen Anerkennung des Christentums und seiner Erhebung zur Staatsreligion (392, s. Seite 65) zu sehen: Aus Pro-

---

[1] Von lat. *commendare* = anvertrauen.

[2] Von lat. *claudere* = schließen: *Claustrum* bezeichnet den abgegrenzten, von einer Mauer umschlossenen Lebensbereich der Mönche. Das Wort *Mönch* geht zurück auf griech. *monos, monachos* = allein, allein lebend.

test gegen die damals beginnende Verweltlichung der Kirche ziehen sich einzelne Fromme zurück, um als *Eremiten*[1] weltabgeschieden ein Leben in Askese[2] und Meditation zu führen. Das Beispiel dieser Männer, die bald in den Ruf besonderer Heiligkeit kommen, findet Nachahmer. Die anfangs nur nebeneinander lebenden Mönche schließen sich allmählich zusammen, geben sich eine Regel, wählen einen Abt[3] und bilden damit eine Mönchsgemeinschaft, ein Kloster.

Die Anfänge des Mönchtums finden sich in Ägypten. Als sein Begründer gilt der *Heilige Antonius (gest. 356)*. Von hier breitet sich die Bewegung über die ganze christliche Welt aus. Im Abendland gilt der *Heilige Martin (gest. 397)*, Bischof von Tours, als Vorbild mönchischer Lebensweise[4]. Von größerer Bedeutung aber ist der *Heilige Benedikt von Nursia (gest. 547)*, der in Montecassino ein Kloster gründet. Die Benediktinerregel mit dem Gebot des *ora et labora* (bete und arbeite!) und der Verpflichtung zu Ehelosigkeit (Zölibat), Armut und Gehorsam wird Vorbild für das abendländische Mönchtum. Von großer Bedeutung ist auch die sogenannte *iroschottische Mission*: In Irland und Schottland, den keltischen Randgebieten der damals bekannten Welt, die von den Römern nicht erreicht worden sind und auch nach der germanischen Besiedlung Britanniens im 4./5. Jahrhundert (s. Seite 66) abgeriegelt bleiben, nimmt das kirchliche Wesen eine eigenständige, stark vom monastischen Ideal geprägte Entwicklung. Die irischen Klosterinseln, völlig abgeschieden vom Festland, geben noch heute Zeugnis von diesem überaus asketischen Leben. Als besonders gottgefälliges Werk gilt den iroschottischen Mönchen die missionarische Tätigkeit in der Fremde. Im Zuge dieser *peregrinatio pro Christo*[5] gelangen ab Ende des 6. Jahrhunderts iroschottische Mönche ins Frankenland und tragen zur Verbreitung des christlichen Glaubens in den noch heidnischen Rand- und Nachbargebieten bei. Die Klöster *Luxeuil* (Vogesen), *St. Gallen* (Bodensee), *Bobbio* (Oberitalien) u. a. m. sind iroschottische Gründungen.

Auch aus dem angelsächsischen Bereich, der mit Beginn des 7. Jahrhunderts christianisiert wird, stammen zahlreiche Missionare. Neben *Willibrord (gest. 739)*, dem Stifter des Klosters Echternach, ist am bekanntesten der *Heilige Bonifatius (gest. 754)*, dem man den Beinamen *Apostel der Deutschen* gegeben hat. Er ist eng verbunden mit der Geschichte der karolingischen Herrscher (Krönung Pippins 751, s. Seite 75), in deren Auftrag er die Organisation der fränkischen Kirche durchführt. 754 erleidet er in Friesland den Märtyrertod.

Das Klosterwesen, das durch die iroschottische und angelsächsische Mission einen starken Impuls erhält, prägt die mittelalterliche Gesellschaft in kaum zu überschätzendem Maße. Die Klöster übernehmen weit über den religiösen Bereich hinaus zahlreiche Funktionen, die sie auch zu sozialen und kulturellen Mittelpunkten werden lassen. Sie sind

- wohlorganisierte landwirtschaftliche Güter, die Ackerbau, Weinanbau, Viehzucht usw. betreiben und in der Agrarorganisation eine Art Vorbildfunktion übernehmen .

- Sozialstationen, die für Krankenpflege, Armenfürsorge, Pilgerversorgung usw. zuständig sind.

- Zentren kultureller und wissenschaftlicher Betätigung: sie sorgen in Klosterschulen für die Ausbildung des Nachwuchses und widmen sich in Schreibstuben und Bibliotheken der Pflege und Überlieferung alten Schrifttums: viele der antiken Autoren sind uns nur durch die Vermittlung mittelalterlicher Mönche bekannt.

Auf dem teilweise bedeutenden, sich durch Schenkungen stets vermehrenden Grundbesitz üben die Äbte auch die weltliche Herrschaft aus und sind wie weltliche Lehensleute zu Heeresfolge und Beratung verpflichtet.

Die Teilung des Frankenreiches

Nach dem Tod seiner älteren Brüder wird *Ludwig I. der Fromme (814-840)* alleiniger Erbe des Gesamtreiches. Um die Reichseinheit auch in Zukunft zu wahren, zugleich aber die Ansprüche seiner Söhne zu befriedigen, regelt Ludwig bereits 817 auf der Aachener Reichsversammlung die Nachfolgefrage. Das Besondere an dieser *Ordinatio imperii* ist, daß zwar – wie bisher üblich – die Söhne einzelne Teilreiche erhalten, dem ältesten Sohn *Lothar* jedoch eine klare Vorrangstellung zugestanden wird: Er verfügt nicht nur über den größten Teil des Reichsgebietes, sondern wird auch zum Mitkaiser gekrönt (817).

---

[1] Von griech. *eremos* = leer, einsam: Einsiedler.

[2] Von griech. *askesis* = körperl. und geistige Übung: streng enthaltsame Lebensweise.

[3] Von griech. *abbas* = Vater: Klostervorsteher.

[4] Der Martinstag (Martini) am 11. November erinnert an das Wirken dieses Mannes; bekannt ist v. a. die Legende, in der Martin – noch vor seiner Bekehrung zum Christentum – seinen Soldatenmantel mit einem frierenden Bettler teilt.

[5] lat. : Pilgerschaft für Christus.

Das Frankenreich 829

Vertrag von Verdun 843

829 kommt es zu schweren Auseinandersetzungen, als Ludwig seinen vierten, aus zweiter Ehe stammenden Sohn *Karl (den Kahlen)* ebenfalls mit einem Teilreich ausstatten will. Lothar, der darin einen Bruch der Vereinbarungen von 817 und eine Schmälerung seiner Machtstellung sieht, erhebt sich gegen seinen Vater. In den folgenden Kämpfen wechseln Lothars Brüder, *Pippin* von Aquitanien und *Ludwig der Deutsche,* mehrfach die Fronten, immer mit dem Ziel, die eigene Machtbasis zu vergrößern. Nach dem Tod Pippins (838) und Ludwigs des Frommen (840) gehen die Kämpfe in einen Krieg zwischen den verbleibenden Brüdern über. Ludwig der Deutsche und Karl der Kahle, der nach einer Verfügung seines Vaters von 839 das Gebiet des verstorbenen Pippin beansprucht, kämpfen gemeinsam gegen ihren mächtigen Bruder Lothar. Nach wechselhaften Kämpfen kommt es schließlich im

Vertrag von Meersen 870

Vertrag von Verdun   843

zu einer Einigung und der Aufteilung des Reiches in ein West-, Mittel- und Ostreich. Das Mittelreich zerfällt im Zuge weiterer Erbteilung (855) in eine nördliche (Lothar II.) und eine südliche Hälfte (Ludwig II.).

Nach dem Tod Lothars II. (869) wird das *Lothari regnum*[1] im

Vertrag von Meersen   870

zwischen dem ost- und westfränkischen Reich aufgeteilt. Zehn Jahre später fällt – als Gegenleistung für die Anerkennung der westfränkischen Erbfolge (Ludwig III. und Karlmann) – im

Vertrag von Ribémont   880

auch der lothringische Westteil an das Ostfrankenreich Karls III., der sich 881 auch zum Kaiser krönen läßt.

Vertrag von Ribémont 880

Mit dem Vertrag von Ribémont finden die karolingischen Reichsteilungen ein Ende. Die Grenzziehung spiegelt auch den sprachlichen und kulturellen Unterschied zwischen dem romanischen Westen und dem germanischen Osten des Frankenreiches wider. Im Westen entwickelt sich die französische, im

---

[1]   Der heutige Name *Lothringen* ist von *Lothari regnum* (= Lothars Reich) abgeleitet.

Osten die deutsche Sprache[1]. Daß die fränkischen Teilreiche mittlerweile durchaus ein Bewußtsein ihrer Eigenständigkeit entwickelt haben, zeigt sich endgültig, als 911 die ostfränkische Linie der Karolinger ausstirbt: Statt im Sinne einer gesamtfränkischen Lösung dem im Westen herrschenden Karolinger *Karl dem Einfältigen* die Nachfolge anzutragen, wählt man mit *Konrad I. (911-918)* einen eigenen, nicht-karolingischen König. Das Datum der

Königswahl Konrads I. **911**

gilt deshalb als die eigentliche Geburtsstunde des deutschen[2] Königreiches.

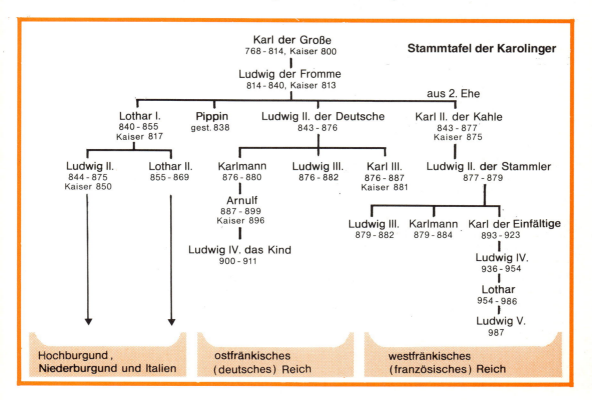

Stammtafel der Karolinger

Karl der Große
768 - 814, Kaiser 800

Ludwig der Fromme
814 - 840, Kaiser 813

aus 2. Ehe

Lothar I.
840 - 855
Kaiser 817

Pippin
gest. 838

Ludwig II. der Deutsche
843 - 876

Karl II. der Kahle
843 - 877
Kaiser 875

Ludwig II.
844 - 875
Kaiser 850

Lothar II.
855 - 869

Karlmann
876 - 880

Ludwig III.
876 - 882

Karl III.
876 - 887
Kaiser 881

Ludwig II. der Stammler
877 - 879

Arnulf
887 - 899
Kaiser 896

Ludwig III.
879 - 882

Karlmann
879 - 884

Karl der Einfältige
893 - 923

Ludwig IV. das Kind
900 - 911

Ludwig IV.
936 - 954

Lothar
954 - 986

Ludwig V.
987

Hochburgund, Niederburgund und Italien

ostfränkisches (deutsches) Reich

westfränkisches (französisches) Reich

---

[1] Das erste Zeugnis dieser Sprachtrennung sind die *Straßburger Eide (842)*. Es handelt sich um die eidliche Bekräftigung des Bündnisses zwischen Karl dem Kahlen und Ludwig dem Deutschen gegen ihren Bruder Lothar (s. Seite 80). Um von den Kriegern des ost- bzw. westfränkischen Reiches verstanden werden zu können, muß der Eid sowohl in althochdeutscher wie in altfranzösischer Sprache geleistet werden.

[2] Das Wort *deutsch* (althochdt.: *theodisk, diutisc*) bezeichnet ursprünglich den sprachlichen Gegensatz zum Lateinischen. Im 9. Jahrhundert wird es zunehmend auf das ostfränkische Teilreich bezogen. Die Bezeichnung Deutschland wird erst ab dem 15. Jahrhundert gebräuchlich.

Zeittafel
Frühmittelalter

		ca. 250-356 *Hl. Antonius* → Anfänge des Mönchtums
Ende 4. Jh.	Anfänge des Frankenreichs	**375-568 Völkerwanderung**
		476 Absetzung des letzten weström. Kaisers
482-511	**Chlodwig I.**	480-547 *Hl. Benedikt v. Nursia* → Benediktinerregel
bis 507/37	Eroberungen Chlodwigs und seiner Nachfolger → **Fränkisches Großreich**	
498	Taufe Chlodwigs	
7. Jh.	Die Könige aus der Dynastie der *Merowinger* verlieren ihre Macht an die Hausmeier (*Karolinger*)	**ca. 570-632 Mohammed** 622 Hedschra 630 Eroberung Mekkas 7. Jh. Begründung des islamischen Großreiches
6.-8. Jh.	iroschottische und angelsächsische Mission (*Willibrord*, *Bonifatius* u. a.)	711 Eroberung Spaniens (Westgotenreich), Vorstöße ins Frankenreich
	└──→ **732 Sieg Karl Martells gegen Araber** **bei Tours und Poitiers** ←──┘	
751	Absetzung *Childerichs III.* – **Königskrönung des Karolingers** **Pippin** Bündnis mit Papst	
754/56	Feldzüge gegen Langobarden **Pippinische Schenkung** ──────→ Gründung des Kirchenstaats	
8. Jh.	Entwicklung des Lehenswesens (Personenverbandsstaat)	
768-814	**Karl der Große** weitere Ausdehnung des Reiches ──→ (Sachsenkriege, Slawenkriege) und Sicherung durch Marken	773/4 Eroberung des Langobardenreiches: Krönung Karls zum König der Langobarden
788	Unterwerfung Bayerns (Tassilo)	
800	**Romzug und Kaiserkrönung (25.12.)**	
843-880	Karolingische Reichsteilungen	9. Jh. Einfälle der *Normannen*, *Ungarn* und *Sarazenen*
911	**Aussterben der Karolinger im** **ostfränkischen Reich** → Wahl *Konrads I. (911-918)* → Beginn der *deutschen* (ostfränk.) Geschichte	911 Ansiedlung der Normannen in Nordfrankreich (Normandie)

Das Hochmittelalter

Die Begründung des deutschen Reiches

Das Erlöschen der ostfränkischen Linie der Karolinger (911) erfolgt in einer äußerst krisenhaften Situation. Der Zerfall des Frankenreiches und die Schwäche der karolingischen Könige ermutigen nicht nur die äußeren Feinde, sondern stärken auch die partikularen Gewalten im Innern:

- Von außen wird das Reich von Normannen, Ungarn und Sarazenen bedroht. Die aus den skandinavischen Ländern stammenden *Normannen* (»Nordmänner«, Wikinger) führen seit Beginn des 9. Jahrhunderts immer wieder Raubzüge ins Frankenreich durch. Sie beschränken sich dabei nicht mehr nur auf die Küstengebiete, sondern stoßen weit ins Landesinnere vor. Paris, Orléans, Köln, Aachen und andere Städte werden von ihnen heimgesucht. Um sich vor weiteren Einfällen zu schützen, schließt der westfränkische Herrscher Karl der Einfältige mit ihnen Frieden und belehnt sie mit dem Gebiet östlich der Bretagne, der *Normandie* (911).– Fast noch gefährlicher als die Normannen sind die *Ungarn,* die seit etwa 900 immer wieder ins ostfränkische Gebiet einfallen. Gegen ihre schnellen Reiterangriffe, die am ehesten mit den Vorstößen der Hunnen im 4./5. Jahrhundert zu vergleichen sind (s. Seite 66), ist keine wirksame Abwehr möglich. 910 wird das Heer Ludwigs des Kindes auf dem Lechfeld bei Augsburg geschlagen. – Zu den Normannen und Ungarn gesellen sich im Süden, in Italien und der Provence, die muslimischen *Sarazenen,* die gleichfalls mit ihren Plünderungszügen Angst und Schrecken verbreiten.

- Im Innern nutzen große Adelsfamilien die Schwäche des Königtums, um die eigene Macht zu vergrößern und eine möglichst selbständige Position zu erlangen. Dieses Bestreben führt zwangsläufig zur gegenseitigen Fesselung der Kräfte im innenpolitischen Kampf und trägt so zur äußeren Schwäche des Reiches bei. – Zu Beginn des 10. Jahrhunderts ist der interne Machtkampf weitgehend abgeschlossen. Einzelne Familien haben sich durchgesetzt und die Macht in ihrem Stammesgebiet übernommen: in Sachsen die *Liudolfinger,* in Bayern die *Liutpoldinger,* in Franken die *Konradiner* und *Babenberger.* Im Unter-schied zu den früheren, in der frühkarolingischen Zeit beseitigten Herzogtümern (Sieg Karls des Großen über den Bayernherzog Tassilo 788, s. Seite 76) spricht man hier vom *jüngeren Stammesherzogtum.*

Der fränkische Herzog, der 911 zum König des Ostfrankenreiches gewählt wird – *Konrad I. (911-918)* –, scheitert an diesem doppelten Problem. Seine Bemühungen, das sächsische und bayrische Herzogtum enger an die Zentralgewalt zu binden, schlagen ebenso fehl wie der Versuch, Lothringen zurückzugewinnen, das die Wahl von 911 nicht mitgetragen, sondern sich dem westfränkischen Reich angeschlossen hat.

Der uneffektive Machtkampf im Innern verhindert die notwendige Konzentration der Kräfte nach außen. Nichts geschieht gegen die Ungarn, die während Konrads Regierungszeit fast jährlich Raubzüge in das Ostfrankenreich unternehmen und sogar bis Lothringen vorstoßen.

Es ist ein bemerkenswerter Schritt, daß Konrad I. sein Scheitern nicht nur einsieht, sondern daraus auch Konsequenzen zieht und den damals mächtigsten Stammesherzog, *Heinrich von Sachsen,* zu seinem Nachfolger designiert[1]. Nach Konrads Tod wird Heinrich von den Franken und Sachsen zum König gewählt und kann bald darauf auch die Anerkennung Schwabens und Bayerns gewinnen. Mit dem Königtum der Sachsen (Liudolfinger, Ottonen) vollzieht sich die endgültige Ablösung von der fränkisch-karolingischen Tradition, das heißt die Verselbständigung des deutschen Reiches.

Heinrich I. (918-936) erfüllt die in ihn gesetzten Erwartungen in vollem Maße. Er sichert sich die Gefolgschaft aller Stammesherzöge und kann 925 auch Lothringen dem deutschen Reich zurückgewinnen. Vor allem gelingt ihm die Sicherung des Reiches gegen die Slawen und Ungarn: Er nutzt den Waffenstillstand, den er 926 – gegen jährliche Tributzahlung – mit den Ungarn schließen kann, um die Verteidigung neu zu organisieren. Durch die Anlage von Burgen im Grenzgebiet und die Aufstellung eines gepanzerten Reiterheeres schafft er die nötigen Voraussetzungen, um die slawischen Nachbarn wieder unter die deutsche Oberhoheit zu zwingen und die ungarischen Einfälle abzuwehren. Mit dem

---

[1] Von lat. *designare* = benennen, zum Nachfolger bestimmen.

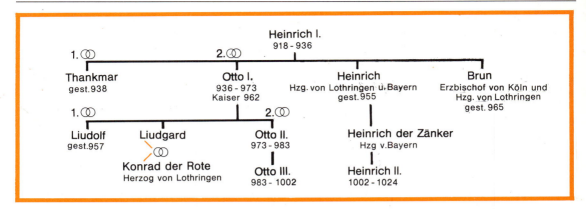

bei Riade an der Unstrut kann er die Ungarngefahr vorläufig[1] bannen. Die Erfolge Heinrichs I. sichern die Stabilität des deutschen Reiches, das sich zum bedeutendsten Staat auf dem Boden des ehemaligen Karlsreiches entwickelt und gegenüber den anderen fränkischen Nachfolgestaaten – Frankreich, Italien, Hoch- und Niederburgund – eine gewisse Vorrangstellung einnehmen kann.

Otto der Große

Nach Heinrichs I. Tod wird sein Sohn Otto, der schon zu Lebzeiten seines Vaters designiert worden ist, in Aachen zum König gewählt. Die Krönung *Ottos I. (936-973),* von allen Herzögen mitgetragen und von den Kölner und Mainzer Erzbischöfen durchgeführt, ist von zukunftweisender Bedeutung. Die karolingische Erbfolgeregelung, die zur Teilung und damit letztlich zu Schwächung des Reiches geführt hat, wird durch ein neues Prinzip ersetzt, das die Wahrung der Reichseinheit durch die Nachfolge eines einzigen Sohnes vorsieht.

Die mit der neuen Erbfolgeregelung zwangsläufig verbundene Zurücksetzung von Ottos Brüdern führt in den folgenden Jahren zu mehreren Aufständen. Sowohl Ottos älterer, aus erster Ehe stammender Halbbruder *Thankmar* wie sein jüngerer Bruder *Heinrich* fordern Beteiligung an der Herrschaft und finden dabei Unterstützung bei einzelnen Herzögen, die der allzu großen Macht der Zentralgewalt vorbeugen wollen. Es gelingt Otto, beide Erhebungen niederzuwerfen (wobei Thankmar den Tod findet) und die rebellischen Herzogtümer ans Reich zu binden.

Nach den Erhebungen der Brüder hat es Otto 953 mit einem Aufstand seines Sohnes *Liudolf* zu tun, der nach der Geburt eines (bald verstorbenen) Sohnes aus Ottos zweiter Ehe mit Adelheid von Italien um seine Nachfolge fürchtet und unter anderem bei seinem Schwager *Konrad dem Roten,* Herzog von Lothringen, Unterstützung findet. Der Aufstand, obwohl niedergeschlagen und mit Liudolfs Unterwerfung endend, ist doch insofern von großer Bedeutung, als er zu einer Neuorientierung von Ottos Innenpolitik führt: Otto belehnt seinen Bruder *Brun,* seit 953 Erzbischof von Köln, mit dem Herzogtum Lothringen und beschreitet damit einen neuen Weg, der zur verstärkten Einbindung der Kirche in die Reichsverwaltung führt. Die Übertragung von Reichsbesitz und staatlichen Hoheitsrechten an Bischöfe führt zur Bildung einer dem König unmittelbar unterstellten *Reichskirche.*

Ihre Ausbildung erhalten die zukünftigen Bischöfe in der *Hofkapelle,* also in unmittelbarer Nähe des Herrschers und in engem Kontakt mit dem Verwaltungszentrum des Reiches, der königlichen *Kanzlei.* Auch deren Führung ist dem – schriftkundigen – Klerus vorbehalten[2]. Das aus der ottonischen Hofkapelle hervorgehende *Reichsepiskopat*[3] erweist sich als eine sachkundige und politisch zuverlässige Stütze des Königtums und bildet in Zukunft ein starkes Gegengewicht gegen die eigenwilligen Herzöge.

Das oben skizzierte **Ottonisch-salische Reichskirchensystem** beruht freilich auf der Tatsache, daß die *Investitur*[4] eines Bischofs durch den König als selbstverständlich empfunden wird. Daß dem König dieses Recht ganz ohne weiteres zugebilligt wird, liegt einerseits an seiner sakralen Legitimation

---

[1]   Die endgültige Abwehr der Ungarn gelingt erst Heinrichs Sohn, Otto dem Großen (Schlacht auf dem Lechfeld, 955, s. Seite 85).

[2]   Das Kanzleramt, also die Leitung der Kanzlei, hat (seit 965 ständig) der Erzbischof von Mainz inne.

[3]   *Episkopat* (von lat. *episcopus* = Bischof): die Gesamtheit der Bischöfe.

[4]   *Investitur* (von lat. *investire* = einkleiden): Bekleidung mit einem Amt, Übertragung eines Lehens.

(s. Seite 75), andererseits an der Vorstellung vom *Eigenkirchenwesen,* demzufolge dem Grundherrn, auf dessen Boden die Kirche errichtet ist, das Recht der Ein– und Absetzung des Geistlichen zusteht. Die Normalität dieses Vorgangs zeigt sich nicht zuletzt darin, daß ottonische und salische Könige auch die oberste kirchliche Autorität, den Bischof von Rom, in dieses System einbeziehen. So ernennt *Otto III.* im Jahre 996 *Gregor V.,* den ersten deutschen Papst. Und *Heinrich III. (1039-56)* schlichtet einen innerrömischen Streit, indem er 1046 auf der *Synode von Sutri* gleich drei rivalisierende Päpste ab- und einen neuen, wiederum deutschen Papst einsetzt. Als im 11. Jahrhundert, im Zuge der cluniacensischen Reform und des Investiturstreites (s. Seite 86), das Recht des Königs auf Bischofseinsetzung bestritten wird, verlieren das Reichskirchensystem und das Eigenkirchenwesen ihre Bedeutung.

Die innenpolitische Krise, in die das Reich durch die Erhebung Liudolfs gestürzt wird, ermutigt die 933 von Heinrich I. besiegten Ungarn (s. Seite 83 f.) zu neuen Plünderungszügen (954). Erst nach der Niederschlagung des Aufstandes und der Unterwerfung Liudolfs kann Otto die Ungarn in der

Schlacht auf dem Lechfeld   10.8.955

in der Nähe von Augsburg vernichtend schlagen. Mit diesem glänzenden Sieg wird die seit einem halben Jahrhundert von den heidnischen Ungarn ausgehende Gefahr endgültig beseitigt. In der Folgezeit beginnt die Missionierung der Ungarn, die in der Taufe Waiks (danach Stephans) ihren Höhepunkt findet. Stephan wird im Jahre 1001 zum König gekrönt und ist damit Begründer der ungarischen Monarchie. Otto selbst kann mit dem Sieg seine Machtstellung eindrucksvoll bestätigen und – wie seinerzeit Karl Martell nach dem Sieg über die Araber (732, s. Seite 74) – den Ruhm in Anspruch nehmen, ein Verteidiger des christlichen Glaubens zu sein.

Die nunmehr unumstrittene Position Ottos, der nach dem Ungarnsieg sogar von seinem Heer zum Kaiser ausgerufen worden sein soll, bildet die Voraussetzung für die Wiederaufnahme einer imperialen Politik im Sinne der karolingischen Tradition.

Das von Karl dem Großen 800 erneuerte Kaisertum (s. Seite 77) hat inzwischen viel von seinem Glanz verloren. In den Wirren der karolingischen Reichsteilungen (s. Seite 79) haben relativ unbedeutende burgundische und italische Könige die Kaiserkrone angenommen, um der eigenen schwachen Position eine gewisse Autorität zu verleihen. Seit 924, dem Todesjahr König *Berengars I. von Italien,* der 915

zum Kaiser gekrönt worden ist, bleibt das Kaisertum vakant. Die Bemühungen des italischen Königs *Hugo (926-947)* scheitern an den Machtverhältnissen in Rom, wo eine mächtige Adelsfamilie die Herrschaft an sich gerissen hat und Stadt und Papsttum kontrolliert.

Gestützt auf den Ungarnsieg und seine überlegene Autorität (»imperiales Königtum«) unternimmt Otto I. im Jahre 961 seinen zweiten Italienzug. Im ersten (951/52) hatte er sich zwar gegen *Berengar II.* durchgesetzt, diesem aber doch das italische Königreich als Lehen überlassen. Den Anlaß für den zweiten Italienzug liefert die Eigenmächtigkeit Berengars, der Rom bedroht, worauf der Papst, wie in früheren Zeiten auch, Hilfe jenseits der Alpen sucht. Otto nutzt diesen Anlaß, um 961 die Herrschaft über Italien wiederherzustellen und mit der

Kaiserkrönung   2.2.962

in Rom seine imperiale Vorrangstellung zu dokumentieren. Damit tritt der ostfränkische, deutsche Nachfolgestaat des einstigen Frankenreiches die Nachfolge des karolingischen Kaisertums an und bindet für die Zukunft das römische Kaisertum an das deutsche Königtum. Das von Otto I. 962 begründete **Heilige Römische Reich deutscher Nation** wird – zumindest formal – bis weit in die Neuzeit Bestand haben und erst 1806, unter dem Druck des französischen Kaisers *Napoleon,* sein Ende finden (s. Bd. 2, Seite 16).

Die Cluniacensische Reform

Die Klöster sind von Idee und Entstehungsgeschichte her (s. Seite 78) auf Weltabgeschiedenheit und Askese angelegt. Ihr reicher, durch fromme Schenkungen stets vermehrter Besitz, ihre grundherrschaftlichen Aufgaben und ihre Einbeziehung in das weltliche Herrschaftssystem führen aber im Lauf der Zeit zu einer wachsenden Verweltlichung. Die Äbte werden auf der Basis des Eigenkirchenrechts (s. oben) oder des Lehensrechts (s. Seite 77) vielfach durch weltliche Herren ernannt, statt durch die Mönchsgemeinschaft gewählt zu werden. Damit gerät die Leitung der Klöster zunehmend in die Hände adeliger Laienäbte, die nur an der wirtschaftlichen Nutzung des Grundbesitzes interessiert sind und die geistliche Leitung vernachlässigen. Häufig spielen bei der Ernennung eines Abtes auch Geldzahlungen (*Simonie*[1]) eine ausschlaggebende Rolle. Die zunehmende Laienherrschaft über die Klöster führt zur Aufweichung der Klosterzucht, zur Vernachlässigung der religiösen Pflichten und zur Mißachtung des Gebots der Ehelosigkeit.

---

[1]   *Simonie* (nach dem Magier *Simon,* der Jesus die Gabe, Wunder zu wirken, abkaufen will): Kauf geistlicher Ämter.

Die Mißstände rufen eine innerkirchliche Kritik hervor, die sich anfangs vor allem gegen die Simonie und die Mißachtung des Zölibats (*Nikolaitismus*[1]) richtet. Erst später, im 11. Jahrhundert, stoßen sich die Reformer auch an der *Laieninvestitur*, d. h. der Einsetzung eines Geistlichen durch einen Laien, und fordern die völlige Freiheit (*Libertas*) der Kirche. Zentrum der Reformbewegung wird das 910 gegründete burgundische Kloster *Cluny* (bei Macon). Die Besonderheit Clunys liegt darin, daß sein Stifter, der aquitanische Herzog Wilhelm der Fromme, auf alle Herrenrechte verzichtet und es direkt dem Papst unterstellt. Damit ist die Abtei von Anfang an nicht nur von weltlicher Herrschaft befreit, sondern auch vor dem Zugriff der regionalen Kirchenleitung – des Bischofs von Macon – gesichert. Diese völlige Unabhängigkeit (*Exemtion*) des Klosters unter der Leitung frei gewählter Äbte ermöglicht die Wiederbelebung des alten monastischen Ideals im Sinne der Benediktinerregel.

Die Besinnung auf das ursrpüngliche Ideal übt starke Anziehungskraft auf all jene Mönche aus, die von echter religiöser Überzeugung geleitet sind, und verschafft dem Kloster starken Zulauf: Filialen werden gegründet, und bereits bestehende Klöster unterstellen sich der Leitung Clunys oder werden von hier aus reformiert. Der Einfluß der cluniacensischen Reformbewegung reicht schließlich weit über Frankreich hinaus, wobei die cluniacensischen Äbte als Berater des Kaisers wie des Papstes auch erhebliche politische Bedeutung gewinnen.

Der Investiturstreit

Der *Investiturstreit (1075-1122)* ist eines der bekanntesten Ereignisse der mittelalterlichen Geschichte. Vor allem der sog. *Canossagang* Heinrichs IV. ist fester Bestandteil des heutigen Geschichtswissens, und im übertragenen Sinne (als besonders schmachvoller Bittgang) wird der Begriff noch heute verwendet.

Der Investiturstreit hat im wesentlichen zwei Ursachen:

- Die kirchliche Reformbewegung, die vor allem mit dem Namen Cluny verbunden ist, beeinflußt auch das Papsttum. Die sog. *Reformpäpste* des 11. Jahrhunderts machen sich besonders die Idee der Libertas, der Unabhängigkeit der Kirche, zu eigen und betonen die Vorrangstellung (den *Primat*) des Papsttums.

- In diesen Zusammenhang ist der Konflikt mit der byzantinischen Kirche einzuordnen, die in theologischen und liturgischen Fragen bereits seit langem eine eigenständige Richtung vertritt. Als der Patriarch von Byzanz die Forderung nach Anerkennung des römischen Primats ablehnt und Papst *Leo IX. (1049-54)* darauf die Exkommunikation des Patriarchen ausspricht, kommt es zum *Schisma (1054)*, zum Bruch zwischen westlicher und östlicher Kirche. Die Kirchenspaltung von 1054 besiegelt gewissermaßen die Entfremdung und Auseinanderentwicklung der beiden Hälften des ehemaligen Imperium Romanum, die politisch und kulturell spätestens mit der theodosianischen Reichsteilung von 395 (s. Seite 62) begonnen hat.

- Ebenfalls in diesem Zusammenhang ist das *Papstwahldekret* zu sehen, das 1059 von einem in Rom tagenden Laterankonzil unter *Nikolaus II. (1058-61)* erlassen wird. Es ignoriert die seit der Karolingerzeit bestehenden Rechte des Kaisers und überträgt die Papstwahl ausschließlich den Kardinälen. Erstmals wird auf der Synode von 1059 auch ein Verbot der Laieninvestitur ausgesprochen und damit die Praxis des Ottonischen Reichskirchensystems (s. Seite 84) grundsätzlich in Frage gestellt.

- Die zweite Ursache des Investiturstreites ist in der damaligen Schwäche des deutschen Königtums zu sehen. Nach dem frühen Tod *Heinrichs III. (1056)*, der sein Investiturrecht noch ganz selbstverständlich ausgeübt und auch gegenüber dem Papsttum geltend gemacht hat (*Synode von Sutri 1046*, s. Seite 85), ist der erst sechsjährige *Heinrich IV.* zum deutschen König gewählt worden. Die Schwäche dieses Herrschers, der unter der Vormundschaft seiner Mutter, dann der Erzbischöfe von Köln und von Hamburg-Bremen steht, läßt eine wirksame Verteidigung der königlichen Rechte gegenüber dem energischen Reformpapsttum nicht zu. Auch als Heinrich IV. volljährig wird und die Herrschaft selbst übernimmt, bleibt er durch innenpolitische Kämpfe gegen den aufständischen sächsischen Adel gebunden. Erst 1075 kann er den Widerstand brechen und seine Herrschaft voll zur Geltung bringen.

Der innenpolitische Erfolg erlaubt es dem König, nun auch wieder seine Kirchenherrschaft energischer auszuüben: 1075 ernennt er seinen Kapellan Tedald zum Erzbischof von Mailand und setzt auch in anderen italienischen Städten neue Bischöfe ein.

Diese Investituren stehen nun aber in Widerspruch zu den neuen Grundsätzen des Reformpapsttums,

---

[1] Nach der in Kleinasien verbreiteten Sekte der Nikolaiten, die wegen ihrer freien moralischen Anschauungen bekannt war.

dessen damaliger Repräsentant *Gregor VII. (1073-85)* ist. Dieser Papst, ein ehemaliger Cluniacensermönch, ist aber zutiefst, ja geradezu fanatisch von der päpstlichen Vorrangstellung überzeugt. In einer Art Aktennotiz, dem sogenannten

Dictatus papae   1075,

hat er seine Grundsätze in 27 Punkten zusammengefaßt. Sie reichen vom Verbot der Laieninvestitur über die Betonung des päpstlichen Primats bis zum Anspruch auf Unfehlbarkeit und das Recht, Kaiser absetzen zu können.

Es liegt auf der Hand, daß ein Papst mit einem derart extremen Machtanspruch die von Heinrich eigenmächtig getroffenen Entscheidungen nicht hinnehmen kann. Gregor reagiert mit einem scharfen Schreiben (8.12.1075), in dem er Heinrich zum Gehorsam ermahnt und ihm indirekt mit der Exkommunikation, dem Ausschluß aus der kirchlichen Gemeinschaft, droht. Darauf antwortet Heinrich mit der Einberufung einer deutschen Bischofssynode nach Worms, auf der die

Absetzung Gregors VII.   24.1.1076

beschlossen wird[1]. Mit dieser spektakulären Maßnahme, die wegen des Fehlens militärischer Druckmittel freilich rein rhetorisch bleiben muß, beginnt die Eskalation des Konflikts. Gregor antwortet auf den Beschluß der Wormser Synode mit der feierlichen

Exkommunikation Heinrichs   14.2.1076.

In dieser zugespitzten Lage wird das Verhalten der deutschen Fürsten ausschlaggebend. Sie wollen die günstige Gelegenheit nutzen, um die Königsmacht zu schwächen, und verbünden sich deshalb mit dem Papst. Auf dem

Fürstentag von Tribur   Oktober 1076

kommt es zwar noch nicht zur Neuwahl eines Königs, doch stellen die Fürsten Heinrich das Ultimatum, sich binnen Jahresfrist vom Bann zu lösen – ein Ultimatum, das angesichts der kurzen noch verbleibenden Zeit – bis zum 14.2.1077 – unerfüllbar scheinen mochte.

Dieses Kalkül der Fürsten vermag Heinrich aber zu unterlaufen, indem er – mitten im Winter (!) – mit einem kleinen Gefolge die Alpen überquert und sich direkt zum Papst begibt, der sich eben in Oberitalien, auf der Burg Canossa, aufhält. Gregor nämlich ist auf dem Weg nach Deutschland, wo er auf einem Fürstentag zu Augsburg die Wahl eines neuen Königs sanktionieren will. Das unerwartete Erscheinen Heinrichs, der als reuiger Sünder im Bußgewand, angeblich drei Tage hintereinander, um Absolution

bittet, setzt Gregor unter Zugzwang. Obwohl ihm politisch die Rehabilitation des Königs nicht ins Konzept passen kann, muß er als Seelsorger und oberster Hirte dem reuigen Sünder vergeben. So endet der berühmte

Canossagang   25.– 28.1.1077

mit der – freilich an Bedingungen geknüpften – Wiederaufnahme Heinrichs in die Kirche.

Der spektakuläre Bußgang nach Canossa ist deshalb nicht nur als Niederlage und Demütigung des Königtums oder Triumph des Papsttums zu deuten; er ist politisch eher ein Sieg des Königs, der seine Abwahl verhindert und der Fürstenopposition die moralische Rechtfertigung entzogen hat.

Dennoch wird auf einem Fürstentag in Forchheim *Rudolf von Schwaben* zum Gegenkönig gewählt (15.3.1077). Heinrich verfügt aber über genügend Anhänger, vor allem beim niederen Adel und den Städten, um sich gegen Rudolf zu behaupten. Auch eine erneute Exkommunikation (1080) verfehlt ihre Wirkung und kehrt sich gegen Gregor zurück: Eine Synode in Brixen (Juni 1080) setzt ihn ab und ernennt den Erzbischof Wibert von Ravenna zum (Gegen) Papst (*Clemens III., 1080-1100*). Als Rudolf von Schwaben schließlich in der Schlacht von Hohenmölsen (15.10.1080) ums Leben kommt, ist der Kampf endgültig zugunsten Heinrichs entschieden[2]. Er stellt bald darauf auch seine Herrschaft in Italien wieder her und läßt sich 1084 von Clemens III. zum Kaiser krönen.

Damit ist aber der Investiturstreit noch keineswegs beendet. Gegen den kaiserlichen Papst Clemens wählt die Reformpartei nach dem Tod Gregors VII. ihre eigenen Kandidaten. Besonders *Urban II.*, wie Gregor VII. ein ehemaliger Cluniacenser, kann dem Reformpapsttum zu hohem Einfluß verhelfen (s. Seite 88: Kreuzzugsaufruf). Es kommt ihm dabei entgegen, daß Heinrich IV. erneut – durch den Abfall von Fürsten und die Aufstände seiner Söhne – gebunden ist und bald nach seiner Absetzung (1105) durch seinen Sohn Heinrich V. stirbt (1106).

Päpste und Gegenpäpste im Investiturstreit:

Gregor VII. 1073 - 1085	⟷ Clemens III. 1080 - 1100
Viktor III. 1086 - 1087	
Urban II. 1088 - 1099	
Paschalis II. 1099 - 1118	⟷ Gregor VIII. 1118 - 1124
Gelasius II. 1118 - 1119	
Calixt II. 1119 - 1124	

---

[1] Formal handelt es sich nicht um eine Absetzung (die ohne militärische Präsenz in Rom auch gar nicht durchführbar gewesen wäre), sondern um die Aufforderung zum Rücktritt (»Steige herab!«).

[2] Zwar wird Graf *Hermann von Salm* zum neuen Gegenkönig gewählt, doch erlangt er keine Bedeutung.

Parallel zu den wechselhaften Ereignissen finden immer wieder Einigungsversuche statt. Im publizistischen Austausch der Argumente setzt sich allmählich die Unterscheidung zwischen *Spiritualien* und *Temporalien* – zwischen geistlichen und weltlichen Funktionen der Bischöfe – durch. Sie ermöglicht im

Wormser Konkordat   23.9.1122

eine Kompromißlösung und damit die Beilegung des Investiturstreites:

- Der König verzichtet auf die Investitur mit Ring und Stab[1] und gestattet kanonische Wahl und freie Weihe der Bischöfe und Äbte.

- Der Papst gesteht dem König das Recht zu, daß die Wahlen in seiner Anwesenheit durchgeführt werden und der König im Zweifelsfall den Ausschlag geben soll. Erst nach der Wahl erfolgt die Belehnung mit den Regalien durch Überreichung des Szepters.

Das Wormser Konkordat läßt zwar dem deutschen König durchaus noch Einfluß auf die Besetzung von Kirchenämtern, ist aber letztlich doch eher ein Sieg des Papsttums, das sich von der Herrschaft des deutschen Königtums gelöst und als eigenständige Macht durchgesetzt hat. Das neue Selbstbewußtsein des Papsttums führt in der Folgezeit zu seinem Anspruch auf universale Machtstellung (s. Seite 92). Sie führt aber auch zu einer innerkirchlichen Gegenbewegung, die gerade in bewußtem Machtverzicht und freiwilliger Armut den Weg zum Heil sieht (s.Seite109).

Die Kreuzzüge

Der Begriff »Kreuzzüge« bezeichnet im weiteren Sinne alle primär religiös oder ideologisch motivierten Kriege; im engeren Sinne meint er die Epoche von 1095 – 1291, in der christliche Heere die heiligen Stätten von der islamischen Herrschaft zu befreien versuchen.

Für die mittelalterliche Kreuzzugsbewegung lassen sich mehrere Voraussetzungen nennen:

- Die religiöse Bedeutung der heiligen Stätten, vor allem Jerusalems, das seit langem Ziel christlicher Pilger ist. Die Toleranz der Muslime gegenüber den Christen ermöglicht diese Wallfahrten, die im 11. Jahrhundert, bedingt durch die kirchliche Erneuerungsbewegung, einen immer größeren Umfang annehmen.

- Das Vordringen der türkischen *Seldschuken,* die im 11. Jahrhundert die Fatimidenherrschaft in Sy-

rien und Palästina ablösen und das byzantinische Reich angreifen (Schlacht bei Manzikert, 1071). Das Vordringen der Seldschuken in Kleinasien führt auch zu Beeinträchtigungen und Gefährdungen der Pilgerfahrten ins Heilige Land.

- Das neue Selbstverständnis des Reformpapsttums, das in einem erfolgreichen Kreuzzug unter päpstlicher Leitung ein Mittel sieht, seine Führungsrolle eindrucksvoll zur Geltung zu bringen. Schon Gregor VII. hat diesen Gedanken erwogen, ist aber durch den Ausbruch des Investiturstreites an seiner Realisierung verhindert worden.

- Die Überlegung, als Gegenleistung für die militärische Hilfe gegen die Seldschuken die Unterordnung der byzantinischen Kirche unter den Primat des Papstes und damit die Wiederherstellung der 1054 zerbrochenen Kircheneinheit (s. Seite 86) zu erreichen.

Den konkreten Anlaß für den ersten Kreuzzug liefert die Bitte Kaiser *Alexios'* um Waffenhilfe gegen die Seldschuken. Die byzantinische Gesandtschaft trifft ausgerechnet zu dem Zeitpunkt ein, in dem *Urban II.* sich gegen den Gegenpapst Clemens III. durchgesetzt und der Reformidee höchste Geltung verschafft hat. Die Durchführung eines Kreuzzuges unter päpstlicher Leitung könnte nun gewissermaßen zur Krönung und Bestätigung der päpstlichen Vorherrschaft dienen.

Deshalb propagiert Urban II. – ganz abweichend von den Vorstellungen Kaiser Alexios', der lediglich um Waffenhilfe, also um Entsendung westlicher Hilfstruppen gebeten hat – in dem berühmten

Kreuzzugsaufruf   1095

während einer Synode in Clermont-Ferrand das Ziel der Rückeroberung Jerusalems. Er malt die (in Wirklichkeit nicht gegebene) Bedrohung der Christen in den schlimmsten Farben aus, appelliert an die ritterliche Ehre und nicht zuletzt an die Gewinnsucht des versammelten Adels und verheißt Vergebung der Sünden und himmlischen Lohn für die Aufnahme des Kreuzes. Die Wirkung des Aufrufs ist gewaltig: Unter dem Ruf »Gott will es!« verpflichten sich zahlreiche Zuhörer noch an Ort und Stelle zur Teilnahme am Kreuzzug.

Die Wirkung des massenpsychologisch geschickten Appells beschränkt sich freilich nicht auf den eigentlichen Adressatenkreis, den Adel. Auch eine große Masse niederen Volkes, aufgeputscht durch den fa-

---

[1] Der Ring symbolisiert die Bindung an Gott, der Stab das Hirtenamt; beides sind alte geistliche Symbole. Das vom König zu überreichende Szepter steht für die weltliche Macht (Temporalien) des Bischofs, die er als Vasall des Königs ausübt.

natischen Prediger *Peter von Amiens,* läßt sich durch die Verheißung irdischen und himmlischen Lohns vom Kreuzzugsgedanken mitreißen. Schon Anfang 1096 bricht ein unorganisierter, völlig unzulänglich ausgerüsteter Haufen ins Heilige Land auf. Der Haß der fanatisierten Massen richtet sich auch gegen die Juden. Vor allem im Rheinland kommt es 1096 beim Durchzug dieser Scharen zu schlimmen Ausschreitungen und Judenpogromen.

Militärisch endet der sog. *Armenkreuzzug* mit einem Desaster. Der größte Teil der Teilnehmer kommt schon unterwegs ums Leben, der Rest wird von den Seldschuken niedergemacht.

Dagegen endet der erste *Ritterkreuzzug* (1096-99) unter Führung vor allem französischer Adeliger[1] mit einem Erfolg. Nach einem strapaziösen Zug durch Kleinasien und Palästina, ständigen Gefechten gegen seldschukische Truppen, der mühsamen Eroberung der wichtigsten Festungen entlang des Weges erreicht er nach fast drei Jahren mit der

Eroberung Jerusalems   15.7.1099

sein Ziel. Das eroberte Gebiet wird in einzelne Herrschaftsbereiche, die sog. *Kreuzfahrerstaaten,* unterteilt und durch die Anlage von Burgen gesichert.

Der Erfolg des ersten Kreuzzuges bleibt jedoch ständig gefährdet. Konflikte mit Byzanz, vor allem aber die isolierte Lage und die fortgesetzte Bedrohung durch die Muslime überfordern die Kräfte der Kreuzfahrerstaaten. Islamische Erfolge wie die Rückeroberung Edessas (1144) und Jerusalems (1187) erzwingen die Durchführung weiterer Kreuzzüge. Dennoch ist das Heilige Land auf Dauer nicht zu halten: Die Muslime gewinnen nach und nach alle verlorenen Gebiete zurück. 1244 gelingt ihnen die Einnahme Jerusalems, 1291 die Eroberung Akkons, der letzten christlichen Festung im Heiligen Land. Damit ist die Kreuzzugsbewegung endgültig gescheitert.

Im Lauf der Zeit kommt es zu Verschiebungen, gar Entartungen des ursprünglichen Kreuzzugsgedankens. Ein eklatantes Beispiel ist der 4. Kreuzzug, der eigentlich gegen Ägypten gerichtet ist, auf Drängen Venedigs aber umgeleitet wird und mit der Eroberung Konstantinopels, also eines christlichen Reiches, endet (*Lateinisches Kaiserreich, 1204-1261*). In diesem Fall haben die wirtschaftlichen Interessen Venedigs die Kreuzzugsidee pervertiert. Ein fast noch schlimmeres Beispiel liefert der sog. *Kinder-*

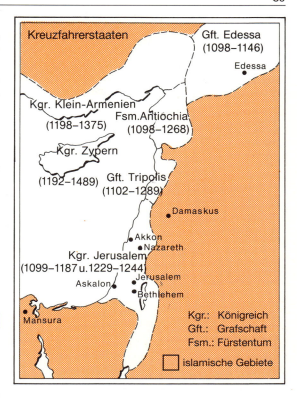

Kreuzfahrerstaaten

Gft. Edessa (1098-1146)
Edessa

Kgr. Klein-Armenien (1198-1375)
Fsm. Antiochia (1098-1268)

Kgr. Zypern (1192-1489)
Gft. Tripolis (1102-1289)

Damaskus

Akkon
Nazareth

Kgr. Jerusalem (1099-1187 u. 1229-1244)
Askalon
Jerusalem
Bethlehem

Mansura

Kgr.: Königreich
Gft.: Grafschaft
Fsm.: Fürstentum
☐ islamische Gebiete

kreuzzug (1212). Mehrere tausend Kinder, die in religiöser Verblendung zu einem Kreuzzug aufbrechen, fallen den Geschäftsinteressen skrupelloser Reeder zum Opfer und werden in Alexandria als Sklaven verkauft.

Eher nachvollziehbar ist hingegen die Tendenz, die Kreuzzugsbewegung, die ursprünglich ja eine bewaffnete Pilgerfahrt nach Jerusalem ist, auf andere Ziele zu lenken. In diesem Zusammenhang sind etwa die Kriege gegen die slawischen *Wenden* (1147) und *Pruzzen* (1226-83) zu sehen. Die Gründung des Deutschordensstaates in Preußen (s. Seite 106) überdauert die eigentlichen Kreuzzüge und wird von entscheidender Bedeutung für die weitere Entwicklung des deutschen Reiches (s. Seite 157 ff.).

Auch gegen innerkirchlichen und sozialen Widerstand läßt sich der Kreuzzugsgedanke instrumentalisieren: Gegen die *Albigenser*[2], eine Gruppe der *Katharer*[3], läßt Innozenz III. einen Vernichtungskreuzzug durchführen (*Albigenserkriege, 1209-29*). Ebenso wird die Unterwerfung der für ihre ange-

---

[1] Weder der deutsche noch der französische König nehmen teil – beide befinden sich als Folge des noch während den Investiturstreites im Kirchenbann.

[2] Benannt nach dem Hauptsitz der Bewegung, der südfranzösischen Stadt Albi.

[3] *Katharer* (von griech. *katharos* = rein): Sekte, die Mitte 12. Jh. großen Einfluß gewinnt und durch ihr radikales Armutsideal in scharfen Gegensatz zur herrschenden Kirche gerät; davon abgeleitet unsere Bezeichnung *Ketzer.*

Kreuzzüge	Anlaß	Ergebnisse
1. Kreuzzug 1096-99 Robert v. d. Normandie, Gottfried v. Bouillon u. a.	Hilfsgesuch des byzantin. Kaisers gegen Seldschuken	Gründung der Kreuzfahrerstaaten *Eroberung* Jerusalems (15.7.1099)
2. Kreuzzug 1146-49 Konrad III. u. Ludwig VII. v. Frkr.	Rückeroberung Edessas (1144) durch Türken	völliger Mißerfolg: Niederlagen bei Dorylaion, Laodikeia, Damaskus u. Askalon
3. Kreuzzug 1189-92 Friedrich Barbarossa, Philipp II. August (Frankr.), Richard Löwenherz (Engl.)	Rückeroberung Jerusalems (1187) durch Sultan Saladin	Tod Barbarossas 1190 Eroberung Akkons, Zyperns Waffenstillstandsvertrag mit Saladin: Erlaubnis zu Pilgerfahrten nach Jerusalem
4. Kreuzzug 1202-04	Aufruf Papst Innozenz' III.	Eroberung von Byzanz(!) Begründung des *Lateinischen* Kaiserreichs (1204-1261)
5. Kreuzzug 1228-29 Friedrich II.	Kreuzzugsversprechen Eheschließung mit Isabella v. Brienne, der Erbin des Königreichs Jerusalem (1225), Konflikt mit Papst, Exkommunikation	Kampflose Rückgewinnung Jerusalems, Betlehems und Nazareths durch vertragliche(!) Regelung Friedrich II. König von Jerusalem (1229)
6. Kreuzzug 1248-54 Ludwig IX. der Heilige von Frankr.	1244 Eroberung Jerusalems durch Türken	Niederlage bei Mansura (Ägypten) Gefangennahme Ludwigs, Freilassung gegen Lösegeld
7. Kreuzzug 1270 Ludwig IX. der Heilige von Frankr.		Niederlage und Tod Ludwigs vor Tunis (1270), endgültiger Sieg der Muslime mit *Eroberung Akkons* (1291)

stammten Freiheiten kämpfenden *Stedinger Bauern* durch die Grafen von Oldenburg und den Bremer Erzbischof (1233-34) als Kreuzzug ausgegeben.

Das eigentliche Ziel der Kreuzzüge, die dauerhafte Eroberung des Heiligen Landes, wird verfehlt. Die weitere Entwicklung – oft als *Gegenkreuzzüge* bezeichnet – bringt sogar einen klaren islamischen Sieg: 1453 wird Konstantinopel erobert, 1529 und 1683 stoßen die Türken bis Wien vor (s. Seite 154). Die positiven und bleibenden Ergebnisse fallen demgegenüber wenig ins Gewicht. Zu nennen sind

- der Aufstieg der oberitalienischen Städte, die im Orienthandel großen Reichtum und politische Macht erlangen,

- der verstärkte Austausch mit der hochstehenden islamischen Kultur,

- die Rückgewinnung Spaniens (erst 1492 abgeschlossen) und die Christianisierung der Wenden und Preußen,

- die Gründung von Ritterorden, die teilweise über die Kreuzzüge hinaus von Bedeutung bleiben. Neben den *Templern* (1312 aufgelöst, s. Seite 107) und dem *Deutschen Orden* (s. Seite 106) sind die *Johanniter* bzw. *Malteser* zu nennen, die als vorwiegend karitative Organisationen bis heute bestehen[1].

---

[1] Die *Johanniter* (nach dem Hl. Johannes) besitzen von 1530 bis 1798 die Insel Malta, daher *Malteser*. Heute bezeichnet Johanniter den evangelischen, Malteser den katholischen Zweig des Ordens.

Friedrich Barbarossa

Mit dem Tod Heinrichs V. erlischt das salische Königshaus (1125). Nach dem dynastischen Prinzip (Geblütsrecht) hätte *Friedrich von Schwaben,* der Neffe und Erbe des Königs, den höchsten Anspruch auf die Nachfolge. Die Fürsten entscheiden sich jedoch für Lothar von Sachsen (*Lothar III., 1125 – 1137*) und bringen damit ihr Recht auf die Königswahl erneut zur Geltung. Auch die beiden folgenden Herrscher, *Konrad III. (1138-52)* und *Friedrich I. Barbarossa*[1] *(1152-90),* verdanken ihr Königtum der freien Fürstenwahl.

Innenpolitisch führen die Wahlen jedoch zu Rivalität und Bürgerkrieg. Die Staufer ernennen zeitweise gar einen Gegenkönig (Konrad, 1127-35) und erkennen Lothar III. erst 1134/35 als König an. 1125 beginnt auch die Entfremdung zwischen den Staufern und dem schwäbischen Geschlecht der *Welfen,* denn der welfische Bayernherzog *Heinrich der Schwarze* entscheidet sich trotz enger verwandtschaftlicher Bindung gegen Friedrich (s. Stammtafel).

1138 liegen die Dinge dann umgekehrt: Jetzt bleibt der geblütsrechtliche Anspruch der Welfen unberücksichtigt. Da ihr Kandidat, *Heinrich der Stolze,* Herzog von Bayern und von Sachsen, die Huldigung für den gewählten König Konrad ablehnt, verhängt dieser über ihn die Reichsacht und überträgt Sachsen dem Askanier *Albrecht dem Bären,* Bayern dem Babenberger *Leopold,* Markgraf von Österreich.

Die Welfen behalten jedoch die Oberhand, und 1142 muß *Heinrich der Löwe* als Herzog von Sachsen anerkannt werden. Umstritten und umkämpft bleibt dagegen das Herzogtum Bayern.

Als rettender Ausweg aus den Bürgerkriegswirren erscheint die

Wahl Friedrichs I. Barbarossas   1152

der zwar ein Staufer, über seine Mutter aber auch eng mit den Welfen verwandt ist und so »wie ein Eckstein« die verfeindeten Parteien zu verbinden vermag.

Das innenpolitisch vorrangige Problem Friedrichs I. ist die Beilegung des staufisch-welfischen Gegensatzes, die aber nur bei gleichzeitiger Schlichtung

---

[1] Von ital. *barba rossa* = Rotbart.

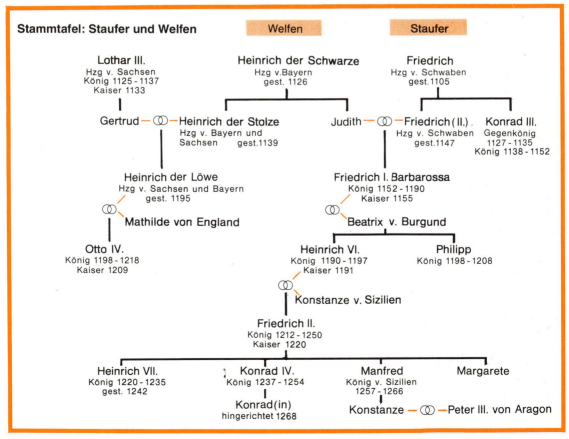

Stammtafel: Staufer und Welfen

Welfen

Staufer

Lothar III.
Hzg v. Sachsen
König 1125 - 1137
Kaiser 1133

Heinrich der Schwarze
Hzg v. Bayern
gest. 1126

Friedrich
Hzg v. Schwaben
gest. 1105

Gertrud — ⚭ — **Heinrich der Stolze**
Hzg v. Bayern und
Sachsen   gest. 1139

Judith — ⚭ — **Friedrich (II.)**
Hzg v. Schwaben
gest. 1147

Konrad III.
Gegenkönig
1127 - 1135
König 1138 - 1152

Heinrich der Löwe
Hzg v. Sachsen und Bayern
gest. 1195

⚭ **Mathilde von England**

Friedrich I. Barbarossa
König 1152 - 1190
Kaiser 1155

⚭ **Beatrix v. Burgund**

Otto IV.
König 1198 - 1218
Kaiser 1209

Heinrich VI.
König 1190 - 1197
Kaiser 1191

Philipp
König 1198 - 1208

⚭ **Konstanze v. Sizilien**

Friedrich II.
König 1212 - 1250
Kaiser 1220

Heinrich VII.
König 1220 - 1235
gest. 1242

Konrad IV.
König 1237 - 1254

Manfred
König v. Sizilien
1257 - 1266

Margarete

Konrad(in)
hingerichtet 1268

Konstanze — ⚭ — **Peter III. von Aragon**

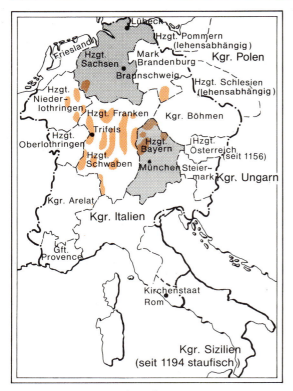

Hzgt. Herzogtum
Kgr.: Königreich
Gft.: Grafschaft

■ Welfische Herzogtümer

■ Reichsgut und staufisches Hausgut

des welfisch-babenbergischen Streites um das Herzogtum Bayern (s.o.) zu erreichen ist. Nach längeren Verhandlungen wird schließlich 1156 folgende Lösung gefunden:

● Das Herzogtum Bayern fällt (wieder) an die Welfen, d. h. an Heinrich den Löwen

● Die Babenberger werden damit zwar auf die Markgrafschaft Österreich beschränkt, erhalten aber als Ausgleich bedeutsame Vorrechte:

– Erhebung Österreichs zum Herzogtum

– Erblichkeit (!) des neuen Herzogtums sowohl in männlicher wie in weiblicher Linie

– oberste Gerichtsbarkeit des Herzogs

– Einschränkung der Lehensverpflichtungen, vor allem: Verpflichtung zur Heeresfolge nur in Gebiete, die an Österreich angrenzen

Mit diesem sogenannten *Privilegium minus*[1] von 1156 wird das Lehensprinzip erstmals offiziell durchbrochen. Das Herzogtum Österreich, später noch

durch die Steiermark (1192) und Krain (1232) erweitert, wird zum ersten praktisch unabhängigen Territorialstaat unter einem selbständigen Landesherrn (zur Ausbildung der Landesherrschaften im späten Mittelalter s. Seite 100).

Die mit der Beilegung des staufisch-welfischen Streites gefestigte Königsmacht ist Voraussetzung für die Wiederaufnahme der von den schwächeren Vorgängern vernachlässigten Italienpolitik.

In Italien ist Friedrich mit zwei grundsätzlichen Problemen konfrontiert: Zum einen hat er es mit dem Machtanspruch des Papsttums zu tun, das seit dem Investiturstreit (s. Seite 86) seine Vorrangstellung auch gegenüber dem deutschen König und römischen Kaiser durchsetzen will. Zum anderen stellt sich ein neues Problem durch den Machtzuwachs der oberitalienischen Städte, die nicht zuletzt durch den Handel mit den Kreuzfahrerstaaten zu großem Reichtum gelangt sind und sich zu mächtigen, politisch eigenständigen Stadtstaaten entwickelt haben. Das zeitweilige Bündnis dieser beiden Mächte stellt Friedrich vor erhebliche Schwierigkeiten und zwingt ihn zu mehreren Italienzügen (s. Überblick Seite 93).

Zu einer ersten Machtprobe zwischen Kaiser und Papst kommt es im Anschluß an den *Reichstag von Besancon (1157)*. Hier verlesen päpstliche Gesandte ein Schreiben, in dem Papst *Hadrian IV. (1154-59)* das Kaisertum als päpstliches *beneficium* (=Lehen) bezeichnet. Gegen diese Interpretation protestiert Friedrich energisch und findet bei den Fürsten und im deutschen Episkopat vollen Rückhalt. Hadrian muß einlenken und versichert, er habe *beneficium* nicht im Sinne von »Lehen«, sondern von »Wohltat« (bonumfactum) gemeint.

1159, nach dem Tod Hadrians IV., kommt es zu einem folgenschweren Schisma durch die Wahl zweier Päpste, *Alexanders III. (1159-81)* und *Viktors IV. (1159-64)*. Auf einer vom Kaiser nach Pavia einberufenen Synode (13.1.1160) fällt zwar eine Entscheidung zugunsten Viktors, doch eine Beilegung des Schismas gelingt nicht: Die lombardischen Städte, Sizilien, England, Frankreich u. a. unterstützen Alexander.

Das *Alexandrinische Schisma (1159-1177)* ist um so schwerwiegender, als es sich mit dem zweiten Problembereich – dem Unabhängigkeitsstreben der oberitalischen Städte – vermischt. In die antikaiserliche Front reiht sich außerdem das normannische Königreich Sizilien ein, das im *Vertrag von Benevent (1156)* ein Bündnis mit dem Papsttum eingegangen ist.

---

[1] *Privilegium minus* (lat.: das kleinere Privileg): im Unterschied zum größeren (Privilegium maius), einer Fälschung des 14. Jahrhunderts, der zufolge Österreich noch weit mehr Vorrechte verliehen worden seien.

Italienzüge	Verlauf	Ergebnisse
1. Italienzug 1154/55	nur kurzer Aufenthalt in Oberitalien, bei dem Friedrich seinen Anspruch auf die Regalien (königliche Rechte) geltend macht	Kaiserkrönung 1155
2. Italienzug 1158-62	Widerstand Mailands: Sept.1158 erobert – Nov. 1158: Reichstag auf den Ronkalischen Feldern, Wiederherstellung der königl. Rechte in Oberitalien Widerstand Cremas (1160 erobert) und erneut Mailands (1162 erobert und zerstört) *1159: Alexandrinisches Schisma*	bis 1162 Unterdrückung des lombardischen Widerstands, Wiederherstellung der Königsmacht in Oberitalien
3. Italienzug 1163-64	Tod Viktors IV., Nachfolge Paschalis III. (1163-68), Alexander III. gewinnt zunehmend Unterstützung, Veroneser Städtebund (Verona, Venedig u. a.) gegen Friedrich	Neuformierung des Widerstands gegen Friedrich: Alexander III. – oberitalische Städte – Normannen – Byzanz
4. Italienzug 1166-68	Eroberung Anconas u. Roms (1167), aber Ausbruch einer Seuche im Heer und Tod von ca. 2000 Rittern. Daraufhin Abfall der Lombardei (Gründung des Lombardischen Städtebundes)	Rückzug Friedrichs, Verlust der Lombardei
5. Italienzug 1174-78	Kämpfe in der Lombardei, v. a. um die Festung Alessandria (benannt nach Alex. III.) *1176: Heinrich der Löwe lehnt Hilfeleistung ab* 1176: Niederlage bei Legnano 1177: Frieden von Venedig mit Alexander III.; sechsjähriger Waffenstillstand mit lombardischen Städten	militärisch Scheitern des Feldzuges, aber Spaltung der gegnerischen Front durch den Sonderfrieden mit dem Papst
6. Italienzug 1184-86	Bündnis mit Mailand Auseinandersetzungen mit Urban III. (1185-87), der sich mit norddeutscher Fürstenopposition verbündet 1186: Besetzung des Kirchenstaates durch Heinrich VI.	1186 Eheschließung Heinrichs VI. mit Konstanze von Sizilien, *führt 1194 zur Vereinigung des sizilischen und des deutschen Reiches.*

Der Versuch, die königlichen bzw. kaiserlichen Rechte gegen diese starke Opposition durchzusetzen, zwingt Friedrich zu sechs Feldzügen (s. Überblick oben). Sie binden auf lange Jahre die Kräfte des Reiches in Italien, ohne letztlich das gewünschte Ziel zu erreichen.

Während des 5. Italienzuges bricht der alte Konflikt mit den Welfen erneut aus. *Heinrich der Löwe* hat in mehreren Kriegen gegen die slawischen Nachbarn seinen Machtbereich ausgedehnt und durch Gründung von Bistümern und Städten gefestigt (z. B. Lübeck und Braunschweig, in Bayern: München). Die Eheschließung mit Mathilde, der Tochter Heinrichs II. von England, dokumentiert auch äußerlich die königsähnliche Stellung, die der Herzog von Sachsen und Bayern innehat.

Zum Bruch mit dem König kommt es 1176: Als Barbarossa in bedrängter militärischer Lage seinen Vetter Heinrich (angeblich kniefällig) um Hilfe bittet, stellt dieser praktisch unannehmbare Bedingungen (Abtretung Goslars) und läßt den König im Stich. – Nach seiner Rückkehr eröffnet Friedrich deshalb ein Gerichtsverfahren. Als Heinrich den Vorladungen nicht Folge leistet, wird 1179 die Reichsacht über ihn verhängt. Heinrich verliert seine Reichslehen[1] und muß zeitweise nach England ins Exil gehen.

Wohl im Zusammenhang mit dem Prozeß gegen Heinrich den Löwen ist die Ausbildung des sogenannten *jüngeren Reichsfürstenstandes* zu sehen, der an Stelle der Stammesherzöge (s. Seite 83) tritt. Zu ihm zählen diejenigen weltlichen und geistlichen Fürsten, die ihre Lehen direkt vom König erhalten und dabei förmlich in den Reichsfürstenstand erhoben werden. Dieser Personenkreis tritt gegenüber dem König mehr und mehr als in sich geschlossene Gruppe mit spezifischen Standesinteressen auf. Aus seinen Reihen formiert sich im 13. Jahrhundert, endgültig seit der Doppelwahl von 1257 (s. Seite 98), das Kollegium der sieben Kurfürsten (s. Seite 99).

Die letzten Jahre Friedrichs I. sind dem Ziel gewidmet, in einem großen, abendländischen Kreuzzug das 1187 von den Moslems zurückeroberte Jerusalem wiederzugewinnen. Auf diesem 3. Kreuzzug (s. Übersicht Seite 90), an dem auch England (Richard Löwenherz) und Frankreich (Philipp II.) beteiligt sind, findet Friedrich den Tod. Am 10.6.1190 ertrinkt er im Fluß Saleph in Kleinasien.

Heinrich VI.

Heinrich VI. (1190-97) setzt die energische Reichspolitik seines Vaters fort. Auch er hat sich mit Heinrich dem Löwen auseinanderzusetzen, der aus seinem englischen Exil zurückkehrt und sich um die Wiederherstellung seiner alten Machtposition bemüht. Der abermalige Ausbruch des staufisch-welfischen Konflikts endet im Frieden von Fulda mit einem Kompromiß (1190).

Wichtiger wird die Frage der normannischen Erbschaft. Als Wilhelm II. von Sizilien, der noch ohne direkten Erben ist, am 18.11.1189 unerwartet stirbt, kann Heinrich für seine Gemahlin Konstanze rechtmäßigen Anspruch auf das Königreich Sizilien erheben. Dieser Anspruch stößt jedoch auf erheblichen Widerstand: Ein Teil des sizilischen Adels entscheidet sich für den Grafen *Tankred von Lecce,* einen Halbbruder Wilhelms II. Tankred wird vom Papst unterstützt, der eine staufische Umklammerung des Kirchenstaates unbedingt vermeiden will, aber auch vom englischen König *Richard Löwenherz.* Zum einen ist Richard der Schwager des verstorbenen sizilischen Königs, zum anderen liegt die englische Unterstützung Tankreds in der Logik des damaligen Bündnissystems: England steht seit langem in Rivalität zu Frankreich, das seit 1187 mit Deutschland verbündet ist, und muß deshalb eine antistaufische Politik betreiben.

In diesem Zusammenhang ist die spektakuläre Gefangennahme des englischen Königs zu sehen. Auf der Heimfahrt vom 3. Kreuzzug wird er vom österreichischen Herzog Leopold aufgegriffen und Heinrich VI. ausgeliefert (Dezember 1192). Nach mehr als einjähriger Gefangenschaft auf der Burg Trifels in der Pfalz muß Richard Löwenherz Heinrich VI. als Lehensherrn für das englische Königreich anerkennen und ihm ein enormes Lösegeld zahlen (Februar 1194). Nach diesem Erfolg kann Heinrich sich wieder den italischen Verhältnissen zuwenden: Er erobert das normannische Reich und läßt sich am Weihnachtstag 1194 in Palermo zum *König von Sizilien* krönen.

Das nächste Ziel gilt der dauerhaften Sicherung des deutsch-sizilischen Reiches. Der sog. *Erbreichsplan* zielt auf eine grundsätzliche Neuordnung der Nachfolgeregelung: Er sieht eine Erbmonarchie anstelle des bisherigen Wahlkönigtums vor und bietet als Gegenleistung den Reichsfürsten die Erblichkeit ihrer Lehen an[2]. Obwohl damit ein wesentliches Ziel der Fürsten erfüllt würde, scheuen sie letztlich doch davor zurück, auf ihren Einfluß bei der Wahl des Königs zu verzichten. Aus dem gleichen Grund lehnt auch Papst Cölestin (1191-98) den Plan ab.

Das Scheitern des Erbreichsplanes hat weitreichende Folgen: Während sich zur gleichen Zeit in England und Frankreich das Prinzip der Erbmonarchie durchsetzt, was ja gleichbedeutend mit einer Stärkung der Zentralgewalt ist, bleibt in Deutschland das

---

[1] Sachsen wird neu organisiert: Der eine Teil, das Herzogtum *Westfalen,* kommt an den Kölner Erzbischof, der andere Teil an die Grafen von *Anhalt* (von daher der heutige Ländername »Sachsen-Anhalt«); Bayern fällt an die *Wittelsbacher,* die hier bis zum Jahre 1918 regieren.

[2] Die Zustimmung der geistlichen Fürsten, für die das Angebot der Erblichkeit ja irrelevant ist, sollte durch den Verzicht auf das Spolienrecht (Anspruch des Eigenkirchenherrn auf den beweglichen Nachlaß eines Geistlichen) gewonnen werden.

Wahlkönigtum mit all seinen Unsicherheitsfaktoren (s. Seite 91) bestehen. Damit sind die Weichen gestellt für die Entwicklung des *Partikularismus*[1] in Deutschland, also den Aufstieg der Territorialherrschaften und die Schwächung des Königtums (s. Seite 101).

Bereits wenige Jahre später, während der Vorbereitungen für einen neuen Kreuzzug, ist Heinrich VI. an den Folgen einer Malariaerkrankung gestorben (28.9.1197).

Der deutsche Thronstreit und die Schlacht von Bouvines

Nach dem frühen und überraschenden Tod des Kaisers bricht in Deutschland ein Thronstreit aus. Zwar ist bereits im Dezember 1196 Heinrichs Sohn, *Friedrich II.*, zum König gewählt worden; er ist jedoch erst drei Jahre alt und lebt in Sizilien. Die Vormundschaft für den minderjährigen König wird anfangs von seiner Mutter Konstanze, nach deren Tod von Papst *Innozenz III. (1198-1216)* ausgeübt.

Um die staufische Erbfolge auch für Deutschland zu sichern, läßt sich der jüngere Bruder Heinrichs VI., *Philipp von Schwaben (1198-1208),* im März 1198 zum König wählen. Die welfische Partei läßt dagegen im Juli 1198 *Otto IV. (1198-1218)* zum König krönen (s. Stammtafel Seite 91) und stürzt mit dieser

Doppelwahl von 1198

das Reich abermals in eine Krise. Der Bürgerkrieg erhält eine außenpolitische Dimension durch die verwandtschaftlichen und politischen Beziehungen der Welfen zu den *Plantagenets*[2], während die Staufer mit den französischen *Kapetingern*[3] verbündet sind. Der deutsche Thronstreit wird dadurch verknüpft mit dem englisch-französischen Krieg um den englischen Lehensbesitz in Nordfrankreich, den Philipp II. dem englischen König Johann I. aberkannt hat (1202). Auch Papst Innozenz III. mischt sich in den Thronstreit ein: Er spricht sich – gegen erhebliche Zugeständnisse – für Otto IV. aus (1201), tritt dann aber mit Philipp in Verbindung. Nach dessen Ermordung 1208 in Bamberg[4] unterstützt er wiederum Otto. Als dieser sich aber, nun ohne Rivalen, über die mit dem Papst getroffenen Vereinbarungen hinweg-

setzt und 1210 zur Eroberung Siziliens aufbricht, verhängt Innozenz den Kirchenbann über ihn. Mit Zustimmung und Unterstützung des französischen Königs läßt er seinen Schützling, Friedrich II. von Sizilien, von einigen staufisch gesinnten Fürsten zum deutschen König wählen. Otto muß den Sizilienfeldzug abbrechen und sich der neuen Opposition stellen. Als 1212 der inzwischen fast sechzehnjährige Friedrich, der »Knabe aus Apulien«, mit einem kleinen Heer in Deutschland erscheint, verliert Otto zunehmend an Unterstützung. Im Dezember 1212 wird Friedrich II. zum König gekrönt.

Die endgültige Niederlage Ottos IV. erfolgt jedoch erst 1214 im Zusammenhang des englisch-französischen Krieges. Beim Versuch König Johanns, seinen von Frankreich besetzten Festlandbesitz zurückzugewinnen, wird das englisch-welfische Heer in der

Schlacht bei Bouvines   1214

geschlagen. Otto IV. muß fliehen und hat bis zu seinem Tod 1218 keine Bedeutung mehr erlangt.

Abgesehen von der Entscheidung des deutschen Thronstreites ist die Schlacht von Bouvines auch in anderer Hinsicht von historischer Bedeutung:

● Für das französische Königtum bringt sie einen starken Machtzuwachs durch den Gewinn der ehemals englischen Gebiete in Nordfrankreich; der Sieg führt zur Festigung der Zentralgewalt in Frankreich (s. Seite 107)

● In England dagegen führt der Verlust der Besitzungen auf dem Festland zu einer Schwächung der Monarchie. König Johann, der jetzt als *Johann ohne Land* bezeichnet wird, ist gezwungen, die Rechte des Adels und der Kirche in der

Magna Charta Libertatum[5]   1215

schriftlich festzulegen und einen Ausschuß von 25 Baronen zu akzeptieren, der die Einhaltung der königlichen Zugeständnisse kontrolliert. Mit der Magna Charta beginnt in England eine Entwicklung, die zur Ausbildung einer konstitutionellen[6], von einem Parlament kontrollierten Monarchie führt (s. Seite 107).

---

[1] Von lat. *pars* = Teil: Herrschaft der Teilgewalten.

[2] Der Name des englischen Königshauses geht zurück auf die Helmzier, einen Ginsterbusch (lat. *planta genista*).

[3] Nach *Hugo Capet,* der nach dem Aussterben der französischen Karolinger 987 zum König gewählt wird.

[4] Der Mord ist nicht politisch motiviert; der Täter (Pfalzgraf Otto von Wittelsbach) handelt vielmehr aus gekränkter Eitelkeit.

[5] (lat.): Große Urkunde der Freiheiten.

[6] *Konstitutionelle* (von lat. *constitutio* = Verfassung) *Monarchie:* an eine Verfassung gebundene Monarchie.

Friedrich II.

Friedrich II. (1212-50) ist eine der ungewöhnlichsten und faszinierendsten Persönlichkeiten des Mittelalters. Im Königreich Sizilien aufgewachsen, im Schnittpunkt abendländischer, byzantinischer und arabischer Kultur, ist er ganz anders geprägt als seine staufischen Vorfahren. Er spricht mehrere Sprachen (freilich kaum deutsch), schreibt italienische Gedichte, ist ungewöhnlich gebildet; er ist theologisch, philosophisch und naturwissenschaftlich interessiert und steht in Kontakt mit den berühmtesten Gelehrten seiner Zeit; seine Toleranz im Umgang mit Juden und Moslems bringt ihn in den Ruf, ein Freigeist oder gar ein Ketzer, ja selbst der Antichrist zu sein; er ist – im Gegensatz zur scholastischen Wissenschaft[1] seiner Zeit – frei von Autoritätsgläubigkeit, sucht vielmehr den Dingen durch Beobachtung und Experimente auf den Grund zu gehen; er schreibt selbst eine wissenschaftliche Abhandlung über die Falkenjagd und scheut sich nicht, darin einige Behauptungen des Aristoteles, der damals höchsten wissenschaftlichen Autorität, zu widerlegen. Im Vergleich zu den meisten seiner Zeitgenossen erscheint Friedrich in vielem bereits als »moderner« Mensch.

Diese Modernität spiegelt sich im Königreich Sizilien, dem eigentlichen Schwerpunkt von Friedrichs Herrschaft. Dieses Reich, bestehend aus Unteritalien und Sizilien, ist im 11. Jahrhundert von den Normannen (s. Seite 83) erobert worden. Das Papsttum muß nach erfolglosen Kämpfen die normannische Reichsgründung (1130) akzeptieren und übernimmt formal die Lehenshoheit (1156). Durch die Heirat Konstanzes von Sizilien mit Heinrich VI. fällt das Reich 1194 an die Staufer (s. Seite 94). – Friedrich II. baut Sizilien zu einem straff organisierten zentralistischen Staat aus, wie er in dieser Zeit nur im Deutschordensstaat (s. Seite 106) eine Parallele findet. Die von Friedrich durchgeführten Maßnahmen sind durchaus vergleichbar mit denen, die im 17. Jahrhundert zur Ausbildung der absolutistischen Staaten (s. Seite 148) führen:

- weitgehende Entmachtung der Teilgewalten: Rückgabe aller ehemaligen Regalien, Zerstörung oder Übergabe der Adelsburgen.

- Verwaltung und Rechtsprechung durch eine vom König direkt abhängige Beamtenhierarchie, an deren Spitze der Großhofjustitiar steht.

- Gründung der Universität Neapel (1224) zur juristischen Ausbildung der zukünftigen Verwaltungsbeamten.

- »stehendes«, immer einsatzbereites Heer; Sicherung der Herrschaft durch ein System von Burgen und Kastellen.

- planvolle Wirtschaftspolitik durch ein straffes Steuer- und Zollsystem, staatliche Monopole und eine staatliche Handelsflotte.

Eine ganz andere Politik betreibt Friedrich II. in Deutschland. Hier ist der Prozeß der Territorialisierung bereits unumkehrbar geworden. Um Konflikte zu vermeiden, bestätigt Friedrich den Fürsten ihre inzwischen gewonnenen Freiheiten und Rechte. Diese Dokumente, die

Confoederatio cum principibus ecclesiasticis[2] 1220

und das **Statutum in favorem principum[3]** **1231**

sind wichtige Markierungen auf dem Weg zur vollen fürstlichen Landesherrschaft (s. Seite 100).

Während Friedrichs Regierungszeit kommt es zu wiederholten Auseinandersetzungen mit dem Papsttum. Unter Innozenz III., dem Schiedsrichter im deutschen Thronstreit und Vormund Friedrichs (bis 1208), erreicht es seine höchste Machtentfaltung. In der *Goldbulle von Eger (1213)* muß der König die Machtstellung des Papstes anerkennen und unter anderem auf die Mitwirkung an Bischofs- und Abtwahlen verzichten. Damit verliert das Wormser Konkordat von 1122 (s. Seite 88) seine Gültigkeit.

In den folgenden Jahren kommt es zu einem erbitterten Machtkampf zwischen den beiden Universalmächten. Als Friedrich einen versprochenen Kreuzzug immer wieder hinauszögert, wird er 1227 exkommuniziert. 1245, auf dem *Konzil von Lyon,* verhängt *Innozenz IV. (1243-54)* zum zweiten Mal den Kirchenbann über den Kaiser und erklärt ihn für abgesetzt. – Damit beginnt gewissermaßen der Endkampf zwischen Staufern und Papsttum. In Deutschland werden auf Betreiben des Papstes Gegenkönige gewählt : *Heinrich Raspe,* Landgraf von Thüringen *(1246-47),* nach dessen Tod Graf *Wilhelm von Holland (1247-56).* Im Königreich Sizilien tritt nach Friedrichs Tod sein Sohn *Manfred* die Nachfolge an (König seit 1257). Um seine Herrschaft zu brechen, belehnt Papst *Clemens IV. (1265-68)* schließlich den Herzog *Karl von Anjou,* einen Bruder des französischen Königs, mit Sizilien und ruft ihn zum »Kreuzzug« gegen den Staufer auf. In der *Schlacht von*

---

[1] *Scholastik* (von lat. *schola* = Schule): Methode, die zwar das Pro und Contra zu einem Problem darlegt, letztlich aber zur Bestätigung der von vornherein feststehenden (theologischen) Wahrheit gelangen muß.

[2] lat.: Vereinbarung mit den geistlichen Fürsten.

[3] lat.: Beschluß zugunsten der (weltlichen) Fürsten.

Benevent (1266) verliert Manfred Schlacht und Leben.

Ein trauriges Nachspiel bildet der Versuch des erst sechzehnjährigen Konrad(in), Sohn Konrads IV., sein sizilisches Erbe zu gewinnen. In der *Schlacht bei Tagliacozzo (1268)* wird er geschlagen und gerät in die Hand Karls von Anjou, der ihn in Neapel öffentlich enthaupten läßt.

Nach einem Aufstand gegen die Franzosen (*Sizilianische Vesper 1282*) fällt die Insel Sizilien an das Haus Aragon, das durch die Eheverbindung mit Konstanze, einer Tochter Manfreds, Erbansprüche erhebt (Stammtafel Seite 91). 1442, endgültig 1504, erobern die Aragoneser auch den festländischen Teil des Königreiches, das dann bis 1707 spanisch bleibt.

Zeittafel
Hochmittelalter

911-918	*Konrad I.*	910 Gründung Clunys
918-936	*Heinrich I.*	→ Cluniacensische Reform
933	Sieg über die Ungarn	
936-973	**Otto I. der Große**	
955	**Sieg über die Ungarn** (Lechfeld) ——→	Christianisierung der Ungarn
	Herzogsaufstände	1001 Königreich Ungarn (Stephan I.)
	→ Ottonisches Reichskirchensystem	
951/52		
961/62	Italienzüge Ottos I.	
2.2.962	**Kaiserkrönung**	
1039-1056	*Heinrich III.*	1046 Synode von Sutri
1056-1106	*Heinrich IV.*	**1054 Schisma** (Ost- u. Westkirche)
		1059 Papstwahldekret
		1073-85 Gregor VII.
1075	Bischofsinvestituren Heinrichs IV.	1075 Dictatus papae
	└——→ **1075 – 1122 Investiturstreit** ←—	
1076	Bündnis der deutschen Fürsten mit Gregor VII. (Fürstentag von Tribur)	
1077	**Canossagang Heinrichs IV.**	
		1095 *Kreuzzugsaufruf Urbans II.*
		→ Kreuzzüge (bis 1291, s. Seite 90)
		ca.1090-1153 Bernhard v. Clairvaux
		1098 Gründung des Zisterzienserordens
1122	*Wormser Konkordat*	
1125	Tod Heinrichs V.	
	→ Beginn staufisch-welfischer Konflikt	12.-14. Jh. Hauptphase der dt. Ostsiedlung
1152-90	**Friedrich I. Barbarossa**	
1156	Privilegium minus	
1157	Reichstag von Besançon	
1154-86	Italienzüge (s. Seite 93)	1159-77 Alexandrinisches Schisma
1176	Konflikt mit Heinrich d. Löwen	
1190-97	*Heinrich VI.*	1194 Heinrich VI. *König* von Sizilien
1198	**Doppelwahl**	1198-1216 Innozenz III.
	→ staufisch-welfischer Konflikt	→ Höhepunkt päpstlicher Machtentfaltung
		Anf. 13. Jh. engl.-franz. Krieg
	└——→ **1214 Schlacht von Bouvines** ←—	

1212-50	**Friedrich II.**	**1215 Magna Charta Libertatum**
1220	Confoederatio cum principibus ecclesiasticis	*staufisches Sizilien* als Muster eines modernen Zentralstaats
1231	Statutum in favorem principum	
	Auseinandersetzungen m. d. Papsttum	**1226 Deutschordensstaat**
1257	Doppelwahl	1266 Eroberung Siziliens d. Karl von Anjou
	→ **Interregnum**	
		1268 Hinrichtung Konradins
		1282 Sizilianische Vesper
		→ Insel Sizilien an Aragon

Das Spätmittelalter

Interregnum und Hausmachtkönigtum

Das Ende der Stauferzeit leitet in Deutschland eine Entwicklung ein, die zum Zerfall der Reichsgewalt und zur endgültigen Ausbildung selbständiger Landesherrschaften führt. Nach dem Tod Konrads IV. (1254) und des Gegenkönigs Wilhelm von Holland (1256) kommt es zur

Doppelwahl von 1257,

bei der zwei ausländische, allerdings mit deutschen Häusern verwandte Könige gewählt werden: *Richard von Cornwall (1257-73),* ein Bruder Heinrichs III. von England, und *Alfons von Kastilien (1257-75).* Beide nehmen ihre Königsrechte jedoch kaum wahr; Alfons erscheint nicht ein einziges Mal in Deutschland und verzichtet 1275 auf seine Ansprüche. Diese Phase, in der das Königtum zwar nicht vakant, aber doch de facto ohne jegliche Autorität bleibt, wird als **Interregnum** (also etwa: »königslose Zeit«) bezeichnet.

Das Interregnum wird durch die Wahl des Grafen *Rudolf von Habsburg (1273-91)* beendet. Die Wahl Rudolfs zeigt die Tendenz der Kurfürsten, sich im Interesse der eigenen Machtsicherung für einen relativ schwachen Kandidaten zu entscheiden. Es liegt auf der Linie dieser Politik, daß die Kurfürsten nach dem Tod des Königs die Erbansprüche seines Sohnes zurückweisen und sich wiederum für einen Kandidaten aus noch unbedeutendem Hause entscheiden (*Adolf von Nassau, 1291-98*). Selbstredend, daß sie ihre Wahl an Bedingungen knüpfen, deren Erfüllung der zukünftige König in einer sogenannten *Wahlkapitulation* zusagen muß. Diesem Prinzip entsprechend, werden in den folgenden Jahrzehnten Könige aus verschiedenen Häusern gewählt. Mehrmals kommt es auch zu Doppelwahlen.

Habsburger	Luxemburger	Sonstige
1273-1291 : Rudolf I.		
		1291-1298 : (abgesetzt):Adolf von Nassau
1298-1308 : (ermordet): Albrecht I.	1308-1313 : Heinrich VII.	
1314-1330 :Friedrich d. Schöne (Gegenkönig, 1322 geschlagen, ab 1325 Mitregent)		1314-1347 :Ludwig IV. d. Bayer
	1346-1378: Karl IV. (1346 als Gegenkönig gewählt, ab1347 allgemein anerkannt)	
	1378-1400 : (abgesetzt):Wenzel	1400-1410 : Ruprecht, Pfalzgraf bei Rhein
	1410 Doppelwahl : 1410-1411 : Jobst von Mähren 1410-1437: Sigismund	
1438-1439 : Albrecht II. 1440-1493 : Friedrich III. 1493-1519 : Maximilian I.		

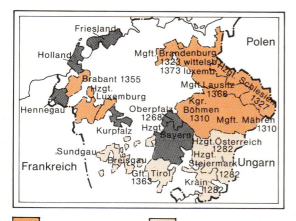

■ Luxemburger   ☐ Habsburger

■ Wittelsbacher

Die konsequente Anwendung des Wahlprinzips hat zur Folge, daß die jeweiligen Herrscher – da sie auf die Vererbung der Königsherrschaft nicht hoffen können – vor allem bemüht sind, ihre **Hausmacht,** d. h. ihre vererbbaren Stammlande, zu vermehren. Gelegenheiten dazu bieten sich vor allem durch dynastische Eheverbindungen und beim Rückfall von Reichslehen, die dann an Mitglieder der eigenen Familie vergeben werden können. So nutzt Rudolf I. den Reichskrieg gegen *Ottokar von Böhmen,* der Rudolfs Wahl nicht anerkannt hat, ihm die Herzogtümer Österreich und Steiermark zu entziehen und sie als erbliche Reichslehen seinen Söhnen zu verleihen (1282). Der Besitz Österreichs und der Steiermark bildet die Basis der habsburgischen Hausmacht, die unter späteren Herrschern, vor allem unter Friedrich III., noch erheblich erweitert wird und dem Haus Habsburg zum Rang einer europäischen Großmacht verhilft (s. Seite 122).

Auch die Könige der übrigen Häuser nutzen ihre Herrschaft zum Erwerb einer Hausmacht. Heinrich VII. gewinnt das mächtige Königreich Böhmen für Luxemburg (1310), Ludwig der Bayer 1323 die Markgrafschaft Brandenburg für das Haus Wittelsbach. 1373 müssen die Wittelsbacher die Mark jedoch an Karl IV. abtreten, der sie vorerst für die luxemburgische Dynastie sichert. Kaiser Sigismund verleiht sie dann 1417 an den Burggrafen *Friedrich von Nürnberg,* der sich seit langem als zuverlässiger Verbündeter der Luxemburger erwiesen hat. Mit ihm beginnt die Herrschaft der *Hohenzollern,* der späteren preußischen Könige, in Brandenburg (s. Seite 157).

Die Kurfürsten

Schon seit dem Thronstreit von 1198 (s. Seite 95) beansprucht ein Teil der Reichsfürsten bei der Königswahl die Führungsrolle. Bis zur Doppelwahl 1257 formiert sich ein fester Kreis von insgesamt sieben wahlberechtigten Fürsten, das *Kurfürstenkollegium*[1]. Es setzt sich zusammen aus den Erzbischöfen von Mainz, Köln und Trier, dem König von Böhmen, dem Pfalzgrafen bei Rhein, dem Herzog von Sachsen und dem Markgrafen von Brandenburg.

Die sieben Kurfürsten spielen in der Folgezeit die maßgebliche Rolle bei der Königswahl. Sie sind dabei vor allem daran interessiert, das Entstehen einer zu starken Zentralgewalt zu verhindern und die eigene Machtposition auszubauen. Aus diesem Grund verhindern sie anfangs die Thronfolge innerhalb einer Familie und erzwingen jeweils vor der Wahl eines neuen Kandidaten in Wahlkapitulationen die Bestätigung bzw. die Erweiterung ihrer Privilegien. Darüber hinaus leiten sie aus ihrem Wahlrecht auch ein Absetzungsrecht ab: Es richtet sich sowohl gegen Ludwig IV., dessen rücksichtslose Hausmachtpolitik den Widerstand der Kurfürsten hervorruft (Wahl Karls IV., 1346), wie gegen Wenzel, der 1400 wegen Unfähigkeit durch den Pfalzgrafen Ruprecht ersetzt wird.

Andererseits unterstützen sie den König in der Auseinandersetzung mit dem Papsttum, das seit dem staufisch-welfischen Thronstreit (s. Seite 91, 95) das Recht beansprucht, die Wahl eines deutschen Königs – und damit des künftigen römischen Kaisers – zu bestätigen (Approbationsrecht). Da dieser päpstliche Anspruch ihre Wahlfreiheit einschränken würde, setzt die Versammlung der Kurfürsten im

Kurverein von Rhense   1338

fest, daß eine von ihnen rechtmäßig durchgeführte Königswahl auch ohne päpstliche Anerkennung gültig sei.

Eine definitive Regelung des Verhältnisses zwischen Königtum, Kurfürsten und Papsttum erfolgt unter *Karl IV.* auf einem Reichstag in Nürnberg. Die hier in der

Goldenen Bulle   1356

festgelegten Regelungen gelten als das bedeutendste Reichsgesetz des Spätmittelalters. Die Goldene Bulle legt im einzelnen fest:

● den *Modus der Königswahl:* Wahlort (Frankfurt), Reihenfolge der Stimmabgabe und Wahlprinzip (Mehrheitswahlrecht) werden eindeutig geregelt;

---

[1] *Kurfürsten* (von althochdt. *kuri* = Wahl; heute noch in *küren, Kür* erhalten): Wahlfürsten.

damit sind Doppelwahlen in Zukunft ausgeschlossen.

- die *Anwartschaft* des gewählten Königs auf das *Kaisertum;* der päpstliche Anspruch auf Approbation des Gewählten wird mit Stillschweigen übergangen und ist damit hinfällig.

- die *Unteilbarkeit* der Kurlande und, daraus folgernd, die Festlegung des *Erstgeburtsrechts (Primogenitur)* in den Kurlanden.

- die weitgehende *Autonomie der kurfürstlichen Landesherrschaft: Gerichtshoheit*[1], *Zoll- und Münzrecht* sowie andere Regalien verleihen den Kurfürsten in ihren Ländern eine königgleiche Stellung.

Das Gesetz hat Auswirkungen auf die Praxis der Königswahl. Da die Kurfürsten um ihre, jetzt gesetzlich festgeschriebenen Sonderrechte nicht mehr fürchten müssen, sind sie auch eher bereit, den Königssohn zum Nachfolger zu wählen. Trotz grundsätzlicher Betonung und Wahrung des Wahlprinzips setzt sich de facto doch das Erbprinzip durch: Nach einer längeren luxemburgischen Phase fällt das Königtum 1438 an die Habsburger und bleibt über fast 400 Jahre – bis zum Ende des Heiligen Römischen Reiches deutscher Nation 1806 (s. Bd. 2, Seite 16) – in ihrer Hand[2].

Trotz der sich faktisch durchsetzenden Erblichkeit bleibt das Königtum schwach und auf die eigene Hausmacht angewiesen. Es ist deshalb nicht in der Lage, den innenpolitischen Wirren zu steuern, die sich im Spätmittelalter aus den rivalisierenden Machtbestrebungen der Partikulargewalten ergeben. Da das Königtum als zentraler Ordnungsfaktor versagt, nehmen lokale Organisationen die Rechtsprechung in die Hand. Neben den *Femegerichten,* die in geheimen Verfahren ihre Urteile fällen, sorgen vor allem das *Fehdewesen* – eine Art Privatkrieg zwischen Adelsfamilien – und das *Raubrittertum* für erhebliche Rechtsunsicherheit. Auch gegenüber den Bestrebungen der Grenzgebiete, sich vom Reich zu lösen und unabhängige Herrschaften zu bilden, ist die Zentralgewalt machtlos.

Die im Lauf des 14./15. Jahrhunderts immer offensichtlicher werdende Schwäche der Reichsexekutive läßt die Forderung nach einer *Reichsreform* immer dringlicher erscheinen. Sie scheitert jedoch lange Zeit an dem Interessengegensatz zwischen dem Königtum, das aus den anarchischen Zuständen im Reich die Forderung nach einer Stärkung der Zentralgewalt ableitet, und den Fürsten, die eine gesetzlich verankerte Mitregierung der Reichsstände fordern.

Eine Lösung des Konflikts bahnt sich erst an, als die habsburgische Hausmacht durch äußere Feinde bedroht wird: Im Osten durch die *Türken,* die 1453 Konstantinopel erobern und nun Raubzüge bis in die Steiermark unternehmen, und die *Ungarn,* die sich 1457 vom Reich gelöst haben und 1485 zeitweise Wien erobern; im Westen durch die Auseinandersetzungen mit Frankreich um Burgund. Da die Habsburger auf die Hilfe der Fürsten angewiesen sind, kommen sie deren Forderungen entgegen: Auf dem

Wormser Reichstag   **1495**

wird die **Reichsreform** beschlossen:

- Verbot des Fehdewesens im *Ewigen Landfrieden*

- Einrichtung eines *Reichskammergerichts* mit festem Sitz und festen Befugnissen als oberste und vom König unabhängige Instanz

- Einführung des *Gemeinen Pfennigs,* einer alle vier Jahre von allen Untertanen zu zahlenden Reichssteuer

- jährliche Einberufung des *Reichstages* als oberstem Exekutivorgan

Zwar haben sich die beiden letztgenannten Punkte in der Praxis nicht verwirklichen lassen; die allmähliche Durchsetzung des Landfriedens und die Einrichtung des Reichskammergerichts hingegen haben als bleibende Errungenschaften der Reform zur inneren Stabilisierung des Reiches beigetragen.

Mit der Reform von 1495 erhält das Reich seine typische **dualistische Ordnung,** die im Prinzip auf der Herrschaftsteilung zwischen Königtum und Reichsständen beruht. Es bleibt dabei freilich von den konkreten Machtverhältnissen abhängig, welcher der beiden Seiten das politische Übergewicht zufällt.

Der Ausbau der Landesherrschaften

Die Rivalität zwischen Zentral- und Partikulargewalt, zwischen Königtum und Fürsten, gehört zu den Konstanten der mittelalterlichen Geschichte. Während die Ottonen und frühen Salier durch den Aufbau des Reichskirchensystems (s. Seite 84) noch eine starke Stellung behaupten können, wendet sich ab der Mitte des 11. Jahrhunderts das Blatt immer deutlicher

---

[1] Die Untertanen der Kurfürsten können gegen deren Urteile keine Berufung beim Reichshofgericht einlegen (»jus de non appellando et de non evocando«); das kurfürstliche Gericht ist für sie letzte Instanz.

[2] Einzige Unterbrechung dieser Reihe ist die Regierungszeit *Karls VII. (1742-45)* aus dem Hause *Wittelsbach.*

Reichsreform

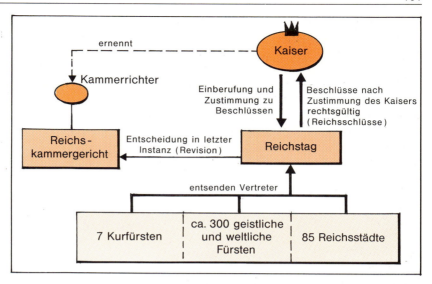

zugunsten der Fürsten. Der Grund dafür liegt vor allem in den großen Krisen, in die das Königtum zu dieser Zeit verwickelt ist: dem Investiturstreit (s. Seite 86), dem staufisch-welfischen Gegensatz (s. Seite 91), dem Kampf gegen die lombardischen Städte und das Papsttum (s. Seite 93) und schließlich dem Interregnum (s. Seite 98).

Die dadurch bedingte Schwäche zwingt die Könige zu Zugeständnissen. Vor allem setzt sich die *Erblichkeit der Lehen* durch (erstmals 1156 im Privilegium minus, s. Seite 92); die Fürstengesetze Kaiser Friedrichs II. (1220 und 1231, s. Seite 96) und schließlich die Goldene Bulle (1356, s. Seite 99) begünstigen und vollenden die Entwicklung zur weitgehenden Unabhängigkeit der deutschen Fürsten.

Deren Politik zielt nun darauf ab,

- ein *geschlossenes Herrschaftsgebiet* herzustellen und den zum Teil weit gestreuten Besitz gewissermaßen aufzufüllen; zu diesem Zweck versuchen sie, eigenständige Herrschaftsgebiete innerhalb ihres beanspruchten Territoriums durch Heiraten, Kauf oder auch Gewalt in ihre Hand zu bekommen,

- eine *zentrale Verwaltung* und *Gerichtsbarkeit* aufzubauen, die von juristisch geschulten Beamten getragen wird.

Bei der Verwirklichung dieser Ziele stoßen die Landesherren zwangsläufig auf den Widerstand des niederen Adels und der Städte, die ihre Freiheiten und Privilegien gegen die landesherrlichen Ansprüche verteidigen. Sie schließen sich zur Wahrung ihrer Interessen zu Adels- und Städtebünden zusammen und können sich teilweise erfolgreich gegen die drohende Mediatisierung[1] zur Wehr setzen.

Die Landesherren sind gezwungen, diesen lokalen Gewalten, die sich als *Landstände* formieren, ein Mitspracherecht zuzugestehen und sie durch die Einberufung von *Landtagen* an der Regierung zu beteiligen. Die dualistische Ordnung, die im Reich durch die Herrschaftsteilung von Königtum und Reichsständen (Reichstag) entstanden ist, setzt sich damit in den Territorien in dem rivalisierenden Miteinander von Landesherrn und Landständen (Landtag) fort.

Die Ausbildung der Landesherrschaften im Spätmittelalter ist von weitreichender Bedeutung. Anstelle des ehemaligen Personenverbands (s. Seite 78) tritt nun der Territorialstaat, der eine Staatlichkeit im modernen Sinne ermöglicht.

Diese Verstaatlichung vollzieht sich in Deutschland aber nicht auf der Reichsebene, sondern in den landesherrlichen Territorien. Es entsteht so eine Vielzahl von nebeneinander existierenden autonomen Teilstaaten mit jeweils eigenen Hauptstädten (Residenz und Verwaltungsmittelpunkt, oft auch Universität zur Ausbildung des Verwaltungspersonals). Dieser Partikularismus bleibt bis ins 19. Jahrhundert ein charakteristisches Element der deutschen Geschichte.

---

[1] Unterordnung von reichsunmittelbaren (immediaten, nur vom König abhängigen) Ständen unter die Hoheit eines Landesfürsten

Die Schweizer Eidgenossenschaft

Ein Beispiel für erfolgreichen Widerstand gegen den Ausbau einer Landesherrschaft bietet die Geschichte der Schweiz. Die Kerngebiete um den Vierwaldstätter See sind mit Ausnahme Unterwaldens reichsunmittelbar (Uri seit 1231, Schwyz seit 1240). Durch die Öffnung des Gotthard-Passes Anfang des 13. Jahrhunderts erhalten die bislang recht abgeschiedenen Gebiete eine geographisch-politische Bedeutung, die sie zum lohnenden Objekt der habsburgischen Territorialpolitik macht. Die Gefahr des habsburgischen Zugriffes wächst mit dem Tod Rudolfs I. und der Wahl Adolfs von Nassau (1291), weil nun habsburgisches Hausinteresse und Reichsinteresse auseinanderfallen.

Gegen die potentielle Bedrohung ihrer Freiheiten schließen die Kantone *Schwyz, Uri* und *Unterwalden* ein »ewiges Bündnis«. Diese sogenannte

Eidgenossenschaft	1291

setzt sich erfolgreich gegen die Übergriffe habsburgischer Vögte und Beamter zur Wehr (die Geschichte von *Geßler* und *Wilhelm Tell* freilich ist nicht historisch). Die nicht-habsburgischen Könige sind dabei natürliche Verbündete der Eidgenossen. Als nach der Doppelwahl von 1314 die Schweiz Partei für Ludwig den Bayern – gegen den Habsburger Friedrich den Schönen – ergreift, versucht Friedrichs Bruder Leopold von Österreich eine militärische Entscheidung herbeizuführen. Sein Heer wird aber in unwegsamem Gelände in eine Falle gelockt und in

Schweizer Kantone

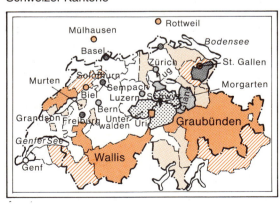

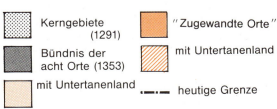

Kerngebiete (1291)

Bündnis der acht Orte (1353)

mit Untertanenland

"Zugewandte Orte"

mit Untertanenland

heutige Grenze

der

Schlacht bei Morgarten	1315

geschlagen. Der überraschende Sieg bringt den Eidgenossen weiteren Zulauf: In den nächsten Jahren treten Luzern, Zürich, Glarus, Bern und Zug den drei Urkantonen bei (*Bund der acht Orte, 1353*). Bis 1513 hat die Schweiz in etwa den Umfang ihres heutigen Gebietes erreicht.

In der Auseinandersetzung mit Österreich und dessen zeitweiligem Bündnispartner Burgund kann sich die Eidgenossenschaft behaupten (Schlachten von *Sempach*, 1386, *Grandson* und *Murten*, 1476, *Nancy*, 1477) und entwickelt sich allmählich zu einem unabhängigen Staat. Im Westfälischen Frieden von 1648 (s. Seite 141 f.) wird die Unabhängigkeit der Schweiz offiziell anerkannt.

Die Stadt im Mittelalter

Entstehung

Infolge der Völkerwanderung und der Auflösung des Römischen Reiches (s. Seite 66) verliert das städtische Leben an Bedeutung. Den Germanen ist die städtische Lebensform fremd; die noch existierenden Römerstädte verfallen oder überdauern nur in sehr eingeschränkter Funktion, etwa als Bischofssitz.

Erst im 10./11. Jahrhundert entwickelt sich die mittelalterliche Stadt, die im 13./14. Jahrhundert ihre Blütezeit erlebt. Die Ursachen für die Wiederbelebung der städtischen Kultur sind:

- das Bedürfnis nach Schutz vor feindlichen Überfällen (etwa der Ungarn im 10. Jahrhundert)

- das vergleichsweise schnelle Bevölkerungswachstum seit dem 11. Jahrhundert, das auch ein wichtiger Motor der Ostsiedlung (s. Seite 104) ist

- die verbesserten Methoden in der Landwirtschaft, die eine ausreichende Versorgung der Städte ermöglichen

- der Aufschwung von Handel und Handwerk

Viele der neu entstehenden Städte knüpfen an die römischen Vorläufer an; andere entstehen in der Nachbarschaft und im Schutz einer Burg oder Pfalz; viele werden aber auch, vor allem an wichtigen Handels- und Verkehrsstraßen, neu gegründet und sollen ihren Gründern, meist fürstlichen Landesherren, wirtschaftliche Vorteile bieten. Im Spätmittelalter, im Zuge der fürstlichen Territorialisierungspolitik und der Ostsiedlung, nimmt die Zahl der Stadtgründungen rapide zu.

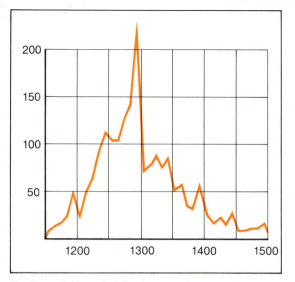

Stadtentwicklung in Mitteleuropa (1100-1500)

In den Gründungsverträgen werden den zukünftigen Bürgern[1] als Anreiz für die Besiedelung bestimmte Vorteile gewährt, etwa die kostenlose Zuteilung eines Grundstücks, Befreiung von Zöllen, persönliche Freiheit, freie Verfügbarkeit über den persönlichen Besitz und eigene Rechtsprechung. Die Stadt nimmt so von vornherein eine wirtschaftlich und rechtlich privilegierte Stellung ein und übt eine entsprechend große Anziehungskraft aus: Viele Leibeigene flüchten in die Städte, um sich dem Druck der Grundherrschaft zu entziehen (»Stadtluft macht frei.«). Sie erhalten ihre bürgerliche Freiheit jedoch in der Regel erst, wenn sie länger als ein Jahr in der Stadt gelebt haben, ohne von ihrem Grundherrn zurückgefordert worden zu sein (»nach Jahr und Tag«).

Stadtbewohner

Das Zusammenleben in der Stadt und die gemeinsame Verantwortung für ihren Schutz und ihre wirtschaftliche Leistung führen zur Ausbildung eines spezifisch *bürgerlichen Selbstbewußtseins,* das sich sowohl vom feudalen Adel wie von der Masse der grundhörigen Landbevölkerung abgrenzt. Trotz dieses gemeinsamen Bewußtseins ist die städtische Gesellschaft sehr heterogen. Zwar gilt in der Stadt das Prinzip der Rechtsgleichheit, doch ihre Sozialstruktur weist große Unterschiede auf:

Die Oberschicht bildet das *Patriziat:* Es besteht anfangs vor allem aus Ministerialen, die im Auftrag des Stadtherrn die wichtigsten Verwaltungsämter ausüben, wird dann aber zunehmend aus der Schicht reich gewordener Kaufleute ergänzt. Das *mittlere*

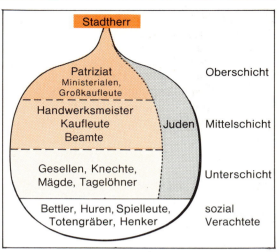

Bürgertum wird von den kleineren Kaufleuten, den Handwerksmeistern und den städtischen Beamten gebildet. Zur *Unterschicht* zählen die Nichtselbständigen; sie haben jedoch die Möglichkeit, sich unter bestimmten Bedingungen selbständig zu machen und in die Mittelschicht aufzusteigen.

Eine Sonderstellung nehmen die *Juden* ein. Ursprünglich durchaus geachtete Mitbürger (wenn auch als Nichtchristen nach eigenem Recht lebend), werden sie mit Beginn der Kreuzzugsbewegung (s. Seite 89) immer häufiger Opfer des religiösen Fanatismus, der sich besonders in Notzeiten in zahlreichen Pogromen entlädt[2]. 1215 werden die Juden zwar von Friedrich II. (s. Seite 96) gegen entsprechende Steuerzahlung unter königlichen Schutz gestellt, doch ändert dies nichts an ihrer sozialen Diskriminierung. Das Laterankonzil von 1215 verbietet ihnen den näheren Umgang mit Christen und verpflichtet sie, eine besondere Kleidung (spitzer Hut und gelber Fleck) als Kennzeichen zu tragen – eine Praxis der sozialen Ausgrenzung, die Jahrhunderte später von den Nationalsozialisten in ähnlicher Form wiederaufgegriffen wird (s. Bd. 2. Seite 127).

Gleichzeitig werden die Juden in ihrer Freizügigkeit eingeschränkt (durch Zuweisung bestimmter Wohnviertel, sogenannter *Gettos)* und nach und nach aus den bürgerlichen Berufen verdrängt. Ihnen bleibt nur die Möglichkeit, ihren Lebensunterhalt durch Handel und Geldgeschäfte zu verdienen; gerade diese Tätigkeiten, zu denen sie praktisch gezwungen werden, bringen sie aber in den Ruf, geldgierig zu sein, und verstärken die schon vorhandenen Aversionen. Der Sozialneid wird damit – bis in die jüngste Zeit – ein weiteres und starkes Motiv der Judenverfolgungen.

---

[1] *Bürger* (mittelhochdt. *burger):* ursprünglich Burgverteidiger, dann Burg- und Stadtbewohner.

[2] *Pogrom* (russ.): Ausschreitungen (Plünderung, Mord) gegen nationale oder religiöse Minderheiten.

Zunftwesen

Ein besonderes Kennzeichen der mittelalterlichen Stadt ist der Zusammenschluß von Mitgliedern einer Berufsgruppe zu Korporationen bzw. Innungen. Die Berufsgenossenschaften der Kaufleute bezeichnet man als *Gilden,* die der Handwerker als *Zünfte.*

Ihr Zweck ist die gemeinschaftliche Regelung wirtschaftlicher und beruflicher, aber auch sozialer Angelegenheiten:

- Überwachung der Produktion (Quantität und Qualität)
- Festlegung und Kontrolle der Preise
- Festlegung der Betriebsgröße (Zahl der Gesellen)
- Ausbildung des Nachwuchses (Gesellen- und Meisterprüfung)
- Ausschaltung wilder Konkurrenz (*Zunftzwang*) und dadurch Sicherung des Lebensunterhaltes der Mitglieder
- Hilfe in Notfällen, z. B. Versorgung von Witwen und Waisen
- Stadtverteidigung (jeder Zunft ist ein bestimmter Mauerabschnitt zugeteilt)
- Kontrolle des Privatlebens (ehrbare, »zünftige« Lebensführung)

In der Praxis führt das Zunftwesen also zu einer starken Bindung der Mitglieder; zugleich aber garantiert diese Bindung soziale Sicherheit und wirtschaftliche Vorteile. Bis ins frühe 19. Jahrhundert bleibt die genossenschaftliche Organisation des Handwerks bestehen; erst unter dem Einfluß des Wirtschaftsliberalismus (s. Seite 167) und der französischen Revolution wird die Gewerbefreiheit eingeführt (in Preußen 1810/11, s. Bd. 2 Seite 18).

Stadtherrschaft

Das Streben nach städtischer Selbstverwaltung steht im Gegensatz zu den Herrschaftsansprüchen des Stadtherrn. Schon im 11. Jahrhundert kommt es deshalb zu Machtkämpfen, die nicht selten zu Aufständen und zur Vertreibung des Stadtherrn führen. In diesen Auseinandersetzungen, die natürlich von Stadt zu Stadt verschieden verlaufen, erlangen die Städte im 11./12. Jahrhundert weitgehende Autonomie.

Die politische Vertretung der Bürger bildet der *Stadtrat.* Er setzt sich anfangs nur aus Mitgliedern des Patriziats, der »ratsfähigen« Oberschicht, zusammen. Mit wachsendem Wohlstand und Selbstbe-

wußtsein drängen aber auch die in den Zünften organisierten mittelständischen Gruppen auf Beteiligung am Stadtregiment. Im Laufe dieser innerstädtischen Auseinandersetzungen, der sogenannten *Zunftkämpfe* (v. a. 14. Jahrhundert), setzen die Zünfte in aller Regel ihre Vertretung im Stadtrat und damit ihre politische Mitbestimmung durch.

Städtebünde

Das gewachsene Selbstbewußtsein der Städte äußert sich auch in den *Städtebünden,* die im Spätmittelalter geschlossen werden. Während des Interregnums (s. Seite 98) bildet sich zum Beispiel der *Rheinische Städtebund (1254),* um in eigener Regie in einer rechtsunsicheren Zeit Ordnung und inneren Frieden zu garantieren. Später, im Zuge der Bestrebungen der Fürsten nach Ausbau ihrer Landesherrschaften (s. Seite 100), tritt die gemeinsame Verteidigung der städtischen Unabhängigkeit in den Vordergrund (*Schwäbischer Städtebund, 1376*).

Von besonderer Bedeutung ist der Städtebund der Hanse[1]. Die Hanse ist ein Zusammenschluß von fast zweihundert Städten (Hauptsitz: Lübeck). Ursprünglich rein wirtschaftlich orientiert, entwickelt sie sich bald auch zu einer politischen und militärischen Macht, die zur Verteidigung ihrer Wirtschaftsinteressen sogar Kriege führt (gegen Dänemark). Erst im 15./16. Jahrhundert – mit dem Erstarken der ausländischen Konkurrenz, den Krisen der Reformation und der Verlagerung des Handels zum Atlantik (Entdeckung Amerikas, 1492) – verliert die Hanse an Bedeutung. Der grundsätzliche Zusammenhang zwischen wirtschaftlicher Macht und politischem Einfluß, wie er am Beispiel der Hanse deutlich wird, ist aber nach wie vor aktuell.

Die deutsche Ostsiedlung

Seit der Völkerwanderung (s. Seite 66) ist das von den Germanen verlassene Gebiet östlich von Elbe und Saale von *slawischen Stämmen*[2] in Besitz genommen worden. Nach der Konsolidierung des Frankenreiches unter den Karolingern (Errichtung von Grenzmarken) setzt ein Prozeß ein, in dessen Verlauf die slawischen Gebiete teils erobert, teils in einer friedlichen Kolonisationsbewegung von Deutschen besiedelt werden. Dieser mehrere Jahrhunderte während Prozeß, vor allem seine Hauptphase, die Zeit vom 12. bis zum 14. Jahrhundert, wird als *deutsche Ostsiedlung* bezeichnet.

---

[1] Von althochdeutsch *hansa* = Kriegerschar, Gefolge.

[2] *Slawen:* Ursprünglich zwischen Weichsel und Dnjepr nördlich der Karpaten beheimatet; im Zuge der Völkerwanderung Ausbreitung nach Westen (Polen, Tschechen, Abodriten, Slowaken u. a.), Osten (Russen, Ukrainer u. a.) und Süden (Serben, Kroaten, Slowenen u. a.).

Verlauf und Ursachen dieses Prozesses sind vielschichtig. Folgende Faktoren spielen dabei eine Rolle:

- die *Expansionspolitik* der Könige und der deutschen Fürsten in den Grenzmarken, die ihren Machtbereich nach Osten ausdehnen wollen. Diese Phase der kriegerischen Ostsiedlung beginnt bereits mit den Feldzügen der Karolinger und Ottonen gegen die Awaren, Wilzen, Abodriten u. a. Die Slawenaufstände 983 und 1066 machen diese ersten Erfolge zeitweise wieder zunichte. Erst im 12. Jahrhundert, unter dem Welfenherzog Heinrich dem Löwen und dem Askanier Albrecht dem Bären, werden diese Gebiete endgültig erobert und von deutschen Kolonisten besiedelt.

- die *Heidenmission*, die parallel zur Eroberungspolitik verläuft und ihr teilweise als Legitimation dient. Im Zuge dieser Christianisierungspolitik werden Missionsbistümer (Magdeburg, Brandenburg, Merseburg, Posen, Prag u. a.) und Klöster gegründet. Besonders der Orden der *Zisterzienser*[1] macht sich um die Ostbesiedlung verdient: Die zahlreichen von Zisterziensern gegründeten Klöster werden wirtschaftliche und kulturelle Mittelpunkte in dem dünn besiedelten Land.

- Nach der Ende des 10. Jahrhunderts weitgehend abgeschlossenen Christianisierung der Slawen tritt die *Siedlungsbewegung* in den Vordergrund. Sie wird von den inzwischen christlichen, vielfach mit deutschen Adelshäusern verwandten Slawenfürsten systematisch gefördert: Sogenannte *Lokatoren* übernehmen gewissermaßen als professionelle Unternehmer die Organisation der Ansiedlung – von der Werbung der zukünftigen Siedler und der Suche eines geeigneten Ortes bis zur Landverteilung und Dorfgründung. Als Gegenleistung erhalten sie einen größeren Landbesitz und besondere Rechte, etwa das *Schulzenamt*[2]. Die slawischen Fürsten bauen dabei auf den technischen und kulturellen Vorsprung der deutschen Siedler (eiserner Räderpflug, Dreifelderwirtschaft) und versprechen sich die Urbarmachung ihres nur dünn besiedelten Landes, die Ausweitung des Handels und damit einen generellen wirtschaftlichen Aufschwung. – Den Siedlern werden als Anreiz für ihr Kommen vertraglich festgelegte Vergünstigungen zugestanden. Die Bauern erhalten persönliche Freiheit, eigenes Schultheißengericht und in den ersten Jahren Zinserlaß.

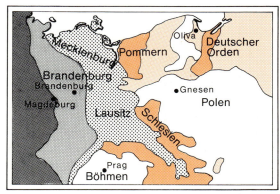

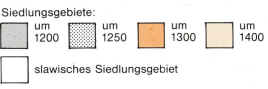

Siedlungsgebiete:

| | um 1200 | | um 1250 | | um 1300 | | um 1400 |

slawisches Siedlungsgebiet

Die zuziehenden Kaufleute und Handwerker erhalten entsprechend neben Grundstücken auch Handelsprivilegien, vor allem aber die Erlaubnis, ihre Städte *nach deutschem Recht* zu gründen (Vorbilder sind besonders das Magdeburger und Lübecker Stadtrecht). Insgesamt werden über tausend Städte nach deutschem Recht gegründet.

- Der große Umfang der Ostsiedlung hat seine Ursache nicht nur in den Siedlungsanreizen der slawischen Fürsten; die Bereitschaft, sich auf die harte Rodungs- und Siedlungsarbeit in einem fremden Land einzulassen, ist ebensosehr auf die Situation in den Heimatländern zurückzuführen. Hier kommt es seit der Mitte des 11. Jahrhunderts durch ein starkes Bevölkerungswachstum zu Landmangel und Hungersnöten. Die Ostsiedlung bildet ein willkommenes Ventil für diesen Bevölkerungsdruck und bietet den Siedlern verheißungsvolle Zukunftsperspektiven.

Bis zum 14. Jahrhundert währt diese friedliche Landnahme. Die slawische Bevölkerung wird dabei keineswegs verdrängt, da hinreichend Siedlungsraum gegeben ist. Zwar bleiben Spannungen zwischen den technisch-kulturell überlegenen, zudem privilegierten deutschen und den im Vergleich dazu rückständigen Slawen nicht aus, doch diese Gegensätze sind sozialer – nicht nationaler – Natur. Ein Nationaldenken im Sinne des 19. Jahrhunderts gibt es damals noch nicht.

---

[1] *Zisterzienser:* Nach dem 1098 gegründeten Kloster Cîteaux (lat.: Cistercium) bei Dijon; der Orden erlangt durch das Wirken des Hl. Bernhard von Clairvaux *(gest. 1153)* große Bedeutung.

[2] *Schulze* bzw. *Schultheiß* (von althochdt. *sculdheizo* = Leistung Befehlender): Dorfoberhaupt mit richterlichen und administrativen Befugnissen.

Der Deutsche Ordensstaat

Eine besondere Rolle in der Geschichte der Ostsiedlung spielt der *Deutsche Orden* (gegründet 1190/97), der ab 1226 das Gebiet der heidnischen Preußen unterwirft und hier einen eigenen Staat gründet. Der Deutsche Orden (auch: Deutscher Ritterorden oder Deutschherren) ist – wie die Templer und Johanniter – ein Kreuzritterorden (s. Seite 90). Da die Kreuzzugsbewegung ins Heilige Land sich im 13. Jahrhundert bereits im Niedergang befindet, andererseits aber auch schon eine Ausweitung auf andere Ziele erfahren hat (Wendenkreuzzug u. a., s. Seite 89), nimmt der Orden 1225 den Ruf des slawischen Herzogs *Konrad von Masowien* an, den Stamm der Pruzzen (Preußen) zu unterwerfen. Als Gegenleistung schenkt Konrad dem Orden das Culmer Land, die Keimzelle des Ordensstaates. Darüber hinaus läßt sich der damalige Hochmeister des Ordens, *Hermann von Salza (1210-39),* die Herrschaftsrechte über das zu erobernde Gebiet auch von Kaiser Friedrich II. (Goldbulle von Rimini, 1226) und von Papst Gregor IX. bestätigen (1234). Diese allseitige Absicherung ermöglicht – nach der gewaltsamen Unterwerfung und Missionierung der Pruzzen – die Gründung eines praktisch autonomen Ordensstaates, der durch die systematische Ansiedlung deutscher Bauern und durch Städtegründungen wirtschaftlich erschlossen und ausgebaut wird.

In der Eroberung Preußens wirken also die verschiedensten Faktoren der Ostsiedlung zusammen: Expansionsstreben, Eigeninteresse eines slawischen Fürsten, Heidenmission und Siedlungsbewegung. Das Neue und Ungewöhnliche ist die Staatsbildung, die große Ähnlichkeit mit dem Sizilien Friedrichs II., dem damals modernsten Staat Europas (s. Seite 96), aufweist.

An der Spitze des Deutschordensstaates steht der *Hochmeister* (ab 1309 mit Sitz in der Marienburg), der vom Generalkapitel gewählt und kontrolliert wird. Seinen Beirat, gewissermaßen die Regierung, bilden die fünf »Großgebietiger«. Die nächste Stufe der Hierarchie bilden die Landmeister, die für mehrere Komtureien (Verwaltungsbezirke mit mindestens einer Burg) zuständig sind. Die unterste Ebene bilden die Komture, die Vorsteher einer Komturei. Dieses straff organisierte, zentralistische Verwaltungssystem erhält zusätzliche Effizienz durch die Bindung aller Verwaltungsbeamten an die Ordensdisziplin.

Der Deutschordensstaat beschränkt sich nicht auf das ihm zugewiesene Culmer Land. Durch Vereinigung mit den *Schwertbrüdern,* einem 1202 zur Eroberung Livlands und Litauens gegründeten Ritterorden, faßt er 1237 auch in Livland Fuß. Es folgen die Erwerbung Pommerellens mit Danzig (1309),

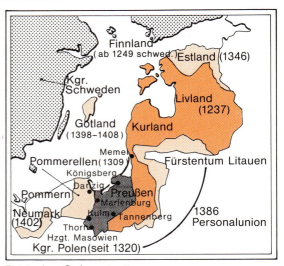

Deutscher Ordensstaat

Estlands (1346), Gotlands (1398) und der Neumark (1402).

Die territoriale Ausdehnung und wirtschaftliche Blüte des Ordensstaates, der eng mit der deutschen Hanse (s. Seite 104) zusammenarbeitet, führt jedoch zu Konflikten mit den benachbarten slawischen Staaten. Als 1320 die verschiedenen polnischen Teilfürstentümer zu einem *Königreich Polen* zusammengefaßt werden, dieses dann 1386 in Personalunion mit dem Fürstentum *Litauen* verbunden wird, ist dem Ordensstaat ein gefährlicher Rivale erwachsen. In der

Schlacht bei Tannenberg   1410

unterliegt er der polnisch-litauischen Übermacht. Zwar kann er im *1. Thorner Frieden (1411)* seine Existenz retten; der Versuch, die alte Machtposition durch innere Reformen, unter anderem durch Steuererhöhungen, wiederzugewinnen, stößt jedoch auf den Widerstand des Adels und der Städte (vergleichbar den gleichzeitigen Machtkämpfen zwischen Landesherren und Landständen im Reich, s. Seite 101). Der Aufstand im Innern verbindet sich mit der äußeren Bedrohung und zwingt den Orden, im *2. Thorner Frieden (1466)* einen Großteil seines Staatsgebietes an Polen abzutreten und für den Rest die Oberhoheit des polnischen Königs anzuerkennen.

Der letzte Hochmeister, der Hohenzoller *Albrecht von Brandenburg,* vollzieht schließlich unter dem Eindruck der Reformation durch Übertritt zum Protestantismus die Säkularisierung des Ordensstaates, der nun als erbliches *Herzogtum Preußen* ein Lehen des polnischen Königs wird (1525).

England und Frankreich im Spätmittelalter

Bereits die *Schlacht von Bouvines* (1214, s. Seite 95) hat die entscheidenden Weichen für die weitere Entwicklung Englands und Frankreichs gestellt: Philipp II. von Frankreich gewinnt die englischen Gebiete nördlich der Loire und kann seine monarchische Position festigen; König Johann von England dagegen verliert den größten Teil des englischen Festlandbesitzes (Johann ohne Land) und muß den Ständen in der *Magna Charta* (1215) Zugeständnisse machen (s. Seite 95).

Diese Tendenzen setzen sich im weiteren Verlauf des 13. Jahrhunderts fort:

- In England versucht das Königtum zwar, sich von den Beschränkungen der Magna Charta wieder zu lösen, stößt dabei jedoch auf den energischen Widerstand des Adels (Adelsaufstand 1258-65). *Heinrich III.* muß 1259 einen Adelsbeirat mit weitgehenden Kontrollbefugnissen einberufen, der bald durch Hinzuziehung von Rittern und Bürgern (je zwei pro Grafschaft bzw. Stadt) erweitert wird und damit erstmals ein Repräsentationsorgan der Stände des ganzen Landes bildet. Dies

Erste Parlament	1265,

in einer Ausnahmesituation einberufen (Heinrich III. ist 1264 von den Baronen gefangengesetzt worden), etabliert sich mit dem sogenannten

Modellparlament	1295

als feste, regelmäßig tagende Institution. Zu den wichtigsten Befugnissen des Parlaments gehören das Recht der Steuerbewilligung, die Gesetzesinitiative sowie die oberste Gerichtsbarkeit (House of Lords). – Gerade das Steuerbewilligungsrecht erweist sich in der Folgezeit als starkes Druckmittel (zumal der Geldbedarf der Könige durch den Krieg gegen Frankreich ständig steigt) und verleiht dem Parlament ein immer stärkeres Gewicht.

Anfang des 14. Jahrhunderts vollzieht sich auch die (bis heute charakteristische) Aufspaltung des Parlaments in zwei Häuser: in House of Lords (Oberhaus) und House of Commons (Unterhaus).

- In Frankreich dagegen macht die Zentralisierung der Macht weitere Fortschritte. Besonders unter *Philipp IV. dem Schönen (1285-1314)* zeigt sich die neue Stärke der Monarchie: Philipp erweitert (durch Heirat) das Königsgut um die bedeutende Grafschaft Champagne, saniert die Finanzen – nicht zuletzt durch die skandalöse, fadenscheinig begründete Auflösung des reichen Templerordens 1307/12 –, behauptet sich energisch gegen die Ansprüche Papst *Bonifaz VIII.* (s. Seite 110) und bringt dessen Nachfolger in französische Abhängigkeit (Avignonesische Gefangenschaft des Papsttums, s. Seite 110).

Während des gesamten 13. Jahrhunderts bleibt aber die Rivalität zwischen den beiden Ländern bestehen. Nach wie vor – trotz der territorialen Verluste 1214 – ist das englische Königshaus in Frankreich präsent: Es ist im Besitz des Herzogtums Aquitanien bzw. Guyenne (Südwestfrankreich) und versucht, die Grafschaft Flandern in Nordfrankreich als Brückenkopf zu gewinnen. Umgekehrt unterstützt Frankreich den schottischen Unabhängigkeitskampf (1297-1314), um England zu schwächen.

Der Dualismus verschärft sich, als 1328 das französische Königshaus der *Kapetinger (987-1328)* ausstirbt und *Eduard II.* von England Anspruch auf die Thronfolge erhebt. Der französische Hochadel lehnt diesen Anspruch ab, da Eduard aus der weiblichen Linie des Hauses stammt, und entscheidet sich für *Philipp VI. von Valois.*

Die Erbschaftsfrage bietet den Vorwand für den englisch-französischen Kampf um die Hegemonie in

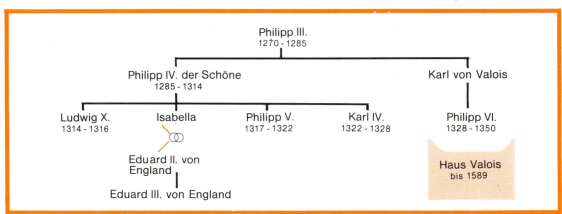

Westeuropa, der sich bis in die Mitte des 15. Jahrhunderts hinzieht und deshalb als

Hundertjähriger Krieg　　　　　　1337-1453

bezeichnet wird. Er verläuft in mehreren, höchst unterschiedlichen Phasen und ist vor allem in Frankreich eng mit innenpolitischen Problemen verknüpft:

- In einer *ersten Phase (1337 – 1360)* dringen die Engländer in Flandern ein, schlagen die französische Flotte bei *Sluis (1340)* und unternehmen Streif- und Raubzüge in Nordfrankreich. Das englische Heer mit den gefürchteten Bogenschützen erweist sich in mehreren Schlachten als überlegen. Vor allem der Sieg bei *Crécy (1346)* und die Eroberung der wichtigen Hafenstadt *Calais (1347)* verschaffen England ein klares Übergewicht. 1356 gelingt Eduards ältestem Sohn, dem »Schwarzen Prinzen«, in der Schlacht von *Maupertuis* (bei Poitiers) nicht nur ein weiterer großer Sieg, sondern auch die Gefangennahme des französischen Königs. Im *Frieden von Brétigny 1360* erhalten die Engländer neben einem enormen Lösegeld für den gefangenen König den Südwesten Frankreichs sowie Calais und die Grafschaft Ponthieu im Norden als souveräne Herrschaftsgebiete. Eduard III. verzichtet dafür auf die französische Krone.

- In der *zweiten Phase* des Krieges (1369-1420) liegt der Erfolg anfänglich auf der Seite Frankreichs. Gestärkt durch eine Heeresreform und ein Bündnis mit Kastilien können die Franzosen fast den ganzen Südwesten zurückgewinnen. Innere Zwistigkeiten machen den Erfolg jedoch bald wieder zunichte. Die Regierungsunfähigkeit des geisteskranken *Karl VI. (1380-1422)* führt zwischen den Herzögen von Burgund und Orléans zum Streit um die Regentschaft und treibt das Land in einen Bürgerkrieg. Die innerfranzösischen Wirren ermöglichen England, das sich 1415 mit Burgund verbündet, die Eroberung Nordfrankreichs einschließlich der Hauptstadt Paris. Im *Frieden von Troyes (1420)* wird der englische Sieg bestätigt, und Heinrich V. von England übernimmt den französischen Königstitel.

- Die *letzte Phase* des Krieges (1422-53) wird durch die Wahl des erst neunzehnjährigen *Karl VII.* ausgelöst, der von der Orléans-Partei zum rechtmäßigen französischen König erklärt wird. Seine Machtbasis südlich der Loire ist aber gering, und gegen die englisch-burgundische Übermacht scheint er keine Chance zu haben. In dieser hoffnungslosen Lage bringt das lothringische Bauernmädchen *Jeanne d'Arc*, die Jungfrau von Orléans[1], die Rettung. Von national-religiösem

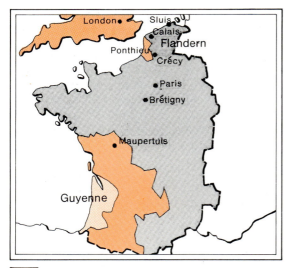

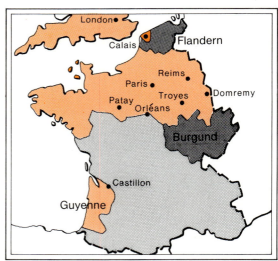

☐ engl. Besitz in Frankreich vor 1337	☐ engl. Besitz nach dem Frieden vom Troyes 1420
☐ engl. Besitz nach dem Frieden von Brétigny 1360	engl. Besitz nach 1453/1475

---

[1] *Jeanne (Johanna) d'Arc,* franz. Nationalheldin, geb. 1410/12 in Domremy (Lothringen); fühlt sich aufgrund von Erscheinungen und Stimmen zur Rettung Frankreichs berufen; gewinnt Karl VII. für ihre Sache und führt in Männerkleidung seine Truppen zum Sieg; 1430 von den Burgundern gefangengenommen und den Engländern ausgeliefert, am 30.5.1431 in Rouen als Hexe verbrannt; 1456 rehabilitiert; 1920 heiliggesprochen.

Eifer getrieben, einer göttlichen Eingebung folgend, entfacht sie den französischen Widerstandsgeist. Mit den Siegen über die Engländer bei *Orléans* und *Patay (1429)* und der feierlichen Krönung Karls in Reims wendet sich das Blatt. Vor allem der Frontenwechsel Burgunds (1435) stärkt die Position Karls VII.

- 1436 kann er Paris, in den folgenden Jahren ganz Frankreich zurückerobern. Mit der Schlacht von *Castillon (1453)* enden die Kampfhandlungen (offizieller Friedensschluß erst 1475). Die Engländer behalten von ihren französischen Besitzungen lediglich Calais (bis 1558) sowie die Kanalinseln.

Der Sieg begünstigt die schon im 13. Jahrhundert begonnene Entwicklung Frankreichs zum modernen, zentralistischen Staat, der in den Auseinandersetzungen mit England auch eine nationale Identität gewinnt.

Papsttum und Kirche im Spätmittelalter

Seit dem 11. Jahrhundert, dem Zeitalter der Reformpäpste (s. Seite 86), erhebt das Papsttum den Anspruch auf den absoluten Vorrang der geistlichen gegenüber der weltlichen Gewalt. Das erste, in seiner Kompromißlosigkeit verblüffende Dokument dieses Machtanspruchs ist der Dictatus papae Gregors VII. (1075, s. Seite 87). Im 12. und 13. Jahrhundert, begünstigt durch den Investiturstreit (s. Seite 86), die Kreuzzüge (s. Seite 88) und den staufisch-welfischen Konflikt (s. Seite 91), kann das Papsttum diesen universalen Herrschaftsanspruch auch zeitweise zur Geltung bringen. Als Höhe-, zugleich aber auch Wendepunkt gilt das Pontifikat Innozenz' III. (1198-1216, s. Seite 96).

Der päpstliche Machtanspruch stößt jedoch, je schärfer und überspitzter er formuliert wird, zunehmend auf Kritik. Sie kommt vor allem von außen, von seiten der weltlichen Gewalten, aber auch aus der Kirche selbst:

- Die *innerkirchliche Kritik* spiegelt sich zum Beispiel im Aufkommen der *Armutsbewegung* (Katharer, Albigenser u. a., s. Seite 89) und der *Bettelorden,* die sich in der Nachfolge Jesu radikal zur Besitzlosigkeit bekennen. Ihren Lebensunterhalt bestreiten sie durch Almosen. Ihre Arbeit gilt ausschließlich dem seelsorgerischen und karitativen Bereich. Das Beispiel der Bettelmönche stärkt einerseits das Christentum und übt eine starke Ausstrahlung auf die unteren Volksschichten aus; andererseits demaskiert es die prunkvolle Lebensführung und den weltlichen Anspruch der hohen Kirchenfürsten und des Papsttums als im Grunde unchristlich.

Die bedeutendsten Bettelorden sind:

– die *Franziskaner* (auch: Minoriten, Minderbrüder): Anfang des 13. Jahrhunderts vom *Hl. Franz von Assisi* (gest. 1226) gegründet, 1223 vom Papst bestätigt; schnelle Verbreitung vor allem in den Städten; in den politischen Auseinandersetzungen der Zeit unterstützt der Orden anfangs das Papsttum; im 14. Jahrhundert, in der Avignonesischen Zeit (s. Seite 110), stellt sich ein Teil des Ordens, die sog. *Observanten*[1], unter Berufung auf das Armutsideal gegen das Papsttum. Einige seiner Hauptrepräsentanten, darunter der Ordensgeneral *Michael von Cesena* und der Philosoph und Theologe *William von Ockham,* fliehen von Avignon nach München an den Hof Kaiser Ludwigs des Bayern.

– die *Dominikaner* (auch: Predigerbrüder): Anfang des 13. Jahrhunderts vom *Hl. Dominikus* (gest. 1221) gegründet, 1216 vom Papst bestätigt; wie die Franziskaner rasche Verbreitung in den Städten; die Besonderheit des Ordens, der stets eine Stütze des Papsttums bleibt, ist sein Einsatz in der Ketzerbekämpfung. Die berüchtigte *Inquisition* (lat.: Untersuchung), die seit Anfang des 13. Jahrhunderts als feste Institution zur systematischen Verfolgung von Häretikern eingerichtet wird und im Spätmittelalter zu zahlreichen Hexenprozessen und Ketzerverbrennungen führt, liegt vorwiegend in den Händen der Dominikaner[2].

– weitere Orden, die in der Tradition der Armutsbewegung stehen, sind die *Augustiner-Eremiten* (gegr. 1256), die *Karmeliten* (gegr. Mitte 12. Jh.) und die *Kapuziner* (gegr. 1528).

- Der *politische Widerstand* artikuliert sich in einer Vielzahl von teils gelehrten, teils polemischen Schriften, die sich gegen den päpstlichen Allmachtsanspruch und für die Trennung von weltlicher und geistlicher Gewalt aussprechen. Zu nennen sind etwa der Dominikaner *Johannes von*

---

[1] *Observanten* (von lat. *observare* = beobachten, befolgen): radikalere, strenggläubigere Richtung innerhalb eines Ordens.

[2] Deshalb die ironische Verballhornung des Namens zu *Domini canes* (= Spürhunde des Herrn); traurigen Ruhm erwerben in Deutschland die Inquisitoren *Konrad von Marburg* (ermordet 1233) und *Heinrich Institoris* (gest. 1505), Verfasser des berüchtigten »Hexenhammers«, einer Anleitung zur Ketzerbefragung, die mit ihrem Fanatismus erheblich zu den Auswüchsen der Ketzerverfolgungen beitragen.

Paris (De potestate regia et papali[1]), der Staatstheoretiker *Marsilius von Padua* (Defensor pacis[2]), der Franziskaner *William von Ockham,* der Oxforder Theologieprofessor *John Wyclif* u. a. m.

Der konkrete machtpolitische Widerstand geht im 13. Jahrhundert in immer stärkerem Maße von den französischen Königen aus, die im Bestreben nach Zentralisierung ihrer Macht auch die kirchlichen Freiheiten und Sonderrechte einzuschränken suchen. Ihre Position ist dabei insofern günstig, als das Papsttum im Kampf gegen das staufische Sizilien auf französische Hilfe angewiesen ist (s. Seite 96).

Der latente Konflikt spitzt sich zu, als Papst *Bonifaz VIII. (1294-1303)* sich gegen die zunehmenden Übergriffe der königlichen Verwaltung in die kirchliche Gerichtsbarkeit zur Wehr setzt (1301). Er untersagt Steuerzahlungen des französischen Klerus und ermahnt König Philipp IV. in dem berühmten Schreiben *Ausculta fili* (»Höre, mein Sohn!«) zum Gehorsam. Das Vorgehen Bonifaz'VIII. ruft in Frankreich fast einhellige Empörung hervor. Von noch größerer Wirkung aber ist die päpstliche

Bulle »Unam Sanctam«   1302,

die den (längst bekannten) Führungsanspruch der geistlichen Gewalt erneut formuliert und mit dem scharfen Diktum schließt, »daß es für alle menschlichen Geschöpfe zum Seelenheil notwendig ist, sich dem römischen Bischof zu unterwerfen.«

Das Bekanntwerden der Bulle führt zu einer weiteren Zuspitzung. In dieser angespannten Lage läßt der französische Kanzler *Wilhelm von Nogaret* den Papst, der sich zu diesem Zeitpunkt in seiner Geburtsstadt Anagni aufhält, von einem Reitertrupp überfallen und verhaften. Die

Gefangennahme Bonifaz' VIII.   7.9.1303

bedeutet eine Wende in der Geschichte des Papsttums. Zwar wird Bonifaz zwei Tage später wieder befreit, doch die unerhörte Demütigung hat die Stellung des Papsttums untergraben. Bonifaz stirbt bald nach diesen Ereignissen (11.10.1303); seine Nachfolger suchen sich mit Philipp zu arrangieren, und *Clemens V. (1305-14),* ein Franzose, verlegt gar den Sitz der Kurie aus dem unsicheren Rom nach Frankreich, in das südfranzösische Avignon. Die damit beginnende Phase des

Avignonesischen Papsttums   1309-78,

oft auch als »babylonische Gefangenschaft der Kirche« bezeichnet, trägt erheblich zum Autoritätsverlust des Papsttums bei. Die Abhängigkeit von Frankreich – alle Päpste dieser Zeit sind Franzosen – steht im Widerspruch zum universalen Anspruch. Hinzu kommen »hausgemachte« Mißstände wie Pfründenwirtschaft, Nepotismus[3], Vernachlässigung der Seelsorge und luxuriöse Hofhaltung. Der italienische Dichter *Petrarca* verdammt den päpstlichen Hof in Avignon als »Lasterpfuhl«.

Noch aber ist der Tiefpunkt nicht erreicht. Nach dem Tod *Gregors XI.* (1378), der die Rückkehr nach Rom plant, kommt es zu einer Doppelwahl: Der eine der Gewählten, *Urban VI. (1378-89),* bleibt in Rom, der andere, *Clemens VII. (1378-94),* residiert in Avignon. Beide finden Anerkennung: Urban in England und im Reich, Clemens in Frankreich. Damit ist, vergleichbar dem großen Schisma zwischen Ost- und Westkirche (s. Seite 86), die Einheit des Christentums im Westen zerstört. Alle Bemühungen müssen nun darauf hinlaufen, dieses

Große Abendländische Schisma   1378-1417

so rasch wie möglich zu überwinden. Dabei gewinnt die von Kritikern des Papalsystems schon seit längerem vertretene Theorie des **Konziliarismus** an Bedeutung. Sie besagt, daß nicht der Papst, sondern das Konzil die höchste Instanz in der Kirche und folglich zur Beilegung des Schismas berufen sei. Fraglich bleibt jedoch, wer außer dem Papst das Recht habe, ein Konzil einzuberufen. Eine Initiative der Kardinäle schlägt fehl: Auf dem von ihnen nach Pisa einberufenen Konzil (1409) wird mit *Johannes XXIII. (1410-15)* ein dritter Papst gewählt, wodurch das Problem nur zusätzlich kompliziert wird[4].

Auf Initiative Kaiser Sigismunds wird schließlich das

Konzil von Konstanz   1414-18

einberufen. Diese Versammlung, die sich ganz im Sinne der konziliaren Idee als oberste, unmittelbar zu Gott stehende Instanz versteht, verfügt nach schwierigen und langwierigen Verhandlungen die Absetzung aller drei amtierenden Päpste und beendet mit der Wahl *Martins V. (1417-31)* das Schisma.

Die Aufhebung der Kirchenspaltung ist das große Verdienst des Konstanzer Konzils. Eine umfassende Kirchenreform, wie sie seit langem gefordert wird,

---

[1] »Von der königlichen und päpstlichen Gewalt«, erschienen 1302.

[2] »Verteidiger des Friedens«, erschienen 1324.

[3] *Nepotismus* (von lat. *nepos* = Enkel): Bevorzugung von Verwandten bei der Ämtervergabe.

[4] Die Frage nach der Rechtmäßigkeit dieses Pontifikats wird im 20. Jahrhundert noch einmal relevant, als sich der 1958 gewählte Kardinal Roncalli den nämlichen Papstnamen zulegt (Johannes XXIII., 1958-63).

leistet es nicht. Das Versäumnis einer moralisch-geistigen Erneuerung ist eine Ursache der Reformationsbewegung des 16. Jahrhunderts (s. Seite 120).

Auch der Führungsanspruch, den das Konzil von Konstanz innerhalb der Kirche beansprucht hat, läßt sich nicht durchsetzen. In der Folgezeit gewinnt das Papalsystem wieder die Oberhand, und 1459 wird die Theorie des Konziliarismus für häretisch erklärt.

Das Konstanzer Konzil ist überschattet durch den Ketzerprozeß gegen *Johannes Hus (ca. 1370-1415)*. Der tschechische Reformator ist stark von den Ge-

danken John Wyclifs (s. Seite 110) geprägt und hat als Prediger und Lehrer an der Prager Universität eine zahlreiche Anhängerschaft in Böhmen gewonnen. Unter Zusicherung freien Geleits wird er vor das Konzil geladen, wo seine Lehre als ketzerisch verurteilt wird. Er selbst wird – unter Bruch der kaiserlichen Zusicherungen – am 6.7.1415 als Häretiker verbrannt. Die Hinrichtung, von seinen Anhängern als Martyrium verstanden, löst einen sowohl religiös als auch national motivierten Aufstand in Böhmen aus *(Hussitenkrieg 1419-37)*.

Zeittafel
Spätmittelalter

ab 1198	Ausbildung des *Kurfürstenkollegiums*	1216 Dominikanerorden
1254	Rheinischer Städtebund	1223 Franziskanerorden
1257-73	**Interregnum**	1226 Deutschordensstaat
1273-91	*Rudolf von Habsburg*	1265 Erstes Parlament in England
ab 1291	Könige aus den Häusern Luxemburg, Habsburg u. a. (s. Seite 98)	1291 Schweizer Eidgenossenschaft
	Hausmachtpolitik	1295 Modellparlament in England
		1302 Bulle »Unam sanctam«
		1303 Gefangennahme Bonifaz' VIII.
		1309-78 Avignonesisches Papsttum
		1315 Schlacht bei Morgarten
		1320 Königreich Polen
1338	Kurverein von Rhense	**1337-1453 Hundertjähriger Krieg**
1356	**Goldene Bulle**	
1376	Schwäbischer Städtebund	**1378-1417 Großes Abendländisches Schisma**
		14. Jh. Ende der deutschen Ostsiedlung
		1386 Personalunion Polen-Litauen
		1410 Schlacht bei Tannenberg
		1414-18 Konstanzer Konzil
ab 1438	Königtum/Kaisertum beim Hause Habsburg (bis 1806)	
		1453 Eroberung Konstantinopels durch Türken
		ab 1457 ungarische Einfälle
		1466 2. Thorner Frieden
1495	Wormser Reichstag → Reichsreform	**1492 Entdeckung Amerikas**

Die frühe Neuzeit

Der Aufbruch zur Neuzeit

Überblick

- Die Krise der mittelalterlichen Welt führt zur Rückbesinnung auf die Antike *(Renaissance)* und zur Neuorientierung des Denkens.

- Das neu auflebende Interesse an der Antike führt zur Wiederentdeckung zahlreicher verschollener oder vergessener antiker Werke.

- Die antike Literatur vermittelt fast allen Wissenschaften Anregungen und Impulse, die zur Überwindung des mittelalterlichen Denkens beitragen.

- Vor allem die Theorien von der Kugelgestalt der Erde und der Sonne als Mittelpunkt der Welt revolutionieren das alte Weltbild *(Kopernikanische Wende)*.

- Die Erfindung des *Buchdrucks* ermöglicht den preiswerten und raschen Austausch von Informationen und entzieht der Kirche das Bildungsmonopol.

- Das neue Selbstgefühl der Menschen spiegelt sich in der Kunst; erst jetzt wird der Mensch als Individuum, als einzigartige Persönlichkeit dargestellt.

- Das neugewonnene Selbstbewußtsein und die Entdeckung seiner schöpferischen Kraft ermutigen den Menschen auch, über seine Welt hinauszugreifen und die bisher gesetzten Schranken zu durchbrechen.

- Dieser neue Mut zur Grenzüberschreitung ist, neben konkreten wirtschaftlichen Interessen, eines der Motive der Entdeckungsfahrten *(Amerika, 1492)*.

- Folge der Entdeckungsfahrten ist die »Europäisierung« der Welt und die Ausweitung des geschichtlichen Raumes im Sinne der Weltgeschichte.

- Die von Renaissance und Humanismus geschaffenen Bedingungen bilden auch eine Voraussetzung für den Aufbruch innerhalb der Kirche, die Reformation des 16. Jahrhunderts (s. Seite 120).

Die Wende zur Neuzeit

Vor dem Hintergrund der Krise des Mittelalters entsteht seit dem 14. Jahrhundert eine kulturelle Erneuerungsbewegung, die zu einer Revolutionierung des Weltbildes und des Denkens führt und damit die Wende zur Neuzeit einleitet. In der kritischen Auseinandersetzung mit der noch immer von der Kirche beherrschten Kultur und Wissenschaft wird die wiederentdeckte Antike zum Maßstab und Vorbild. Erst mit diesem Rückgriff auf die Antike werden auch die zurückliegenden Jahrhunderte als eigenständige, nun aber zu überwindende Epoche erkannt und als »Mittelalter« eingeordnet (s. Seite 70).

Die Revolutionierung des Denkens, die von den italienischen Städten ausgeht, im Laufe des 15. Jahrhunderts ganz Europa erfaßt und etwa zwischen 1480 und 1520 ihren Höhepunkt erreicht, vollzieht sich auf mehreren, miteinander verzahnten Ebenen. Dabei lassen sich folgende Bereiche unterscheiden:

- die geistig-kulturellen Bewegungen der *Renaissance* und des *Humanismus,* die den Menschen aus seiner mittelalterlichen Gebundenheit befreien und ihm ermöglichen, sich selbst und seine Welt zu entdecken.

- die technologischen Fortschritte und die *Entdeckungsfahrten,* die zum Ausgreifen Europas nach Übersee und zur »Europäisierung« der Welt führen.

- die kritische Auseinandersetzung mit der Kirche, vor allem dem Papsttum, die im 16. Jahrhundert in der *Reformation* Martin Luthers gipfelt und die bisherige Einheit des Christentums auflöst.

Welche der genannten Strömungen für den Übergang vom Mittelalter zur Neuzeit besonders maßgebend ist, hängt vom jeweiligen Standpunkt ab. Unter gesamteuropäischem Aspekt werden vor allem die *Kopernikanische Wende* (s. Seite 114) und die *Entdeckung Amerikas* (s. Seite 117) als die zwei »Revolutionen« genannt, die den Beginn der Neuzeit einleiten. Unter dem Aspekt der deutschen Geschichte ist dagegen der »epochale« Einschnitt eher in der Reformation zu sehen.

Renaissance und Humanismus

Der Begriff *Renaissance*[1] bezeichnet im engeren Sinne die kunstgeschichtliche Epoche des 15./16. Jahrhunderts. Sie ist gekennzeichnet durch die Abkehr von der *Gotik*[2] und die Wiederaufnahme der rationalen griechisch-römischen Architektur (z. B. Dom in Florenz, Petersdom in Rom). Die Malerei wendet sich weltlichen oder gar »heidnischen« Motiven zu (antike Mythologie), entdeckt die Natur und Landschaft, die räumliche Darstellung (Perspektive), vor allem aber das *Individuum* neu. Im Unterschied zu den Zeichnungen des Mittelalters, die zweidimensional sind und nur Typen, keine Individuen darzustellen vermögen, stellt die Renaissance echte Menschen, d. h. unverwechselbare, einmalige Persönlichkeiten dar. Die Künstler beschäftigen sich mit den Proportionen des menschlichen Körpers, den sie nach antikem Vorbild nun auch wieder nackt darstellen. Erst jetzt entstehen realistische Portraits und Selbstportraits, und erst jetzt treten auch die Künstler aus der Anonymität und werden als selbstbewußte Schöpfer ihrer Werke sichtbar. Die bedeutendsten Künstler der Renaissance sind *Botticelli* (1444-1510), *Leonardo da Vinci* (1452-1519), *Raffael* (1483-1520), *Michelangelo* (1475-1564), *Tizian* (1489-1576), und in Deutschland *Albrecht Dürer* (1471-1528). Die Zentren der Renaissancekultur sind die italienischen Städte, allen voran Florenz und Rom.

Im weiteren Sinne bezeichnet der Begriff Renaissance die Gesamtheit der neuen Bewegungen, die vom Mittelalter zur Neuzeit überleiten, und das neue Lebensgefühl, das sich als eine Art Aufbruchsstimmung verstehen läßt. In nahezu allen Bereichen – Naturwissenschaften, Philosophie, Literatur, Kunst usw. – ist dieser Aufbruch zu spüren und geradezu mit Händen zu greifen. Die Renaissance ist deshalb auch als »Entdeckung des Menschen und der Welt« (Burckhardt) charakterisiert worden. Dieses Bewußtsein, Altes zu überwinden und zu neuen Ufern vorzustoßen, trägt zu dem selbstbewußten Hochgefühl bei, das viele Menschen der damaligen Zeit erfaßt. Berühmt ist der Ausruf des deutschen Humanisten *Ulrich von Hutten* (1488-1523): »O Jahrhundert! O Wissenschaften: es ist eine Lust zu leben!«

Eng verknüpft mit der Renaissance ist der *Humanismus*. Der Begriff (von lat. *humanus* = menschlich) wird vielfach auch als Synonym für Renaissance gebraucht und kennzeichnet im weiteren Sinne die geistige Grundhaltung der Zeit, die den Menschen wieder in den Mittelpunkt rückt. Der Mensch wird jetzt – anders als im jenseitsfixierten Menschenbild des Mittelalters – als eigenständiges Wesen, als Individuum begriffen, das sein Leben und seine Welt aus eigener Schöpferkraft selbst zu gestalten vermag. Er wird sich seiner Geschichtlichkeit bewußt, erkennt sich als Wesen, das durch die Geschichte geprägt ist, sie aber auch selbst bestimmen kann. Damit erhält er die Aufgabe, die in ihm liegenden Eigenschaften im Sinne echter Humanität zu entfalten und zu vervollkommnen.

Auch für den Humanismus ist die Antike, die für Italien zugleich ja auch die glanzvollere nationale Vergangenheit repräsentiert, das große Vorbild. Der erste große Wiederentdecker der Antike und damit gewissermaßen der »Vater des Humanismus« ist der Italiener *Francesco Petrarca* (1304-1374). Er entdeckt die Schriften Ciceros neu und gibt den Anstoß zu einer intensiven Suche nach den verschollenen und vergessenen Werken der Antike. Mit großer Leidenschaft sammeln die Humanisten antike Schriften, durchstöbern systematisch die Klosterbibliotheken nach verschollenen Schätzen, vervielfältigen die neuentdeckten und aus den »Kerkern« der Klöster befreiten Werke und legen neue Bibliotheken als Zentren der humanistischen Bildung an (z. B. die Biblioteca Vaticana in Rom). Eine Vielzahl von bislang unbekannten oder in Vergessenheit geratenen Werken kommt auf diese Weise wieder ans Tageslicht, unter anderem Platon, Homer, Archimedes, Tacitus u. a. m.

Ein verstärkendes Element bildet der Zustrom von Gelehrten aus dem Byzantinischen Reich, die wegen der türkischen Bedrohung (Eroberung Konstantinopels, 1453) in den Westen flüchten und mit ihren Kenntnissen und den mitgebrachten Büchern den dortigen Humanismus bereichern.

Mit der Neuentdeckung und Edition der antiken Werke geht eine intensive philologische Arbeit einher. Neben das Studium des klassischen Lateins, des Griechischen, dessen Kenntnis im Mittelalter fast verlorengegangen ist, und schließlich auch des Hebräischen tritt die Geschichtswissenschaft, die nun erstmals wissenschaftliche Methoden der Quellenkritik entwickelt. Sensationell ist etwa der von dem italienischen Humanisten *Lorenzo Valla* (1406-1458) geführte Nachweis, daß die *Konstantinische Schenkung* (s. Seite 75) eine Fälschung ist; er liefert damit der antirömischen Richtung des Humanismus ein

---

[1]		*Renaissance* (franz.): Wiedergeburt (nämlich der Antike); italienisch: Rinascimento

[2]		Der Begriff stammt aus der Renaissance und ist abwertend gemeint: Abgeleitet von dem germanischen Stamm der Goten, steht er synonym für »barbarisch«.

wichtiges Argument in ihrem Kampf gegen den weltlichen Machtanspruch des Papstes.

Eine wichtige Voraussetzung für die Verbreitung des neuen Denkens ist der intensive Kontakt, in dem die Humanisten untereinander stehen. In den italienischen Städten, später auch im übrigen Europa, werden Schulen und Akademien[1] gegründet, die dem wissenschaftlichen Austausch dienen und als Multiplikatoren wirken. Fast alle europäischen Humanisten haben zeitweise in Italien studiert und stehen auch nach ihrer Rückkehr in brieflicher Verbindung mit den einstigen Kollegen.

Es ist kein Zufall, daß ausgerechnet in dieser Zeit eine Erfindung gemacht wird, die dem enormen Kommunikationsbedürfnis in einzigartiger Weise entgegenkommt. Die

Erfindung des Buchdrucks   ca. 1445

durch den Mainzer *Johann Gutenberg* (ca. 1397-1468) ist von epochaler Bedeutung. Sie ermöglicht erstmals die schnelle, massenhafte und preisgünstige Vervielfältigung und damit die Erschließung eines breiten Leserkreises. Während im Mittelalter Bücher nur in mühsamer Schreibarbeit vervielfältigt werden konnten und umfangreiche Bibliotheken nur in den Klöstern zu finden waren, wird die Literatur jetzt auch den bürgerlich-städtischen Schichten zugänglich. Bildung und Wissenschaft, bislang fest in der Hand der Kirche und nur als »Dienerinnen der Theologie« zugelassen, befreien sich aus deren Vormundschaft und entwickeln eine Eigendynamik, die das übernommene kirchliche Weltbild in vielfacher Weise erschüttert und in Frage stellt. Das Ende des kirchlichen Bildungsmonopols und die Laisierung (Verweltlichung) der Wissenschaften, für die der Buchdruck eine wesentliche Vorbedingung schafft, sind wichtige Voraussetzungen für die Entwicklung des modernen, säkularisierten Weltbildes.

Die systematische Erforschung der alten Literatur führt nicht zuletzt auch zur Neuentdeckung der naturwissenschaftlichen und technischen Arbeiten der Antike. Sie liefern wichtige Impulse zu einer neuen, nunmehr praktisch-experimentellen, beobachtenden und messenden Wissenschaft, die sich von den dogmatischen Vorgaben der Kirche löst. Bahnbrechend und revolutionär sind die Forschungen des Frauenburger Domherrn *Nikolaus Kopernikus* (1473-1543), nach denen die Sonne im Mittelpunkt des Weltalls steht und die Erde und die Planeten sich in Kreisen um sie bewegen. Diese Theorie des *heliozentrischen Weltbildes*[2], die auf den griechischen

Astronomen *Aristarch von Samos* (3. Jh.v. Chr.) zurückgeht, erschüttert die kirchliche Auffassung, nach der die Erde und mit ihr der Mensch als Gottes Ebenbild im Zentrum der Schöpfung stehen müssen. Die Theorie des Kopernikus wird von *Tycho Brahe* (1546-1601), *Johannes Kepler* (1571-1630), *Giordano Bruno* (1548-1600) u. a. aufgegriffen und weiterentwickelt; den endgültigen Beweis ihrer Richtigkeit erbringt erst, mit Hilfe des inzwischen erfundenen Fernrohrs, der Pisaner *Galileo Galilei* (1564-1642), dessen großes Vorbild der Grieche *Archimedes* (ca.287-212 v. Chr.) ist.

Die Kirche wehrt sich rigoros gegen die »kopernikanische Wende«: Giordano Bruno wird als Ketzer verurteilt und verbrannt (1600), Galilei wird von der Inquisition zum Widerruf seiner Thesen gezwungen und bleibt bis zu seinem Tode unter kirchlicher Aufsicht.

Neben der Astronomie und Physik profitiert auch die Medizin von der Renaissance der Antike. Die Werke des *Hippokrates* (ca. 460-377 v. Chr.) und des *Galenus* (129-199) regen die wissenschaftliche Erforschung der menschlichen Anatomie an, die unter anderem zur Entdeckung des Blutkreislaufs führt. Von herausragender Bedeutung ist der zu seinen Lebzeiten verkannte Schweizer Humanist und Mediziner *Paracelsus* (ca. 1493-1541), der bereits Verfahren der Naturheilkunde und die Grundlagen der neueren Arzneimittelbehandlung entwickelt.

Nicht zuletzt sind Renaissance und Humanismus – angeregt besonders durch Platons Überlegungen zum Staat *(Politeia)* – auch durch die Suche nach politischen Programmen und Lebensformen bestimmt. Die Ergebnisse sind höchst unterschiedlich.

So entwickelt der Florentiner Bürger *Niccolò Machiavelli* (1469-1527) aufgrund seiner Erfahrungen in der zerrissenen und von außen bedrohten Welt der italienischen Kleinstaaten die Theorie von der *Staatsräson,* die den politischen Erfolg – und nicht mehr die tradierte christliche Moral – zum Maßstab des Handelns macht. Der Fürst müsse und dürfe unter Umständen gegen die Moralgesetze verstoßen, um die Existenz und Macht des Staates zu sichern. Machiavellis Theorie legitimiert den für die Renaissance charakteristischen Typus des selbstherrlichen Machtmenschen, der im Bewußtsein der eigenen Kraft auch das Außergewöhnliche wagt. – Über seine Zeit hinaus bleibt Machiavelli als Wegbereiter der absolutistischen Monarchie (s. Seite 147) bedeutsam. Im heutigen Sprachgebrauch verstehen wir unter

---

[1]   Nach dem Vorbild der philosophischen Schule *Platons* in den Gärten des Heros *Akademos* in Athen; von daher auch abgeleitet die Bezeichnung »Akademiker«.

[2]   Von griech. *helios* = Sonne, lat. *centrum* = Mitte; im Unterschied zum *geozentrischen* (bzw. *ptolemäischen) Weltbild.*

Machiavellismus ein skrupelloses, nur auf den eigenen Vorteil bedachtes Handeln.

Zu einem ganz anderen Ergebnis kommt der große niederländische Humanist *Erasmus von Rotterdam* (ca. 1467-1536). Erasmus, bekannt durch das »Lob der Torheit«, eine Satire auf die mittelalterliche Scholastik und die Verweltlichung der Kirche, vor allem auch durch die erste griechische Druckausgabe des Neuen Testaments[1], entwickelt in seiner politischen Philosophie die Vorstellung eines weltbürgerlichen (kosmopolitischen) Miteinanders der Menschen, frei von (damals aufkommenden) nationalen Vorurteilen, frei von staatsegoistischen Machtinteressen und damit auch frei von Kriegen. Seine humanistische Grundauffassung führt Erasmus zum *Pazifismus*. Er betont die grundsätzliche Gemeinsamkeit aller Menschen in ihrem Mensch- und Christ-Sein; der Krieg verleugne diese Gemeinsamkeit und liege nur im Interesse einzelner Machthaber, gegen deren Tyrannei die Völker sich zur Wehr setzen müßten. – Die politischen Ideen des Erasmus, besonders der Toleranzgedanke, weisen voraus auf die Philosophie der Aufklärung des 18. Jahrhunderts (s. Seite 165 ff.).

Erasmus unterscheidet sich in seiner kosmopolitischen Auffassung allerdings stark von den meisten deutschen Humanisten, deren Denken eine stark nationale Komponente aufweist. Die Rückwendung zur Vergangenheit, besonders die Wiederentdeckung der »Germania« des Tacitus durch *Conrad Celtis* (1455), führt hier vielfach zu einer Betonung des deutschen Wesens und zu seiner Abgrenzung gegen die Franzosen und die Römer. *Ulrich von Hutten* verurteilt in seinen Kampfschriften das verderbte Rom der Renaissancepäpste und glorifiziert in seinem »Arminius« (erschienen 1529) erstmals den Cheruskerfürsten (s. Seite 62) als Verteidiger des Vaterlands und Vorkämpfer gegen römische Überfremdung. Aus diesem kämpferischen Nationalgefühl heraus bricht Hutten auch mit der humanistischen Tradition, lateinisch zu schreiben, und veröffentlicht einen Teil seiner Werke in deutscher Sprache.

In England publiziert *Thomas Morus*[2] 1516 sein Buch »De optime statu rei publicae deque nova insula Utopia«[3], in dem er einen Idealstaat entwirft, der durch Toleranz, Gleichheit und Brüderlichkeit gekennzeichnet ist. Im Unterschied zu Erasmus glaubt Morus nicht an die praktische Umsetzbarkeit seiner Vorstellungen. Sein Idealstaat liegt in einem fiktiven Land, in Utopia (griech.: Nirgendwo-Land). – Sein Werk wird Vorbild für spätere Autoren und begründet die literarische Gattung des »utopischen Romans«.

Im Laufe des 16. Jahrhunderts verlieren Renaissance und Humanismus an Bedeutung und erstarren vielfach in Formalismus und Pedanterie. Dennoch wirken sie weiter und werden Ende des 18. Jahrhunderts, zur Zeit der Aufklärung, neu belebt. Der sog. *Neuhumanismus,* der mit den Namen *Herder, Winckelmann, Humboldt, Goethe* und *Schiller* verbunden ist, bildet die wesentliche Voraussetzung für den Höhepunkt der deutschen Literaturgeschichte, die *Weimarer Klassik* (ca. 1786 – ca. 1805), und wirkt nicht zuletzt über sein Bildungsideal (humanistisches Gymnasium) bis in die Gegenwart.

Das Zeitalter der Entdeckungen

Die Entdeckungsfahrten des 15. Jahrhunderts haben in revolutionärer Weise das Weltbild der Menschen erweitert. Erstmals wird der afrikanische Kontinent in seiner gesamten Ausdehnung bekannt, der amerikanische Kontinent wird entdeckt, und durch die Erdumrundung Maghellans wird der Nachweis für die Kugelgestalt der Erde erbracht. Nicht weniger schwerwiegend sind die Folgen der Entdeckungsfahrten: Sie führen zur weltweiten Ausbreitung der europäischen Zivilisation, nicht zuletzt des Christentums, und prägen damit bis heute die gesellschaftliche Realität jener Länder. Durch die zum Teil rücksichtslose Ausbeutung der Kolonien und ihre einseitige Ausrichtung auf die Bedürfnisse Europas sind sie auch Ursache für die wirtschaftlich-politischen Abhängigkeiten, aus denen viele dieser Länder sich bis heute nicht haben befreien können.

Die Entdeckungsfahrten des 15. Jahrhunderts haben zahlreiche und höchst unterschiedliche Motive und Voraussetzungen. Eine besondere Rolle spielen die *wissenschaftlichen und technischen Fortschritte,* die aus der neuen humanistischen Geisteshaltung resultieren:

● die Wiederentdeckung der Schriften griechischer Geographen, die ganz selbstverständlich von der Kugelgestalt der Erde ausgegangen sind. Bereits im 3. Jahrhundert vor Christus hat *Eratosthenes* (275-195), der Leiter der Bibliothek von Alexandria, den Umfang der Erde annähernd exakt be-

---

[1] 1516 erschienen; diese Ausgabe des Erasmus dient Luther als Grundlage für seine berühmte Übersetzung der Bibel ins Deutsche (s. Seite 123).

[2] *Sir Thomas More (Morus)* (1478-1535), Humanist, Schriftsteller, Staatsmann, unter Heinrich VIII. zeitweise englischer Lordkanzler (1529-32), wegen seines Widerstandes gegen die königliche Kirchenpolitik (s. Seite 130) 1535 hingerichtet; 1935 heiliggesprochen.

[3] »Von der besten Verfassung des Staates und der neuen Insel Utopia«

rechnet. Auch die von Kolumbus realisierte Idee, durch eine Seefahrt nach Westen in den Osten zu gelangen, stammt bereits aus der Antike.

- die seit dem 14. Jahrhundert verbesserte Kartographie. Kolumbus etwa stützt sich bei der Planung seiner Westreise auf die Weltkarte des Florentiner Geographen *Paolo del Pozzo Toscanelli* (1397-1482), der allerdings die Entfernung zwischen Spanien und der Ostküste Chinas und Indiens erheblich unterschätzt hat. Vielleicht hat aber gerade dieser Irrtum Kolumbus zu seinem Vorhaben ermutigt.

- die Entwicklung bzw. Verbesserung astronomischer Meßgeräte, vor allem des Astrolabs[1], und ihre Nutzbarmachung für die Seefahrt. Von großer Bedeutung ist der Kompaß, eine ursprünglich chinesische Erfindung, die seit ca. 1200 auch in Europa bekannt ist, sich aber jetzt erst in der Nautik durchsetzt.

- die Entwicklung eines neuen, besonders hochseetüchtigen Schiffstyps, der *Karavelle;* sie wird seit etwa 1400 auf der Iberischen Halbinsel gebaut und ist eine Verbesserung der seit dem 13. Jahrhundert benutzten Kogge, mit vorzüglichen Segeleigenschaften und geeignet auch für die stürmischen atlantischen Gewässer.

Neben solchen technischen Voraussetzungen bilden *wirtschaftliche Triebkräfte* das Hauptmotiv der Entdeckungsfahrten. Im Mittelmeerraum hat sich im Laufe des Hoch– und Spätmittelalters ein starkes und unternehmungsfreudiges Bürgertum entwickelt. Vor allem die italienischen Städte haben im 13./14. Jahrhundert von den Kreuzzügen (s. Seite 90) profitiert und einen deutlichen Aufschwung erlebt. Auch allgemeine Faktoren wie das seit ca. 1000 in Europa zu verzeichnende Bevölkerungswachstum tragen zur wirtschaftlichen Dynamik bei.

Ein besonders einträgliches Geschäft bildet der Handel mit wertvollen Gewürzen, Teppichen, Stoffen usw. Vom Schwarzen Meer aus führt eine Handelsroute, der sog. *Mongolenweg,* bis Indien und China. Die Reisebeschreibung des venezianischen Kaufmanns *Marco Polo* (1254-1324), der Ende des 13. Jahrhunderts nach Asien aufbricht und sich lange Jahre am Hof des Mongolenherrschers Khubilai aufhält, gibt ein eindrucksvolles Zeugnis für Handelsverbindungen mit dem fernen Orient.

Schon Ende des 14. Jahrhunderts bricht diese Verbindung ab: Politische Wirren in der Mongolei und das Vordringen der Türken, die 1453 das Byzantinische Reich erobern, blockieren den Mongolenweg und schneiden die Mittelmeerländer von dem lukrativen Orienthandel ab. Damit ergibt sich die Notwendigkeit, als Ersatz für den gesperrten Landweg einen Seeweg nach Indien und China zu finden.

Dies ist jedoch nicht das einzige ökonomisch bedingte Motiv der Entdeckungsfahrten. Vielleicht ebenso wichtig ist die Suche nach Edelmetallen, nach Gold und Silber. Gerade im 14./15. Jahrhundert kommt es zu einer passiven Handelsbilanz, da die begehrten Luxuswaren aus dem Orient nur mehr gegen Goldzahlung über den arabischen Zwischenhandel erworben werden können. Die Suche nach neuen Goldquellen wird damit ein vordringliches Interesse. Es wird verstärkt durch Gerüchte von einem sagenhaften Goldland, einem *Eldorado*[2], das die Portugiesen im Sudan (»Goldküste)«, die Spanier später in Südamerika vermuten.

Neben der Goldsuche ist der Handel mit Gewürzen (»Pfefferküste«) und Sklaven ein wichtiges Motiv der Entdeckungsfahrten. Die Portugiesen importieren seit etwa 1440 Negersklaven nach Südeuropa (»Sklavenküste«).

All diese Gründe zusammengenommen, gepaart mit dem Entdeckergeist und dem Selbstbewußtsein des Renaissancehumanismus, bewirken die sensationellen Entdeckungen des 15. Jahrhunderts. Sie sind fast ausschließlich das Verdienst der iberischen Staaten, Spaniens und Portugals.

Das Königreich Spanien entsteht durch die Eheschließung Isabellas von Kastilien und Ferdinands II. von Aragon (1469), die beide Reiche in Personalunion miteinander verbinden. Im *Kastilischen Erbfolgekrieg (1474-1479)* gegen Portugal und Frankreich kann sich Spanien behaupten *(Frieden von Alcáçovas 1479),* muß aber Afrika als portugiesische Interessensphäre anerkennen.

Diese Rivalität zwischen Spanien und Portugal hat die Entdeckungsfahrten maßgeblich beeinflußt: Der in Alcáçovas erzwungene Verzicht auf den Afrikahandel nötigt Spanien zur Suche nach anderen Wegen und macht es deshalb empfänglich für den Kolumbus-Plan, in westlicher Richtung nach Indien zu segeln; die Entdeckung Amerikas geht deshalb von Spanien, nicht von Portugal, aus. Andere Länder, Frankreich, die Niederlande und England, beginnen erst im Lauf des 16. Jahrhunderts mit einer eigenen Kolonialpolitik.

Die Stationen der Entdeckungsfahrten, deren jede einzelne natürlich ein Abenteuer für sich ist, sind rasch skizziert. Unter der Führung des portugiesischen Prinzen *Heinrich des Seefahrers* (1394-1460)

---

[1] *Astrolab* (griech.-lat.): Instrument zur Messung von Gestirnshöhen

[2] »El dorado pais« (span.): das vergoldete Land.

Entdeckungsfahrten

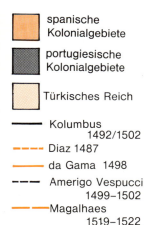

- ▮ spanische Kolonialgebiete
- ▮ portugiesische Kolonialgebiete
- ▯ Türkisches Reich

—— Kolumbus 1492/1502
- - - - Diaz 1487
—— da Gama 1498
- - - Amerigo Vespucci 1499–1502
—— Magalhaes 1519–1522

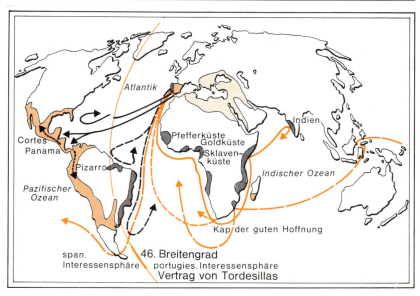

Atlantik

Cortes
Panama

Pizarro

Pazifischer
Ozean

Pfefferküste
Goldküste
Sklaven-
küste

Indien

Indischer Ozean

Kap der guten Hoffnung

span. Interessensphäre   46. Breitengrad   portugies. Interessensphäre
Vertrag von Tordesillas

beginnt die systematische Erforschung der afrikanischen Westküste. An ihrem Beginn steht die *Umsegelung des Kaps Bojador (1434)* durch *Gil Eanes.* In den folgenden Jahren erschließen portugiesische Seefahrer die Küsten Guineas (Pfeffer-, Gold- und Sklavenküste). *Bartolomeo Diaz* umsegelt als erster die Südspitze Afrikas, das *Kap der Guten Hoffnung (1487),* und *Vasco da Gama* entdeckt schließlich, diese Route entlang der ostafrikanischen Küste fortsetzend, den *Seeweg nach Indien (1498).*

Die Geschichte der spanischen Entdeckungsfahrten ist sehr viel jünger. Durch den Kastilischen Erbfolgekrieg (s. oben) und die *Reconquista,* den Kreuzzug gegen die Mauren, ist Spanien lange Zeit gebunden und muß zudem Portugal die Rechte auf Afrika abtreten. Erst 1492, nach der Eroberung Granadas, bewilligt das spanische Königspaar dem Genuesen **Christoph Kolumbus (1451-1506)** die erforderlichen Mittel, die Westroute nach Indien zu erforschen. Mit drei Karavellen, der *Pinta, Niña* und *Santa Maria,* sticht Kolumbus am 3.8.1492 in See und erreicht am 12.10.1492 Land, die heutige Watling-Insel der Bahamas-Gruppe. Kolumbus tauft sie auf den Namen San Salvador (= Erretter, Erlöser). Damit ist Kolumbus die

Entdeckung Amerikas   1492

gelungen[1]. Er selbst ist sich aber, trotz weiterer Reisen (1493, 1498, 1502), der Tragweite seiner Entdeckung nicht bewußt geworden und stirbt im Glauben, Indien entdeckt zu haben; von daher erklären sich die irrigen Bezeichnungen *Indios* und *Indianer* für die Ureinwohner Amerikas. Der Name Amerika

taucht erstmals 1507 in dem geographischen Lehrbuch des deutschen Gelehrten *Martin Waldseemüller* auf. Er ist abgeleitet von dem italienischen Seefahrer *Amerigo Vespucci,* der 1499 – 1502 die Ostküste Südamerikas erforscht hat.

Die Kolumbusfahrt führt erneut zu Streitigkeiten zwischen Portugal und Spanien, die im

Vertrag von Tordesillas   1494

beigelegt werden. Eine Demarkationslinie entlang des 46. Breitengrades grenzt die spanische und portugiesische Interessenspäre ab. In ihrem jeweiligen Gebiet beanspruchen beide Mächte die Alleinherrschaft über alle entdeckten und noch zu entdeckenden Territorien, teilen also gewissermaßen die Welt untereinander auf.

1513 erreicht der Spanier *Vasco Núñez de Balboa* über die Landenge von Panama erstmals den Pazifischen Ozean. Die

erste Erdumsegelung   1519-1522

und damit auch der Nachweis der Kugelgestalt der Erde gelingt der Expedition des (in spanischen Diensten stehenden) Portugiesen *Fernao de Magalhaes.*

Den Entdeckern folgen die *Konquistadoren,* die Eroberer, die der Gold- und Landhunger, aber auch Abenteuerlust und das Streben nach Ämtern in die neue Welt treiben. Berühmt-berüchtigt sind die Spanier *Hernán Cortés,* der 1519 – 1522 das Aztekenreich (Mexiko) unterwirft, und *Francisco Pizarro,* der 1531– 1533 das Inkareich (Peru) zerstört. Die Eroberung dieser Großreiche mit ihrer hochentwickelten Kultur durch die kleine, nur wenige hundert Mann

---

[1]   Allerdings haben bereits die Normannen (s. Seite 83) von Grönland aus die amerikanische Küste erreicht. Diese Entdeckung ist jedoch in Vergessenheit geraten.

starke Schar der Konquistadoren erklärt sich aus der militärisch-technischen Überlegenheit der Europäer, die über Reiterei, besonders aber über Kanonen und Gewehre verfügen (Erfindung des Schießpulvers im 14. Jahrhundert) – Waffen, denen die »Indianer« nichts entgegenzusetzen haben.

Ein nicht zu vernachlässigendes, wenn auch oft nur vorgeschobenes Motiv ist der *Missionsgedanke*. Eine führende Rolle spielen dabei die Bettelorden der Franziskaner und Dominikaner (s. Seite 109), die von Anfang an die Entdeckungsfahrten begleiten. Für die amerikanische Geschichte ist der Dominikaner *Bartolomé de Las Casas* (1474-1566) von herausragender Bedeutung. Er kämpft als Missionar, ab 1453 als Bischof von Chiapas (Mexiko), gegen die brutale Unterdrückung der Indianer, deren Arbeitskraft auf den Plantagen und in den Bergwerken rücksichtslos ausgebeutet wird und die zu Hunderttausenden der völlig ungewohnten Arbeit, aber auch bislang unbekannten, von den Europäern eingeschleppten Infektionskrankheiten erliegen. Gegen den erbitterten Widerstand der spanischen Kolonisten setzt Las Casas durch, daß Karl V. (s. Seite 123) in den »Neuen Gesetzen« (1542) die Versklavung der Indianer verbietet. – Überaus folgenreich ist Las Casas' später bereuter Vorschlag, als Ersatz für die indianischen Arbeitskräfte afrikanische Negersklaven heranzuziehen. Die Jagd nach afrikanischen Sklaven und ihre Verschiffung nach Amerika wird zum großen Geschäft der frühen Neuzeit und Thema innereuropäischer Auseinandersetzungen. Nach dem Spanischen Erbfolgekrieg sichert sich England im Frieden von Utrecht 1713 (s. Seite 155) das Monopol des Sklavenhandels.

Die Folgen der frühneuzeitlichen Entdeckungen sind vielschichtig und wirken zum Teil bis in die heutige Zeit hinein:

- Der geschichtliche Raum wird durch die Entdeckungen erweitert, die zukünftige Geschichte wird Weltgeschichte.

- Die Initiative zu den Entdeckungsfahrten ist von Europa ausgegangen, das folglich im Bewußtsein seiner Überlegenheit die Führungsrolle beansprucht. Die einheimischen, zum Teil hochentwickelten Kulturen werden zerstört oder zumindest zurückgedrängt. Die europäische Kultur und Lebensform, nicht zuletzt das Christentum, prägen die zukünftige Geschichte der neuen Welt. Es wird von einer »Europäisierung der Erde« gesprochen.

- Die Einwanderung der Europäer und die Verschleppung von afrikanischen Negersklaven nach Amerika, schließlich die nicht ausbleibende Vermischung dieser unterschiedlichen Rassen, prägen bis heute das Bevölkerungsbild Amerikas (das in der Neuzeit durch zahlreiche Einwanderungswellen noch wesentlich vielfältiger und »bunter« wird).

- Die rücksichtslose Ausrichtung der neuen Welt auf die Interessen Europas führt zur Destabilisierung der ursprünglichen Wirtschaftsstrukturen und schafft Abhängigkeiten, die zum Teil bis heute noch nicht überwunden sind. Ein Großteil der heutigen Dritte-Welt-Problematik hat seine Ursachen in der frühneuzeitlichen Kolonisation.

- Die Verschiebung des wirtschaftlichen und politischen Schwergewichts zum Atlantik führt zum Niedergang der bisher dominanten Mächte, unter anderem der deutschen Hanse (s. Seite 104). Parallel dazu verläuft der Aufstieg der Kolonialmächte, die durch den Import von Gold und Silber rasch zu wirtschaftlicher und damit auch politischer Bedeutung gelangen. Spanien und Portugal werden die führenden europäischen Großmächte des 16. Jahrhunderts.

- Langfristig wirken die Folgen der Entdeckungsfahrten auch auf die Wirtschaft Europas zurück. Die enorme Ausweitung des Handels, die Importe von Zucker, Baumwolle usw. sind entscheidende Motoren der Industrialisierung, die Ende des 18. Jahrhunderts von England ausgeht und das Gesicht der Welt nachhaltig verändert (S.Bd.2, Seite 37 ff.).

Zeittafel
Aufbruch zur Neuzeit

14./15. Jh.: Krise der mittelalterlichen Welt
↓

Hinwendung zur Antike

Verweltlichung

Wiederentdeckung der Individualität

neues Selbstbewußtsein des Menschen
als Gestalter seiner Welt

Emanzipation des Menschen

15./16. Jh.: Blütezeit der Renaissance-Kunst

(Botticelli, da Vinci, Dürer, Michelangelo, Raffael, Tizian u. a. m.)

15./16. Jh.: Blütezeit des Humanismus

Wiederentdeckung und Edition antiker Werke

↓

Bedeutende Impulse für alle Wissenschaften

Philologie
(Petrarca, Erasmus ...)

Geschichte
(wissenschaftl. Quellenkritik, z. B. da Valla)

Medizin
(Paracelsus)

Geographie
(Kugelgestalt der Erde, Kartographie)

Physik/Astronomie
(Kopernikus, Brahe, Kepler, Bruno, Galilei)

Politik
(Machiavelli, Erasmus, Th. Morus)

15./16. Jh.: Zeitalter der Entdeckungen und Erfindungen

1394-1460 Heinrich der Seefahrer

ca. 1445 Erfindung des **Buchdrucks** (J. Gutenberg)

1487 Entdeckung der Südspitze Afrikas (Diaz)

1492 erster Globus (M. Behaim)

1492 Entdeckung Amerikas (Kolumbus)

1498 Seeweg nach Indien (da Gama)

1507/43 Heliozentrisches Weltbild (Kopernikus)

1519/22 1. Erdumsegelung (Magalhaes)

Das Zeitalter der Reformation

Überblick

- Die unübersehbaren Mißstände in der Kirche führen schon im Spätmittelalter zu mehreren Reformversuchen (*Vorreformatoren*).

- Eine tiefgreifende und dauerhafte Veränderung bewirkt aber erst der Erfurter Augustiner-Mönch **Martin Luther;** er stellt auf der Grundlage einer neuen, der *evangelischen* Theologie den weltlichen Machtanspruch der Kirche radikal in Frage.

- Mit Luthers öffentlicher Kampfansage gegen den Ablaßhandel (1517), der seiner Rechtfertigungslehre zutiefst widerspricht, beginnt die **Reformation,** die – ursprünglich nur als Reform gedacht – zur konfessionellen Spaltung des Christentums führt.

- Die politischen Verhältnisse zu Beginn des 16. Jahrhunderts, die durch den habsburgisch-französischen Gegensatz, die türkische Offensive im Osten und den Dualismus zwischen Kaiser und Ständen gekennzeichnet sind, verhindern eine konsequente Bekämpfung der neuen Lehre. Trotz des offiziellen Verbots im Wormser Edikt (1521) kann sich das Luthertum weitgehend ungehindert ausbreiten.

- Eine im Prinzip eigenständige, aber von der (miß-)verstandenen) Theologie Luthers inspirierte Bewegung stellt der **Bauernkrieg** (1524/25) dar, die größte soziale Massenerhebung der deutschen Geschichte. Seine Niederschlagung durch die Fürsten schaltet auf lange Zeit den »gemeinen Mann« als politischen Faktor aus.

- Die von Luther initiierte Reformationsbewegung spaltet sich bald in mehrere Richtungen auf. Besondere Bedeutung erlangt, vor allem in Westeuropa, der *Calvinismus.* In England bildet sich ab 1534 die Sonderform der *Anglikanischen Staatskirche* heraus.

- Erst spät, in einer Phase außenpolitischer Ruhe, kann Karl V. eine aktive Rekatholisierungspolitik aufnehmen und die evangelischen Stände im *Schmalkaldischen Krieg* (1546/47) unterwerfen.

- Die kaiserliche Machtfülle ruft jedoch den Widerstand auch der katholischen Fürsten hervor, die sich 1552 im Namen der fürstlichen »Libertät« gegen Karl V. erheben.

- Im **Augsburger Religionsfrieden** (1555) muß Karl V. das Luthertum als gleichberechtigte Konfession anerkennen.

Martin Luther

Das Spätmittelalter ist für die Kirche eine Zeit der Krisen und des Verfalls. Symptomatisch für ihren Zustand sind die »Avignonesische Gefangenschaft« der Päpste und das sich anschließende Große abendländische Schisma (s. Seite 110). Schon im 14./15. Jahrhundert wird deshalb immer wieder die Forderung nach einer »reformatio«, einer Reform und Erneuerung der Kirche gestellt. Die Kritik richtet sich gegen ihre Verweltlichung, ihre Geldgier und Pfründenwirtschaft, gegen den Machtanspruch des Papstes, aber auch gegen die Sittenlosigkeit und Unbildung vieler Priester und Mönche. Gegen Ende des 15. Jahrhunderts wird unter dem Einfluß des Renaissancehumanismus die Verweltlichung der Papstkirche noch augenfälliger: Die sogenannten *Renaissancepäpste,* zum Teil selbst humanistisch gebildet, sind zwar bedeutende Förderer der Künste (Bau der Peterskirche, Sixtinische Kapelle usw.) und setzen sich als Landesfürsten für die Machterweiterung des Kirchenstaates ein, führen zu diesem Zweck sogar Kriege, vernächlässigen aber die geist-

lichen Aufgaben ihres Amtes. Um den enormen Geldbedarf der Kurie zu decken, verlangen sie immer neue Abgaben und Steuern und lassen sich insbesondere die Vergabe von Ämtern mit erheblichen (Bestechungs)Geldern entlohnen. Schon früh, erstmals 1456, wenden sich die deutschen Reichstage in den *Gravamina*[1] gegen die korrupte Finanzpraxis der römischen Kirche.

Auch an herausragenden Persönlichkeiten, die sich für eine Kirchenreform einsetzen, fehlt es nicht. Zu diesen sog. *Vorreformatoren* zählen der Engländer *John Wyclif* (ca. 1320-1384, s. Seite 110), der von seinen Ideen beeinflußte Böhme *Johannes Hus* (ca. 1370-1415, s. Seite 111) und der florentinische Dominikaner *Girolamo Savonarola* (1452-1498). Hus und Savonarola werden als Häretiker verurteilt und hingerichtet.

Eine nachhaltige und dauerhafte Veränderung der Kirche geht aber erst von **Martin Luther** (1483-1546) aus. Luther, in Eisleben (Kurfürstentum Sachsen) geboren, ab 1484 in Mansfeld lebend, besucht vierzehnjährig die Lateinschulen in Magdeburg und Ei-

---

[1]   Lat.: Beschwerden

senach und beginnt 1501 das Studium an der Universität Erfurt. In einem Moment höchster Todesangst, als während eines Gewitters ein Blitz unmittelbar neben ihm einschlägt, gelobt er, der Welt zu entsagen und Mönch zu werden. Gegen den Willen des Vaters bricht er das Jurastudium ab und tritt im Juli 1505 in das Kloster der Augustiner-Eremiten in Erfurt ein. 1507 zum Priester geweiht, beginnt er ein Theologiestudium und wird bald darauf Professor an der Universität Wittenberg. Darüber hinaus ist er als Prediger tätig und übernimmt verschiedene Verpflichtungen im Auftrag seines Ordens, die ihn 1510/11 auch nach Rom führen.

Luthers theologisches Denken ist geprägt durch die Frage nach der Gerechtigkeit Gottes. Im Bewußtsein der eigenen Sündhaftigkeit und menschlichen Unzulänglichkeit fühlt er, daß er ihr trotz aller Askese und Anstrengungen nie genügen könne. Die tief erlittene Erfahrung der unüberbrückbaren Diskrepanz zwischen der eigenen Unzulänglichkeit und dem unerfüllbaren Anspruch Gottes ist die Wurzel eines neuen theologischen Verständnisses: Nicht durch gottgefällige Werke und Leistungen, die immer unvollkommen bleiben müßten, sondern allein durch den Glauben und die Gnade Gottes werde das Handeln der Menschen vor Gott gerechtfertigt.

Diese Einsicht wirkt auf Luther und viele seiner Zeitgenossen wie eine Erlösung und befreit sie von den Zweifeln, denen sie bislang ausgesetzt waren. Hieraus erklärt sich auch die Durchschlagskraft der Lehre Luthers, die eben – im Unterschied zu den vorreformatorischen Bestrebungen – nicht nur eine moralische Kritik an der Papstkirche, sondern eine neue Theologie ist.

Den konkreten Anlaß für Luthers öffentliches Auftreten bildet die in der Kirche seit langem übliche *Ablaß-Praxis:* Gegen bestimmte Leistungen – etwa Gebete oder Wallfahrten, schließlich aber immer mehr Geldzahlungen – verspricht die Kirche den teilweisen oder vollständigen Erlaß von Sündenstrafen, d. h. die Verkürzung der Zeit, die ein Verstorbener zur Abbuße seiner Sünden im Fegefeuer zu verbringen habe. Gleichzeitig werden die Qualen des Fegefeuers überaus bildlich und drastisch vor Augen geführt. – Der Ablaßhandel ist also im Grunde ein Geschäft mit der Angst und stellt für die finanzbedürftige Kirche eine äußerst einträgliche Einnahmequelle dar. 1515 schreibt Papst *Leo X.* (1513-1521) einen neuen Ablaß aus, dessen Erlös für den Bau des Petersdomes in Rom bestimmt ist. In Deutschland wird dieser Ablaß durch *Albrecht von Brandenburg* vertrieben, der – zwar gegen kirchliches Recht, dafür aber gegen entsprechende Bezahlung – die Erzbistümer Mainz und Magdeburg und das Bistum Halber-

stadt in seiner Hand vereinigt. Er erhält von dem Erlös des Ablasses 50%, um damit seine Schulden begleichen zu können.

Die zum bloßen Geschäft heruntergekommene Praxis des Ablaßhandels widerspricht zutiefst der Überzeugung Luthers, daß der Mensch nur durch seinen Glauben gerechtfertigt werden könne, nicht aber durch Leistungen und schon gar nicht durch Geldzahlungen. Als deshalb der Dominikaner *Johann Tetzel* in der Nähe Wittenbergs mit dem Verkauf der Ablaßbriefe beginnt und zahlreiche Mitglieder der dortigen Gemeinde anlockt, ergreift Luther die Initiative und verfaßt, in lateinischer Sprache, 95 Thesen zum Sakrament der Buße, die er an der Tür der Schloßkirche zu Wittenberg öffentlich aushängt. Dieser

| **Thesenanschlag Luthers** | **31.10.1517** |

markiert den Beginn der Reformation *(Reformationstag)*.

Es liegt dabei keineswegs in der Absicht Luthers, eine neue Kirche zu begründen; er will lediglich eine theologische Diskussion in Gang setzen. Seine Thesen finden aber eine enorme, ihm selbst unerwartete Resonanz.

Hier zeigt sich in besonderer Weise die revolutionäre Kraft der neuen Erfindung des Buchdrucks (s. Seite 114), der die rasche Verbreitung der Lutherschen Thesen in ganz Deutschland erst ermöglicht. Es läßt sich ohne Übertreibung behaupten, daß die Reformation ohne den Buchdruck wohl kaum möglich gewesen wäre.

Das enorme öffentliche Interesse, das Luther mit seinem Thesenanschlag erregt, und der von kirchlicher Seite bald ausgesprochene Vorwurf der Ketzerei zwingen ihn zu weiteren Stellungnahmen, mit denen er Zug um Zug, jeweils auf die Vorwürfe der Gegenseite reagierend, seine neue Lehre entwickelt. Die wichtigsten Grundzüge dieser Lehre sind folgende:

● Gottes Gnade läßt sich nicht kaufen; es kommt also nicht auf Leistungen (wie Fasten, Wallfahrten, Heiligenverehrung usw.), sondern nur auf den Glauben an *(sola fide)*.

● Nur durch aufrichtige Reue und die Gnade Gottes wird der Mensch gerechtfertigt; der Ablaßhandel ist folglich Betrug.

● Der Papst und die Konzile können irren; wahr ist nur, was sich aus der Heiligen Schrift, dem Evangelium, begründen läßt (von daher die Bezeichnung *Evangelische*).

● Der Primat des Papstes läßt sich aus der Bibel nicht begründen; seine Herrschaft ist Tyrannei, vielleicht ist er sogar der Antichrist.

- Alle Christen sind geistlichen Standes; jeder ist ein Priester durch die Taufe.

- Im geistlich-religiösen Bereich sind alle Christen frei und gleich; im weltlich-politischen Bereich aber sind sie den gottgewollten Obrigkeiten, auch wenn sie ungerecht sein sollten, unterworfen *(Zwei-Reiche-Lehre)*.

- Es gibt nur zwei von Christus selbst eingesetzte Sakramente[1]: Taufe und Abendmahl.

Die politische Situation zu Beginn der Reformation

Die Tatsache, daß sich die Lehre Luthers verbreiten kann und schließlich zur konfessionellen Spaltung der christlichen Kirche führt, hat ihren Grund nicht nur in der theologischen Überzeugungskraft der evangelischen Lehre. Sie ist in erheblichem Maße mitbedingt durch die politischen Konstellationen zu Beginn des 16. Jahrhunderts. Eine besondere Rolle spielen dabei zum einen das Selbständigkeitsstreben der deutschen Fürsten, denen am zentralistischen Ausbau ihrer Landesherrschaften gelegen ist, zum anderen die außenpolitische Situation des Reiches unter der Führung des Hauses Habsburg.

Die Habsburger (s. Seite 98) haben im 15. Jahrhundert durch eine geschickte und glückliche Heiratspolitik ihre Hausmacht in ungeahnter Weise ausweiten können. 1477 heiratet *Maximilian,* der spätere Kaiser

(1493-1519), die Erbin des Herzogtums Burgund, zu dem auch die Niederlande und Luxemburg gehören. Dieser Schritt ruft den Widerstand Frankreichs hervor und führt zu langjährigen, wechselhaften Kriegen. Erst 1493, im *Frieden von Senlis,* wird der Streit, weitgehend zugunsten der Habsburger, entschieden. Von größter, damals noch nicht abzusehender Bedeutung ist die 1496/1497 geschlossene Eheverbindung mit Spanien. Durch den unerwarteten und kinderlosen Tod des spanischen Thronfolgers (Oktober 1497) fällt Spanien mitsamt seinem Kolonialbesitz in Amerika an seine Schwester *Johanna (die Wahnsinnige),* die mit Maximilians Sohn *Philipp (dem Schönen)* von Burgund verheiratet ist, und schließlich an deren Söhne *Karl* und *Ferdinand,* die Enkel Kaiser Maximilians. Dem spanischen Königreich (Haus Aragon) ist seit 1442 auch Süditalien unterstellt (s. Seite 97), das allerdings gegen den Anspruch der Franzosen verteidigt werden muß. Nach zeitweiser französischer Besetzung (1495-1504) kann Süditalien *(Königreich Neapel)* mit Sizilien wieder der spanischen Krone unterworfen werden und fällt damit ebenfalls in die habsburgische Erbmasse. Auch auf Ungarn und Böhmen erwirbt das Haus Habsburg einen Erbanspruch, der 1526 nach dem Tod Ludwigs II. von Ungarn und Böhmen zum Anfall auch dieser Königreiche führt.

Die oben skizzierte, überaus glückliche Heiratspolitik – Bella gerant alii, tu, felix Austria, nube! Nam qua

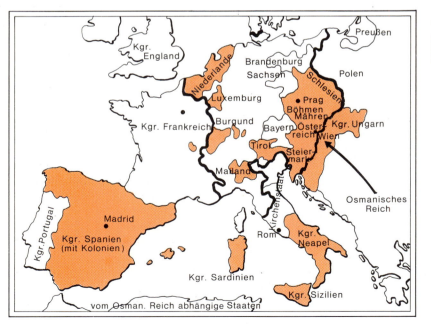

Grenze des Hl. Römischen Reiches

Reich der Habsburger

---

[1] Lat.: Heilige Geheimnisse; im Unterschied zur evangelischen Lehre kennt die katholische Kirche sieben Sakramente (Taufe, Firmung, Eucharistie, Buße, Letzte Ölung, Priesterweihe, Ehe).

Mars aliis, dat tibi regna Venus![1] – hat das Haus Habsburg innerhalb weniger Jahrzehnte in den Rang einer *Weltmacht* gehoben.

Zugleich begründet sie aber den tiefen machtpolitischen *Gegensatz zu Frankreich,* das zweimal – im Falle Burgunds und Italiens – zurückstecken muß und sich nun von der habsburgischen Ländermasse regelrecht eingekreist sieht. Der habsburgisch-französische Konflikt verschärft sich, als sich nach dem Tod Maximilians (12.1.1519) im Römischen Reich deutscher Nation die Frage der Nachfolge stellt.

Als Kandidaten für die Kaiserwürde stehen sich *Franz I.,* König von Frankreich, und der Habsburger *Karl I.,* König von Spanien, gegenüber. Für Franz I. ist die Kandidatur eine Chance, die Ostgrenze Frankreichs zu entlasten und das Übergewicht Habsburgs etwas abzubauen. Karl sieht, abgesehen von der dynastischen Tradition, im Kaisertum eine Art Klammer, um die einzelnen und höchst unterschiedlichen habsburgischen Staaten zusammenzuhalten. Zudem ist es, trotz seiner faktischen Schwäche, immer noch mit dem Glanz der imperialen Idee umgeben.

Als dritter Kandidat wird der Kurfürst von Sachsen, *Friedrich der Weise,* ins Spiel gebracht. Er hätte die Zustimmung des Papstes erhalten, der im machtpolitischen Interesse des Kirchenstaates ein französisches, noch mehr aber ein habsburgisches Kaisertum verhindern will. Er hätte auch die Zustimmung der übrigen Kurfürsten erhalten, die sich der potentiellen Gefahr, die ihrer eigenen Unabhängigkeit *(Libertät)* von einem zu mächtigen Kaiser droht, wohl bewußt sind und deshalb einen schwächeren Kandidaten bevorzugen würden.

Da Friedrich der Weise die Kandidatur ablehnt, Franz I. aber in der öffentlichen Meinung als Ausländer abgelehnt wird, kommt es zur

Kaiserwahl Karls V.   28.6.1519,

der freilich kaum weniger Ausländer ist als der Franzose. Zwar väterlicherseits ein Habsburger, aber aufgewachsen in Burgund und seit 1516 König von Spanien, ist Karl V. nicht einmal der deutschen Sprache mächtig.

Als Gegengewicht zu der unübersehbaren Machtfülle Karls V. knüpfen die deutschen Fürsten, wie damals üblich, ihre Zustimmung an eine Wahlkapitulation, in der Karl die Mitregierung der Stände (Reichsregiment) ausdrücklich bestätigen muß.

Die Durchsetzung der Reformation

Die oben skizzierte politische Situation hat direkte Auswirkungen auf die Reformationsgeschichte. Für die Anfangsphase der Reformation sind folgende Tatsachen von Bedeutung:

- Luthers Landesherr, Friedrich der Weise, ist wie die meisten seiner Zeitgenossen von der Notwendigkeit einer Kirchenreform überzeugt. Er stellt sich deshalb, ohne in die eigentlich theologischen Fragen einzugreifen, schützend vor »seinen« Professor, zumal Luthers plötzliche Berühmtheit der Landesuniversität Wittenberg regen Zulauf und wissenschaftliches Profil verleiht.

- Papst Leo X. will den sächsischen Kurfürsten als Kaiserkandidaten gewinnen und ist deshalb ihm gegenüber zu besonderer Rücksicht gezwungen. Der schon 1518 eröffnete Ketzerprozeß gegen Luther, der die Protektion Friedrichs genießt, wird deshalb verzögert und zeitweise ausgesetzt. Erst am 15.6.1520 erfolgt die Verurteilung Luthers. – Inzwischen aber ist die von ihm eingeleitete Reform längst zu einer Massenbewegung geworden, die ihre eigene Dynamik entfaltet. Mit der öffentlichen

Verbrennung der Bannbulle   10.12.1520

vollzieht Luther symbolisch den Bruch mit der römisch-katholischen Kirche.

- Karl V. ist vorerst durch einen Aufstand in seinem spanischen Königreich gebunden. Er erscheint erst Ende 1520 in Deutschland, und erst auf dem

Reichstag zu Worms   Jan. – Mai 1521

kann er sich, unter anderem, auch dem Fall Luther zuwenden. Auf Drängen der Fürsten wird Luther unter Zusicherung freien Geleits vor den Reichstag geladen; als er den Widerruf seiner Lehre ablehnt, verhängt Karl V. die Reichsacht über ihn *(Wormser Edikt,* 25.5.1521).

Obwohl damit der Fall Luther rechtlich abgeschlossen ist, breitet sich seine Lehre weiter aus. Ein Grund dafür liegt darin, daß Luther nach wie vor von seinem Landesherrn geschützt wird; seit der Achterklärung lebt er als »Junker Jörg« auf der Wartburg. Hier entsteht die berühmte *Bibelübersetzung,* die mit ihrer bildkräftigen und unmittelbaren Sprache von großer Bedeutung für die Ausprägung der neuhochdeutschen Sprache wird.

Ein weiterer Grund liegt darin, daß weder Karl V. noch die deutschen Fürsten ernsthafte Schritte ge-

---

[1] Mögen andere Kriege führen, Du, glückliches Österreich, heirate! Denn was anderen Mars (der Kriegsgott) gibt, Dir gibt es Venus (die Liebesgöttin)!

gen die Evangelischen unternehmen. Die Fürsten nicht, weil sie eine Kirchenreform für unabdingbar halten und die Entscheidung eines Nationalkonzils abwarten wollen; der Kaiser nicht, weil er bereits unmittelbar nach dem Wormser Reichstag in einen Krieg mit Frankreich verwickelt wird und sich erst 1530 wieder den Angelegenheiten des Reiches zuwenden kann.

In dieser Phase, in der die Leitung des Reiches in den Händen des Reichsregiments liegt, kann sich das Luthertum weiter entfalten. Auf dem

Reichstag zu Speyer   1526

wird die Konfessionsfrage bis zur Einberufung eines Konzils den Fürsten überlassen. Durch die Einrichtung von Aufsichtsbehörden, regelmäßige Visitationen der Kirchen und einen einheitlichen Religionsunterricht, für den bald Luthers *Katechismus* (1529) maßgeblich wird, bauen sie in diesen Jahren ein landesherrliches Kirchenregiment auf und tragen damit auch zur Festigung ihrer Territorialherrschaft bei.

Diese Entwicklung wird wieder in Frage gestellt, als auf einem

Zweiten Reichstag zu Speyer   1529

die Beschlüsse des ersten von einer katholischen Mehrheit aufgehoben werden und die Durchführung des Wormser Edikts von 1521 – also eine vollständige Rekatholisierung – gefordert wird. Die evangelischen Stände protestieren gegen diesen Beschluß und erklären, in Gewissensfragen nicht an die Entscheidung von Mehrheiten gebunden zu sein. Seitdem wird für die Evangelischen auch die Bezeichnung *Protestanten* üblich. – Der

Reichstag zu Augsburg   1530,

erstmals wieder in Anwesenheit des Kaisers, bekräftigt aber die Rekatholisierungspolitik und setzt die evangelischen Stände unter Druck. Sie reagieren mit dem Abschluß eines Verteidigungs- und Schutzbündnisses, des

Schmalkaldischen Bundes   1531.

Der damit angelegte Konflikt zwischen evangelischen Ständen und Kaiser ist ebenso religiös wie politisch bedingt. Es geht den Schmalkaldenern nicht nur um die Anerkennung ihrer Konfession, sondern ebenso um die Begrenzung der kaiserlichen Macht. Gerade zu dieser Zeit hat Karl V. die Wahl seines Bruders *Ferdinand* zum Römischen König durchgesetzt (5.1.1531) und damit seine Machtposition im Reich verbessern können.

Die drohende Auseinandersetzung wird jedoch abermals verschoben: Türkische Einfälle in Ungarn

(1532) zwingen Karl V., seine Kräfte nach außen zu konzentrieren. Besonders kritisch wird die Lage, als König Franz I. von Frankreich 1536 ein *Bündnis mit Sultan Suleiman* schließt und damit das Reich gewissermaßen einkreisen kann. Da Karl zur Abwehr dieser doppelten Bedrohung auf die Hilfe auch der protestantischen Fürsten angewiesen ist, muß er ihnen im

Nürnberger Religionsfrieden   23.7.1532

als Gegenleistung für ihre Türkenhilfe freie Religionsausübung zubilligen, bis der Glaubensstreit durch ein Konzil endgültig beigelegt sei.

Der wechselhafte Verlauf der einzelnen Kriege kann hier im einzelnen nicht beschrieben werden (s. Überblick Seite 130). Für die Reformation ist die Tatsache wichtig, daß sie sich gewissermaßen im Windschatten dieser Kriege vorerst weiter entfalten kann. Erst nach dem Friedensschluß mit Frankreich *(Frieden von Crépy,* 1544) und der Abwendung der türkischen Gefahr (Waffenstillstand 1545) kann Karl sich wieder gegen die protestantischen Stände, d. h. gegen den Schmalkaldischen Bund wenden. Nachdem er den ehrgeizigen Herzog *Moritz von Sachsen* durch Versprechungen (sächsische Kurwürde) auf seine Seite gezogen hat, eröffnet er den

Schmalkaldischen Krieg   1546/47,

der mit der klaren Niederlage der Protestanten endet. Die Anführer des Bundes, Kurfürst Johann Friedrich von Sachsen und Landgraf Philipp von Hessen, geraten in Gefangenschaft. Da im selben Jahr auch die auswärtigen Rivalen, Franz I. von Frankreich und Heinrich VIII. von England (s. Seite 129 f.), sterben, steht Karl V. auf dem Höhepunkt seiner Macht. Auf dem sogenannten

Geharnischten Reichstag zu Augsburg 1547/48

setzt er das *Augsburger Interim*[1] durch, eine Bekenntnisformel, die, trotz gewisser Zugeständnisse an die Protestanten, im wesentlichen doch die katholische Lehre oktroyiert. Die Durchführung des Interims gelingt jedoch nur in Süddeutschland. Im Norden scheitert sie am Widerstand einzelner Städte, vor allem Magdeburgs, und am passiven Widerstand der Bevölkerung, die das Angebot der katholischen Meßfeier einfach nicht wahrnimmt.

Die Machtfülle, die Karl V. mit dem Sieg über die Protestanten erworben hat, provoziert aber den Widerstand der deutschen Fürsten – auch der katholischen! Sie fürchten, daß der Kaiser seine übergroße Macht nun gegen sie wenden würde, um eine zentralistische Monarchie nach dem Vorbild seines spanischen Königreiches zu errichten. Gegen diese ab-

---

[1] *Interim* (lat. = unterdessen, einstweilen): Zwischenlösung (der konfessionellen Frage, bis zur endgültigen Regelung durch ein Konzil).

solutistische Tendenz, gegen die drohende »viehische spanische Servitut«[1] formiert sich eine überkonfessionelle Fürstenopposition, der auch Karls ehemaliger Verbündeter Moritz von Sachsen beitritt. Sie schließt ein geheimes Bündnis mit Heinrich II. von Frankreich *(Vertrag von Chambord,* 1552), der gegen Überlassung von Metz, Toul, Verdun und Cambrai seine Hilfe gegen Karl zusagt. Der

Fürstenaufstand 1552

und die ihn begleitende französische Besetzung der genannten Reichsstädte treffen Karl V. unvorbereitet. Während er erneut für die Rückgewinnung der verlorenen Städte einen erfolglosen Krieg gegen Frankreich (1552-1556) führt, schließt sein Bruder Ferdinand einen Frieden mit den Aufständischen *(Passauer Vertrag,* 1552). Auf dem Reichstag in Augsburg wird der

Augsburger Religionsfrieden 1555

geschlossen, der die Konfessionsstreitigkeiten in Deutschland vorerst beendet. Seine Hauptbestimmungen sind:

- die Anerkennung der katholischen und der lutherischen Lehre als gleichberechtigte Konfessionen (keine Anerkennung der Calvinisten, Zwinglianer und Täufer, s. Seite 127 ff.)
- die Bindung der Konfessionszugehörigkeit der Untertanen an die des Landesherrn, der seiner-

seits sich frei entscheiden kann *(Cuius regio, eius religio[2])*

- der Vorbehalt für katholische geistliche Fürsten, die bei einem Konfessionswechsel ihre Ämter und Reichslehen verlieren sollen

Der Religionsfrieden besiegelt die konfessionelle Spaltung und schafft durch den Grundsatz des »Cuius regio« die Voraussetzung für die regionale Verteilung der Konfessionen: Bis heute ist der Norden Deutschlands überwiegend protestantisch, der Süden überwiegend katholisch.

Karl V., resigniert über das Scheitern seiner Pläne, dankt 1556 ab. Das Kaisertum überläßt er seinem Bruder Ferdinand (1556-1564) und damit der österreichischen Linie des Hauses Habsburg, während seinem Sohn *Philipp II.* (1556-1598) Spanien mit den Kolonien und dem Königreich Neapel sowie Burgund und die Niederlande zufallen.

Das spanische Reich bildet in der Folgezeit den größten Machtfaktor in Europa, bis es durch den Abfall der Niederlande (1581, s. Seite 138), die Niederlage der Großen Armada gegen England (1588, s. Seite 136) und schließlich seine erfolglose Einmischung in den Dreißigjährigen Krieg (s. Seite 139) seine Vormachtstellung an Frankreich verliert (Pyrenäenfrieden 1659, s. Seite 143).

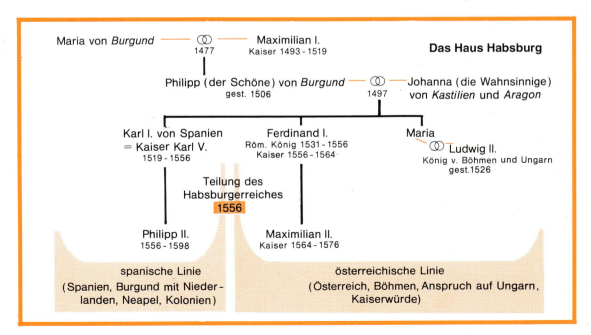

Das Haus Habsburg

Maria von *Burgund* ⏤ ⓦ ⏤ Maximilian I.
1477 — Kaiser 1493 - 1519

Philipp (der Schöne) von *Burgund* ⏤ ⓦ ⏤ Johanna (die Wahnsinnige)
gest. 1506 — 1497 — von *Kastilien* und *Aragon*

Karl I. von Spanien = Kaiser Karl V. 1519 - 1556

Ferdinand I. Röm. König 1531 - 1556 Kaiser 1556 - 1564

Maria ⓦ Ludwig II. König v. Böhmen und Ungarn gest. 1526

Teilung des Habsburgerreiches **1556**

Philipp II. 1556 - 1598

Maximilian II. Kaiser 1564 - 1576

spanische Linie (Spanien, Burgund mit Niederlanden, Neapel, Kolonien)

österreichische Linie (Österreich, Böhmen, Anspruch auf Ungarn, Kaiserwürde)

---

[1] *Servitut* (lat.): Knechtschaft.

[2] Wer über das Land verfügt, bestimmt auch über die Religionszugehörigkeit.

Der Bauernkrieg

Der Begriff *Bauernkrieg* bezeichnet die revolutionäre Massenerhebung, die 1524/25 vor allem den Süden Deutschlands erschüttert. Der Begriff hat sich in der Geschichtsschreibung eingebürgert, ist aber im Grunde nicht sehr präzise: Zum einen ist die Bewegung weniger ein »Krieg« als vielmehr ein Aufstand bzw. eine Revolution; zum andern wird sie nicht nur von Bauern, sondern auch von Städten und kleineren Adeligen getragen. Es wird deshalb auch von einem Aufstand des einfachen, des »gemeinen Mannes« gesprochen.

Der Bauernkrieg von 1524/25 überschneidet sich mit der Reformationsbewegung. Er ist von ihr beeinflußt und wirkt auf sie zurück; es gibt jedoch keinen direkten, ursächlichen Zusammenhang zwischen den beiden Ereignissen. Schon vor der Reformation finden zahlreiche, allerdings regional begrenzte Bauernerhebungen statt. Bekannt sind etwa die Aufstände des *Bundschuhs*[1] im oberrheinischen Gebiet und die des *Armen Konrad* in Württemberg. Sie sind Symptome der allgemeinen Krise des Spätmittelalters.

Die Ursachen der Erhebungen liegen – regional verschieden – in

- der verstärkten wirtschaftlichen Belastung vieler Bauern, die zum Teil durch Landmangel, zum Teil durch Erhöhung der Abgaben und Frondienste hervorgerufen wird
- dem verstärkten Zugriff der Landesherrschaften auf die dörflichen Selbstverwaltungsrechte
- der Verschärfung der Leibherrschaft mit ihren Einschränkungen der Freizügigkeit und der Ehefreiheit.

Gegen diese Verschlechterung ihrer sozialen und politischen Rechtsstellung, die ihm Rahmen der landesherrschaftlichen Territorialisierungspolitik zu sehen ist, wehren sich vor allem die wohlhabenden Bauern. Ihr Ziel ist dabei ursprünglich keinesfalls ein Umsturz der Herrschaftsordnung, sondern die Wiederherstellung des »alten Rechts«, das nach mittelalterlicher Auffassung ohnehin das bessere ist.

Die im Grunde also eigenständige Bauernbewegung verbindet sich jedoch mit der Reformation, die ja ebenfalls gegen bislang unantastbare Autoritäten vorgeht und insofern geeignet ist, das Selbstbewußtsein der Aufständischen zu stärken und ihrem Anliegen eine zusätzliche, theologische Legitimation zu verleihen. Es geht jetzt nicht mehr nur um das »alte«, sondern um das »göttliche Recht«, wie es aus dem Evangelium, und nur aus diesem, abzuleiten sei. Besonders Luthers Lehre von der Gleichheit und

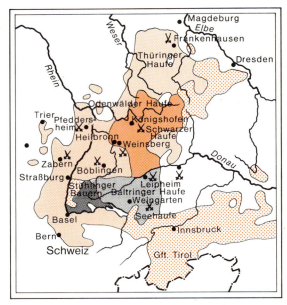

Bauernaufstände

■ Kerngebiet des Aufstandes (1524)

Ausweitung des Aufstandes

□ bis März 1525   □ bis April 1525

□ bis Ende April   □ von Unruhen
         1525   erfaßte Gebiete

»Freiheit des Christenmenschen« wird von den Aufständischen im politisch-sozialen Sinne mißverstanden, obwohl Luther sie ausschließlich geistlich-religiös interpretiert und in weltlichen Belangen die geradezu bedingungslose Unterordnung unter die Obrigkeit fordert, selbst wenn sie ungerecht sein sollte. Auch die Reformation in der Schweiz, die von *Zwingli* (s. Seite 127) bestimmt wird und deutlich soziale Züge trägt, schärft das Bewußtsein der Bauern für ihre Unterdrückung. Es ist kein Zufall, daß der Bauernkrieg seinen Ausgang in Süddeutschland, in der unmittelbaren Nachbarschaft zur Schweiz, nimmt.

Die ersten Erhebungen finden bereits im Sommer 1524 im südlichen Schwarzwald, im Bereich der Herrschaft Stühlingen, statt. Von hier breitet sich die Bewegung im Lauf der folgenden Monate über ganz Süddeutschland bis nach Thüringen aus. Auch die Schweiz und Südtirol werden von ihr erfaßt. Überall in diesen Gebieten schließen sich die Aufständischen zu Haufen zusammen *(Seehaufe* (am Bodensee), *Odenwälder Haufe* usw.). Sie werden von besonders tüchtigen Männern aus den eigenen Rei-

---

[1]   Nach der typischen Fußbekleidung des Bauernstandes, die mit Riemen über dem Fuß festgebunden wird.

hen, oft aber auch von Reichsrittern angeführt, die sich gegen die landesherrliche Zentralisierungspolitik und die drohende Mediatisierung (s. Seite 101) zur Wehr setzen. Berühmt sind *Florian Geyer* (»Wir sind des Geyers schwarze Haufen ...«) und – durch Goethes Drama – *Götz von Berlichingen*. Bereits 1522/23 hat *Franz von Sickingen* (1481-1523) an der Spitze eines Bündnisses der schwäbischen und fränkischen Reichsritterschaft den Kampf gegen die Fürstenmacht aufgenommen und sich dabei zugleich zum Vorkämpfer der Reformation gemacht. Er scheitert jedoch bei der Belagerung Triers gegen die verbündeten Fürsten von Trier, Hessen und der Pfalz und findet im Mai 1523 bei der Belagerung seiner Burg Landstuhl den Tod.

Die Ziele der Erhebung des gemeinen Mannes werden in den

Zwölf Artikeln der schwäbischen Bauernschaft

zusammengefaßt. Die Schrift findet – auch dies eine Folge der Erfindung des Buchdrucks – rasche Verbreitung und wird gewissermaßen zum *Manifest des Bauernkriegs*. Die Zwölf Artikel fordern, unter ausdrücklicher Berufung auf das Evangelium,

- freie Wahl (und gegebenenfalls Absetzung) des Pfarrers durch die Gemeinde
- Verwendung des Kirchenzehnts zur Versorgung des Pfarrers und für soziale Zwecke (Almosen)
- persönliche Freiheit (Abschaffung der Leibeigenschaft)
- Abschaffung von grundherrlichen Sonderrechten (wie Jagdrecht, Fischereirecht, Holznutzung usw.)
- Milderung der Fronleistungen und Einhaltung der bestehenden Verträge
- Rechtssicherheit, Schutz vor willkürlichen Strafen
- ungehinderte Nutzung des Gemeindelands (der Allmende)
- Abschaffung der Abgaben beim Tod des Grundholden (Todfall)

Der Aufstand trifft die herrschenden Schichten recht unvorbereitet und ist in der Anfangsphase entsprechend erfolgreich. Die Bauern plündern und zerstören zahlreiche Schlösser und Klöster und können teilweise einzelne Städte und Landesherrn zu vertraglichen Zugeständnissen zwingen. Dann aber formiert sich der landesherrliche Widerstand. In mehreren Schlachten (Frankenhausen, Zabern, Böblingen u. a. m.) werden die Bauernheere geschlagen (April/Mai 1525). Ihre Führer werden hingerichtet. Man schätzt die Zahl der Opfer auf über 100 000,

eine im Vergleich zur Gesamtbevölkerung gewaltige Zahl.

Von nachhaltiger Wirkung ist die Tatsache, daß Luther die brutale Unterwerfung der Bauern ausdrücklich billigt. In seiner Schrift *Wider die räuberischen und mörderischen Rotten der Bauern* (Mai 1525) betont er noch einmal seine Zwei-Reiche-Lehre (s. Seite 122) und verurteilt den Aufstand aufs schärfste.

Das Scheitern der Erhebung – der größten politisch-sozialen Massenbewegung der deutschen Geschichte – hat weitreichende Folgen:

- Die katastrophale Niederlage der Bauern und der sie unterstützenden Bürger lähmt die revolutionäre Kraft des »gemeinen Mannes« und schaltet ihn für Jahrhunderte als politischen Faktor aus. Erst Anfang des 19. Jahrhunderts kommt es in Deutschland zur Bauernbefreiung – aber nicht durch eine revolutionäre Bewegung von unten, sondern durch den äußeren Druck der Französischen Revolution (s. Bd. 2, Seite 17).

- Der Sieg der Landesfürsten festigt deren Stellung und begünstigt die Durchsetzung des Fürstenstaates in Deutschland.

- Die Reformationsbewegung wird durch die Parteinahme Luthers für die Fürsten kompromittiert und verliert ihren Charakter als Volksbewegung. Nur in Norddeutschland, das von den Bauernkriegen unberührt bleibt, kann sie sich durchsetzen, verbündet sich aber unauflöslich mit der fürstlichen Obrigkeit (landesherrliches Kirchenregiment).

Die Aufsplitterung der Reformationsbewegung

Die von Martin Luther 1517 ausgelöste Reformation bleibt keine einheitliche Bewegung. Schon früh bilden sich unterschiedliche Richtungen, die trotz Übereinstimmung in Grundfragen doch ein jeweils eigenes Profil entwickeln und eine Vielfalt reformierter Konfessionen[1] entstehen lassen.

Huldrych Zwingli

In der Schweiz entsteht eine eigenständige reformatorische Bewegung unter der Führung des Theologen und Humanisten *Huldrych Zwingli* (1484-1531). Zwingli orientiert sich an Luther und beruft sich wie dieser auf das Evangelium. Doch seine Reform, die er ab 1523 im Auftrag des Zürcher Stadtrats durchführt, trägt auch sozialreformatorische Züge und zielt

---

[1] Von lat. *confessio*: Bekenntnis

darauf ab, Kirchen- und Bürgergemeinde in Übereinstimmung zu bringen, also die christliche Lebensführung zur Richtschnur des politischen Lebens zu machen. Die Bürger werden zum Kirchenbesuch und zur moralischen Lebensführung verpflichtet und unterstehen der Kontrolle eines Sittengerichts.

Theologisch unterscheidet sich Zwingli von Luther vor allem in der *Abendmahlsfrage*. Während für Luther die Gegenwart Christi im Abendmahl real ist (»Dies ist mein Leib.«), deuten die Zwinglianer das Abendmahl als eine symbolische Erinnerungsfeier.

In einem persönlichen Zusammentreffen zwischen Zwingli und Luther, dem

Marburger Religionsgespräch   1529,

scheitert der Versuch eines Ausgleichs zwischen den beiden Richtungen, der angesichts der damaligen Bedrohung der Reformation durch die Rekatholisierungspolitik Karls V. politisch sinnvoll gewesen wäre. Der Mißerfolg besiegelt die Aufspaltung der Reformationsbewegung in *Lutheraner* und *Reformierte*.

Jean Calvin

Von weit größerer Bedeutung als Zwingli ist der französische Theologe *Jean Calvin* (1509-1564). In Frankreich wegen seiner Hinwendung zum Protestantismus verfolgt, findet Calvin Zuflucht in der Schweiz. In Genf wird er 1541 mit der Durchführung der Reformation beauftragt und begründet, ähnlich wie Zwingli in Zürich, eine Art theokratisches[1] Regiment. Ein Konsistorium[2] als oberste Behörde in Fragen der Lehre und der Moral überwacht und regelt das öffentliche Leben in strengster Weise (Verbot von öffentlichen Vergnügungen, Tanzveranstaltungen, Glücksspielen usw.). Calvin läßt jegliche Opposition rigoros verfolgen und scheut auch nicht davor zurück, Abweichler hinrichten zu lassen.

Eine weitere Aufspaltung der reformierten Kirche wird durch den *Züricher Konsens (1549)* verhindert, in dem sich die Anhänger Zwinglis in der Abendmahlsfrage mit Calvin einigen können. Mit den Lutheranern war ein entsprechender Einigungsversuch 1529 im Marburger Religionsgespräch gescheitert (s. oben).

Eine besondere Bedeutung in Calvins Theologie kommt seiner *Prädestinationslehre*[3] zu: Bedingt durch die Allmacht und Allwissenheit Gottes, sei das Schicksal jedes einzelnen Menschen von Anfang an vorherbestimmt. Obwohl der Mensch also keinen Einfluß nehmen kann, so könne er es doch als Zeichen seiner zukünftigen Auserwähltheit deuten, wenn ihm eine vorbildliche Lebensweise gelinge. Fromme und sittenstrenge Lebensführung, aber auch berufliche Tüchtigkeit, Pflichterfüllung und Erfolg erhalten damit einen extrem hohen Stellenwert und werden gewissermaßen zum Gottesdienst. Diese Leistungsethik begünstigt in starkem Maße soziale und wirtschaftliche Aktivitäten und führt in den vom Calvinismus geprägten Gebieten zu einem bemerkenswerten ökonomischen Aufschwung. Diesen Zusammenhang von Konfession und Wirtschaft hat der Soziologe Max Weber in einer berühmten Studie dargelegt *(Die protestantische Ethik und der Geist des Kapitalismus,* 1905).

Der Calvinismus verbreitet sich in ganz Europa. Außer in der Schweiz findet er vor allem in Frankreich *(Hugenotten)* und in den Niederlanden zahlreiche Anhänger. Über England gelangt er im 17. Jahrhundert auch nach Amerika.

Thomas Müntzer

Eine radikale Variante der Reformation verkörpert *Thomas Müntzer* (ca. 1489-1525). Er beginnt seine Laufbahn als Prediger im Geist Luthers, dessen Vorlesungen er 1518 in Wittenberg hört, löst sich aber schon früh von dessen Einfluß. Für Müntzer gewinnt neben dem Wort der Bibel das »innere Wort« – Gefühl, Empfinden, Inspiration – eine eigene Bedeutung. Hier spreche Gott am deutlichsten. Diese Vorstellung, die auf die Tradition der deutschen *Mystik*[4] zurückgreift, erhält bei Müntzer aber eine sozialrevolutionäre Komponente. Denn gerade der einfache, der »gemeine« Mann könne die Stimme Gottes am unmittelbarsten vernehmen. Er gehöre dann zu den Auserwählten, zum Volk Gottes, und sei aufgefordert, Gottes Reich auf Erden zu errichten, notfalls mit dem »Schwert Gideons«[5], also mit Gewalt. Er selbst sieht sich als »Knecht Gottes«, als Vorkämpfer und Prophet der gottgewollten Ordnung, in der Privateigentum, Standesunterschiede und staatliche Gewalt keinen Platz mehr fänden. So wird Müntzer vom Reformator zum mystischen Revolutionär.

Müntzer, der ein charismatischer Prediger ist, erhält

---

[1] *Theokratie* (griech. = Gottesherrschaft): Staatsform, in der die weltliche Ordnung auf religiösen Gesetzen basiert.

[2] *Konsistorium* (lat.): Versammlung, gebildet aus den Ältesten (Presbytern) und den Pfarrern.

[3] *Prädestination* (lat.): Vorherbestimmung.

[4] *Mystik* (von griech. myein = sich schließen): religiöse Grundhaltung, die durch Meditation, Askese u.ä. die direkte Verbindung und Vereinigung mit Gott anstrebt.

[5] *Gideon:* Einer der im Richterbuch beschriebenen Führer Israels, um 1100 v. Chr.

mit seinen sozialutopischen Vorstellungen regen Zulauf. In Allstedt, wo er 1523/24 als Pfarrer tätig ist, gründet er den *Allstedter Bund,* eine bewaffnete Schar von ca. 500 Anhängern. Solche Aktivitäten bringen ihn aber auch stets in Konflikt mit der Obrigkeit. Mehrmals muß er sich einer drohenden Verhaftung durch die Flucht entziehen.

Als 1524/25 der Bauernkrieg ausbricht (s. Seite 126), sieht Müntzer darin den erwarteten Endkampf des Gottesvolkes gegen die Gottlosen. Inzwischen zum Pfarrer in Mühlhausen gewählt (Februar 1525), stellt er sich an die Spitze eines Thüringer Bauernhaufens. Seine Schar plündert einige Klöster und Schlösser der Umgebung (»Dran, dran, dyeweyl das feuer hayß ist! Lasset euer schwerth nit kalt werden ...«), verbündet sich mit anderen Aufständischen, wird aber dann in der *Schlacht von Frankenhausen (Mai 1525)* von den fürstlichen Truppen vollständig zerrieben. Müntzer gerät in Gefangenschaft, wird gefoltert und am 27. Mai 1525 hingerichtet.

Die Wiedertäufer

Müntzers Ideen leben teilweise fort in der reformatorischen Bewegung der *Wiedertäufer.* Deren Name erklärt sich daraus, daß ihre Anhänger die Kindertaufe ablehnen. Für sie zählt nur die bewußte Entscheidung des Erwachsenen, mit der er zugleich sein ganzes Leben in den Dienst der Gemeinde stellt. Von daher gewinnt die Täufergemeinde ihren Zusammenhalt ebenso wie das Bewußtsein ihrer Auserwähltheit. Aufgrund ihrer gesellschaftspolitischen Vorstellungen – Ablehnung staatlicher und kirchlicher Obrigkeiten und Gleichheitsgedanke – und ihrer Beteiligung am Bauernkrieg werden die Täufer als Aufrührer verfolgt und in den Untergrund gezwungen. Gerade die Verfolgungen sowie die chiliastische[1] Gewißheit des nahenden Gottesreiches führen aber zu einer Radikalisierung der Bewegung, die ihren Höhepunkt im

Wiedertäuferreich von Münster	1534/35

findet. Nach Einführung der Reformation (1533) gewinnen hier die Täufer, begünstigt durch wirtschaftliche und soziale Spannungen in der Stadt und den Zustrom täuferischer Glaubensflüchtlinge aus den Niederlanden, die Oberhand. Sie ersetzen den Stadtrat durch eine Regierung der Zwölf Ältesten (nach dem Vorbild der zwölf Apostel und der zwölf Stämme Israels) und wählen schließlich den Schneider Johannes Bockelson, genannt *Jan van Leiden* (ca. 1510-1536), zum »König«.

Das täuferische Experiment eines »Königreichs Zion« in Münster ist freilich nur von kurzer Dauer. Die

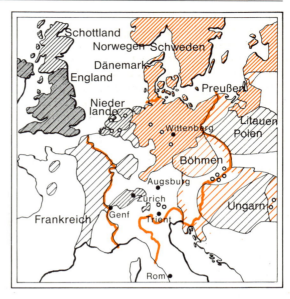

Verteilung der Konfessionen

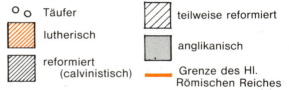

Stadt wird nach längerer Belagerung in einer katholisch-evangelischen Gemeinschaftsaktion unter Leitung des Münsteraner Bischofs erobert (25./26.6.1535) und nach einem grausamen Strafgericht wieder dem Katholizismus zugeführt.

Die Täuferbewegung erlangt nach dieser verheerenden Niederlage in Deutschland keine größere Bedeutung mehr. Sie lebt unter der Leitung des gemäßigten Täuferführers *Menno Simons* (1496-1561, deswegen: *Mennoniten)* in einzelnen Gemeinden in Holland und Ostfriesland weiter und gelangt von hier später auch nach Amerika.

Die anglikanische Kirche

Eine ganz besondere Variante der Reformationsbewegung bildet die Entstehung der *anglikanischen Staatskirche* in England. Im Gegensatz zu den bisher genannten Richtungen erfolgt die Loslösung der englischen Kirche von Rom nicht aufgrund einer innerkirchlich und theologisch begründeten Kritik; sie geht vielmehr auf die ganz privat motivierte Entscheidung des englischen Königs zurück. *Heinrich VIII.* (1509-1547), im Grunde ein Gegner der lutherischen Reformation und Verfasser einer katholischen Verteidigungsschrift (1521), gerät über die Frage seiner

---

[1] *Chiliasmus* (von griech. chilioi = tausend): Erwartung eines tausendjährigen Reiches messianischen Heils (nach Offenbarung des Johannes 20,1-10).

Ehescheidung in Konflikt mit Papst Clemens VII., der ihm die kirchliche Zustimmung zur Auflösung seiner Ehe verweigert. Nach dem Scheitern weiterer Verhandlungen und der heimlichen Trauung des Königs mit seiner Favoritin *Anne Boleyn,* die ein Kind (die spätere Königin *Elisabeth,* s. Seite 134) von ihm erwartet, erfolgt 1533 der Bruch mit Rom. Mit der vom Parlament gebilligten

Suprematsakte	**1534**[1]

wird der König zum Oberhaupt der englischen Kirche ernannt, die damit zu einer von Rom unabhängigen

Nationalkirche wird. Durch einen Eid *(Suprematseid, 1534)* werden die Kleriker auf die neue Ordnung verpflichtet. Nur wenige, unter ihnen der Humanist und frühere Lordkanzler *Thomas More* (s. Seite 115), leisten Widerstand und werden hingerichtet.

Abgesehen von der Aufhebung der Klöster, deren Besitz an die Krone fällt, bleibt die anglikanische Kirche anfangs der katholischen Lehre verpflichtet. Erst nach dem Tod Heinrichs VIII. übernimmt sie protestantische bzw. calvinistische Züge.

---

[1] *Supremat, Suprematie* (von lat. supremus = höchster, oberster): Vorrang, Oberhoheit.

Zeittafel
Zeitalter der Reformation

Reichspolitik	Politik der Fürsten	Reformation
		1517 31.10. Thesenanschlag Luthers 1518 Ketzerprozeß gegen Luther
1519 Wahl Karls V. zum Röm. Kaiser 1521 Wormser Reichstag	Kurfürst Friedrich der Weise von Sachsen nimmt ← Luther in seinen Schutz	**1521 Wormser Edikt**
1521-26 1. Krieg gegen Frankreich Kämpfe in Italien (Mailand) Bündnis Papst – Frankreich (1524) 1525 franz. Niederlage bei Pavia: Gefangennahme Franz' I. 1526 Frieden von Madrid	keine Durchführung des Wormser Edikts	1523 Zwingli in Zürich
1526 Türkischer Angriff auf Ungarn Schlacht von Mohacz	1525 Unterdrückung des Bauernkrieges	**1524/25 Bauernkrieg**
1526-29 2. Krieg gegen Frankreich Franz I. erklärt Frieden von Madrid für ungültig »Heilige Liga« (Frankreich, Papst, Venedig, Florenz, Mailand) **1527 Sacco di Roma** (Plünderung Roms durch span. u. deutsche Landsknechte). 1528 franz. Belagerung Neapels scheitert **1529 Frieden von Cambray** (mit Frankreich) u. Barcelona (mit Papst)	keine Durchführung des Wormser Edikts / Ausbau des landesherrlichen Kirchenregiments	1526 1. Reichstag zu Speyer 1529 2. Reichstag zu Speyer → *»Protestanten«* 1529 Religionsgespräch Zwingli / Luther in Marburg scheitert

1529 türk. Belagerung Wiens wird abgewehrt
1530 Kaiserkrönung Karls V. in Bologna (letzte Kaiserkrönung durch einen Papst)

1532 Türkische Einfälle in Ungarn

1535 Feldzug Karls V. gegen das mit Türken verbündete Tunis

1536-38 3. Krieg gegen Frankreich
franz.-türkisches Bündnis
1538 Waffenstillstand von Nizza (auf 10 Jahre)

Fortsetzung des Türkenkrieges

1542-44 4. Krieg gegen Frankreich
1544 Frieden von Crépy

1545 Waffenstillstand mit Türken

1552-59 5. Krieg gegen Frankreich
1556 Abdankung Karls V.
1556-59 Fortsetzung des Krieges durch *Philipp II.*
1559 Frieden von Cateau-Cambrésis (s. Seite 134)

1530/31
Schmalkaldischer Bund
(der evangelischen Fürsten)

Verschiebung der Religionsfrage, da Karl V. auf die Hilfe aller Fürsten, auch der evangelischen, gegen Frankreich und die Türken angewiesen ist

1546/47
Schmalkaldischer Krieg
(Sieg Karls in Schlacht von Mühlberg, 24.4.1547)
1552 Fürstenopposition
(evang. *und* kathol. Fürsten) gegen Karl V. und Bündnis mit Frankreich

1530 Reichstag zu Augsburg:
Durchführung des Wormser Edikts

1532 Nürnberger »Anstand« (vorläufiger Religionsfrieden)
1534 Begründung der Anglikanischen Kirche durch Heinrich VIII.
(Suprematsakte)
1534/35 Wiedertäuferreich in Münster

1539 Frankfurter »Anstand«
1541 Jean Calvin in Genf

1544 Reichstag zu Speyer: praktische Anerkennung der evangel. Konfession bis zu einer Konzilsentscheidung
1547/48 »Geharnischter Reichstag«
zu Augsburg: Augsburger Interim
1555 Augsburger Religionsfrieden

Das Zeitalter der Glaubenskämpfe

Überblick

- Die Zeit von ca. 1555 bis ca. 1648 ist durch eine Fülle von Kriegen und Bürgerkriegen gekennzeichnet, die alle aus den *konfessionellen Gegensätzen* der Reformationszeit resultieren oder von ihnen geprägt sind.

- Die konfessionellen Auseinandersetzungen sind in den einzelnen Ländern mit jeweils spezifischen *innenpolitischen Problemen* verknüpft und gewinnen dadurch an Schärfe. In Frankreich geht es um die Rivalität führender Adelshäuser, im Reich und den spanischen Niederlanden um den Gegensatz zwischen Ständen und Zentralgewalt, in England um den Machtkampf zwischen Monarchie und Parlament.

- Die Glaubenskämpfe verbinden sich aber auch mit den *außen- und machtpolitischen Kämpfen* der Zeit. Eine Schlüsselrolle nimmt die damalige europäische Vormacht Spanien ein: Der Kampf für die katholische Sache (in den Niederlanden, in England und Frankreich) ist untrennbar mit der Hegemonialpolitik Philipps II. verbunden.

- Außenpolitische Erwägungen führen aber auch zu einem Zusammenschluß der protestantischen Mächte: England unterstützt den antispanischen Freiheitskampf der Niederlande, und die protestantischen Mächte Dänemark und Schweden stellen sich im Dreißigjährigen Krieg gegen das katholische Habsburg.

- Die Niederlage der spanischen *Armada* gegen England (1588) und der Sieg Heinrichs von Navarra in Frankreich **(Edikt von Nantes, 1598)** stärken die protestantischen Kräfte in Europa.

- Die letzte und entscheidende Auseinandersetzung bringt der **Dreißigjährige Krieg (1618-1648),** der sich aus einem antihabsburgisch-protestantischen Aufstand in Böhmen entwickelt und nach und nach fast alle europäischen Mächte in seinen Sog zieht. Die konfessionellen Gegensätze treten dabei immer mehr zugunsten der machtpolitischen Interessen zurück (Bündnis des katholischen Frankreich mit dem protestantischen Schweden).

- Der **Westfälische Frieden (1648)** beendet das Zeitalter der Glaubenskriege und legt eine neue europäische Ordnung fest: Die Niederlande und die Schweiz werden souveräne Staaten, Frankreich löst Spanien als Hegemonialmacht ab *(Pyrenäenfrieden 1659),* England entwickelt sich zur führenden Seemacht.

- Der Ausgang der Glaubenskriege stellt auch die Weichen für die innere Entwicklung der europäischen Staaten: In Frankreich führt der Sieg über das Reich und Spanien zur Stärkung der Zentralgewalt und zur Ausbildung der *absolutistischen Monarchie.* In Deutschland setzt sich dagegen der *Partikularismus* durch, die Zersplitterung des Reiches in zahlreiche souveräne Einzelstaaten. England entwickelt sich, nach den Wirren des Bürgerkrieges und der zeitweisen Restitution des Stuart-Königtums, zur *konstitutionellen Monarchie* (1688/89, s. Seite 153).

Das konfessionelle Zeitalter

Der Zeitraum vom Augsburger Religionsfrieden (1555, s. Seite 125) bis zum Westfälischen Frieden (1648, s. Seite 141) wird als *Zeitalter der Glaubenskämpfe* bezeichnet. Wie jede Periodisierung kann auch diese nicht völlig zufriedenstellen. Zum einen gibt es Glaubenskämpfe auch schon vor 1555; zum anderen ist das Anfangsdatum 1555 nur in eingeschränktem Maße sinnvoll, denn der Augsburger Religionsfrieden bedeutet nur für die deutsche, nicht aber für die europäische Geschichte eine epochale Zäsur.

Dennoch ist nicht zu übersehen, daß sich in der Mitte des 16. Jahrhunderts eine qualitative Veränderung vollzieht. Die in der Reformation entstandenen neuen Glaubensrichtungen formulieren ebenso wie die katholische Kirche verbindliche Bekenntnisse – *Konfessionen*. Sie stärken damit ihren inneren Zusammenhalt, definieren ihren Standort und grenzen sich damit zugleich nach außen ab. Diese Grenzziehung ist eine wichtige Voraussetzung für die Glaubenskämpfe. Man spricht deshalb oft auch vom *konfessionellen Zeitalter.*

In der älteren Literatur wird die Epoche von 1555 bis 1648 auch als *Gegenreformation* bezeichnet. Der Begriff verweist auf die Rolle der katholischen Kirche, die in dieser Zeit wieder erstarkt und sich anschickt, verlorenes Terrain zurückzuerobern. Er hebt allerdings zu einseitig auf die bloße Reaktion, den Kampf gegen den Protestantismus, ab und vernachlässigt die Strömungen, die eine Reform und religiöse Erneuerung des Katholizismus anstreben.

Natürlich ist auch die Betonung der Glaubenskämpfe eine Verkürzung. Die Epoche erhält zwar ihre besondere Prägung durch die blutigen Konfessionskriege, die ihren Höhepunkt im Dreißigjährigen Krieg finden (s. Seite 139). Es ist jedoch nicht zu übersehen, daß die konfessionellen Auseinandersetzungen von den politischen Kämpfen der Zeit nicht zu trennen sind und bisweilen nur als Vorwand oder Legitimationsgrundlage dienen. Sie sind außenpolitisch verknüpft mit den machtpolitischen Interessen der sich formierenden Nationalstaaten, dem Kampf um die europäische Hegemonie, die Seeherrschaft und den Kolonialbesitz. Sie sind innenpolitisch von den alten Auseinandersetzungen zwischen Ständen (Fürsten, Adel, Städten) und monarchischer Zentralgewalt begleitet, die im 16. Jahrhundert definitiv zur Entscheidung drängen.

Der Ausgang der Glaubenskämpfe entscheidet auch über die jeweilige Lösung dieser Konflikte und stellt damit die Weichen für die staatliche Zukunft der Länder Europas.

Die Reform der katholischen Kirche

Die Erfolge der protestantischen Bewegung zwingen auch die katholische Kirche zur Neubesinnung und Neuorientierung. Diese innere Regeneration ist vor allem das Verdienst des **Jesuitenordens** und des **Trienter Konzils.**

Die Gründung des Jesuitenordens[1] geht auf den Heiligen *Ignatius von Loyola* (1491-1556) zurück. Der spanische Adelige ist anfangs im höfischen und militärischen Dienst tätig. Erst 1521, nachdem er in einer Schlacht schwer verwundet worden ist, wendet er sich religiösen Studien zu. Nach einer Palästinawallfahrt (1523/24) beginnt er ein theologisches Studium und wird 1537 zum Priester geweiht. Bereits 1536 gründet er in Paris mit einigen Gefährten eine Ordensgemeinschaft, deren Ziel ursprünglich die Mission im Heiligen Land sein sollte. Als dieser Plan an den politischen Gegebenheiten scheitert, unterstellt Ignatius den Orden 1540 dem Papst und übernimmt den Auftrag, durch Mission, Seelsorge und Schultätigkeit für die Wiedererstarkung und Ausbreitung des katholischen Glaubens zu sorgen.

Die Besonderheit des Jesuitenordens liegt zum einen in seiner fast militärischen Struktur, die auf strikten Gehorsam und bedingungslose Unterordnung unter den Papst gegründet ist. An der Spitze der Ordenshierarchie steht der *Ordensgeneral,* der von zehn Assistenten unterstützt und von der Generalkongregation des Ordens auf Lebenszeit gewählt

wird. Er ist unmittelbar an die Befehle des Papstes gebunden.

Zum anderen zeichnet sich der Orden durch seine Weltoffenheit (u. a. Verzicht auf Ordenskleidung) und sein elitäres Bewußtsein aus, das aus seiner Aufgabe als Vorkämpfer der katholischen Glaubenslehre resultiert. Eine besondere Wirksamkeit entfaltet die Gesellschaft Jesu auf dem Gebiet des Schul- und Universitätswesens. Die Jesuitenschulen, die innerhalb kurzer Zeit in ganz Europa entstehen, sind von herausragender Qualität und tragen in erheblichem Maße zur geistigen Erneuerung der katholischen Kirche bei.

Die offizielle und kirchenrechtliche Reform des Katholizismus erfolgt durch das

| **Konzil von Trient**[2] | **1545-1563.** |

Dieses Konzil, das vor dem Hintergrund der wechselhaften politischen Geschichte (s. Überblick S. 131) erst nach vielen Schwierigkeiten zusammentreten kann und mehrfach unterbrochen werden muß, hat zwei zentrale Aufgaben: Zum einen muß es die offensichtlichen Mißstände innerhalb der katholischen Kirche beseitigen, um den Weg zu einer inneren Erneuerung zu öffnen; zum anderen muß es sich der protestantischen Herausforderung stellen und in Abgrenzung zur Reformationsbewegung die katholische Glaubenslehre neu definieren.

Beide Aufgaben hat das Konzil trotz mannigfacher Schwierigkeiten im wesentlichen erfüllt.

Die tridentinische Lehre grenzt sich vom Luthertum ab, indem sie

- neben der Heiligen Schrift auch die kirchliche Überlieferung als autoritative Grundlage des Glaubens billigt

- das allgemeine Priestertum der Protestanten ablehnt und der Kirche, an ihrer Spitze dem Papst, die verbindliche Auslegung der Schrift zubilligt

- neben der Buße auch die »guten Werke« als Möglichkeiten der Rechtfertigung vor Gott anerkennt

- an den sieben Sakramenten festhält.

Der inneren Erneuerung dienen Maßnahmen zur Bekämpfung der Verweltlichung:

- Verpflichtung der Bischöfe zur Präsenz in ihrem Bistum

- Verbot der Ämter- und Pfründenhäufung

- Verbesserung der Priesterausbildung

---

[1] Auch *Gesellschaft Jesu* bzw. *Societas Jesu,* abgekürzt SJ.

[2] Auch (lat.) *Tridentinisches Konzil* bzw. *Tridentinum.*

- Verbesserung und Vereinheitlichung des Schulunterrichts (Tridentinischer Katechismus, Meßbuch)
- Verbot ketzerischer Schriften (Index)

Das Konzil von Trient hat auf lange Zeit das Bild der katholischen Kirche geprägt. Die Phase bis zum zweiten Vatikanischen Konzil (1962-1965) wird deshalb vielfach als »nachtridentinisch« bezeichnet.

Der Machtkampf zwischen Spanien und England

Das habsburgische Spanien baut unter **Philipp II.** (1556-1598), dem Sohn Kaiser Karls V., seine europäische Vormachtstellung weiter aus. Die Schlachten bei Rom, St. Quentin (1557) und Gravelingen (1558) entscheiden den noch von Karl V. übernommenen Krieg gegen das mit dem Papst verbündete Frankreich. Der

Frieden von Cateau-Cambrésis   1559

beendet die Serie der habsburgisch-französischen Kriege (s. Überblick S. 130 f.) und legt die Grundlage für die *spanische Hegemonialstellung*.

Im Innern baut Philipp die Stellung der Zentralmacht konsequent im absolutistischen Sinne aus. Er schafft eine straffe, geordnete Verwaltung mit fest umrissenen Ressorts und schaltet den Einfluß der Stände weitgehend aus. Religionspolitisch verfolgt er eine streng katholische Linie. Reformatorische Ansätze werden von der allmächtigen Inquisition im Keim erdrückt; auch die Juden und die Reste der maurischen Bevölkerung in Südspanien werden verfolgt und ausgewiesen.

Symbol der absoluten und katholischen Herrschaft Philipps wird der *Escorial,* ein riesiges Bauwerk, das zugleich Schloß, Regierungsgebäude, Kloster, Kirche und Begräbnisstätte ist. Von seinem Arbeitszimmer aus, das einen direkten Zugang zur Kirche hat, regiert Philipp, der »erste Bürokrat auf dem Königsthron«, sein riesiges Reich, das 1580, nach dem Aussterben des dortigen Königshauses, auch noch durch Portugal erweitert wird[1].

Philipps Selbstverständnis als katholischer Herrscher läßt ihn auch eine großangelegte Initiative gegen das Osmanische Reich unternehmen. Er bringt eine *Heilige Liga* (Spanien, Venedig, Papst)

zustande, deren vereinigte Flotte unter dem Oberbefehl des *Don Juan d'Austria* die Türken in der

Seeschlacht bei Lepanto[2]   1571

schlägt. Mit dieser Schlacht verliert das Osmanische Reich zwar die Seeherrschaft im Mittelmeer, bleibt aber als Balkanmacht auch weiterhin eine ernsthafte Gefahr für Österreich und das Reich.

Die große Rivalin Phlipps II. ist die englische Königin **Elisabeth I.** (1558-1603). Tochter Heinrichs VIII. und dessen zweiter Frau Anne Boleyn (s. Seite 130), besteigt sie 1558 den englischen Thron. Die Legitimation für ihre Thronfolge beruht auf einem Parlamentsbeschluß von 1544; Heinrich VIII. hingegen hatte nach der Hinrichtung Anne Boleyns (1536) seine Tochter für illegitim erklären lassen. Elisabeth I. zieht einen klaren Trennungsstrich zur Politik ihrer Vorgängerin und Halbschwester *Maria* (1553-1558). Deren Versuch, im Bündnis mit Spanien (Ehe mit Philipp II., 1554) die religionspolitischen Entscheidungen ihres Vaters zu revidieren und den Katholizismus gewaltsam wiedereinzuführen[3], hat England in einen konfessionellen Bürgerkrieg gestürzt und eine nationale, antispanische Stimmung hervorgerufen, die den reformatorischen Kräften entgegenkommt. Dagegen setzt nun Elisabeth, gestützt auf die Parlamentsmehrheit, die Wiedereinführung des anglikanischen Kirchensystems durch *(Suprematsakte* (s. Seite 130) *1559),* wobei sie aber – im Unterschied zu Maria – jede unnötige Härte bewußt vermeidet. Die Reorganisation der anglikanischen Kirche findet 1563 ihren Abschluß in einer schriftlich festgelegten Konfession, den »39 Artikeln«.

Die anfängliche Zurückhaltung Spaniens, das in den Kampf gegen die aufständischen Niederlande verstrickt (s. Seite 137) und deshalb auf die Neutralität Englands angewiesen ist, wandelt sich allmählich zu immer offenerer Feindschaft. Die Hauptursache für die Verschärfung der Beziehungen ist – neben dem konfessionellen Gegensatz – die latent antispanische Politik Elisabeths. Sie unterstützt heimlich sowohl den Aufstand der Niederlande wie den englischen Piratenkrieg gegen die spanische Atlantikflotte, mit dem die Seeherrschaft Spaniens und sein Alleinanspruch auf die Kolonien untergraben werden sollen. Der berühmteste englische Seeheld jener Zeit ist *Sir Francis Drake* (ca. 1539/45-1596), der mit seinen abenteuerlichen Kaperfahrten den Spaniern schweren Schaden zufügt. Nach Magalhaes (s. Sei-

---

[1] Die spanische Herrschaft wird 1640, während des Dreißigjährigen Krieges, in einem Aufstand unter Führung des Herzogs Johann von Bragança abgeschüttelt. Im Frieden von Lissabon (1668) muß Spanien die portugiesische Unabhängigkeit anerkennen.

[2] Heute Naupaktos (am nordwestl. Ausgang des Golfs von Korinth).

[3] Deshalb *Maria die Katholische* und auch *die Blutige.*

Beziehungen
England – Schottland

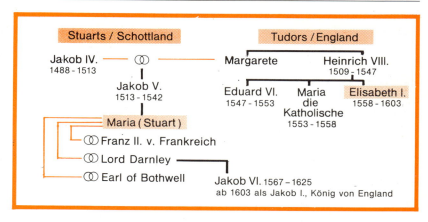

te 117) führt er die zweite Erdumsegelung durch (1577-1580). Die Gründung der ersten englischen Kolonie in Amerika – Virginia[1] – durch *Sir Walter Raleigh* bleibt vorerst jedoch ohne dauernden Erfolg (1584-1589).

Der Auslöser für den Ausbruch der offenen Feindseligkeiten zwischen England und Spanien ist die Affäre um **Maria Stuart.** Maria, Tochter des schottischen Königs Jakob V. und der Maria von Guise, in Frankreich erzogen und 1558 mit dem französischen König Franz II. verheiratet, tritt als Achtzehnjährige nach dem Tod ihres Mannes und ihrer Mutter die Nachfolge ihres Vaters in Schottland an. Sie erhebt aber auch Anspruch auf den englischen Thron. Ihr Anspruch stützt sich auf die Tatsache, daß Elisabeth I. von England zwar vom Parlament, nicht aber von ihrem Vater Heinrich VIII. legitimiert ist (s. Seite 134). Elisabeths Illegitimität vorausgesetzt, wäre Maria die rechtmäßige Anwärterin auf den englischen Thron.

Der Durchsetzung ihres Anspruchs dient auch die 1558 geschlossene Ehe mit Franz II. von Frankreich, der jedoch bereits 1560 stirbt. – Die Ankunft Marias ruft in Schottland gemischte Gefühle hervor. Der dortige Adel ist vorwiegend calvinistisch orientiert und begegnet der katholischen, mit Frankreich verbündeten Herrscherin mit Mißtrauen. Aber erst ihre Eheschließung mit dem katholischen Lord Darnley (1565) führt zu einem Aufstand protestantischer Adeliger, der freilich noch unterdrückt werden kann. Höchst bedenkliche persönliche Entscheidungen – so die wohl mit ihrem Wissen erfolgte Ermordung Darnleys (1567) und die anschließende Heirat mit dem Earl of Bothwell, seinem mutmaßlichen Mörder – machen ihre Position unhaltbar. Sie muß 1567 unter dem Druck des aufständischen Adels zugunsten ihres unmündigen Sohnes Jakob VI. abdanken,

flieht 1568 nach England und begibt sich in den Schutz ihrer Rivalin Elisabeth.

Die Anwesenheit Maria Stuarts in England[2] bringt Elisabeth in eine heikle Situation. Die Frage nach der Rechtmäßigkeit ihrer Herrschaft verknüpft sich in zeittypischer Weise mit dem konfessionellen Gegensatz: In Nordengland bricht zugunsten Marias ein Aufstand katholischer Adeliger aus, der von Spanien und vom Papst unterstützt wird (Exkommunikation Elisabeths, 1570). Der Aufstand wird zwar unterdrückt, die konfessionellen Gegensätze aber bleiben bestehen und gewinnen an Schärfe. Zahlreiche englische Katholiken fliehen und suchen Rückhalt in Spanien und in Rom.

Die ohnedies bestehenden Spannungen zwischen Spanien und England werden durch den konfessionellen Gegensatz noch verschärft. Der Anspruch Maria Stuarts, die seit 1568 von Elisabeth in Gefangenschaft gehalten wird, dient dabei Spanien und dem Papst zur Legitimierung ihrer antienglischen Politik. Die Anwesenheit der schottischen Rivalin in England ist deshalb eine beständige Bedrohung der Herrschaft Elisabeths. Nach der Aufdeckung mehrerer Verschwörungen gegen die Königin entschließt sich das Parlament deshalb, Maria den Prozeß zu machen. Die

Hinrichtung Maria Stuarts   8.2.1587,

von Elisabeth widerwillig gebilligt, beseitigt diesen ständigen Unruheherd, wird aber zugleich zum Auslöser des offenen Konflikts mit Spanien. Nun entscheidet sich Philipp II., im Bündnis mit Papst Sixtus V., zum bewaffneten Eingreifen in England, wobei er auf die Unterstützung der dortigen Katholiken hofft. Der großangelegte Invasionsversuch (129 Schiffe mit 30 000 Mann) endet jedoch mit einem Desaster: Die spanische Flotte (Armada) wird von den zahlen-

---

[1]   Benannt nach Königin Elisabeth (von virgin = Jungfrau).

[2]   Literarisch bearbeitet von Friedrich Schiller: Maria Stuart, 1800.

mäßig unterlegenen, aber wendigeren englischen Schiffen besiegt und zur Umkehr gezwungen. Nur die Hälfte der Schiffe und ein Drittel der Besatzung kehrt nach Spanien zurück. Die

Niederlage der spanischen Armada   1588

ist von weitreichender politischer Bedeutung. Sie leitet zum einen den allmählichen Verfall der spanischen Hegemonialstellung ein, der sich in weiterer Mißerfolgen – gegen Frankreich und die Niederlande – bis zum Pyrenäenfrieden von 1659 (s. Seite 143) fortsetzt; zum anderen belegt sie eindrucksvoll die Seemachtstellung, die England inzwischen erworben hat und in den folgenden Jahrhunderten mit erstaunlicher Konsequenz ausbauen wird.

Die Hugenottenkriege in Frankreich

Trotz staatlicher Verfolgung findet die Reformation auch in Frankreich zahlreiche Anhänger. Die französischen Protestanten, die *Hugenotten* (Eidgenossen), sind von der Lehre des Genfer Reformators Calvin (s. Seite 128) geprägt und gewinnen in Mittel- und Westfrankreich starken Einfluß.

Eine wichtige Voraussetzung für den Erfolg der Hugenotten ist die Tatsache, daß sie im höchsten Adel, vor allem in den Häusern *Bourbon* und *Châtillon (Admiral de Coligny)* Anhänger finden. Dieser calvinistischen Adelsgruppe steht eine katholische unter Führung des Hauses *Lothringen-Guise* gegenüber. Beide Parteien versuchen, Einfluß auf das französische Königtum zu nehmen, das sich gerade in dieser Zeit außerordentlich schwach zeigt. Nach dem unerwarteten Tod Heinrichs II. (1547-1559), der einem Turnierunfall zum Opfer fällt, folgen seine schwachen und zum Teil noch unmündigen Söhne *Franz II.* (1559-1560), *Karl IX.* (1560-1574) und *Heinrich III.* (1574-1589), die zeitweise unter dem Einfluß ihrer Mutter *Katharina von Medici* (gest. 1589) stehen.

Die anfangs praktizierte Toleranzpolitik Katharinas, die – nicht zuletzt, um ihre Stellung gegenüber den Herzögen von Guise zu festigen – den Hugenotten außerhalb der Städte Freiheit des Gottesdienstes zugesteht (Januar 1562), scheitert am Widerstand der katholischen Gruppe. Das *Blutbad von Vassy* (1.3.1562), die Niedermetzelung der dortigen Hugenottengemeinde, löst die (insgesamt acht)

Hugenottenkriege   1562-1598

aus, die Frankreich in eine Zeit blutiger Bürgerkriege stürzen. Eine zusätzliche Gefahr erwächst aus der Politik Philipps II., der seit 1559 mit *Elisabeth von Valois,* einer Tochter Heinrichs II. und Katharinas von Medici, verheiratet ist und im Interesse der katholischen Sache, aber auch im machtpolitischen Inter-

esse Spaniens Einfluß auf die französischen Angelegenheiten zu gewinnen sucht.

Ein bedeutender Erfolg für die Hugenotten ist der *Frieden von St.Germain-en-Laye* (1570), der ihnen volle Glaubensfreiheit und vier eigene Festungen zugesteht. Karl IX. nähert sich der hugenottischen Partei an, ernennt ihren Führer Admiral de Coligny zu seinem Berater und willigt in die Eheverbindung seiner Schwester Margarete mit dem Bourbonen und Hugenotten *Heinrich von Navarra* ein.

Die Erfolge der Protestanten provozieren jedoch den katholischen Widerstand, an dessen Spitze sich die Königinmutter Katharina stellt. In der

Bartholomäusnacht   23./24.8.1572

läßt sie die führenden Repräsentanten der Hugenotten, die anläßlich der Hochzeit Heinrichs von Navarra mit Margarete von Valois in Paris versammelt sind, ermorden. Diesem Massenmord, oft auch als *Pariser Bluthochzeit* bezeichnet, fallen Tausende von Hugenotten zum Opfer, unter ihnen auch de Coligny.

Trotz – oder gerade wegen – der beispiellosen Heimtücke und Brutalität des Vorgehens führt die Pariser Bluthochzeit nicht zum erwünschten Erfolg. Sie bewirkt im Gegenteil eine noch entschlossenere Solidarisierung der Hugenotten und die Verschärfung der Religionskämpfe.

Von entscheidender Bedeutung für den Verlauf dieser Kämpfe ist die Tatsache, daß die katholische Partei, die *Heilige Liga,* die Unterstützung des spanischen Königs findet. Das Bündnis mit Philipp II. (1585), das auf den ersten Blick der katholischen Sache ein klares Übergewicht zu verleihen scheint, erweist sich tatsächlich aber als großer Fehler. Die spanische Einmischung wird als nationale Bedrohung empfunden und führt dazu, daß nun auch viele Katholiken auf die Seite Heinrichs von Navarra übergehen. Die Niederlage der spanischen Armada gegen England (1588, s. oben) wird von vielen Franzosen mit Genugtuung zur Kenntnis genommen. 1589 löst sich auch der französische König, Heinrich III., vom Einfluß der Liga. Er läßt deren Führer, den Herzog und den Kardinal von Guise, ermorden und verbindet sich mit Heinrich von Navarra. Seinen Abfall muß er jedoch selbst mit dem Leben bezahlen: Am 2.8.1589 wird er von einem fanatischen Dominikanermönch erstochen.

Die Ermordung des Königs ist ein einschneidender Wendepunkt. Da mit Heinrich III. das Haus Valois in männlicher Linie ausstirbt, ist der Bourbone Heinrich von Navarra, seit 1572 mit der Königstochter Margarete verheiratet, der legitime Erbe des französischen Throns (als *Heinrich IV.,* 1589-1610).

Es versteht sich von selbst, daß die Heilige Liga den

hugenottischen König nicht anerkennt und einen katholischen Gegenkönig proklamiert. In der nun folgenden letzten Phase der Hugenottenkriege kann sich Heinrich IV. gegen seine Gegner durchsetzen und 1593 Paris einnehmen. Um weitere Konflikte zu vermeiden, tritt er 1593 im Einvernehmen mit Papst Sixtus V. zum katholischen Glauben über (»Paris ist eine Messe wert!«). Seinen ehemaligen hugenottischen Glaubensbrüdern sichert er im

Edikt von Nantes	13.4.1598

Glaubensfreiheit sowie politische Sonderrechte (Sicherheitsplätze) zu.

Auch gegen Spanien kann sich Heinrich, im Bündnis mit England und den Niederlanden, durchsetzen und damit den Wiederaufstieg Frankreichs einleiten. Der *Frieden von Vervins (1598)* sichert vorerst ein ungefähres Gleichgewicht zwischen den beiden Staaten; im Dreißigjährigen Krieg (s. Seite 139) gewinnt Frankreich dann das Übergewicht und übernimmt mit dem *Pyrenäenfrieden von 1659* (s. Seite 143) die Vormachtstellung in Europa.

Die durch den ehemaligen Hugenotten Heinrich IV. eingeleitete Stärkung der Zentralgewalt, die in den folgenden Jahrzehnten konsequent zur absoluten Monarchie ausgebaut wird, kehrt sich freilich mit einer gewissen Zwangsläufigkeit bald gegen die protestantischen Sonderrechte, die mit der neuen Staatsidee nicht zu vereinbaren sind. In zwei Kriegen, die sich gegen ihre 1598 zugestandenen Sicherheitsplätze richten, kann *Kardinal Richelieu,* Erster Minister (1624-1642) *Ludwigs XIII.* (1610-1643), die politischen und militärischen Sonderrechte der Hugenotten beseitigen (1628/29). Unter *Ludwig XIV.* wird dann auch ihre Glaubensfreiheit erst eingeschränkt und schließlich im Edikt von Fontainebleau (1685) aufgehoben (s. Seite 150).

Der Unabhängigkeitskampf der Niederlande

Die Niederlande befinden sich seit der burgundischen Erbschaft Maximilians I. (1477, s. Seite 122) im habsburgischen Besitz. Bei dessen Aufteilung durch Karl V. (1556, s. Seite 125) fallen sie an die spanische Linie *(Spanische Niederlande).*

Der neue Herrscher, Philipp II. von Spanien, versucht schon bald, die reichen niederländischen Provinzen im Sinne einer zentralen Reichsverwaltung straff an die spanische Krone zu binden und ihre bisherigen Freiheiten und Selbstbestimmungsrechte zu beschneiden. Unter Mißachtung der Hoffnungen des

niederländischen Hochadels, der einen Vertreter aus den eigenen Reihen bevorzugt hätte, ernennt er seine Halbschwester *Margarete von Parma* zur Generalstatthalterin (1559-1567). Sie ist an die Weisungen aus Madrid gebunden und steht zudem unter dem Einfluß des Bischofs von Arras, Kardinal Granvella, den Philipp ihr als Ratgeber zur Seite stellt. Die Führer des Hochadels, die Statthalter *Egmont, Hoorn* und *Wilhelm von Oranien,* intervenieren zwar gegen die autoritär-absolutistische Politik Philipps, bleiben aber auf Vermittlung bedacht und scheuen vorerst den offenen Konflikt.

Wie in der damaligen Zeit üblich, wird der politische durch den konfessionellen Gegensatz überdeckt und verschärft. Philipp will, seiner religiösen Auffassung gemäß, auch in den Niederlanden ausschließlich den katholischen Glauben dulden. Er stärkt, durch Vermehrung der Bistümer, die kirchlichen Herrschaftsstrukturen und läßt die Protestanten – Lutheraner wie Calvinisten – in zunehmendem Maße durch die Inquisition verfolgen. Seine repressive Religionspolitik verstärkt den antispanischen Widerstand und mobilisiert nun auch den niederen Adel und die städtische Bevölkerung. Er wird zusätzlich geschürt durch die französischen Hugenottenkriege (s. oben), die sich auf den niederländischen Nachbarn auswirken. 1566 entladen sich die religiösen Spannungen in spontanen Ausschreitungen und der Verwüstung mehrerer katholischer Kirchen, darunter der Kathedrale von Antwerpen.

Im selben Jahr formiert sich auch die Widerstandsgruppe der *Geusen,* die sich vorwiegend aus Mitgliedern des niederen Adels zusammensetzt. Ihr Name (frz. gueux = Bettler) geht auf die hochmütige Bemerkung eines spanischgesinnten Regierungsmitglieds zurück, der die Delegation des niederländischen Adels als »Bettlerhaufen« (»tas de gueux«) bezeichnet. Die abschätzig gemeinte Bezeichnung wird von der Opposition bewußt aufgegriffen und zum Ehrennamen umgemünzt.

Die Zuspitzung der Lage liefert Philipp II. den Vorwand, die oppositionelle Bewegung in den Niederlanden durch eine militärische Invasion zu unterdrücken. Der *Herzog von Alba,* den er mit dieser Aufgabe betraut und mit umfassenden Sondervollmachten ausstattet, besetzt 1567 die Niederlande und errichtet eine brutale Militärdiktatur. Während Wilhelm von Oranien das Land verläßt, suchen die Grafen Egmont und Hoorn – in Verkennung der tatsächlichen Absichten Philipps – zu vermitteln. Alba läßt sie verhaften und 1568 auf dem Marktplatz von Brüssel enthaupten[1].

---

[1] Die hier geschilderten Ereignisse sind nicht zuletzt durch die Dramen Goethes *(Egmont,* 1788) und Schillers *(Don Carlos,* 1787) im Bewußtsein geblieben.

Alba kann mit seiner Unterdrückungspolitik vorerst wohl Ruhe herstellen – freilich die Ruhe eines Friedhofs. Langfristig aber bewirkt sein brutales Vorgehen das Gegenteil: Teile der Opposition, die sogenannten *Wassergeusen,* beginnen von versteckten und kaum zugänglichen Stützpunkten an der Küste aus einen Guerillakrieg[1] gegen die spanische Besatzungsmacht und eröffnen damit den

Niederländischen Freiheitskampf   1568-1648.

An seine Spitze tritt bald Wilhelm von Oranien. Von den überwiegend calvinistisch gesinnten Nordprovinzen aus kämpft er gegen die spanischen Besatzer und kann zum Teil spektakuläre Teilerfolge erringen. Nach der Abberufung Albas gelingt es ihm sogar, zeitweise auch die südlichen Provinzen für den antispanischen Aufstand zu gewinnen (Genter Pazifikation, 1576).

Die Vereinigung der nördlichen und südlichen Niederlande ist jedoch von Anfang an instabil: Die inneren Gegensätze zwischen dem feudalen, vorwiegend katholischen Süden und dem bürgerlichen, vorwiegend calvinistischen Norden sind zu groß. Albas Nachfolger, *Alessandro Farnese,* kann diesen Gegensatz ausnutzen und die südlichen Provinzen für Spanien zurückgewinnen *(Union von Arras,* 1579). Die nördlichen Provinzen entscheiden sich daraufhin für ein eigenmächtiges Vorgehen *(Union von Utrecht,* 1579): Sie nehmen die Spaltung der Niederlande in Kauf und lösen sich offiziell von der spanischen Herrschaft. Die

Unabhängigkeitserklärung   1581

der nördlichen Niederlande beendet aber keineswegs die Kämpfe. Spanien gewinnt in der Folgezeit sogar an Boden und kann Flandern und Brabant zurückerobern. Die Aufständischen finden dagegen die Unterstüzung Englands, das seit langem eine antispanische Politik betreibt (s. Seite 134).

Damit verknüpft sich der niederländische Unabhängigkeitskrieg mit dem englisch-spanischen Machtkampf: Der spanische Angriff auf England (1588, s. Seite 135) dient zugleich der Niederwerfung der Niederlande. Die überraschende Niederlage der als unbesiegbar geltenden Armada verschafft damit auch dem niederländischen Freiheitskampf eine Atempause in einer höchst kritischen Situation und ermöglicht ihm die Reorganisation seiner Kräfte.

Die Auseinandersetzungen ziehen sich noch mehrere Jahrzehnte hin. Nach einem zwölfjährigen Waffenstillstand (1609-1621) treten sie, nun schon vor dem Hintergrund des Dreißigjährigen Krieges (s. Seite 139), in ihre letzte Phase. Im Westfälischen Frieden

1648 (s. Seite 142) wird die Unabhängigkeit der nördlichen Niederlande (Generalstaaten) endgültig anerkannt. Die südlichen katholischen Provinzen (Belgien) verbleiben bei Spanien und fallen 1713 im Frieden von Utrecht (s. Seite 155) an Österreich. Auf dem Wiener Kongreß 1815 (s. Bd. 2, Seite 21) zeitweise mit dem Norden zu den Vereinigten Niederlanden verbunden, erlangen sie 1830 als Königreich Belgien ihre Unabhängigkeit.

Das Reich nach 1555

Von den erbitterten Konfessions– und Machtkriegen, die Westeuropa in der zweiten Hälfte des 16. Jahrhunderts erschüttern, bleibt das Heilige Römische Reich deutscher Nation weitgehend unberührt. Die Grundlage für die ruhige Entwicklung im Reich bildet der Augsburger Religionsfrieden von 1555 (s. Seite 125), der ein relativ friedliches Nebeneinander der protestantischen und katholischen Stände ermöglicht. Es bleiben zwar ungelöste Fragen, die zu Konflikten führen, doch sind diese Auseinandersetzungen regional und zeitlich begrenzt.

Ein zentraler Streitpunkt ist der »geistliche Vorbehalt«, demzufolge geistliche Herrschaftsgebiete von dem Prinzip des »cuius regio eius religio« ausgeschlossen sein sollten (s. Seite 125). Da im Lauf der Zeit dennoch viele dieser Gebiete dem Protestantismus zugefallen sind, geht es jetzt um die grundsätzliche Frage, ob der erreichte Status quo gelten solle oder ob die entsprechenden Gebiete der Kirche *restituiert* (zurückgegeben) werden müssen.

Da verbindliche Lösungen dieser und ähnlicher Fragen wegen des ungefähren Gleichgewichts der Parteien nicht gefunden werden können, wird der Zustand der Unentschiedenheit und Rechtsunsicherheit zunehmend zur Normalität. Er geht auf Kosten der ohnedies schwachen Reichsverwaltung, die durch den konfessionellen Gegensatz gelähmt wird, und führt schließlich zur Bildung von konfessionellen Bündnissen (ähnlich dem Schmalkaldischen Bund von 1531, s. Seite 124), die sich zur Wahrung ihrer Interessen zusammenschließen. Die Gründung der

Protestantischen Union   1608

ruft die Bildung eines Gegenbündnisses, der

Katholischen Liga   1609,

unter Führung des bayrischen Herzogs *Maximilian* hervor. Damit sind, trotz des betont defensiv-konservativen Charakters beider Gruppierungen, die Weichen für eine zukünftige Konfrontation gestellt. Es bleibt nicht aus, daß beide Bündnisse Kontakte zu jeweils konfessionell gleichgesinnten ausländischen

---

[1] Span. *guerra* = Krieg, *guerilla* = Kleinkrieg.

Mächten knüpfen: die Union zu England (ihr Führer, Kurfürst *Friedrich V. von der Pfalz,* ist der Schwiegersohn des englischen Königs) und den nördlichen Niederlanden, die Liga zu Spanien und Rom.

Der Dreißigjährige Krieg

Der *Dreißigjährige Krieg (1618-1648)* entwickelt sich aus kleinen Anfängen, die noch nicht ahnen lassen, daß sich aus ihnen der blutigste und verheerendste Krieg des konfessionellen Zeitalters entwickeln wird. An seinem Beginn steht ein regionaler Konflikt, ein Aufstand der böhmischen Stände gegen die habsburgische Herrschaft. Diese Krise, eigentlich eine innerhabsburgische Angelegenheit, weitet sich jedoch bald aus und mündet in einen Krieg, an dem fast alle europäischen Staaten beteiligt sind. Diese Eskalation hat mehrere Ursachen:

- Die Verknüpfung des böhmischen Aufstandes mit den konfessionellen Gegensätzen der Zeit führt zum Engagement der protestantischen und katholischen Mächte und weitet den Konflikt zu einem *Glaubenskrieg* aus.

- Die machtpolitischen Auswirkungen, nämlich die sich abzeichnende Stärkung des Hauses Habsburg und damit der kaiserlichen Zentralgewalt, rufen den Widerstand der deutschen Fürsten hervor, die sich – wie 1552 unter Karl V. (s. Seite 125) – zur Verteidigung ihrer »Libertät« zusammenschließen.

- Die europäische Rolle schließlich, die das Haus Habsburg (österreichische und spanische Linie) als Großmacht spielt, läßt jede Machterweiterung zu seinen Gunsten als Bedrohung der übrigen Mächte, besonders Frankreichs, erscheinen. Deren Einmischung in die deutschen Angelegenheiten ist von daher folgerichtig und weitet den urspünglichen Konflikt zu einem *Machtkampf* aus, in dem es um die zukünftige Gestaltung der europäischen Verhältnisse geht. Dieser machtpolitische Charakter des Krieges rückt im Lauf der Zeit in den Vordergrund und überdeckt zusehends die konfessionellen Aspekte.

Seinen Ausgang nimmt der Dreißigjährige Krieg vom Königreich Böhmen, das seit 1526 im Besitz der Habsburger ist. Die böhmischen Stände behaupten aber gegenüber ihrem habsburgischen Oberherrn eine weitgehende Selbständigkeit, die dieser in einem Majestätsbrief (1609) auch offiziell bestätigen muß. Konfessionell gesehen ist Böhmen vorwiegend protestantisch, wobei sich lutherische, calvinistische und hussitische (s. Seite 111) Elemente zu einer eigenen Mischung, der »böhmischen Konfession«, verbinden. Strittig ist die Frage, ob den böhmischen

Ständen das Recht der Königswahl zusteht, ob sie also unter Umständen auch einen nicht-habsburgischen Kandidaten wählen dürfen.

Diese Frage wird aktuell, als der bisherige böhmische König, Kaiser *Matthias* (1612-1619), trotz eines früheren, im Majestätsbrief von 1609 gegebenen Versprechens noch zu seinen Lebzeiten die Wahl bzw. Designation seines Cousins *Ferdinand,* Herzog der Steiermark, durchsetzen will. Zwar kann Matthias seinen Plan verwirklichen, doch bei den protestantischen Ständen stößt die Wahl Ferdinands (1617), der als besonders rigoroser Vertreter der katholischen Gegenreformation bekannt ist, auf erbitterten Widerstand. Als Ferdinand schon bald darauf eindeutige Maßnahmen zur Rekatholisierung Böhmens ergreift, bestätigen sich ihre schlimmsten Befürchtungen. Nun entschließen sie sich zur offenen Gegenwehr, zum

Böhmischen Aufstand   1618-1620.

Er findet seinen Auftakt in dem spektakulären

Prager Fenstersturz   23.5.1618:

Zwei der königlichen Statthalter, beide Katholiken, werden von einer adelig-protestantischen Verschwörergruppe ergriffen und aus einem Fenster der Prager Burg geworfen. Die Aufständischen bilden eine provisorische Regierung, stellen ein Heer auf und finden Unterstützung bei den Ständen der böhmischen Nebenländer, Schlesien, Lausitz und Mähren; 1619 erhebt sich auch Ungarn. Am 22.8.1619 erklären die Rebellen Ferdinand für abgesetzt. Zum neuen böhmischen König wählen sie den Kurfürsten Friedrich von der Pfalz (26./27.8.1619), den Führer der protestantischen Union (s. Seite 138). Damit weitet sich der innerhabsburgische Konflikt zu einer Angelegenheit des Reiches und der dortigen konfessionellen Gruppierungen aus.

Für den weiteren Verlauf der Ereignisse ist ausschlaggebend, daß die meisten Mitglieder der protestantischen Union in der böhmischen Frage passiv bleiben. Ihr einflußreichster Repräsentant, Kurfürst Johann Georg von Sachsen, schließt gar einen Vertrag mit Ferdinand und sichert ihm – gegen Abtretung der Markgrafschaft Lausitz – seine Neutralität zu. Dagegen stellt Maximilian von Bayern das Ligaheer dem Kaiser zur Verfügung – freilich gegen weitreichende Zusagen, unter anderem die Übertragung der pfälzischen Kurwürde auf Bayern.

Gegen diese katholische Übermacht, von Spanien unterstützt, steht der böhmische Gegenkönig Friedrich isoliert und schlecht gerüstet. In einem einzigen Treffen, der

Schlacht am Weißen Berge   8.11.1620

bei Prag, gelingt den kaiserlich-katholischen Truppen unter General *Tilly* der entscheidende Sieg. Friedrich, der nur einen Winter lang in Böhmen regiert hat (deshalb der Spottname »Winterkönig«), flieht; die Anführer des Aufstandes werden verfolgt und hingerichtet; ihre Güter werden konfisziert und fallen in die Hände einer neuen, katholischen Führungsschicht (darunter Albrecht von Wallenstein, s. unten); politisch verliert Böhmen seine ständischen Sonderrechte und wird fest in das habsburgische Herrschaftssystem eingebunden, das nun schrittweise im Sinne des Absolutismus umgestaltet wird; die protestantische Konfession wird unterdrückt, schließlich verboten. – So endet der böhmische Aufstand nicht nur mit einer Niederlage, sondern mit dem völligen Umsturz der religiösen und politischen Strukturen Böhmens zugunsten der habsburgischen Monarchie.

Inzwischen setzt sich der Krieg in Deutschland fort: Im Kampf gegen den aus Böhmen geflüchteten Winterkönig und seine wenigen Verbündeten – Graf Ernst von Mansfeld, Herzog Christian von Braunschweig und Markgraf Georg Friedrich von Baden-Durlach – erobern spanische und bayrisch-ligistische Truppen zuerst die Pfalz, verfolgen dann aber den Gegner weiter bis nach Norddeutschland. Das siegreiche Vordringen der katholischen Heere in den protestantischen Norden ruft aber nicht nur den Widerstand der dortigen Fürsten hervor, sondern berührt auch die Interessen ausländischer Mächte:

● Die aufständischen *Niederlande* (Holland) befinden sich seit 1621, seit Ablauf des Waffenstillstandes (s. Seite 138), wieder im Krieg gegen Spanien; die Anwesenheit spanischer Truppen in Norddeutschland stellt für sie eine akute Bedrohung dar; sie verbünden sich deshalb mit den Gegnern der Liga.

● *England* unterstützt aus macht- und wirtschaftspolitischer Rivalität zu Spanien den niederländischen Freiheitskampf.

● *Frankreich*, Spaniens Rivale auf dem Festland, sieht sich durch den habsburgischen Machtzuwachs und die Anwesenheit spanischer Truppen in Deutschland bedroht und knüpft deshalb, unter der geschickten Regie des neuen leitenden Ministers Kardinal Richelieu (s. Seite 137), geheime Kontakte zu den protestantischen und antihabsburgischen Mächten.

● *Dänemark*, protestantische Macht mit Besitz in Norddeutschland, ist an der Zurückdrängung des katholischen Einflusses, aber auch an eigenem territorialen Zugewinn interessiert, der seine Machtbasis in der Auseinandersetzung mit Schweden um die Ostseeherrschaft stärken soll.

Die genannten Mächte – außer Frankreich, das zwar beteiligt ist, sich aber vorerst nicht offen gegen den Kaiser stellt – schließen zusammen mit einigen Reichsfürsten 1625 in Den Haag ein Bündnis.

Inzwischen hat Ferdinand aber eine zweite Armee unter Führung *Albrechts von Wallenstein* aufstellen lassen. Wallenstein, zum Katholizismus konvertiert, ist einer der kaisertreuen Adeligen, die sich bei der Niederschlagung des böhmischen Aufstandes enorm bereichert haben. 1625 wird er zum Herzog von Friedland und zum Oberbefehlshaber der kaiserlichen Truppen im Reich ernannt. Sein Söldnerheer ist im Prinzip eine Privatarmee, von ihm selbst aufgestellt und ausgebildet, aber auf Kosten der Bevölkerung unterhalten (Zwangsabgaben, Verpflegung, Einquartierungen).

Die Kaiserlichen unter Tilly und Wallenstein besiegen in mehreren Schlachten die Truppen *Christians IV. von Dänemark,* der schließlich nach der Niederlage bei *Lutter am Barenberge* (1626) und der Besetzung Jütlands (1627) im

| **Lübecker Frieden** | **1629** |

aus dem Krieg ausscheidet und sich zur Neutralität verpflichtet.

Der Sieg im *Dänischen Krieg* festigt die Macht Kaiser Ferdinands auch in Norddeutschland. Seinen siegreichen Feldherrn Wallenstein belehnt er mit dem Herzogtum Mecklenburg. Sein Erfolg verleitet ihn aber auch zu einer religionspolitischen Entscheidung von großer Tragweite. Im

| **Restitutionsedikt** | **6.3.1629** |

regelt er die bislang strittige Frage des »geistlichen Vorbehalts« (s. Seite 125) im katholischen Sinne, ordnet also die Rekatholisierung der an die Protestanten gefallenen Bistümer und Stifte an.

Diese plötzliche Machtfülle des Kaisers provoziert den Widerstand der Fürsten, auch der katholischen, die nun ihre Unabhängigkeit, ihre »Libertät«, bedroht sehen. Sie befinden sich in einer ähnlichen Situation wie 1547, als nach dem Schmalkaldischen Krieg und dem Geharnischten Reichstag von Augsburg die Position Karls V. übermächtig geworden war (s. Seite 124 f.). Genau wie damals schließen sie sich nun gegen Ferdinand II. zusammen. Auf dem

| **Regensburger Kurfürstentag** | **1630** |

erzwingen sie die Reduzierung der kaiserlichen Truppenstärke und die Entlassung Wallensteins. Darüber hinaus lehnen sie es ab, den Sohn des Kaisers (den späteren Ferdinand III.) schon jetzt zum Mitregenten und Nachfolger zu wählen.

Der innenpolitische, fürstliche Widerstand gegen

den Kaiser erfolgt ausgerechnet in einem Moment, als auch von außen, durch den

Kriegseintritt Schwedens 6.7.1630,

eine neue Bedrohung entsteht. Die Kriegsziele König *Gustavs II. Adolf* (1611-1632) entsprechen in etwa denen Christians von Dänemark: Er beabsichtigt zum einen den Schutz bzw. die Befreiung des norddeutschen Protestantismus, der durch das Vordringen der kaiserlichen Heere und das Restitutionsedikt von 1629 in arge Bedrängnis geraten ist; zum anderen strebt er die Vormachtstellung Schwedens an der Ostsee an.

Der Angriff des protestantischen Schweden wird, ungeachtet der konfessionellen Gegensätze, finanziell von Frankreich unterstützt, das sich in seinem vorerst noch verdeckten Krieg gegen Habsburg der Schweden ebenso bedient wie zuvor der Dänen. Der schwedische Vorstoß aber ist für das Reich ungleich gefährlicher. Gustav Adolf findet die Unterstützung einiger norddeutscher Fürsten, vor allem auch des sächsischen Kurfürsten Johann Georg, der 1618 noch auf kaiserlicher Seite stand, und fügt den Truppen der Liga in der

Schlacht bei Breitenfeld 17.11.1631

eine vernichtende Niederlage zu. Danach stößt er nach Süddeutschland vor, wo er in der

Schlacht am Lech 15.4.1632

die kaiserlichen Truppen erneut besiegt (Tod Tillys). In dieser Notlage greift Ferdinand auf seinen bewährten, unter dem Druck der Fürstenopposition 1630 entlassenen Feldherrn Wallenstein zurück. Erneut beauftragt er ihn mit der Aufstellung eines Heeres und überträgt ihm den Oberbefehl über alle Truppen. Nach ersten kleineren Gefechten kommt es zur

Schlacht bei Lützen 16.11.1632,

die zwar Wallenstein keinen Sieg bringt, durch den Tod Gustav Adolfs aber dem schwedischen Angriff doch die Spitze bricht. Die Schweden, jetzt unter Führung des Kanzlers *Oxenstierna,* behaupten jedoch vorerst ihre Stellung in Deutschland.

Trotz der Erfolge Wallensteins wird seine Beziehung zum Kaiser immer gespannter. Seine eigenmächtige Politik (er tritt mit den Gegnern des Kaisers in Verhandlungen) und seine undurchsichtigen, auch von persönlichen Ressentiments genährten Pläne bewegen Ferdinand, sich seines Feldherrn zu entledigen. Auf kaiserliche Anordnung wird Wallenstein wegen Hochverrats am 25.2.1634 ermordet.

Der Krieg verläuft weiter zugunsten Ferdinands. Der Sieg über die Schweden in der

Schlacht bei Nördlingen 5./6.9.1634

öffnet den Weg für Friedensverhandlungen mit den norddeutschen protestantischen Fürsten. Dem

Frieden von Prag 30.5.1635,

zwischen dem Kaiser und Kursachsen abgeschlossen, treten fast alle Reichsstände bei. Er sieht vor:

- die Festschreibung des konfessionellen Status quo von 1627 (also vor dem Restitutionsedikt!) auf 40 Jahre
- den Verzicht des Kaisers auf weitere Durchführung des Restitutionsedikts
- die Abtretung der Pfalz und der pfälzischen Kurwürde an Bayern
- die Schaffung einer Reichsarmee unter dem Oberbefehl des Kaisers.

Der Prager Frieden, insgesamt ein tragfähiger Kompromiß, isoliert das noch in Deutschland stehende schwedische Heer und eröffnet damit die Chance für einen dauerhaften Frieden auch mit Schweden. Gerade diese Aussicht widerspricht aber völlig den Interessen Richelieus und führt zum offiziellen

Kriegseintritt Frankreichs 1635.

Richelieu schließt neue Bündnisse mit Schweden und einzelnen deutschen Fürsten und erklärt am 19.5.1635 Spanien, am 18.9.1635 auch dem Kaiser den Krieg. In diesem sog. *Schwedisch-französischen Krieg* (1635-1648) verliert der Dreißigjährige Krieg endgültig seinen Charakter als Religionskrieg und wird zum reinen Machtkampf, der von dem alten französisch-habsburgischen Gegensatz bestimmt ist und in dem es um die Frage der zukünftigen Vormacht in Europa geht.

Der Verlauf dieser Kriegsphase ist wechselhaft. In den ersten Jahren liegt der Vorteil noch auf habsburgischer Seite. Ab 1640 geht er allmählich auf die französische Seite über, zumal Spanien durch innere Probleme (Abfall Portugals 1640, s. Seite 134) geschwächt wird und die im Prager Frieden von 1635 begründete kaiserlich-fürstliche Gemeinsamkeit zu bröckeln beginnt. Immer mehr Fürsten schließen mit Frankreich und Schweden separate Friedensabkommen.

Parallel zu den im einzelnen recht undurchschaubaren Kriegsereignissen, unter denen die Bevölkerung entsetzlich zu leiden hat, laufen verschiedene Friedensbemühungen. Seit 1644 finden Verhandlungen zwischen dem Kaiser, den Reichsständen und den ausländischen Gegnern statt. Die schließlich in *Münster* (mit Frankreich) und *Osnabrück* (mit Schweden) ausgehandelten Verträge, der sogenannte

Westfälische Frieden 24.10.1648,

beenden den bis dahin verheerendsten Krieg der deutschen Geschichte. Rund ein Drittel der Bevölkerung ist ums Leben gekommen, ein Großteil der Städte ist zerstört, weite Landstriche sind verwüstet.

Es dauert Jahrzehnte, bis Deutschland wieder den Bevölkerungsstand von 1618 erreicht hat.

Der Westfälische Frieden enthält wichtige territoriale Veränderungen, die Regelung der Konfessionsfragen und die Neuordnung der Reichsverfassung. Die wichtigsten Bestimmungen sind:

- Grundsätzliche Bestätigung des Augsburger Religionsfriedens von 1555, jetzt aber unter Einschluß der calvinistischen Konfession

- Beibehaltung des Prinzips »cuius regio eius religio« (also keine individuelle Religionsfreiheit!); die Konfessionsverhältnisse werden jedoch auf der Grundlage des Zustands von 1624 (»Normaljahr«) festgelegt

- Verhinderung konfessioneller Majoritäten durch paritätische Besetzung der Reichsbehörden und die sog. *Itio in partes,* d. h. die getrennte Beratung der katholischen und evangelischen Stände in einem jeweils eigenen Gremium; ein Beschluß kann nur einvernehmlich gefaßt werden

- Die Schweiz (s. Seite 102) und die Niederlande (Generalstaaten) scheiden aus dem Reichsverband aus und werden souveräne Staaten

- Metz, Toul, Verdun und die habsburgischen Gebiete im Elsaß fallen an Frankreich, ebenso die rechtsrheinischen Brückenköpfe Breisach und Philippsburg

- Vorpommern, Bremen und Verden fallen an Schweden

- Zahlung von Reparationen an Frankreich und Schweden

- Weitgehende Wiederherstellung der territorialen Verhältnisse im Reich auf Grundlage des Zustands von 1618 (mit Ausnahmen: die Oberpfalz mit der Kurwürde bleibt bei Bayern, für die restituierte Kurpfalz wird eine achte Kurwürde eingerichtet)

- Beschränkung der kaiserlichen Gewalt durch Verleihung der vollen Landeshoheit an alle Reichsstände (Steuerhoheit, Gesetzgebungsrecht, Rechtsprechung, Außenpolitik u. a. m.)

Die Bedeutung des Westfälischen Friedens für das Reich liegt zum einen in der Beilegung der konfessionellen Streitigkeiten, zum anderen in dem Sieg des partikularistischen Prinzips. Der Dualismus zwischen Zentralgewalt und Teilgewalten, der sich seit dem 10. Jahrhundert wie ein roter Faden durch die deutsche Geschichte zieht, ist nun endgültig zugunsten der Partikulargewalten entschieden. Das Reich ist nur mehr ein »Flickenteppich«, ein »verfassungsrechtliches Monstrum« (Pufendorf).

Einzelne dieser Territorialherrschaften, allen voran Brandenburg-Preußen (s. Seite 157) und Österreich (s. Seite 154), entwickeln sich im 17./18. Jahrhundert zu Großmächten und prägen die deutsche und europäische Geschichte; eine nennenswerte Reichsgeschichte dagegen gibt es ab 1648 nicht mehr.

Der Westfälische Frieden bleibt bis 1806 die verfas-

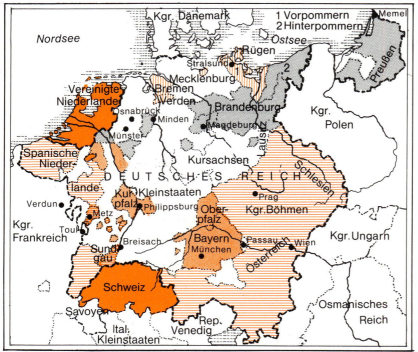

sungsrechtliche Grundlage des Reiches. Dann löst es sich unter dem Druck der napoleonischen Vorherrschaft auf (s. Bd. 2, Seite 16).

Der Friedensvertrag von Münster und Osnabrück bedeutet noch nicht das endgültige Ende aller Kämpfe in Europa. Der Krieg zwischen Frankreich und Spanien zieht sich noch weitere elf Jahre hin und wird erst mit dem

Pyrenäenfrieden	1659

abgeschlossen. Spanien muß die Gebiete nördlich der Pyrenäen und Teile der südlichen Niederlande an Frankreich abtreten und verliert damit endgültig seinen Rang als europäische Vormacht. Frankreich, das während des Dreißigjährigen Krieges unter der Leitung Richelieus und seines Nachfolgers Mazarin (s. Seite 148) auch innenpolitisch zu einem starken, zentralistischen Staat im Sinne des Absolutismus (s. Seite 148) ausgebaut worden ist, ist damit der eigentliche Sieger der Glaubenskämpfe. Als neue Hegemonialmacht bestimmt Frankreich für mehrere Jahrzehnte, bis zum Frieden von Utrecht (1713, s. Seite 155), die europäische Politik und wird mit seiner spezifischen Ausprägung des absolutistischen Systems Vorbild für die Nachbarstaaten.

Der englische Bürgerkrieg

Nach dem Tod Elisabeths I. wird Jakob VI., König von Schottland und Sohn der Maria Stuart (s. Seite 135), als *Jakob I.* (1603-1625) König von England und vereinigt beide Reiche in Personalunion (Großbritannien).

Jakobs Auffassung vom Königtum trägt schon deutlich absolutistische Züge. Er sieht sich als Stellvertreter Gottes, in seinen Entscheidungen unabhängig vom Willen der Untertanen.

Diese Auffassung steht jedoch im Widerspruch zur englischen Verfassungsentwicklung, die seit dem 13. Jahrhundert (Magna Charta, 1215, s. Seite 95) auf die Einschränkung der monarchischen Gewalt abzielt und im Parlament ein entsprechendes Kontrollinstrument geschaffen hat.

Der Gegensatz zwischen Jakob I. und dem Parlament wird durch konfessionelle Auseinandersetzungen verschärft. Die Anglikanische Staatskirche, obzwar weitgehend etabliert, ist zu dieser Zeit von zwei Seiten der Kritik ausgesetzt: zum einen von den Katholiken, die nach wie vor eine Rückkehr zum alten Glauben anstreben, zum anderen von den

sogenannten *Puritanern*[1], denen die Staatskirche noch zu viele katholische Elemente enthält. Ihr Ziel ist die »Reinigung« (von daher der Name) der Kirche im evangelisch-calvinistischen Sinn.

Da Jakob I. einseitig die anglikanische Kirche begünstigt, um die in ihr festgelegte Kirchenhoheit des Königs als Instrument seiner absolutistischen Politik zu nutzen, gerät er in Konflikt mit beiden Richtungen. Die Katholiken, die sich von dem Stuart-König einiges Entgegenkommen erwartet haben, lassen sich in ihrer Enttäuschung sogar zu einem Aufstand, der sogenannten *Pulververschwörung* (1605), hinreißen, der jedoch unterdrückt wird; die Puritaner macht Jakob sich zu Feinden, als er ihre Reformforderungen *(Millenary Petition,* 1603) zurückweist. Zahlreiche Puritaner entscheiden sich in der Folgezeit für die Auswanderung nach Nordamerika *(Pilgerväter,* 1620). Es ist nicht zufällig, daß der Anstoß für den amerikanischen Unabhängigkeitskrieg 1773 von Boston, einer von Puritanern gegründeten Stadt, ausgeht (s. Seite 170).

Unter Jakobs Sohn, *Karl I.* (1625-1649), setzt sich der doppelte Konflikt – zwischen den Konfessionen einerseits, zwischen König und Parlament andererseits – fort und verschärft sich. Als sich das Parlament mit einer

Petition of Rights	1628

gegen königliche Übergriffe zur Wehr setzt, löst Karl I. es auf und regiert elf Jahre lang (1629-1640) ohne Parlament.

Die Ereignisse erhalten eine Wende durch die schottischen *Presbyterianer*[2], die sich gegen die geplante Einführung der anglikanischen Kirche zur Wehr setzen. Um den

Schottischen Aufstand	1638

niederwerfen zu können, ist Karl gezwungen, das Parlament einzuberufen (1640), das ihm die zur Kriegsführung erforderlichen Gelder bewilligen soll.

Das Parlament, von Puritanern dominiert, ist jedoch nicht gewillt, dem König kritiklos entgegenzukommen. Es stellt Bedingungen, veranlaßt Prozesse gegen die engsten Berater des Königs, entzieht sich der drohenden Auflösung *(Langes Parlament)* und übernimmt die Kontrolle der Regierung.

In dieser gespannten Situation zwingt der

Aufstand der irischen Katholiken	1641

zur definitiven Klärung der Fronten. Über die Notwendigkeit, den Aufstand niederzuschlagen,

---

[1] *Puritaner* (von lat. *purus* = rein): ursprünglich abschätzig gebrauchte Bezeichnung für eine kirchliche Reformbewegung in England (seit ca. 1570), die streng an der Bibel orientiert ist und sich gegen die katholischen Restbestände der anglikanischen Kirche richtet.

[2] Von *Presbyter* (griech. = Ältester): Auf calvinistischer Grundlage stehende Konfession, die das Bischofsamt ablehnt. Die Leitung liegt allein in der Hand der Presbyter. In Schottland setzt sich der Presbyterianismus seit ca. 1560 durch.

herrscht Übereinstimmung; das Parlament kann jedoch nicht akzeptieren, daß der König den Oberbefehl über das Heer erhält, ein Machtinstrument, das er auch gegen das Parlament richten könnte. Andererseits ist die Forderung, das Heer dem Parlament zu unterstellen, für den König unannehmbar. Die Unlösbarkeit dieser Frage ist der Anlaß für den

Englischen Bürgerkrieg[1]   1642-1648.

Die Anhänger des Königs, die *Kavaliere,* erzielen anfänglich gegen die Truppen des Parlaments – wegen ihrer Haartracht auch *Rundköpfe* genannt -Erfolge. Dann aber kann sich das Parlamentsheer unter Führung des Landadligen **Oliver Cromwell** (1599-1658), eines *Independenten*[2], reorganisieren und den König, der mittlerweile die Schotten auf seine Seite ziehen konnte, in mehreren Schlachten, zuletzt bei *Preston* (1648), schlagen.

Cromwell nutzt seine militärische Machtstellung aus, um das Parlament im puritanischen Sinne zu »säubern«. Nach der Vertreibung der gemäßigten Presbyterianer eröffnet das verbliebene sogenannte *Rumpfparlament* den Hochverratsprozeß gegen den König, der mit der

Hinrichtung Karls I.   1649

endet. In einem kurzen und blutigen Feldzug unterwirft Cromwell das aufständische Irland (1649) – hier liegt eine Wurzel des irisch-englischen Gegensatzes

– und wenig später Schottland (1650). Den Versuch Karls II., in einer militärischen Intervention die Nachfolge seines Vaters anzutreten, verhindert er 1651 durch den *Sieg bei Worcester.*

Die außerordentliche Macht, die Cromwell als erfolgreicher Heerführer erworben hat, veranlaßt ihn schließlich, die uneffektive Parlamentsregierung aufzulösen und, mit dem Titel eines *Lordprotektors,* eine

Militärdiktatur   1653-1658

zu errichten. Zumindest außenpolitisch ist diese *Ära Cromwell* durchaus erfolgreich. Im *Seekrieg gegen Holland* (1652-1654), in dem es um die rivalisierenden Wirtschaftsinteressen der beiden Seemächte geht, setzt er die Gültigkeit der

Navigationsakte   1651

durch, eines Gesetzes, das den holländischen Zwischenhandel ausschaltet und nur englischen bzw. Schiffen des Ursprungslandes den Warentransport nach England gestattet. Mit dem Sieg über Holland und der Durchsetzung der Navigationsakte baut England seine Stellung als führende Seemacht weiter aus.

Auf Oliver Cromwell (gest. 1658) folgt für kurze Zeit sein Sohn Richard, bevor 1660 durch die Rückberufung *Karls II. (1660-1685)* die Monarchie wiederhergestellt wird (s. Seite 152).

---

[1] Oft auch als *Puritanische Revolution* bezeichnet.

[2] *Independenten* (lat.-engl.: Unabhängige): radikale Richtung der Puritaner.

Zeittafel Glaubenskämpfe

England	Spanien	Frankreich	Niederlande	Römisches Reich
1558-1603 Elisabeth I.	**1556-98 Philipp II.**			**1555 Augsburger Religionsfrieden**
1559 Suprematsakte	1559 Frieden von Cateau-Cambrésis			
Kaperkrieg gegen Spanien/ Unterstützung der aufständ. Niederlande	1571 Sieg über türk. Flotte bei Lepanto	**1562-98 Hugenottenkriege**	1566 antikathol. Aufstände	
		1572 Bartholomäusnacht (Pariser Bluthochzeit)	1567 Militärdiktatur Albas	
	1580 Portugal an Spanien (bis 1640)		**1568-1648 Niederländ. Freiheitskampf**	
1587 Hinrichtung Maria Stuarts	1585 Philipp II. unterstützt kath. Liga in Frankreich		1581 Unabhängigkeitserklärung	
1588 Niederlage der spanischen Armada gegen England		1589 Heinrich (IV.) v. Navarra, ein Hugenotte, wird König		
		1598 Edikt v. Nantes		1608 Protest. Union
		1598 Frieden von Vervins		1609 Kathol. Liga
1603-25 Jakob I.		1610-43 Ludwig XIII.		**1618 Böhmischer Aufstand →**
1625-49 Karl I.		1624-42 Richelieu	1609-21 Waffenstillstand mit Spanien	**Dreißigjähriger Krieg 1618-1648**
Konflikte mit Puritanern und Katholiken / Konflikte mit Parlament (1629-40 Regierung ohne Parlament)	**Dreißigjähriger Krieg**			1619 Schlacht am Weißen Berg / Vordringen kaiserl. Truppen nach Norddeutschland
				1625 Kriegseintritt Dänemarks
				1626 Sieg über Dänen
		heimliche Unterstützung der Gegner Habsburgs		1629 Lübecker Frieden
		1628/29 Krieg gegen Hugenotten: Verlust der hugen. Sonderrechte	Bündnis mit protestant. Partei	**1629 Restitutionsedikt**
				1630 Kriegseintritt Schwedens
				1632 Schlacht bei Lützen
				1634 Schlacht bei Nördlingen
		1635 Kriegseintritt gegen Spanien und das Reich Bündnis mit Schweden		**1635 Prager Frieden**
				1635 Bündnis Schweden – Frankreich
			1648 Westfälischer Frieden	
1642-48 Englischer Bürgerkrieg		**1659 Pyrenäenfrieden**		
1649 Hinrichtung Karls I.				
1653-58 Militärdiktatur Oliver Cromwells				
1660 Restitution der Monarchie				

Das Zeitalter des Absolutismus

Überblick

Der Absolutismus

- ist die in Europa charakteristische Herrschaftsform des 17./18. Jahrhunderts und prägt, ausgehend vom Vorbild Frankreichs, die europäische Kultur des Barock
- legt nach den Wirren der Religionskriege die Grundlage für eine stabile staatliche Ordnung durch die Konzentration aller Macht in den Händen eines absoluten (= von den Gesetzen gelösten) Monarchen
- schafft durch die Zentralisierung der Verwaltung, die Einrichtung stehender Heere und die zentral gelenkte Wirtschaftsform des Merkantilismus wichtige Grundlagen der modernen Staatlichkeit
- ist außenpolitisch gekennzeichnet durch eine an der Staatsräson orientierte Politik der Vergrößerung und Konsolidierung des eigenen Staatsgebildes
- bildet in einer Fülle kriegerischer Auseinandersetzungen, die zum Teil weltweit ausgetragen werden, eine Konstellation von fünf Großmächten heraus (Frankreich, England, Preußen, Österreich, Rußland), die für die europäische Geschichte bis ins 20. Jahrhundert maßgeblich wird. Das leitende Prinzip der Außenpolitik wird ab 1713 der von England vertretene Gedanke des europäischen Gleichgewichts, in dessen Schutz England seine Position als See- und Weltmacht ausbauen kann
- wird in England durch die Glorious Revolution von 1688 verhindert. Das englische Modell wird zum Vorbild für die politischen Vorstellungen der Aufklärung
- geht in einigen Ländern eine Verbindung mit Gedanken der Aufklärung ein (aufgeklärter Absolutismus)
- wird durch die französische Revolution überwunden. Die den gewandelten Auffassungen entsprechende neue Form der Verfassung ist die der konstitutionellen Monarchie.

Begriffsbestimmung

Der Absolutismus ist die für Europa charakteristische Herrschaftsform des 17. und 18. Jahrhunderts. Er verdrängt den spätmittelalterlich-frühneuzeitlichen Ständestaat, indem er die Mitbestimmung der Stände, insbesondere des Adels, ausschaltet und die Macht in der Person des Monarchen konzentriert. Das wesentliche Merkmal der absoluten Monarchie ist deshalb ihre *völlige Unabhängigkeit (Souveränität)* von allen einschränkenden Gesetzen *(legibus absolutus:* von den Gesetzen losgelöst). Der König, nur Gott verantwortlich *(Gottesgnadentum),* wird zur alleinigen Quelle des Rechts und vereint alle staatliche Gewalt (Legislative, Exekutive, Judikative) in seiner Person. König und Staat werden identisch. So ist der berühmte, Ludwig XIV. zugeschriebene Satz zu verstehen: »L'Etat c'est moi« (»Der Staat bin ich.«).

Die Ausprägung, die der Absolutismus im 17. Jahrhundert in Frankreich erfährt, wird zum Vorbild für die meisten europäischen Staaten. Das Selbstverständnis des Herrschers spiegelt sich in dem berühmten Porträt Ludwigs XIV. von *Hyacinthe Rigaud.*

Durch seine Attribute – Krone, Zepter, Krönungsornat (Hermelin) mit den Lilien als Wahrzeichen der bourbonischen Dynastie, Schwert, Orden des Heiligen Geistes – und seine Umgebung – Thron, Marmorsäule, Baldachin – wird der König gewissermaßen aus der Realität »entrückt«. Seine unnahbare, abgehobene Stellung als Herrscher von Gottes Gnaden wird betont durch die demonstrativ herrschaftliche Pose, die ihm den Blick von oben erlaubt und dem Betrachter des überlebensgroßen Bildes nur das Aufblicken aus der Perspektive des Untertans gestattet.

Die repräsentative Auffassung der Herrscherrolle mit all ihrer kostspieligen höfisch-barocken Prachtentfaltung, dem aufwendigen Hofzeremoniell, der Mode, dem Luxus der persönlichen Lebensführung, dem Bau prunkvoller Schloßanlagen *(Versailles),* wird von vielen Herrschern des 17./18. Jahrhunderts kopiert, auch wenn die finanziellen Verhältnisse, wie in vielen deutschen Kleinstaaten, gewisse Grenzen setzen. Zahlreiche Barockschlösser und -gärten zeugen noch heute von dem dominierenden politischen und kulturellen Einfluß des absolutistischen Frankreichs (Schloß Nymphenburg in München, Schloß Weißenstein in Pommersfelden, Residenzen in Würzburg, Karlsruhe, Rastatt, Schloß Schönbrunn in Wien u. a. m.).

Theorie und Durchsetzung des Absolutismus

Der Absolutismus des 17./18. Jahrhunderts hat geistige Wurzeln, die in die Renaissance und sogar ins Mittelalter reichen. Daß er sich im 17. Jahrhundert allgemein durchsetzen kann, hängt mit den Wirren der Zeit, vor allem den *Religionskriegen,* zusammen, die eine starke Regierungsgewalt erforderlich machten.

Theoretische Wegbereiter des Absolutismus sind vor allem *Niccolò Machiavelli, Jean Bodin, Thomas Hobbes und Jacques Bossuet.*

- *Machiavelli* (1469-1527), in Florenz selbst politisch tätig, 1512 verbannt, entwickelt eine Staatstheorie, in der er den machtpolitischen Erfolg – und nicht das moralische, gute Handeln – zum Maßstab macht (s. Seite 114). Angesichts der Unvollkommenheit der Verhältnisse und der Menschen sei es naiv und selbstzerstörerisch, nur das Gute zu tun. Für den realpolitisch denkenden Herrscher müsse das Staatsinteresse *(Staatsräson)* leitendes Prinzip sein. Um die Macht des Staates zu festigen oder zu vergrößern, dürfe er auch Gesetze und religiöse/ethische Normen brechen. (Im heutigen Sprachgebrauch steht *Machiavellismus* synonym für: skrupellose Machtpolitik).

- *Bodin* (1530-1596) erlebt die Schwäche des französischen Staates in den Religionswirren des 16. Jahrhunderts und sieht das Heilmittel in der absoluten *Souveränität* des Monarchen. Der Monarch als Gesandter Gottes sei heilig und unverletzlich *(sakrosankt).* Er allein mache die Gesetze, die Untertanen seien ihm zum Gehorsam verpflichtet. Die Majestätsbeleidigung komme somit der Gotteslästerung gleich.

- *Hobbes* (1588-1679) geht in einer Art Gedankenspiel von einem Naturzustand aus, in dem der Mensch vollkommen frei sei und ein Recht auf alles habe (Willkürfreiheit). Das unvermeidbare Zusammenleben der Menschen führe zwangsläufig zu Konflikten. Das Faustrecht (Recht des Stärkeren) erweise sich nicht als praktikabel, denn auch der Stärkste sei nicht geschützt gegen ein Bündnis oder gegen Hinterlist der Schwächeren. So erweise sich das Recht auf alles als ein Recht auf nichts: Der Naturzustand sei ein Krieg aller gegen alle (homo homini lupus[1]). Im eigenen Interesse schlössen die Menschen deshalb einen Vertrag, um die unhaltbare Situation des Naturzustandes zu überwinden. In dem Vertrag verzichte ein jeder gleichermaßen auf seine Freiheit (Willkürfreiheit) und auf sein Recht auf alles – zugunsten eines gesicherten Friedens. Da die Einhaltung der Vertragsbedingung nur gesichert sei, wenn jeder Mensch dazu gezwungen und bei Vertragsbruch bestraft werden könne, bedürfe es einer absoluten Gewalt (*»Leviathan«*), der alle Menschen als Untertanen gleichermaßen unterworfen seien und die über die Einhaltung des Vertrages wache. Solange diese absolute Macht den Frieden garantiere, sei ihren Befehlen und Gesetzen (*»positives Recht«*[2]) unbedingt Gehorsam zu leisten, selbst wenn sie personalen Vernunftprinzipien widersprächen: »auctoritas, non veritas facit legem«[3]. Diese vertragstheoretische Begründung des Absolutismus zeigt besonders deutlich dessen Funktion, in einer Zeit der Rechtlosigkeit und Anarchie für Ordnung zu sorgen.

- *Bossuet* (1627-1704), Bischof von Meaux und Erzieher des Dauphin[4], sieht in der Monarchie die älteste und naturgemäßeste Staatsform, weil sie der väterlichen Gewalt entspreche. Wie die Gewalt des Vaters sei sie gottgegeben und unteilbar; wie die Kinder dem Vater, so schuldeten die Untertanen dem Monarchen unbedingten Gehorsam.

All diese Theorien sind geprägt von der Erfahrung der Rechtsunsicherheit und der Wirren, die im Gefolge der Reformation ganz Europa ergriffen und zu zahlreichen Religions- und Bürgerkriegen geführt haben (s. Seite 145). Die Bereitschaft, eine autoritäre Zentralgewalt zu akzeptieren, sofern sie Ordnung und Rechtssicherheit herstellt, ist entsprechend groß. So kann sich der Absolutismus ab 1648, dem Ende des letzten großen Konfessionskrieges, allgemein durchsetzen.

Die Abkehr vom Irrationalismus und Fanatismus der Religionskriege spiegelt sich geistesgeschichtlich in der *Wendung zur Vernunft,* zum rationalen System, das in dem französischen Mathematiker und Philo-

---

[1] (lat.): Der Mensch ist dem Menschen ein Wolf

[2] (lat. *ponere, positus* = festsetzen): festgesetztes Recht

[3] (lat.): »Die Macht, nicht die Wahrheit, macht das Gesetz.«

[4] Titel des franz. Thronfolgers, der die Dauphiné als Apanage (Ausstattung) innehatte: von daher auch die Wendung »ad usum Delphini« = gereinigte Textausgabe (zum Gebrauch des Thronfolgers)

sophen *René Descartes*[1] einen einflußreichen Vordenker findet. Die Rationalität des absolutistischen Systems korreliert mit dieser Veränderung zur modernen Philosophie.

Das Vorbild Frankreichs

Die politischen Wegbereiter des Absolutismus in Frankreich sind die Kardinäle *Richelieu* (1624-1642, s. Seite 137) und *Mazarin* (1642-1661). Ihr Hauptproblem ist die Durchsetzung der absoluten Zentralgewalt gegen die Stände. Nach dem Tod *Ludwigs XIII.,* der einen erst fünfjährigen Nachfolger hinterläßt, kommt es zum großen

Adelsaufstand der Fronde[2]   **1648-1653,**

den Mazarin nur mit Mühe niederschlagen kann. Es ist der letzte Versuch des Adels, seine politische Stellung gegen die absolutistische Zentralgewalt zu behaupten. Die Niederlage des Adels bedeutet allerdings keineswegs das Ende seiner Privilegien. Diese werden – durch Heranziehung des Adels an den Hof – sogar besonders betont. Sie bedeutet aber das Ende seines politischen Einflusses und seine Beschränkung auf repräsentative Hofämter. Die politischen Aufgaben dagegen werden an Fachleute übertragen, die vom König abhängig und absetzbar sind. 1661, nach Mazarins Tod, übernimmt *Ludwig XIV.* die Regierung allein.

Ähnliche Entwicklungen sind auch in anderen Staaten zu beobachten: Am Anfang der absolutistischen Machtkonzentration steht jeweils die politische Ausschaltung des Adels, sei es gewaltsam wie in Rußland unter Peter I. oder durch eine Art Kompensationsgeschäft wie in Frankreich oder in Brandenburg-Preußen (s. Seite 158).

Praxis des Absolutismus

Was die praktischen Maßnahmen des Absolutismus betrifft, hat sich gleichfalls ein gewisses Repertoire entwickelt, das idealtypisch ist und von allen Herrschern mehr oder weniger zu verwirklichen versucht wird. Wo ein Herrscher eine Reform im absolutistischen Sinne versucht, wie etwa Peter I. in Rußland (s. Seite 156), zielt sein vorrangiges Bestreben stets auf die Durchsetzung dieser den Absolutismus konstituierenden zentralen Phänomene. Die ausgestaltete Praxis des absolutistischen Staates (im folgenden am Beispiel Frankreichs) zeigt sich vor allem in folgenden Punkten:

● Zentralisierung der Verwaltung (Exekutive) – Minister nur mit beratender Funktion (königliches Kabinett); kein Premierminister – Stärkung des *Beamtenapparates* - Leitung der Provinzen durch Beamte *(Intendanten)* statt adeliger Provinzgouverneure – Ausschaltung von ständischen Mitbestimmungsorganen wie den Generalständen und den Parlamenten (s. Bd. 2, Seite 7).

● Stehendes Heer unter dem Oberbefehl des Königs; im Unterschied zu den Söldnerheeren, die sich nach Beendigung eines Kriegszuges wieder auflösten, steht dieses Heer dem König immer zur Verfügung und ist Hauptstütze seiner Macht. Es liegt auf der Hand, daß der rationale Geist der Zeit hier besonders wirksam werden kann: Erstmals werden die Soldaten einheitlich ausgerüstet und gekleidet (Uniform), wird das Exerzieren und Paradieren geübt. Die Organisation ist streng zentralistisch-hierarchisch. Der König selbst ernennt die Offiziere, wobei die hohen Offiziersstellen dem Adel vorbehalten sind. – Die Absicherung nach außen geschieht durch den Bau zahlreicher Festungen nach den streng rational konzipierten Plänen des Baumeisters *Vauban.*

● Politische Entmachtung des Adels; Heranziehen des Hochadels an den Hof (Versailles) sowie für hohe Offiziersstellen. Der Adel behält seine sozialen und wirtschaftlichen Privilegien, ist aber politisch entmachtet.

● Legislative und Judikative vom König abhängig; direkte Eingriffe in die Rechtsprechung (»Si veut le roi, veut la loi.«) und Verhaftungen aufgrund von »Lettres de cachet«[3]

● Reglementierung und zentrale Lenkung der Wirtschaft *(Merkantilismus,* s. Seite 149)

● Durchsetzung der religiösen Einheit (Bossuet: »Un roi, une foi, une loi«) (s. Seite 150). Vom französischen Vorbild abweichend ist dagegen die Religionspolitik in Preußen (»Jeder soll nach seiner Façon selig werden.«).

● Vereinheitlichung von Sprache und Kultur (1635 Gründung der *Académie Française)*

● Selbstdarstellung und Repräsentation des Herrschers: Symbol und Vorbild des höfischen Abso-

---

[1] *Descartes* (1596-1650), Begründer der analytischen Geometrie, in der Philosophie durch seinen radikalen Zweifel an überkommenen Meinungen (Das einzig Unbezweifelbare ist der Zweifel selbst: »Ich denke, also bin ich«) und die Begründung des modernen Rationalismus bekannt. Er gilt als »Vater der neueren Philosophie«.

[2] frz.: Schleuder

[3] franz.: Siegelbrief; ein vom König gesiegelter Haftbefehl, der zur Einkerkerung unliebsamer Personen ohne jegliches Gerichtsverfahren führte.

lutismus wird das Schloß von Versailles (Bauzeit 1624-1708) mit seiner Gartenanlage, die das rationalistische Prinzip der Zeit widerspiegelt (alle Linien schneiden sich im Schlafzimmer des Königs!).

Viele dieser Maßnahmen sind richtungweisend für unser heutiges Staatsverständnis und geradezu eine Selbstverständlichkeit geworden, so die Zentralisierung und Bürokratisierung der Verwaltung, das »stehende Heer«, die einheitlichen Regelungen im wirtschaftlichen, steuerpolitischen und sozialen Bereich (z. B. Schulwesen). Die Epoche des Absolutismus ist insofern objektiv ein deutlicher Fortschritt gegenüber den mittelalterlichen Herrschaftsformen und begründet den **modernen Staat** der Neuzeit.

Das Ancien régime

Die französische Gesellschaft der absolutistischen Zeit wird in drei Stände gegliedert: Klerus, Adel und Dritter Stand (Tiers).

- *Klerus:* Der Klerus umfaßt ca. 0,5 % der Bevölkerung. Die höheren Geistlichen (Bischöfe, Äbte) stammen meist aus dem Adel. Bistümer und Abteien sind für sie nur einträgliche Pfründe[1], keine geistliche Aufgabe. Sie führen deshalb trotz ihres geistlichen Ranges ein weltliches und oft verschwenderisches Leben. Ein berühmtes Beispiel ist der in die sogenannte Halsbandaffaire[2] verstrickte Kardinal Rohan. Der Luxus des hohen Klerus steht in krassem Gegensatz zu dem ärmlichen Leben der einfachen Geistlichen. Von Steuern und Abgaben ist der Klerus befreit (er leistet aber freiwillige Zahlungen, die »dons gratuits«).

- *Adel:* Er umfaßt ca. 1,5 % der Bevölkerung. Unter Ludwig XIV. politisch entmachtet, hat er seine Privilegien bewahrt, insbesondere die Steuerfreiheit. Auch die hohen Offiziersstellen sind dem Adel vorbehalten. Innerhalb des Adels gibt es erhebliche Unterschiede: Neben extrem reichen Adeligen (der Herzog von Orléans z. B. verfügt über ein Jahreseinkommen von 7 Millionen Livres) gibt es den kleinen Landadel (oft unter 600 Livres). Gerade diese verarmte Schicht kämpft besonders um die Beibehaltung der Adelsprivilegien.

- *Dritter Stand:* Wer nicht zum privilegierten Adel oder Klerus gehört, wird unter dem Oberbegriff »Dritter Stand« zusammengefaßt. Er zahlt die Steuern und ist Träger und Motor der Wirtschaft

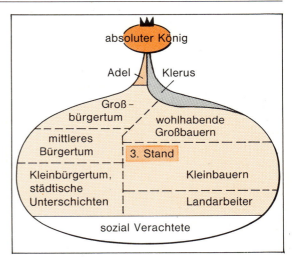

Gesellschaftsstruktur im absolutistischen Frankreich

(Handel, Gewerbe), hat aber politisch ebenfalls keine Rechte. Er umfaßt 98 % der französischen Bevölkerung und ist folglich in sich höchst heterogen: Zu trennen ist zwischen Stadt- (ca. 15 %) und Landbevölkerung (ca. 85 %), aber auch vertikal zwischen sehr wohlhabenden und sehr armen Schichten. Entsprechend unterschiedlich sind auch die politischen und ökonomischen Interessen des Dritten Standes.

Der Merkantilismus

Der Merkantilismus ist die typische Wirtschaftsform des absolutistischen Staates. Wie alle übrigen Bereiche sollte auch die Wirtschaft nach rationalen Gesichtspunkten organisiert und dem Staat dienstbar gemacht werden. Eine zentralistische Wirtschaftslenkung ist deshalb für den Merkantilismus charakteristisch.

Die Ausgangsthese des Merkantilismus ist, daß die Macht eines Staates (und darum geht es dem absoluten Herrscher primär) auf seiner wirtschaftlichen Unabhängigkeit (Autarkie) und seinem Reichtum an Geld beruht (Finanzierung eines starken Heeres und der repräsentativen Prachtentfaltung des höfischen Lebens). Die Wirtschaft muß also das Ziel verfolgen, die Einnahmen des Staates zu erhöhen. Auf jeden Fall muß deshalb mehr exportiert als importiert werden *(aktive Handelsbilanz),* müssen die Einnahmen höher sein als die Ausgaben *(aktive Zahlungsbilanz).*

---

[1] Das mit dem Kirchenamt verbundene Einkommen

[2] 1784-86: eine Intrige, in der man durch gefälschte Briefe den Kardinal glauben machte, er könne durch das Geschenk eines höchst kostbaren Colliers die Gunst Marie Antoinettes gewinnen.

Um dieses Ziel zu erreichen, greift der Staat aktiv in das Wirtschaftsleben ein *(Planwirtschaft):*

- Förderung *(Subventionierung)* des Aufbaus von *Manufakturen*[1]

- Errichtung staatlicher *Monopole*

- Förderung von Handelsgesellschaften (Ost- und Westindienkompanie 1664 u. a.)

- Verbot der Auswanderung (Arbeitskräfte sollen dem Staat erhalten bleiben)

- Anwerbung von Gastarbeitern, insbesondere von Spezialisten

- bevölkerungspolitische Maßnahmen (Junggesellensteuer)

- Abbau der Binnenzölle, die die Waren verteuern

- Verbesserung der *Infrastruktur,* um den Transport der Waren zu erleichtern und zu verbilligen

- Festlegung niedriger Brotpreise; ermöglicht niedrige Löhne und verbilligt so die Produktionskosten

- Schutzzölle, um die Einfuhr fremder Waren zu erschweren

- aktive Kolonialpolitik (Kanada, Louisiana, Madagaskar ...), um billig Rohstoffe für die eigene Produktion zu erwerben

- die Kolonialpolitik erfordert den Ausbau der Handelsflotte und, zu deren Schutz, der Kriegsmarine

Der Merkantilismus – nach seinem Organisator, dem Finanzminister *Jean Baptiste Colbert* (1661-83), auch *Colbertismus* genannt – führt zu einem großen wirtschaftlichen Aufschwung, der aber vor allem einer kleinen, reichen Bürgerschicht (den Manufakturbesitzern) zugute kommt. Da er sich einseitig auf die Förderung von Handwerk und Handel konzentriert, kommt es zu einer Vernachlässigung der Landwirtschaft. Die Festlegung niedriger Getreidepreise (Brotpreise) ist zwar Voraussetzung für niedrige Löhne und billige Produktion, führt aber zu Verlusten für die Bauern, deren Abgaben dennoch nicht verringert werden. Da der zusätzliche Anbau von Getreide sich

nicht mehr lohnt und nur eine noch höhere Besteuerung zur Folge hätte, lassen viele Bauern ihr Land verkommen. Die Verarmung des Bauernstandes ist die Kehrseite des Wirtschaftswachstums und wird eine der Ursachen sein, die zur Französischen Revolution von 1789 führen.

Religionspolitik

Das kirchliche Leben in Frankreich ist geprägt durch den *Gallikanismus,* der den Einfluß des Papstes beschränkt und die katholische Kirche eng an den Staat bindet[2]. Vor allem die Ernennung der Bischöfe ist Sache des Königs, dessen absolute Autorität von der Kurie anerkannt wird. So ist es auch zu verstehen, daß hohe Geistliche wie Richelieu oder Mazarin eine so große Rolle in der französischen Politik jener Zeit spielen. Diesem staatskirchlichen System und dem Einheitsdenken Ludwigs XIV. (»un roi, une foi, une loi«[3]) widersprechen die Sonderrechte der **Hugenotten,** denen *Heinrich IV.* im *Edikt von Nantes 1598* (s. Seite 137) Religionsfreiheit zugesichert hat. Schon Richelieu ist gegen die Sonderrechte der Hugenotten vorgegangen (1628 Eroberung von La Rochelle). Ziel Ludwigs XIV. ist auch die konfessionelle *Einheit:* Er leitet deshalb eine systematische Unterdrückungspolitik gegen die französischen Protestanten ein. Die Skala reicht von der begrifflichen Diffamierung (religion prétendue réformée = angeblich reformierte Religion) über die Schließung von Schulen und Gotteshäusern, das Verbot der Ausübung bestimmter Berufe, die Verurteilung zur Galeere[4] bis zu den sogenannten Dragonaden[5].

Das Edikt von Fontainebleau   1685

verfügt schließlich die Aufhebung des Edikts von Nantes und verbietet den protestantischen Glauben[6]. Obwohl Auswanderung verboten ist, fliehen insgesamt zwischen 200 000 und 500 000 Hugenotten aus Frankreich in die Niederlande, nach England und Preußen. Gerade für das aufstrebende Preußen bedeuten diese *Refugiés* (Flüchtlinge) einen großen Zuwachs an Wirtschaftskraft.

---

[1] lat. *manu facere* = mit der Hand machen; Vorform des industriellen Betriebs; es wird zwar handwerklich gearbeitet (im Unterschied zur Fabrik mit ihren Maschinen), aber nach dem Prinzip der Arbeitsteilung und -spezialisierung. Dadurch kann rationeller gearbeitet und mehr produziert werden als in herkömmlichen Handwerksbetrieben.

[2] Die *gallikanische Kirche* hat sich bereits im Mittelalter herausgebildet (1438 Pragmatische Sanktion von Bourges) und wird 1682 von Bossuet (s. Seite 147) in der *Declaratio Cleri Gallicani* neu formuliert.

[3] »Ein König, ein Glaube, ein Gesetz«

[4] Der Ausbau der Handels– und Kriegsflotte führte zu einem enormen Bedarf an Ruderern. Schon bei geringen Vergehen wurden deshalb Protestanten zur Galeere verurteilt.

[5] Abgeleitet von *Dragoner* (=berittener Soldat): Einquartierung der Soldaten in den Häusern der Hugenotten, wobei Ihnen außer Mord und Vergewaltigung jede Gewalttat erlaubt war (Plünderung, Mißhandlung). Um den Dragonaden zu entgehen, konvertierten Tausende von Protestanten zum Katholizismus.

[6] Erst 1787 (Edikt Ludwigs XVI.) wird der Protestantismus wieder toleriert; 1789 in der Menschenrechtserklärung wird völlige Religionsfreiheit garantiert.

Außenpolitik unter Ludwig XIV.

Die Außenpolitik der absolutistischen Staaten ist rational, taktierend und entsprechend dem Gedanken der Staatsräson auf Vergrößerung der eigenen Macht ausgerichtet. Sie versucht durch (Geheim)Diplomatie Bündnisse zu organisieren, die Vorteile für die eigene Position versprechen. Das schließt auch den Wechsel der Bündnispartner ein, wenn dies mehr Vorteile verspricht. In den zahlreichen und kaum überschaubaren Kriegen des 17./18. Jahrhunderts bildet sich allmählich die europäische Mächtekonstellation heraus, die dann die Geschichte der Neuzeit bestimmen wird.

Für Frankreich, das aus dem 30jährigen Krieg gestärkt hervorgeht und im Osten mit dem Heiligen Römischen Reich einen geschwächten, in sich zerstrittenen Nachbarn hat, stellen sich mehrere machtpolitische Ziele:

● der Erwerb der *linksrheinischen Gebiete* (Rhein als natürliche Grenze)
● die Ausschaltung der niederländischen Handelsmacht
● die *Hegemonie* in Europa
● die Vorbereitung auf den abzusehenden spanischen Erbfall, der zu einer Auseinandersetzung mit den ebenfalls auf das Erbe rechnenden deutschen Habsburgern (Gefahr einer erneuten Umklammerung) führen muß.

Ludwig XIV. nutzt dabei die Tatsache aus, daß Österreich und das Reich durch die *Türkenkriege* (s. Seite 154) im Osten gebunden sind, unterstützt auch ungeachtet seiner rigorosen Religionspolitik im Innern die Osmanen. Formal sichert er seine expansive Politik durch angebliche Rechtsansprüche ab.

Devolutionskrieg[1]   1667/68

gegen Spanien. Ludwig XIV. besetzt Teile der Spanischen Niederlande und die Freigrafschaft Burgund (Franche-Comté). Eine Koalition zwischen England, Holland und Schweden (Tripelallianz) erzwingt den *Friedensschluß von Aachen (1668):* Frankreich muß die Franche-Comté wieder räumen, behält aber einen Teil der Eroberungen in Flandern (mit Lille).

Besetzung Lothringens   1670

Krieg gegen Holland   1672-1678

Obwohl im Laufe des Krieges die wichtigsten Bündnispartner (vor allem England 1674) von Frankreich abfallen, kann es sich militärisch behaupten. Im

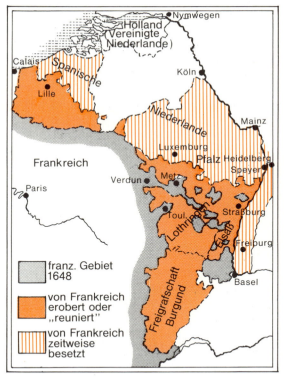

Die Ausdehnung Frankreichs bis 1697

Karte-Legende:
franz. Gebiet 1648
von Frankreich erobert oder „reuniert"
von Frankreich zeitweise besetzt

Frieden von Nymwegen   1678

erwirbt Frankreich weitere Grenzfestungen in den Spanischen Niederlanden, die Franche-Comté sowie Freiburg und hält auch Lothringen weiter besetzt. Das eigentliche Ziel, die Eroberung der Niederlande, ist zwar nicht erreicht, doch geht Frankreich gestärkt aus diesem Krieg hervor.

Reunionskriege[2]   ab 1679

Angebliche historisch begründete Rechtsansprüche auf ehemals zu Frankreich gehörende Gebiete bilden die Scheinlegitimation zur Besetzung weiterer linksrheinischer Gebiete (Elsaß, Straßburg 1681, Luxemburg 1684). Da die Türkenkriege (s. Seite 154) das Reich im Osten binden, muß Kaiser Leopold im *Regensburger Stillstand (1684)* die französischen Eroberungen anerkennen.

Bis zu diesem Zeitpunkt ist die französische Außenpolitik durchaus erfolgreich. Die Überspannung der Expansionspolitik führt in der Folgezeit aber zum Umschwung.

---

1 Devolution = Eigentumsübertragung; das Devolutionsrecht galt in Flandern, Brabant und der Franche-Comté und bevorzugte im Erbfall die Kinder aus erster Ehe. Da Ludwig XIV. mit Maria Theresia, Tochter Philipps IV. von Spanien aus erster Ehe, verheiratet war, Karl II. aber aus zweiter Ehe stammte, erhob er Ansprüche auf die genannten Gebiete.

2 *Reunion* = Wiedervereinigung; sog. Reunionskammern hatten den Auftrag, den juristischen Vorwand für die Besetzung der Gebiete zu liefern

Im Pfälzischen Erbfolgekrieg   1688-97

wird das französische Hegemonialstreben gebremst. Auch hier nutzt Ludwig angebliche Erbansprüche[1], um die Pfalz zu besetzen. Er stößt aber diesmal auf den energischen Widerstand des Reiches (das im Osten der Türkengefahr Herr geworden ist, s. Seite 154), Hollands und Englands (wo 1688/89 Ludwigs Erzfeind, Wilhelm von Oranien, König geworden ist, s. unten). In der Seeschlacht bei *La Hogue (1692)* wird die französische Flotte vernichtet; aus der Pfalz müssen sich die Franzosen zurückziehen. Die Pfalz wird dabei, um eine militärisch »tote« Zone zu schaffen, systematisch zerstört (u. a. Zerstörung des Heidelberger Schlosses und der Kaisergräber in Speyer), ein Vorgehen, das die Beziehungen zu Frankreich auf lange Zeit belastet. Im

Frieden von Ryswijk   1697

muß Frankreich erstmals Verluste hinnehmen (Pfalz, Luxemburg, Reunionsgewinne in den Spanischen Niederlanden), behauptet aber das Elsaß mit Straßburg.

Die Glorreiche Revolution in England

In England, wo sich schon im Mittelalter ein parlamentarisches Gegengewicht zur königlichen Macht gebildet hat, verläuft die Entwicklung anders als auf dem Festland. Aber auch hier scheint sich anfangs, ähnlich wie in anderen europäischen Staaten, eine Entwicklung zum Absolutismus abzuzeichnen.

Nach dem Ende der Diktatur *Oliver Cromwells* (gest. 1658, s. Seite 144) führt das Bedürfnis nach Ruhe und Ordnung zur Restauration der Stuart-Monarchie. *Karl II., Sohn des 1649 hingerichteten Karls I.,* kehrt aus dem französischen Exil zurück und übernimmt die Regierung.

Geprägt von seiner Erziehung am französischen Hof, geht Karl II. ein enges Bündnis mit *Ludwig XIV.* ein. Seine Kriege gegen Holland (1665-67 und 1672-74) sind sowohl im handelspolitischen Interesse Englands als auch im machtpolitischen Interesse Frankreichs. Ein Sieg gegen Holland gelingt jedoch nicht; 1674 muß Karl II. nach holländischen Erfolgen auf Druck des Parlaments den *Kompromißfrieden*

von Westminster schließen und aus dem französisch-holländischen Krieg (1672-78, s. Seite 151) austreten.

Auch innenpolitisch versucht Karl II. das französische Vorbild zu kopieren und die absolutistische Regierungsform durchzusetzen. Diesem Ziel dient auch die Stärkung der anglikanischen Kirche und der königlichen Kirchenhoheit durch die *Act of Uniformity (1662)*[2]. Der

Geheimvertrag von Dover   1670

mit Ludwig XIV. sieht die Konvertierung Karls zum Katholizismus vor und sichert ihm für den Fall innenpolitischer Widerstände französische Hilfe zu. Gegen die nun offen einsetzende Begünstigung der Katholiken setzt das Parlament die

Testakte[3]   1673,

durch, die der König aber durch sogenannte »Indulgenzerklärungen«[4] für Katholiken unterläuft. Den absolutistischen Eingriffen in die Rechtsordnung stellt das Parlament die

Habeas-Corpus-Akte   1679

entgegen, die willkürliche Verhaftungen ausschließen soll.

Der Konflikt zwischen Stuart-Monarchie und Parlament kreist also um zwei Kernprobleme: die Machtfrage zwischen Königtum und Parlament und die konfessionelle Frage. Er spitzt sich folglich zu, als nach dem Tod Karls II. (1685) sein Bruder *Jakob II.* die Nachfolge antritt, denn Jakob II. ist konvertierter Katholik. Die Hoffnung, daß der bereits 52jährige König ohne männlichen Erben bleiben würde, wird 1688 enttäuscht. Die Geburt und katholische Taufe eines Thronfolgers und damit die Aussicht auf eine dauerhafte katholische Dynastie im anglikanischen England führt zum Entschluß, **Wilhelm III. von Oranien** die Krone anzutragen.

Er erfüllt alle Voraussetzungen: Er ist Protestant, ein Gegner Frankreichs, und er ist dynastisch eng mit dem Haus Stuart verbunden (vgl. Skizze). Unter der Maxime »Protestantische Religion und die Freiheiten Englands« landet er Ende 1688 in England. Ludwig XIV., der durch den *Pfälzischen Erbfolgekrieg* (s. oben) gebunden ist, kann nicht zugunsten der Stuarts eingreifen. Wilhelm III. von Oranien zwingt in der sogenannten

---

[1] Im Namen seiner Schwägerin Elisabeth Charlotte (Liselotte) von der Pfalz (∞ Phillip von Orlénas, Bruder Ludwigs XIV.)

[2] Die Uniformitätsakte soll durch Verdrängung aller nicht-anglikanischen Geistlichen aus Ämtern und Pfründen eine vom König gelenkte Einheitskirche herstellen.

[3] (engl. *test* = Probe): Wer ein öffentliches Amt bekleiden wollte, mußte einen Eid auf die anglikanische Glaubenslehre leisten.

[4] Indulgenz (lat.) = Nachsicht

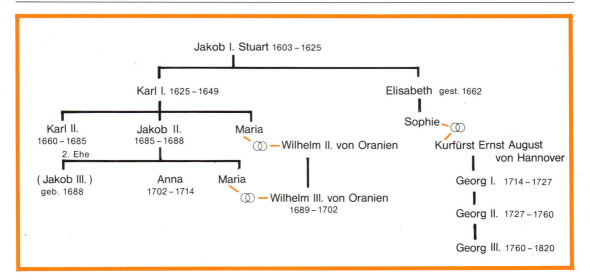

Jakob I. Stuart 1603–1625

Karl I. 1625–1649   Elisabeth gest. 1662

Karl II. 1660–1685   Jakob II. 1685–1688   Maria   Sophie   Kurfürst Ernst August von Hannover

2. Ehe

(∞) — Wilhelm II. von Oranien

(Jakob III.) geb. 1688   Anna 1702–1714   Maria   Georg I. 1714–1727

(∞) — Wilhelm III. von Oranien 1689–1702

Georg II. 1727–1760

Georg III. 1760–1820

Glorreichen Revolution   1688

Jakob II. zur Flucht. Als Gegenleistung für seine Wahl zum König unterzeichnet Wilhelm die

Declaration of Rights   Februar 1689

(im Oktober zum Gesetz erhoben: **Bill of Rights**).

Die Bill of Rights enthält im wesentlichen ein Verbot königlichen Machtmißbrauchs und definiert die Rechte und Freiheiten des Parlaments. Sie verpflichtet den König auf den Protestantismus und die Gesetze. Sie entzieht ihm die Verfügung über ein stehendes Heer in Friedenszeiten und das Recht, Sondergerichte einzuberufen. Sie gesteht ihm zu: selbständige Regierungsführung auf der Basis der Gesetze, selbständige Berufung der Minister und hohen Staatsbeamten, Entscheidung in außenpolitischen Fragen. Das Parlament soll künftig allein über die Steuern und die Heeresstärke befinden. Den Parlamentsangehörigen steht völlige Redefreiheit zu. Der König ist verpflichtet, es häufig einzuberufen (Periodizität).

Die gesetzgebende Gewalt geht von König, Lords und Commons gemeinsam aus. So wird keiner der Institutionen die Staatssouveränität eindeutig zugesprochen. Dadurch jedoch, daß das Parlament die höchste Kompetenz beansprucht und die Grundlagen der Verfassung festgelegt hat, wird das Königtum zum Staatsamt. Im Gegensatz zum Frankreich Ludwigs XIV. steht in England nun das Gesetz über der Krone (Rule of Law).

Die Bill of Rights stellt keine Verfassung, aber ein Grundgesetz des englischen Staates dar. Die hier aufgerichteten »Verbotstafeln für die Zukunft« bleiben für die weitere Entwicklung der konstitutionellen in eine parlamentarische Monarchie gültig.

Eine echte Volksvertretung im modernen Sinne ist das Parlament von 1689 freilich noch keineswegs. Aktives und passives Wahlrecht sind an Grundbesitz und Vermögen gebunden. Das Parlament achtet darauf, die ständischen Privilegien zu erhalten. In soziologischer Hinsicht trägt die konstitutionelle Monarchie Englands somit durchaus konservative Züge.

Für die Entwicklung auf dem Kontinent ist die Glorreiche Revolution ein entscheidendes Ereignis:

● Wilhelm III. verfolgt eine antifranzösische Politik und organisiert die Koalition gegen Frankreich im *Spanischen Erbfolgekrieg* (s. Seite 154). In der Folgezeit spielt England die Rolle eines Hüters des europäischen Gleichgewichts und baut zugleich seine See- und Kolonialmacht weiter aus. *Österreichischer Erbfolgekrieg* und *Siebenjähriger Krieg* (s. Seite 160) bringen Englands Aufstieg zur Weltmacht.

● Der Erfolg der Glorreichen Revolution beeinflußt das Denken der europäischen Aufklärung. Hier ist vor allem die Arbeit *John Lockes, Two Treaties of Government (1690),* zu nennen, die über *Voltaire* und *Montesquieu* Eingang in die französische Aufklärungsbewegung findet und eine wichtige theoretische Grundlage für die Französische Revolution liefert (s. Seite 167).

● Nach dem Tod Wilhelms III. (1702) bestätigt Königin Anna (1702-1714, Tochter Jakobs II. und Schwägerin Wilhelms) die Sukzessionsakte *(Act of Settlement, 1701),* die den 1688 geborenen Sohn Jakobs von der Thronfolge ausschließt. Nach Annas Tod geht die Thronfolge auf das Haus *Hannover (Georg I., 1714-1727)* über, das bis 1837 in Personalunion mit Großbritannien verbunden bleibt.

Die Türkenkriege und der Aufstieg Österreichs zur Großmacht

Die französische Ausdehnungspolitik war nur möglich, weil Österreich und das Reich im Südosten durch den Angriff der Türken gebunden waren. Schon einmal, im 16. Jahrhundert, hatte ein türkischer Angriff das Reich bedroht (s. Seite 124). Ab 1663 kommt es zu einem zweiten großen Angriff des Osmanischen Reiches auf Mitteleuropa.

In diesem Kampf geht es um den Besitz Ungarns, das seit 1526 zu Österreich gehört, aber keineswegs fest in dessen Hand ist. Die Türken halten hier wichtige Festungen, und das ungarische Selbständigkeitsgefühl wehrt sich gegen österreichische Einmischung.

Ausgelöst wird der Krieg durch die beiderseitigen Ansprüche auf das ostungarische Siebenbürgen: 1663 dringen die Türken bis in die Nähe Wiens vor und können nur mit Mühe 1664 bei St. Gotthard an der Raab aufgehalten werden. Der für Österreich demütigende *Friede von Vasvar (Eisenburg)* (Abtretung Siebenbürgens und Tributzahlungen an das Osmanische Reich) beendet vorerst den Türkenangriff.

Bei dem Versuch, seine Herrschaft über das westliche Ungarn zu festigen, stößt Österreich auf den Widerstand des ungarischen Adels, der unter der Führung des Grafen *Imre Tököly* den sogenannten *Kuruzzenaufstand*[1] organisiert und die Türkei zu Hilfe ruft. Tököly wird im Auftrag des Sultans zum ungarischen König ernannt und unterstützt mit seinen Kuruzzen den Angriff des über 200 000 Mann starken türkischen Heeres auf Österreich mit der

Belagerung Wiens	Sommer 1683.

Der Vorstoß der Moslems auf Wien ist mehr als eine machtpolitische Auseinandersetzung – er stellt eine Gefahr für das christliche Abendland dar. Aus allen Teilen des Reiches, katholischen wie protestantischen, werden – mit finanzieller Unterstützung des Papsttums – unter dem Oberbefehl des polnischen Königs *Johann Sobieski* Truppen zur Verteidigung Wiens gesammelt. In der

Schlacht am Kahlenberg (bei Wien)	12.9.1683

wird der türkische Angriff zurückgeschlagen. Diese Schlacht beendet ein für allemal den islamischen Druck auf Mitteleuropa und ist insofern von weltgeschichtlicher Bedeutung.

Unter dem Schutz der Türkenkriege hat Frankreich in dieser Zeit seine Reunionspolitik (s. Seite 151) erfolgreich durchführen können. Vor die Wahl gestellt,

sich nach der Befreiung Wiens gegen Frankreich zu wenden oder aber den Krieg gegen die Türkei fortzusetzen, entscheidet sich Kaiser Leopold für die zweite Alternative. Er anerkennt im *Regensburger Stillstand (1684)* die französischen Eroberungen im Westen und setzt den Krieg gegen die Türken fort. Zusammen mit Polen und Venedig *(Heilige Liga),* seit 1688 auch mit Rußland, vertreibt er die Türken aus Ungarn. Die Herrschaft des Kuruzzenkönigs Tököly bricht zusammen. Auf dem

Reichstag zu Preßburg	1687

wird die ungarische Krone dem Haus Habsburg übertragen. Es entsteht die österreichisch-ungarische Doppelmonarchie.

Der Krieg gegen das Osmanische Reich zieht sich unter der Führung des *Prinzen Eugen von Savoyen* noch weitere Jahre hin, zumal erhebliche Kräfte abgezogen werden müssen, um den französischen Angriff auf die Pfalz (s. Seite 152) abzuwehren. Erst im

Frieden von Karlowitz	1699

wird er beendet und schreibt die Großmachtstellung Österreich-Ungarns fest, die es in zwei weiterer Kriegen (1716-18 und 1737-39) behaupten kann.

Die weitreichende Bedeutung des Friedens von Karlowitz, dessen Bestimmungen im wesentlichen bis 1918 Bestand haben, liegen in der Verlagerung des österreichischen Machtzentrums in den Südosten – der Beginn des Herauswachsens Österreichs aus Deutschland, das später im Wiener Kongreß 1815 (s. Bd. 2, Seite 22) seine Fortsetzung findet.

Der Spanische Erbfolgekrieg und die Durchsetzung des europäischen Gleichgewichts

Im Jahre 1700 stirbt *Karl II. von Spanien* ohne Erben. Eine Schwester Karls, Margarete Theresia, ist mit Leopold I. verheiratet, die andere, Maria Theresia, mit Ludwig XIV. In der Erbfrage scheint anfänglich Frankreich den Sieg davonzutragen, denn Karl bestimmt in seinem Testament den Enkel Ludwigs, *Philipp von Anjou,* zum Nachfolger (= *Philipp V. von Spanien).*

Gegen diese gefährliche Machtkonzentration verbinden sich in der *Haager Allianz 1701* die meisten europäischen Mächte. Der nun einsetzende

Spanische Erbfolgekrieg	1701-1714

wird zugleich in Europa, zur See und in den Kolonien

---

[1] Anlehnung an eine Erhebung der Kuruzzen, ungarischer Bauern (1514).

Europa nach dem
spanischen Erbfolgekrieg

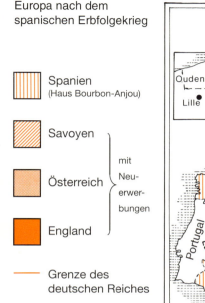

	Spanien (Haus Bourbon-Anjou)
Savoyen	
Österreich	mit Neu- erwer- bungen
England	

─── Grenze des deutschen Reiches

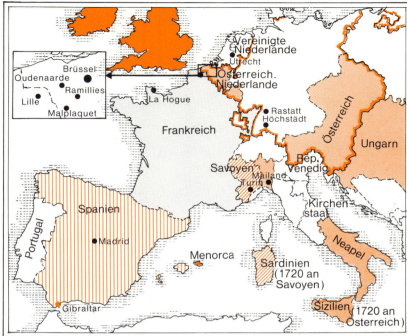

geführt und ist damit der erste »Weltkrieg« der Geschichte.

Die Überlegenheit der Allierten unter Führung des *Herzogs von Marlborough* und des Prinzen *Eugen von Savoyen* (Eroberung von *Gibraltar* 1704, Siege bei *Höchstädt* 1704, *Ramillies* 1706, *Turin* 1706, *Oudenaarde* und *Lille* 1708, *Malplaquet* 1709) zwingt Frankreich zum Angebot eines Verzichtfriedens. Da die Verbündeten aber unzumutbare Bedingungen stellen, geht der Krieg weiter. Das Jahr 1711 bringt eine überraschende Wendung durch den Tod Kaiser *Josephs I.* Dadurch tritt sein Bruder Karl, als Karl III. von den Alliierten als spanischer König anerkannt, als Karl VI. auch die Nachfolge im Reich an. Damit ist aber erneut ein Machtungleichgewicht, diesmal zugunsten der Habsburger, entstanden.

Diese Veränderung der Mächtekonstellation bewegt England und die Niederlande zu Verhandlungen mit Frankreich, die zum

| **Frieden von Utrecht** | **1713** |

führen, der im *Frieden von Rastatt und Baden* auch vom Reich akzeptiert wird.

● Spanien mit seinen Kolonien geht an Philipp V. (von Anjou), aber mit der Bedingung, daß Frankreich und Spanien nie vereint werden

● die Spanischen Niederlande, Mailand, Sardinien und Neapel fallen an Österreich, das so seine europäische Machtstellung erweitert

● Sizilien fällt an Savoyen

● England erhält Gibraltar, Menorca, Neufundland, Neuschottland, die Hudson-Bay-Länder sowie im *Asiento-Vertrag* das Monopol für den Sklavenhandel, festigt also seine Seemachtstellung und gewinnt wirtschaftliche Vorteile

● Freiburg, Kehl und Breisach fallen an das Reich zurück

Insgesamt setzt sich die von England vertretene **Politik des europäischen Gleichgewichts** durch, die bis 1914 Leitprinzip der europäischen Außenpolitik bleiben wird.

Schweden und Rußland: Der Nordische Krieg

Aus dem 30jährigen Krieg geht Schweden als bedeutendste Ostseemacht hervor.

In der Folgezeit wendet sich *Karl X. Gustav (1654-60)* gegen das geschwächte Polen *(Schwedisch-polnischer Krieg 1655-60),* das im Osten gleichzeitig von Rußland bedroht wird. Nach schnellen Erfolgen (September 1655 Besetzung Krakaus), die das Gleichgewicht in Europa erschüttern und Karl X. bereits den Ruf eines »nordischen Alexander« eintragen, stellen sich Habsburg, Holland und Dänemark gegen Schweden. Karl X. muß nun zwar das polnische Unternehmen abbrechen, besiegt aber Dänemark und gewinnt im *Frieden von Roskilde*

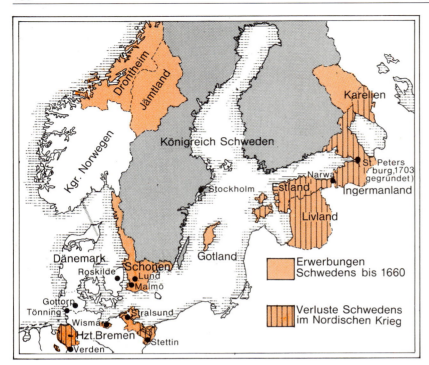

Die schwedische
Großmacht um 1660

1658 die bisher dänische Südspitze Schwedens. Nach dem überraschenden Tod Karls X. kommt es zum

Frieden von Oliva   1660,

der gewissermaßen die Ergänzung des Westfälischen Friedens für den ostmitteleuropäischen Raum bedeutet und Schwedens Vormachtstellung bestätigt.

Karl XI. (1660-97) läßt sich für die politischen Ziele Ludwigs XIV. gewinnen, der sich durch diesen Verbündeten im Osten größere Handlungsfreiheit für seine expansive Politik verspricht. So wird Schweden in den Krieg Frankreichs gegen Holland (1672-78) verstrickt und erleidet Niederlagen gegen Dänemark (1675-79) und Brandenburg (1675 Schlacht bei *Fehrbellin* und Besetzung des schwedischen Vorpommerns). Trotz dieser Mißerfolge kann es aufgrund des Einflusses seines französischen Bündnispartners in den *Friedensschlüssen von Lund und St. Germain (1679)* seinen Besitzstand wahren.

Die in diesem Krieg offenbar gewordene innere Schwäche versucht Karl XI. durch die Einführung des Absolutismus (1682) nach westlichem Vorbild zu überwinden (Beschränkung der Adelsrechte, Reorganisation des Heeres, wirtschaftliche Maßnahmen).

Zur gleichen Zeit erfährt die Geschichte *Rußlands* eine entscheidende Wende durch die Regierung

Zar Peters I., des Großen   1689-1725.

Einerseits aufgeklärt und rational, andererseits despotisch, versucht Peter I. ohne Rücksicht auf die altrussischen Traditionen im Inneren eine Politik der **Modernisierung nach europäischem Vorbild.** Aufstände unterdrückt er grausam, ebenso den Widerstand innerhalb der eigenen Familie. Sein Sohn, dem er wegen Hochverrats den Prozeß machen läßt, stirbt an den Folgen der Folter.

Die innenpolitischen Maßnahmen orientieren sich weitgehend am Vorbild des westlichen Absolutismus:

● Bildung einer zentralen Verwaltung (Senat) mit untergeordneten Fachministerien; Aufteilung des Landes in Gouvernements, Provinzen und Distrikte; Einführung einer direkten Steuer

● Förderung der Wirtschaft nach merkantilistischem Muster (Manufakturen, Staatsmonopole, Ausbau der Infrastruktur). Dazu werden zahlreiche ausländische Fachkräfte ins Land gerufen. Peter I. selbst läßt sich auf einer Europareise als Schiffsbauer[1] und Navigator ausbilden.

● Aufbau eines starken stehenden Heeres und einer Flotte

---

[1]   Das Thema für Lortzings Oper »Zar und Zimmermann«.

- Eindämmung der bisherigen Feudalrechte des Adels
- Kirchliche Neuordnung durch Bildung der »Heiligen Synode« unter Vorsitz des Zaren, der damit die höchste weltliche und geistliche Gewalt in seiner Person verbindet (Cäsaropapismus)
- Aufbau eines geordneten Schulwesens

Die rabiat durchgesetzten Reformen sind der Versuch einer »Revolution von oben«. Sie bleiben wegen der wirtschaftlichen Rückständigkeit Rußlands und wegen des latenten Widerstands weiter Bevölkerungskreise gegen die westliche Lebensform zwar unvollkommen, bedeuten aber dennoch »den bis zum Jahre 1917 tiefsten Einschnitt in der russischen Geschichte« (Hubatsch).

Das *außenpolitische Ziel* Peters des Großen ist die Öffnung Rußlands nach Westen, vor allem die Gewinnung des Zugangs zur Ostsee und zum Schwarzen Meer. Damit wird die Auseinandersetzung mit Schweden und dem Osmanischen Reich unvermeidbar.

Den Anlaß für den Krieg gegen Schweden bietet die Politik *Karls XII. (1697-1718)*, der, erst fünfzehnjährig, den schwedischen Thron erbt. Karl XII. provoziert durch ein Bündnis mit Holstein-Gottorp und den Einmarsch schwedischer Truppen in Holstein eine antischwedische Koalition zwischen Dänemark, Sachsen-Polen[1] und Rußland. In dem nun beginnenden

Nordischen Krieg	**1700-1721**

erweist sich der junge Karl XII. als Militärgenie. In einem überraschenden Angriff mit britisch-holländischer Flottenhilfe besiegt er Dänemark *(1700 Frieden von Travendal)* und schlägt in der

Schlacht bei Narwa	November 1700

das russische Heer. Statt aber diesen Sieg zu nutzen, wendet er sich gegen den sächsischen Kurfürsten und polnischen König *August II. den Starken (1697-1733)*. Er erobert Warschau (1702) und läßt in Krakau den polnischen Adeligen *Stanislaw Leszynski* zum König ernennen. Während Karl XII. seine Kräfte in Polen verzettelt und schließlich Sachsen angreift (im Frieden von Alt-Ranstädt 1706 verzichtet August II. auf die polnische Krone), kann Peter der Große sein Heer reorganisieren und die ungeschützten schwedischen Ostseegebiete, Ingermanland, Estland und Livland, besetzen. Mitten im Krieg gründet er in dem eroberten Gebiet die Stadt **St. Petersburg.**

Erst 1708 wendet sich Karl XII. wieder gegen Rußland. Die Russen gehen einer Entscheidungsschlacht aus dem Wege und wenden zum ersten Mal

(wie später gegen Napoleon und Hitler) die Strategie der »verbrannten Erde« an. Das durch den Winter geschwächte schwedische Heer wird in der

Schlacht bei Poltawa	**29. Juni 1709**

geschlagen. Diese Schlacht entscheidet das schwedische Schicksal. Karl XII. kann zwar fliehen und versucht mit türkischer Hilfe, das Blatt zu wenden, aber ohne Erfolg.

Das 1700 geschlagene Dänemark greift nun wieder in den Krieg ein, erobert das schwedische Herzogtum Bremen und Verden und besiegt den schwedischen Verbündeten Holstein-Gottorp (1713 Eroberung der Festung Tönning). Das russische Heer rückt ins schwedische Vorpommern und belagert Stralsund und Stettin.

Zeitlich parallel zum Nordischen Krieg, politisch und militärisch aber unabhängig, findet der Spanische Erbfolgekrieg statt (s. Seite 154). Dies ist für den Nordischen Krieg insofern von Bedeutung, als mit dem *Frieden von Utrecht (1713)* die bislang im Westen gebundenen Mächte Brandenburg-Preußen und Hannover-England in das Geschehen eingreifen können. Hannover, das Anspruch auf Bremen-Verden, und Preußen, das Anspruch auf Pommern erhebt, einigen sich diesbezüglich mit Rußland. Auch die überraschende Rückkehr Karls XII. ändert nichts an der schwedischen Niederlage.

In den Friedensschlüssen 1719-21 verliert Schweden

- Bremen-Verden an Hannover
- Pommern bis zur Peene an Preußen
- Livland, Estland, Ingermanland und Südkarelien an Rußland

Dänemark und Polen bleiben in ihrem bisherigen Besitzstand erhalten.

Der eindeutige Sieger des Nordischen Krieges ist Rußland, das sich den Zugang zur Ostsee erkämpft und damit Schweden als Ostseegroßmacht ablöst. Welche Bedeutung Peter der Große diesem Sieg zumißt, wird daran ersichtlich, daß er *Petersburg* zur russischen Hauptstadt macht.

Der Aufstieg Brandenburg-Preußens

Das Kurfürstentum Brandenburg ist ein typisches Staatsgebilde, wie es in nach dynastischen Regeln handelnden Zeiten zustandekommt. Durch Kauf, Heirat oder Erbschaft hat es Gebiete angesammelt, die territorial getrennt sind und ihre besonderen ständischen Rechte haben.

---

[1] *August der Starke*, Kurfürst von Sachsen, ist seit 1697 polnischer König.

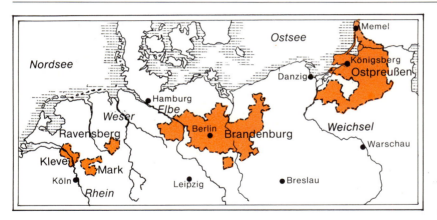

Brandenburg-Preußen
1640

Entsprechend den sich im 17. Jahrhundert allgemein durchsetzenden Vorstellungen des absolutistischen Staates versucht Brandenburg-Preußen, das durch den 30jährigen Krieg stark in Mitleidenschaft gezogen ist, eine starke und unabhängige Staatsmacht aufzubauen.

● *Wirtschaftspolitisch* muß es mit den Instrumentarien des **Merkantilismus** (s. Seite 149) den Wohlstand heben, um die notwendigen finanziellen Mittel zu erlangen, die zur Unterhaltung eines stehenden Heeres als unverzichtbarer Machtbasis erforderlich sind. – Es werden allgemeine Steuern[1] erhoben, Manufakturen errichtet, die Infrastruktur wird verbessert, in dünn besiedelten Gebieten werden neue Dörfer gegründet. Die aus Frankreich geflüchteten Hugenotten (s. Seite 150) kommen deshalb wie gerufen. Selbst den Versuch einer eigenen Kolonialpolitik gibt es (Ostindisch-Brandenburgische Kompanie, Festung Großfriedrichsburg in Guinea u. a.); sie scheitert jedoch an mangelndem Kapital und dem Fehlen einer Flotte.

● *Innenpolitisch* muß Brandenburg-Preußen die Verwaltung zentralisieren und den sich dagegen erhebenden Widerstand des Adels entschärfen. Als Ausgleich für seine politische Unterordnung erhält der Adel soziale und wirtschaftliche Rechte innerhalb seiner Gutsherrschaften. Das für Preußen charakteristische *Junkertum*[2] hat hier eine seiner Wurzeln.

Die Grundlagen für die wirtschaftliche und politische Neuordnung Brandenburg-Preußens werden von **Friedrich Wilhelm,** dem **Großen Kurfürsten** *(1640-1688),* gelegt und von seinen Nachfolgern systematisch ausgebaut. Es hat sich in dieser Zeit jenes preußische Beamtentum entwickelt, das durch sein Pflichtbewußtsein und seine Disziplin einerseits vorbildlich wird, andererseits aber auch die Gefahr aufzeigt, wie leicht sich nicht hinterfragte Pflichterfüllung mißbrauchen läßt.

● *Außenpolitisch* muß Brandenburg-Preußen durch geschickte Bündnispolitik Gewinne erzielen und sein Territorium arrondieren. Dabei kommen dem vergleichsweise unbedeutenden Brandenburg die Konflikte der europäischen Mächte zugute. da sie ihm ermöglichen, durch wechselnde Parteinahme jeweils eigene Ziele zu verfolgen.

Im *schwedisch-polnischen Krieg* (1655-60) steht Brandenburg erst auf schwedischer, dann auf polnischer Seite und erhält im

Frieden von Oliva   1660

die Unabhängigkeit des preußischen Gebiets[3] zugestanden. Im *französisch-niederländischen Krieg (1672-78)* (s. Seite 151) kämpft Brandenburg erst auf Seiten Hollands, schließt 1673 einen Separatfrieden mit Frankreich, tritt 1674 erneut der antifranzösischen Koalition bei, schlägt 1675 das mit Frankreich verbündete Schweden bei *Fehrbellin* und erobert Vorpommern mit den Festungen Stralsund, Greifswald und Stettin. Als es diese Gebiete im Friedens-

---

[1]   Auf dem Land die »Kontributionen« (eine Grundsteuer), in den Städten die »Akzise« (eine Verbrauchssteuer, die mit wachsendem Handel entsprechend ansteigt)

[2]   Bezeichnung für den preußischen Adel, der über ausgedehnten Grundbesitz verfügt und als *Gutsherr* nicht nur eine wirtschaftlich beherrschende Stellung innehat, sondern als *Gerichtsherr (Patrimonialherr)* auch rechtlich das Sagen hat. Trotz der Bauernbefreiung 1807 (s. Bd. 2, Seite 17) bleibt die wirtschaftliche Dominanz des Junkertums bis ins 20. Jahrhundert bestehen.

[3]   (Ost)Preußen, der Rest des Ordensstaates (s. Seite 106), war 1618 durch Erbschaft an Brandenburg gefallen, stand aber unter polnischer Lehenshoheit.

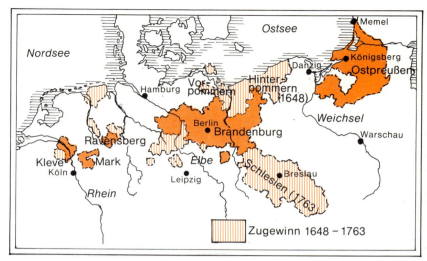

Brandenburg-Preußen
1763

Zugewinn 1648 – 1763

vertrag wieder zurückgeben muß, schließt es sich, enttäuscht über die mangelnde Unterstützung des Reiches, an Frankreich an und billigt dessen Reunionspolitik (s. Seite 151). Das Edikt von Fontainebleau (s. Seite 150) entfremdet das protestantische Brandenburg-Preußen wieder von Frankreich, und im Spanischen Erbfolgekrieg tritt es auf die Seite des Kaisers, der dafür dem Brandenburger Kurfürsten **Friedrich I.** *(1688-1713)* den Titel eines **Königs in Preußen**[1] verleiht. Unter **Friedrich Wilhelm I.,** dem **Soldatenkönig** (1713-40), baut Preußen seine militärische Stärke weiter aus. Die Heeresstärke wächst auf über 80000 Mann. Da die Zahl der Freiwilligen nicht ausreicht, wird 1733 das sogenannte *Kantonsystem*[2] eingeführt.

Schlesische Kriege und Österreichischer Erbfolgekrieg

Der Aufstieg Preußens zur europäischen Großmacht erfolgt erst unter **Friedrich II., dem Großen** (1740-1786).

Als 1740 Karl VI. stirbt und seine Tochter *Maria Theresia* gemäß der *Pragmatischen Sanktion*[3] die Nachfolge antritt, nutzt Friedrich die Schwäche Österreichs und besetzt im

| 1. Schlesischen Krieg | 1740-1742 |

das österreichische Schlesien. Preußen verfolgt dabei, ganz im Stil der Zeit, ein begrenztes machtpolitisches Ziel, den Gewinn Schlesiens. Für das Zugeständnis Schlesiens will es Österreich in der Erbfolgefrage unterstützen. Maria Theresia lehnt diesen Erpressungsversuch jedoch ab. So wird der preußisch-österreichische Konflikt zum Anlaß für das Eingreifen weiterer europäischer Mächte, deren jede sich ihren Vorteil verspricht: Der *bayrische Kurfürst Karl Albrecht,* der die Pragmatische Sanktion nicht anerkannt hat, sieht die Chance, die Kaiserwürde für die Wittelsbacher zu erwerben. Er wird unterstützt von *Sachsen. Frankreich* will Habsburg schwächen und unterstützt folglich die Kandidatur des Bayern. So kommt die Koalition Preußen-Frankreich-Spanien-Bayern-Sachsen zustande, die 1742 die Wahl Karl Albrechts zum Kaiser durchsetzt *(Karl VII., 1742-45).*

Eine solche Störung des europäischen Gleichgewichts, vor allem die Stärkung der Position Frankreichs, kann England nicht hinnehmen. Es tritt 1743 auf österreichischer Seite in den Krieg ein.

Dieser europäische Krieg wird als **Österreichischer Erbfolgekrieg** bezeichnet. Die *Schlesischen Kriege* sind gewissermaßen nur ein Binnenaspekt der umfassenderen Auseinandersetzung, in der es mehr und mehr um den Gegensatz zwischen den Kolonialmächten Frankreich und England geht.

---

[1] Der Titel galt also eigentlich nur für das Teilgebiet Preußen, wird aber dann in der Praxis auf das gesamte Staatsgebiet angewandt (König *von* Preußen).

[2] Aufteilung des Landes in Bezirke (Kantone), die je einem Regiment zugeordnet werden. Die Wehrpflichtigen (sie stammen aus der bäuerlichen Schicht, da die für das merkantilistische System relevanten städtischen Bevölkerungsschichten vom Kriegsdienst befreit sind) müssen eine zweijährige Grundausbildung absolvieren und werden dann bis zur Erreichung der Altersgrenze jährlich für ca. 2 Monate zu militärischen Übungen einberufen. Das Kantonreglement gilt bis zur Einführung der allgemeinen Wehrpflicht 1814 (s. Bd. 2, Seite 18).

[3] Die Pragmatische Sanktion Karls VI. (1713) erklärte die Unteilbarkeit der habsburgischen Länder und regelte die Erbfolge für den Fall des Aussterbens des Mannesstamms. Die Pragm. Sanktion wurde von den meisten europäischen Mächten, z.T. aber nur gegen Zugeständnisse, anerkannt.

Der 1. Schlesische Krieg endet 1742 im *Frieden von Breslau* mit der Abtretung Schlesiens an Preußen, wodurch Österreich freie Hand gegen Frankreich und Bayern erhält. Als Österreich mit englischer Hilfe deutliche Erfolge erringt (Besetzung Bayerns, Flucht Karls VII.) und damit auch den preußischen Besitz Schlesiens gefährdet, greift Friedrich II. im

2. Schlesischen Krieg   **1744/45**

erneut ein, um den Besitz Schlesiens zu sichern *(Friede von Dresden 1745).*

Der Erbfolgekrieg wird beigelegt im

Frieden von Aachen   1748:

Schlesien bleibt preußisch, das Kaisertum aber bleibt bei den Habsburgern *(Franz I., 1745-65,* Ehemann Maria Theresias).

Der Siebenjährige Krieg

Der englisch-französische Konflikt, vor allem in den Kolonien, wird durch den Friedensvertrag nicht gelöst, nur verschoben. Seit 1754 lebt der englisch-französische Kolonialkrieg wieder auf.

Um Hannover (Personalunion mit England) zu schützen, schließt England ein Abkommen mit Preußen[1], das sich indirekt gegen Frankreich richtet. In dieser Situation gelingt es dem österreichischen Außenminister, *Graf Kaunitz,* Habsburgs Erzgegner Frankreich auf die Seite Österreichs zu ziehen, das zudem seit 1746 mit Rußland verbündet ist. Auch Schweden und das Reich treten der antipreußischen Koalition bei.

Das völlig isolierte Preußen wird nur von England unterstützt, das in den Kolonien bereits gegen Frankreich kämpft und dessen Truppen in Europa binden muß. Der nun ausbrechende

Siebenjährige Krieg[2]   **1756-1763**

ist wie schon der Spanische Erbfolgekrieg ein »Weltkrieg« und wird in Europa ebenso wie in Amerika und Indien entschieden.

In Europa bringt die Übermacht der Gegner Preußen an den Rand des Untergangs. Nach der preußischen Niederlage bei *Kolin* 1757 werden Hannover, Schlesien und Ostpreußen besetzt. Zwar kann Preußen sich durch die Siege bei *Roßbach* (1757), *Leuthen* (1757) und *Zorndorf* (1758) zeitweise aus der Umklammerung lösen, wird aber bei *Kunersdorf* (1759) erneut geschlagen und in die Defensive gedrängt. – Seine Rettung verdankt es dem Regierungswechsel

in Rußland, denn nach dem Tod der Zarin *Elisabeth* tritt ihr Nachfolger *Peter III.* auf preußische Seite über[3]. Dieses »Mirakel des Hauses Brandenburg« und die Erschöpfung der französischen Kräfte ermöglichen den

Frieden von Hubertusburg   **1763,**

der Preußen den Besitz Schlesiens garantiert und seine Stellung als fünfte europäische Großmacht endgültig sichert. Damit wird aber auch der **Dualismus** zwischen Österreich und Preußen festgeschrieben, der die weitere Politik in Deutschland bis 1866 bestimmen wird.

In Nordamerika entwickelt sich der Krieg zugunsten Englands, da die französischen Kräfte durch den hinhaltenden Widerstand Preußens in Europa gebunden bleiben und die überlegene englische Flotte den französischen Nachschub weitgehend unterbinden kann. Die Eroberung von Fort Duquesnes (nach dem englischen Außenminister Pitt dann umbenannt in Pittsburg), Montreal und Quebec beendet die französische Kolonialherrschaft in Nordamerika. – Den engen Zusammenhang zwischen dem nordamerikanischen und dem europäischen Krieg macht Pitts Aperçu deutlich, Kanada sei in Deutschland erobert worden.

Auch in Indien gelingt England nach anfänglichen Mißerfolgen ein Sieg über Frankreich und eine Ausweitung seines Einflußgebietes auf Bengalen.

Der Krieg wird beendet im

Frieden von Paris   **1763.**

England gewinnt den französischen Kolonialbesitz in Amerika und das spanische Florida (im Austausch gegen Guadeloupe, Martinique und Havanna). Damit wird ganz Nordamerika östlich des Mississippi englisch.

In Indien baut England seine Position aus.

England ist nach diesem Sieg im Siebenjährigen Krieg endgültig die stärkste See- und Wirtschaftsmacht. Diese Weltmachtstellung kann es bis zum Anfang des 20. Jahrhunderts beibehalten.

Der aufgeklärte Absolutismus

Die Regierung Friedrichs II. von Preußen, der in engem Kontakt zu dem französischen Aufklärungsphilosophen *Voltaire* steht, wird stets in Verbindung gebracht mit dem Begriff des »aufgeklärten Absolutismus«. Diese Einschätzung hat zweifellos ihre Be-

---

[1] Die *Konvention von Westminster (1756)* sieht die gemeinsame Verteidigung Norddeutschlands im Falle eines fremden Einmarsches vor.

[2] Im Rahmen der österreichisch-preußischen Geschichte: der *3. Schlesische Krieg*

[3] Peter III. aus dem Haus Gottorp wird zwar bald ermordet, seine Nachfolgerin *Katharina II.* bewahrt aber die Neutralität.

rechtigung, trotz offenkundiger Widersprüche zur realen Politik.

»Aufgeklärt« ist seine Herrschaft insofern, als er sich nicht als Verkörperung des Staates sieht, sondern nur als Sachwalter, als »erster Diener des Staates«, dessen Pflicht es ist, für das Wohl des Staates und der Bevölkerung zu sorgen. Nicht auf prunkvolle Repräsentation kommt es Friedrich an, sondern auf Sparsamkeit und Pflichterfüllung, die er vice versa auch von seinen Beamten und Untertanen fordert.

Bis in alle Einzelheiten kümmert er sich um die Durchführung seiner Dekrete, die zwar das Volk bevormunden – aber auch seine Wohlfahrt im Auge haben. Auf konfessionellem Gebiet folgt Friedrich dem aufklärerischen Gedanken der Religionsfreiheit (»Jeder soll nach seiner Façon selig werden.«), auf dem Gebiet der Rechtsprechung (»In den Gerichtshöfen müssen die Gesetze sprechen und die Herrscher schweigen.«) dem Gedanken der Rechtsgleichheit. Er schafft die Folter ab und läßt im *Allgemeinen Preußischen Landrecht* (1784-94) einheitliche Rechtsnormen erarbeiten.

Andererseits ist festzuhalten, daß Friedrich trotz dieser fortschrittlichen, aufgeklärten Prinzipien am Absolutismus letztlich nicht rüttelt. Vorstellungen einer Beschränkung der königlichen Macht sind ihm fremd, und in der Praxis greift er auch durchaus einmal in Gerichtsverfahren ein (am bekanntesten der Prozeß des Müllers Arnold). Auch in der Außenpolitik stellt er machtpolitische Interessen über moralisch-rechtliche Erwägungen, ganz im Widerspruch zu den Thesen, die er als Kronprinz in seinem »Antimachiavell« (1737) geäußert hatte. Vor allem das Vorgehen in der Schlesischen Frage (s. Seite 159) ebenso wie die von Friedrich angeregte erste polnische Teilung (s. unten) zeigen die Grenzen und Widersprüchlichkeiten des »aufgeklärten« Absolutismus.

Dem »aufgeklärten Absolutismus« wird auch der Habsburger Kaiser *Joseph II.* (1780-90, seit 1765 Mitregent) zugerechnet, der nach dem Tod seiner Mutter Maria Theresia die Reform Österreich-Ungarns in Angriff nimmt. Er zentralisiert die Verwaltung (mit deutscher Amtssprache im ganzen Reich), gewährt den Protestanten Toleranz, läßt ein allgemeines Gesetzbuch erarbeiten, hebt die Leibeigenschaft auf, fördert das Schul- und Gesundheitswesen, versucht die Kirche vom Papsttum zu lösen und dem Staat zu unterstellen (staatliche Priesterausbildung und -besoldung). Der forcierte Versuch dieser Revolution von oben, die innerhalb eines Jahrzehnts durchgekämpft werden soll und keine Rücksicht auf gewachsene Strukturen nimmt, führt jedoch zu Widerständen (1790 Abfall der Österreichischen Niederlande) und zum weitgehenden Scheitern des »Josephinismus«.

Die Polnischen Teilungen

Die Aufteilung Polens zwischen Österreich, Preußen und Rußland in den drei polnischen Teilungen (1772, 1793 und 1795) ist das eindrücklichste Beispiel für die Mischung aus machtpolitischem Streben und kalt rationalem Denken, die für die absolutistische Außenpolitik typisch ist.

Daß durch Übereinkünfte der Fürsten über Herrschaftsverhältnisse entschieden wird, ist für diese Zeit, in der es ja erst Ansätze von Nationalgefühl gibt, nichts Ungewöhnliches. Die Spanischen Niederlande zum Beispiel werden 1713 österreichisch, und Ende des 18. Jahrhunderts gibt es Pläne, Bayern an Österreich anzugliedern und den bayrischen Kurfürsten mit den österreichischen Niederlanden zu entschädigen.

Dennoch sind die polnischen Teilungen ein Sonderfall, der sich nicht einfach mit dem Stil der Zeit verharmlosen läßt und der schon damals von den Zeitgenossen als Unrecht empfunden wird, zumal die Erinnerung an die polnische Hilfe 1683 gegen die Türken (s. Seite 154) noch im Bewußtsein ist. Denn die Teilung Polens erfolgt ohne plausiblen Grund, ohne Krieg und ohne Rechtsansprüche.

Ursache ist die unterschiedliche Entwicklung, die Polen und die späteren Teilungsmächte im 17./18. Jahrhundert nehmen. In Polen bleibt die Adelsherrschaft bestehen, die Selbstregierung der *Schlachta*, des Landadels, der rund 10 % der Bevölkerung ausmacht. Sie äußert sich in einem schwachen *Wahlkönigtum* und im *Liberum veto,* dem Einspruchsrecht jedes einzelnen Adeligen im Reichstag (Sejm) – während sich zur gleichen Zeit im übrigen Europa die Entpolitisierung des Adels und die Durchsetzung der absoluten Erbmonarchie vollzieht.

Ein weiterer Unterschied ist die Rolle der katholischen Kirche, die im Zuge der Gegenreformation in Polen zur staatstragenden Macht geworden ist und politisch affirmativ, ja bremsend wirkt. Während sich in den übrigen Staaten im 18. Jahrhundert allmählich die Toleranzidee durchsetzt, verläuft die Entwicklung in Polen geradezu gegenläufig. Viele Protestanten wandern im 18. Jahrhundert nach Preußen ab.

Die Dominanz des ländlichen Adels in Polen verhindert auch die Entwicklung eines starken städtischen Bürgertums, so daß die Basis für eine effektive, zentral geleitete merkantilistische Politik, wie sie in den übrigen Staaten praktiziert wird, fehlt.

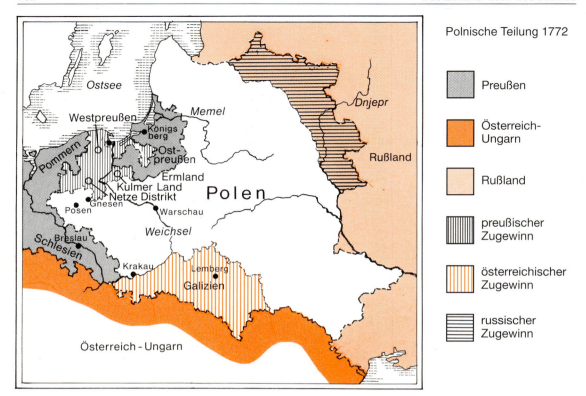

Polnische Teilung 1772

Preußen

Österreich-Ungarn

Rußland

preußischer Zugewinn

österreichischer Zugewinn

russischer Zugewinn

Im Vergleich zu den Nachbarländern, die im 17./18. Jahrhundert die effektivere, rationalere, eben »modernere« Organisationsform des Absolutismus durchsetzen, erscheint Polen mehr und mehr als rückständig und anarchisch: »Polonia confusione regitur.« Vergleichbar vielleicht mit einem heutigen Wirtschaftsbetrieb, der bestimmte Innovationen und technische Entwicklungen versäumt und plötzlich nicht mehr konkurrenzfähig ist, sieht sich Polen im 18. Jahrhundert von übermächtigen Nachbarn umgeben, die immer offener in die polnischen Verhältnisse eingreifen.

Das gemeinsame Interesse der Großmächte liegt dabei vorerst in der Erhaltung der polnischen Ohnmacht. Als der polnische König *August III. von Sachsen* (1733-63, auch er schon ein König von Rußlands und Österreichs Gnaden) stirbt, setzt Katharina II. mit Unterstützung Friedrichs II. die Wahl *Stanislaus August Poniatowskis (1764-95),* ihres früheren Liebhabers, zum polnischen König durch.

Poniatowski aber spielt nicht die ihm zugedachte Marionettenrolle. Als er Reformen durchzusetzen versucht, interveniert Rußland (1768). In die polnisch-russische Konfrontation mischt sich die Türkei ein und erklärt Rußland den Krieg (1768-74).

Die Erfolge Rußlands gegenüber dem Osmanischen Reich gefährden die Interessen Österreichs, dem an einem Ausgreifen Rußlands an seiner Ostflanke (Moldau, Walachei) nicht gelegen ist. Ein eventueller Krieg zwischen Rußland und Österreich würde aber Preußen, den russischen Bündnispartner, involvieren, was Friedrich II. unbedingt vermeiden möchte.

In dieser Situation entwickelt Friedrich schon 1769 den Plan einer Teilung Polens; der Gewinn auf Kosten Polens könnte dann Rußland als Entschädigung für den Verzicht auf türkische Besitzungen dienen. Für Brandenburg-Preußen selbst verspricht er sich dabei Polnisch-Preußen (Westpreußen), also die langersehnte Landverbindung zwischen (Ost)Preußen und dem brandenburgischen Stammland.

Der von Preußen initiierten Teilung Polens stimmt Katharina II. schließlich 1772 zu, nachdem es ihr nicht gelungen ist, in der türkischen Frage mit Österreich zu einer Regelung zu kommen. Maria Theresia schließt sich, trotz größter moralischer Skrupel, der

1. Polnischen Teilung   2.8.1772

an, um eine Verschiebung des Mächtegleichgewichts zu Österreichs Ungunsten zu vermeiden. Für Brandenburg-Preußen, das Ermland, Westpreußen (Pommerellen) sowie den Netzedistrikt erhält, ist der Zugewinn am bedeutendsten, weil mit ihm der Zusammenschluß der auseinanderliegenden Landesteile erreicht ist.

Polnische
Teilungen
1793 und 1795

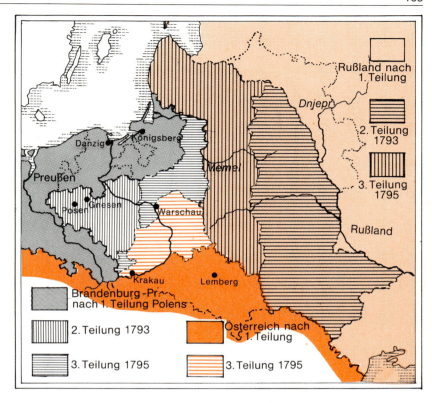

Der Anlaß für die zweite Teilung ist ein erneuter Versuch König Stanislaus II. Poniatowskis, Polen durch energische Reformen zu stärken. Sein entschlossenes Vorgehen ist sicherlich im Zusammenhang der gesamteuropäischen Situation zu sehen, die durch die Französische Revolution verändert ist. Die nationalen und liberalen Impulse aus Frankreich beeinflussen auch die Polen, die sich wie das französische Volk von ihrer Unterdrückung freimachen wollen. Am 3. Mai 1791 beschließt der polnische Reichstag eine radikale Verfassungsänderung (Abschaffung des Liberum veto, Erbmonarchie), die Polen zu einer konstitutionellen Monarchie gemacht hätte und vielleicht der Anfang eines neuen Aufstiegs geworden wäre.

Die mögliche Erstarkung Polens aber paßt nicht ins preußische und russische Konzept. Und da Österreich, das der Verfassungsänderung im Grunde wohlwollend gegenübersteht, auf preußische Unterstützung für seinen geplanten Krieg gegen das revo-

lutionäre Frankreich (s. Bd. 2, Seite 10) angewiesen ist, akzeptiert es ein erneutes Vorgehen gegen Polen. Im Mai 1792 marschieren russische Truppen ein, im Januar 1793 besetzt Preußen das westliche Polen (Südpreußen) und besiegelt gemeinsam mit Rußland die

2. Polnische Teilung   23.1.1793.

Gegen die russisch-preußische Einmischung formiert sich, finanziell unterstützt von der französischen Revolutionsregierung, eine nationale Widerstandsbewegung, die schließlich in einen offenen Aufstand mündet. Anführer und polnischer Nationalheld ist *Tadeusz Kosciuszko,* der 1778-83 als Adjutant Washingtons für die amerikanische Unabhängigkeit gekämpft hat.

Nach der (zu erwartenden) Niederschlagung des Aufstandes führt die

3. Polnische Teilung   24.10.1795

zur völligen Auflösung des polnischen Staates.

Zeittafel
Absolutismus

Frankreich

- 1624-42 Kardinal Richelieu
- 1642-61 Kardinal Mazarin
- 1648 Westfäl. Frieden
- → **Hegemonie Frankreichs**
- 1648-53 Fronde-Aufstand
- 1659 Pyrenäenfrieden
- **1661-1715 Ludwig XIV.**
- 1667-68 Devolutionskrieg
- 1670 Besetzung Lothringens
- 1672-78 franz.-holländ. Krieg
- 1679-84 Reunionskriege
- 1685 Edikt von Fontainebleau
- 1688-97 Pfälzischer Erbfolgekrieg
- **1701-14 Spanischer Erbfolgekrieg**
- 1713 Frieden von Utrecht
- → **Prinzip des europ. Gleichgewichts**
- 1689-1755 Montesquieu
- 1694-1778 Voltaire
- 1712-78 Rousseau
- 1789 Französische Revolution

England

- 1642-48 engl. Bürgerkrieg
- 1649 Hinrichtung Karls I.
- **1652-54 1. engl.-holländ. Krieg**
- 1653-58 Militärdiktatur Oliver Cromwells
- 1660 Restauration der Stuart-Monarchie (Karl II.)
- 1665-67 2. engl.-holländ. Krieg
- 1672-74 3. engl.-holländ. Krieg Konflikte zwischen König und Parlament
- 1685 Jakob II. (katholisch!)
- **1688 Glorreiche Revolution**
- 1689 Bill of Rights
- 1688/89-1702 Wilhelm III. von Oranien
- Die englische Verfassungsentwicklung (John Locke) beeinflußt die französische Aufklärungsbewegung
- engl.-franz. Kämpfe in Kolonien
- **1756-63 Siebenjähriger Krieg**
- → **Aufstieg Englands zur Weltmacht**

Preußen

- 1640-88 Friedrich Wilhelm, der »Große Kurfürst«
- 1660 Unabhängigkeit (Ost)Preußens (Frieden von Oliva)
- Hugenottische Immigranten aus Frankreich
- 1688-1713 Friedrich I., seit 1701 *König in Preußen*
- 1713-40 Friedrich Wilhelm I. (Soldatenkönig)
- 1740-86 Friedrich II. der Große
- **1740-48 Österreichischer Erbfolgekrieg**
- 1740-42 1. Schlesischer Krieg
- 1744-45 2. Schlesischer Krieg
- 1756-63 3. Schlesischer Krieg
- → **Preußen wird Großmacht**
- → **Dualismus Preußen – Österreich**

Österreich

- **1663-99 Türkenkriege**
- 1683 Sieg über Türken vor Wien
- 1687 Reichstag zu Preßburg: Verbindung Österr.-Ungarn
- 1699 Frieden von Karlowitz → **Großmachtstellung Österreichs**
- 1740-80 Maria Theresia
- 1772 1. Polnische Teilung
- 1793 2. Polnische Teilung
- 1795 3. Polnische Teilung

Rußland

- **1689-1725 Zar Peter I. der Große**
- 1700-21 Nordischer Krieg gegen Schweden (Karl XII., 1697-1718)
- Rußland wird führende Großmacht in Osteuropa mit Zugang zur Ostsee (St. Petersburg)
- 1768-74 russ.-türkischer Krieg

Die Aufklärung

Überblick

- **Die Aufklärung** ist im engeren Sinne eine geistige Bewegung des 18. Jahrhunderts, im weiteren Sinne ein allgemeines Programm
- tritt für die Emanzipation des Menschen auf der Basis der Vernunft ein
- löst das Denken aus der Bevormundung von Autoritäten, vor allem der Kirche/Religion, und leitet einen Prozeß der Säkularisierung ein
- wirkt sich auf alle Lebensbereiche aus, z. B. Pädagogik, Wirtschaft, und ist auf technisch-wissenschaftlichem Gebiet Wegbereiter der Industrialisierung
- setzt sich für Toleranz, Kosmopolitismus und Humanität ein
- begründet Staatslehren, in denen Gewaltenteilung, Menschenrechte, Rechtsstaatlichkeit, Volkssouveränität gefordert werden
- wird deshalb zum geistigen Wegbereiter der »modernen« Revolutionen von 1776 und 1789 bis ins 20. Jahrhundert

---

Parallel zur Ausgestaltung des Absolutismus und teilweise, was die Berufung auf die Rationalität und die Ablehnung der bislang alles beherrschenden Macht der Kirche betrifft, mit ihm verwandt, entwickelt sich im 17./18. Jahrhundert die Aufklärung: eine geistige Bewegung in ganz Europa, die alle Lebensbereiche erfaßt, wesentliche Voraussetzungen für das moderne Denken und die neuzeitlichen Wissenschaften schafft und auf politisch-gesellschaftlichem Gebiet den Gedanken der Menschenwürde, des Liberalismus, des Rechtsstaates begründet – und so zur Überwindung des Absolutismus beiträgt. Als *Epochenbegriff* bezeichnet Aufklärung die Geistesgeschichte vor allem des 18. Jahrhunderts; im weiteren Sinne bezeichnet Aufklärung aber ein Programm, eine Denkweise, die nach wie vor Gültigkeit beansprucht und immer neu ihre Ziele definieren muß. Der im 18. Jahrhundert eingeleitete Prozeß der Aufklärung ist insofern keineswegs abgeschlossen.

Aufklärung bezeichnet nach der berühmten Definition **Immanuel Kants (1724-1804)** den »Ausgang des Menschen aus seiner selbstverschuldeten Unmündigkeit. Unmündigkeit ist das Unvermögen, sich seines Verstandes ohne Leitung eines anderen zu bedienen ... Sapere aude! Habe Mut, dich deines *eigenen* Verstandes zu bedienen! ist also der Wahlspruch der Aufklärung.«

Die Berufung auf den eigenen Verstand, auf die Vernunft, ist also das zentrale Prinzip der Aufklärung, und damit verbunden ist der Anspruch, alle Autoritäten, ob kirchliche, politische oder wissenschaftliche, der *Kritik* zu unterziehen und am Maßstab der Vernunft zu überprüfen. Das Abschütteln jeglicher Bevormundung, aller Gesetze und Traditionen, die dem Vernunftprinzip nicht entsprechen, werde zu einer immer fortschreitenden Befreiung führen, einem Herauswachsen aus dem »Dunkel« des Aberglaubens und der Rückständigkeit in ein helles, aufgeklärtes Zeitalter. Die Lichtmetaphorik (»Aufklärung«, »Licht der Vernunft«, franz.: »éclairer«, »le siècle des lumières«) macht die dynamische, zukunftsorientierte Perspektive der Zeit deutlich: die optimistische Vorstellung einer Welt, die mit fortschreitender Aufklärung immer besser werden würde. Auch die marxistische Philosophie des 19. Jahrhunderts mit ihrer Zielvorstellung einer klassenlosen Gesellschaft, der Verwirklichung des »Paradieses auf Erden«, hat ihre Wurzeln in diesem aufklärerischen Optimismus.

Erziehung und Bildung

Die Vorstellung, es bedürfe nur der stetigen Entfaltung der Vernunft, um eine immer fortschreitende Verbesserung aller Lebensbereiche zu erzielen, führt zu einer besonderen Gewichtung von Erziehung und Bildung.

Erziehung und Unterricht sollten nicht mehr, wie bislang üblich, auf die einseitige Ausbildung für einen bestimmten Berufsstand gerichtet sein. Sie müßten vielmehr auf die Entfaltung aller im Menschen schlummernden Kräfte zielen, müßten in ihm selbst den Zweck, nicht das Mittel sehen. **Jean-Jacques Rousseau (1712-1778),** der davon ausgeht, daß der Mensch von Natur aus gut sei und erst durch die Gesellschaft verdorben werde, hat diese neue pädagogische Tendenz am nachhaltigsten geprägt (»Emile ou de l'éducation«, 1762), obwohl er persönlich seine Ideen nicht umsetzen konnte und alle seine Kinder in ein Waisenhaus steckte. Nach Rousseau muß Erziehung darauf zielen, die gute Naturanlage jedes Menschen in Ruhe reifen zu lassen, indem man den Zögling möglichst lange von den schädlichen, verbildenden Einflüssen der Gesellschaft fernhält: »Leben ist das Handwerk, das ich ihn lehren will. Wenn er aus meinen Händen hervorgeht, wird er freilich weder Beamter noch Soldat noch Priester sein; er wird in erster Linie Mensch sein.«

In der Praxis werden Rousseaus Gedanken von dem Schweizer Pädagogen **Johann Heinrich Pestalozzi (1746-1827)** aufgegriffen, dessen Plan einer Elementarbildung die Schulpraxis im 19. Jahrhundert entscheidend prägt (»Wie Gertrud ihre Kinder lehrt«, 1801).

Was die Formulierung und Verbreitung aufklärerischer Ideen betrifft, sind die französischen *Enzyklopädisten* zu nennen, vor allem *Diderot (1713-84)* und *d'Alembert (1717-83)*. Sie fassen das gesamte Wissen der Zeit, natürlich in der Interpretation der Aufklärung, zusammen, um es einer breiten Öffentlichkeit zugänglich zu machen. Tatsächlich ist die 1751-80 in 28 Bänden erschienene Enzyklopädie[1] trotz mehrfachen Verbots in hoher Auflage erschienen und in mehrere Sprachen übersetzt worden. Sie wird zum Standardwerk der europäischen Bildungsschicht und trägt wesentlich zur Verbreitung und Popularisierung der Aufklärungsgedanken bei.

Religion

Die kritische Überprüfung anspruchheischender Autoritäten an der Meßlatte der Vernunft muß sich vor allem gegen den Wahrheitsanspruch der christlichen Religion richten, die sich auf Offenbarung gründet und so der rationalen Kritik entzieht. Eine einheitliche Position der Aufklärung in der religiösen Frage gibt es nicht, wie überhaupt »die« Aufklärung ein sehr vielschichtiges Gebilde ist.

● Die Mindestforderung in religiösen Dingen ist die der **Toleranz.** Da sich der Glaube der rationalen Überprüfung entzieht, kann es keinen richtigen oder falschen Glauben geben. Er muß Privatsache sein (Friedrich II.: »Jeder soll nach seiner Façon selig werden.«). Literarisch wird der Toleranzgedanke am eindrucksvollsten in **Lessings** Drama »Nathan der Weise« vertreten. Nicht auf Glauben, Volkszugehörigkeit, Hautfarbe kommt es an, sondern auf das gemeinsame Mensch-Sein. Recht verstandene Aufklärung ist von daher immer weltoffen, *kosmopolitisch* (»weltbürgerlich«).

● Manche Aufklärer vertreten die Auffassung, es gebe zwar einen Gott, da sich ohne dessen Annahme die Existenz der Materie und ihrer oft wunderbaren Erscheinungsformen nicht erklären ließe. Dieser Schöpfergott habe aber sein Werk aus seiner Verantwortung entlassen und greife

nun nicht mehr darin ein. Die Vertreter dieser Auffassung *(Shaftesbury, Voltaire, Rousseau, Lessing* u. a.) nennt man *Deisten* oder *Freidenker.*

● Wieder andere gehen noch einen Schritt weiter und erklären die Religionen als Aberglauben, Gott oder die Götter als menschliche Erfindungen, die eben der Unwissenheit und mangelnden Aufklärung entsprungen seien. In Wirklichkeit gebe es nur die Materie, und auch der Geist, das Denken des Menschen sei nur eine Funktion bestimmter materieller Komponenten. Dieser *atheistische* und *materialistische* Standpunkt wird etwa vertreten von *de Lamettrie (1709-51)* und dem in Paris lebenden deutschen Baron *Dietrich von Holbach (1723-89),* dessen Arbeit »System der Natur« zur »Bibel des französischen Materialismus« wird.

● Die Aufklärung hat aber nicht nur Religionsskepsis und Atheismus geweckt, sondern auch die religiöse Reformbewegung des *Pietismus:* eine Rückbesinnung auf echte, persönliche Frömmigkeit und bescheidene Lebensführung, die ohne die Vermittlung der Kirche auskommt.

● Die Loslösung von der Autorität der Kirche macht es auch erforderlich, die Frage nach der Ethik, dem sittlich Gebotenen, neu zu stellen. Nicht mehr Gebote und kirchliche Vorschriften sollen ethisches Verhalten begründen, sondern die Vernunft. Einen wichtigen Beitrag zur Begründung der sittlichen Autonomie des Menschen liefert die Arbeit des Königsberger Philosophen Immanuel Kant, vor allem sein **Kategorischer Imperativ:** »Handle stets so, daß die Maxime deines Willens zugleich zur Grundlage einer allgemeinen Gesetzgebung werden könnte!«

Insgesamt hat die Aufklärung die bislang unangefochtene religiöse Weltdeutung radikal in Frage gestellt und zu einer bis heute fortwirkenden **Säkularisierung** (Verweltlichung) des Denkens geführt.

Wissenschaften

Schon im 17. Jahrhundert erfolgt eine Entwicklung in den Naturwissenschaften, die das moderne naturwissenschaftliche Zeitalter einläutet. Sie ist verbunden mit den Namen *René Descartes, Galileo Galilei (1564-1642), Johann Kepler (1571-1630)* und *Isaac Newton (1643-1727).* Neben dem *Rationalismus* Descartes', dem logisch-deduktiven Denken, ist der in England entwickelte *Empirismus* prägend *(Francis Bacon, 1561-1626, John Locke, 1632-1704).* Der Empirismus leitet im Gegensatz zum Rationalismus

---

[1] (griech. *enkyklios:* im Kreise; *paideia:* Bildung): systematische Darstellung aller Bereiche der Wissenschaften und Künste

alle Erkenntnisse aus sinnlich wahrnehmbaren (empirischen) Beobachtungen und Erfahrungen ab. Gemeinsam ist beiden die Ablehnung metaphysischer, spekulativer Erklärungen: »Das Zeitalter der Religion und der Philosophie ist dem Jahrhundert der Wissenschaften gewichen« (Enzyklopädie).

Das neue wissenschaftliche Denken führt in allen Bereichen zu einer Vielzahl von Entdeckungen und Erfindungen: Analytische Geometrie (Descartes), Infinitesimalrechnung und Gravitationsgesetze (Newton), Mikroskop, Thermometer (Fahrenheit und Celsius) und vieles mehr stammen aus dieser Zeit. Die neuen Erkenntnisse leiten über in die *Industrielle Revolution* des 19. Jahrhunderts (s. Bd. 2, Seite 37 ff.).

Auf wirtschaftswissenschaftlichem Gebiet bildet sich in der zweiten Hälfte des 18. Jahrhunderts die Schule der *Physiokraten* (physis=Natur, kratein=herrschen), begründet von *François Quesnay (1694-1774)*. Sie richtet sich gegen das herrschende Modell des Merkantilismus (s. Seite 149) und plädiert für einen natürlichen Wirtschaftskreislauf, in den nicht eingegriffen zu werden braucht (»Laissez faire, laissez passer, le monde va de lui-même«). Die Physiokraten betonen dabei, im Unterschied zum Merkantilismus, die Rolle der Landwirtschaft, in der sie den eigentlich produktiven Wirtschaftszweig sehen.

Der Physiokratismus, der durch den Finanzminister *Anne Robert Turgot (1727-81)* zeitweise Einfluß auf die Wirtschaftspolitik des französischen Staates gewinnt (s. Bd. 2, Seite 7), wird abgelöst durch die Theorie des Schotten *Adam Smith (1723-90)*, dessen Hauptwerk »Untersuchung über die Natur und die Ursachen des Nationalreichtums« (1776) zur »Bibel des Kapitalismus« wird.

Beeinflußt von der physiokratischen Lehre, wendet auch er sich gegen die merkantilistische Wirtschaftsform. Smith geht vom Egoismus des einzelnen aus, der natürlichen Tatsache, das jeder nur den eigenen Vorteil vor Augen habe. Wenn aber jeder nach seinem Selbstinteresse handle, entstehe ein produktives Konkurrenzverhältnis. Die Konkurrenz bedinge gute Qualität und günstige Preise und wirke sich so letztlich zum Vorteil aller aus. Durch das freie Spiel der Kräfte, die freie Marktwirtschaft, regele sich die Wirtschaft von allein und zum allgemeinen Besten.

Staatslehre

Von enormer Bedeutung wird die Aufklärung auch im Bereich der Politik und Staatslehre. Die wichtigsten Impulse gehen hierbei von England aus, wo sich – abweichend von der kontinentalen Entwicklung – in der Glorious Revolution des Jahres 1688 und den Bill of Rights 1689 (s. Seite 153) der Verfassungsstaat durchgesetzt hat. Das englische Beispiel wird Vorbild für die französischen Aufklärer, deren Ideen dann über die Französische Revolution auf ganz Europa und darüber hinaus ihre bis in die Gegenwart reichende Wirkung erzielen.

● Der englische Philosoph **John Locke (1632-1704),** selbst Inhaber politischer Ämter, wird durch die Restaurationspolitik der Stuarts gezwungen, zeitweise im holländischen Exil zu leben. Er kehrt erst 1688/89 im Zuge der Glorious Revolution nach England zurück. Sein politisches Hauptwerk »Two treatises of government« (»Zwei Abhandlungen über die Regierung«, 1690) spiegelt den 1689 in der Bill of Rights praktisch erreichten politischen Zustand wider: Die Grundrechte des Menschen – Recht auf Leben, Unverletzlichkeit der Person, Freiheit, Eigentum – sind unantastbar und schränken die Macht der Regierung ein, die dem Volk verantwortlich ist. Es ist deshalb Rechtens – wie 1688 geschehen –, Widerstand zu leisten gegen einen Monarchen, der sich über die ihm gezogenen Grenzen hinwegsetzt.

● Lockes Forderung nach Trennung von Exekutive und Legislative wird von dem Franzosen *Charles-Louis de Secondat et de* **Montesquieu** *(1689-1755)* aufgegriffen und in dessen 1748 veröffentlichtem Werk »L'esprit des lois« (»Vom Geist der Gesetze«) theoretisch entfaltet. Nach ihm gibt es in jedem Staat drei Gewalten: Legislative, Exekutive und Judikative (gesetzgebende, ausführende und richterliche Gewalt). Lägen zwei oder gar alle drei Gewalten in der Hand einer Person oder Gruppe, so seien der Willkür und der Tyrannei Tür und Tor geöffnet. Die politische Freiheit und Sicherheit der Bürger sei nur dann gewährleistet, wenn die Gewalten geteilt und voneinander unabhängig seien. – Im weiteren entwickelt Montesquieu ein am englischen Vorbild orientiertes Modell der konstitutionellen Monarchie: Das Volk wählt Repräsentanten, die zusammen mit einer Körperschaft des Adels die Legislative innehaben. Bei dieser Vorstellung steht die englische Teilung in Ober- und Unterhaus (House of Lords/House of Commons) Pate, und Montesquieu, selbst ein Adliger, zieht die Berechtigung einer solchen Sonderstellung des Adels noch keineswegs in Zweifel. Die Exekutive wird von einem Monarchen wahrgenommen, der eine starke Stellung haben und deshalb mit einem Vetorecht gegenüber der Legislative ausgestattet sein soll. Die Judikative wird von unabhängigen Gerichten ausgeübt. – Montesquieus Modell wird (ohne das »Oberhaus«) Grundlage der ersten französischen Verfassung im Jahre 1791 (s. Bd. 2, Seite 9).

Von grundsätzlicher, ja epochaler Bedeutung ist seine Theorie der Gewaltenteilung: Sie wird zum Fundament aller bürgerlich-liberalen Verfassungen der Neuzeit.

- Der geist- und einflußreichste französische Aufklärungsphilosoph ist **Voltaire** (eigentlich: François Marie Arouet, 1694-1778). Er muß nach einem Zusammenstoß mit einem Pariser Adeligen, der ihn aufgrund seiner Beziehungen in die Bastille werfen läßt, nach England flüchten und ist von der dort herrschenden Freiheit begeistert. Seine »Briefe über die Engländer« (1728), in denen er englische Freiheit und Rechtsstaatlichkeit dem korrupten System des Ancien régime gegenüberstellt, sind revolutionärer Zündstoff und zwingen ihn erneut, aus Frankreich zu emigrieren. In zahllosen Dramen, Romanen, historischen Studien, Beiträgen für die Enzyklopädie und einem umfangreichen Briefwechsel setzt sich Voltaire unermüdlich für Vernunft, Aufklärung, Toleranz ein, kämpft mit beißendem Spott gegen Dummheit, Aberglauben und eine Kirche, die sich vom eigentlichen christlichen Ideal längst entfernt hat. Voltaire wird zu einer geistigen Autorität, zu einer Symbolfigur der Aufklärung, die auch von den aufgeklärten Monarchen der Zeit angerufen wird. Die Könige von Dänemark und Schweden, die Zarin Katharina II. ebenso wie Friedrich II. stehen mit ihm in Briefkontakt; von 1750-52 lebt Voltaire am preußischen Hof. Bei seiner Rückkehr aus dem Exil, 1778, wird ihm in Paris ein triumphaler Empfang bereitet; nach seinem Tod, zu Beginn der Revolution, wird seine Asche ins Panthéon überführt (1791). – Der Einfluß Voltaires ist so groß, daß man das 18. Jahrhundert in Frankreich oft als das »Zeitalter Voltaires« bezeichnet.

- Radikal und unangepaßt, in vielen Punkten den Prinzipien der Aufklärung widersprechend, in anderen sie fortführend, ist das Denken **Jean-Jacques Rousseaus** *(1712-78)*. Er geht aus von der natürlichen Freiheit und Gleichheit aller Menschen. Der ursprüngliche, noch animalische und unverbildete Zustand des Zusammenlebens sei zerstört worden durch den ersten Menschen, der ein Eigentum für sich reklamiert habe: »Wieviel Verbrechen, Kriege, Mordtaten, Elend und Scheußlichkeiten hätte *der* Mann dem Menschengeschlecht erspart, der die Pfähle herausgerissen, den Graben eingeebnet und seinen Mitmenschen zugerufen hätte: 'Hütet euch, diesem Betrüger zu glauben! Ihr seid verloren, wenn ihr vergeßt, daß die Früchte allen gehören und die Erde niemandem'!« Die Notwendigkeit, das neu entstandene System zu schützen, habe zur Einsetzung von Obrigkeiten geführt und die Ungleichheit der Menschen, ihre Aufspaltung in Herrscher und Beherrschte, in Reiche und Arme bewirkt. – Es stellt sich nun die Frage, wie man eine Gesellschaftsform findet, in der alle sich vereinigen, ohne dabei ihre angeborene und unveräußerliche Freiheit zu verlieren. Die Antwort entwickelt Rousseau in seinem Werk »Du contrat social ou principes du droit politique« (»Vom Gesellschaftsvertrag oder Grundregeln des Staatsrechts«, 1762): Danach beruht die politische Herrschaft auf einem Gesellschaftsvertrag, einer freien Übereinkunft aller. Im Gegensatz zum Unterwerfungsvertrag bei Hobbes, wo das Volk seine Rechte einem absoluten Herrscher abtritt (s. Seite 147), handelt es sich bei Rousseau um einen Vereinigungsvertrag, bei dem die Souveränität beim Volk bleibt. Die Gesetze, der Gemeinwille, werden durch Abstimmung, also durch Mehrheitsentscheid festgestellt. Der Wille des einzelnen, falls er der Mehrheitsentscheidung widerspricht, muß sich dem Gemeinwillen unterordnen.

Diese radikaldemokratischen Vorstellungen gehen weit über das repräsentative konstitutionelle Modell Lockes oder Montesquieus hinaus. Sie werden zum Vorbild der republikanischen Richtung der Französischen Revolution *(Maximilian Robespierre* ist ein Bewunderer Rousseaus) und stehen Pate für die republikanische Verfassung von 1792 (s. Bd. 2, Seite 10).

Die antibürgerlichen Vorstellungen Rousseaus, vor allem seine Verurteilung des Privateigentums, wirken weiter im Frühsozialismus des 19. Jahrhunderts *(Proudhon:* »Eigentum ist Diebstahl!«) und in der politischen Philosophie des Marxismus.

Welch enorme Sprengkraft vom Werk Rousseaus ausgeht, beleuchtet ein Satz, den Ludwig XVI. als Gefangener der Revolution geäußert haben soll, als er die Werke Voltaires und Rousseaus erblickte: »Diese beiden Männer haben Frankreich zerstört.«

Die Amerikanische Revolution

Überblick

- Die Ursache der amerikanischen Revolution liegt in den besonderen religiösen, kulturellen und politischen Traditionen der Siedler, die eine wachsende Entfremdung vom Mutterland bewirken.

- Der Anlaß für den offenen Konflikt wird durch neuartige Steuergesetze gegeben, die England den Kolonien aufdrücken will. Die Kolonisten wehren sich mit der Parole »No taxation without representation«.

- Der Konflikt spitzt sich zu (1773 Boston Tea Party) und geht in den Unabhängigkeitskrieg über (1775-83), den die Kolonisten mit französischer Hilfe gewinnen.

- 1787 erarbeitet ein Kongreß in Philadelphia eine demokratische und föderalistische Verfassung, mit deren Annahme 1789 die Geschichte der *Vereinigten Staaten* beginnt.

- Die amerikanische Revolution ist die erste der »modernen« Revolutionen. Der damit eingeleitete Prozeß ist noch nicht abgeschlossen.

- In der ersten Hälfte des 19. Jahrhunderts erfolgt die Erschließung des Westens bis zum Pazifik (Vertreibung der Indianer, Krieg gegen Mexiko).

- Der Konflikt zwischen Süd- und Nordstaaten, besonders wegen der Sklavenfrage, führt nach dem Wahlsieg der republikanischen Partei (Abraham Lincoln) zur Sezession der Südstaaten (1860/61).

- Der Sieg der Nordstaaten im Amerikanischen Bürgerkrieg (Sezessionskrieg) 1861-65 beseitigt die Sklaverei und bewahrt die Einheit der Nation.

Die amerikanische Revolution, also die Loslösung der englischen Kolonien vom Mutterland und die Bildung eines amerikanischen Nationalstaates, ist neben der Französischen Revolution das bedeutendste und folgenreichste Ereignis der neueren Geschichte. Daß es dennoch im allgemeinen Bewußtsein nicht den historischen Stellenwert der Französischen Revolution einnimmt, liegt einerseits daran, daß es weit entfernt vom damaligen politischen Zentrum, Europa, stattfindet, andererseits daran, daß es sich gar nicht so sehr um eine »Revolution« handelt (im Sinne einer Volkserhebung gegen eine tyrannische Regierung) als vielmehr um eine Emanzipation, einen Abnabelungsprozeß: 13 englische Kolonien, die ohnedies in der Praxis weitgehend eigenständig sind, lösen sich endgültig von ihrem Mutterland und erklären ihre Unabhängigkeit. Die revolutionäre Wirkung, dann auch für Europa, besteht vor allem darin, daß sich der neue Staat zur Rechtfertigung seines Handelns auf die Prinzipien der europäischen Aufklärung beruft und sich eine republikanische Verfassung gibt, die als erste geschriebene Verfassung der Neuzeit zum Vorbild wird. Daß die weitere Entwicklung Amerikas schließlich im 20. Jahrhundert auch die weltpolitischen Konstellationen »revolutionieren« und das Zentrum des politischen Geschehens von Europa auf Amerika übergehen würde, war damals natürlich nicht zu ahnen.

Die Unabhängigkeitsbewegung

Die Ursachen sind bis in die Anfänge der Kolonien zurückzuverfolgen:

- Die Siedler, die im 17. Jahrhundert von England nach Amerika auswandern, sind in ihrer Mehrzahl *Puritaner* (s. Seite 143) die vor der repressiven Religionspolitik der englischen Krone flüchten. Sie drücken dem religiösen und politischen Leben in den Kolonien ihren Stempel auf: Trennung von Kirche und Staat, Selbstverwaltung der Gemeinden, Wahl der Geistlichen und Religionsfreiheit prägen das Leben in den Kolonien.

- Hinzu kommt die für die puritanische (calvinistische) Richtung typische hohe Einschätzung der Arbeit und der asketischen Lebensführung (s. Seite 128), die durch die Notwendigkeit, sich in den Kolonien eine neue Existenz aufzubauen, ein breites Wirkungsfeld erhalten. Hier, wo noch nichts ererbt sein kann, spielen Tugenden wie Fleiß, Tüchtigkeit, Sparsamkeit usw. eine enorme Rolle.

- Diese Tugenden bilden zugleich einen idealen Nährboden für das Entstehen spezifisch republikanischer Eigenschaften. Ein solides Selbstbewußtsein, das im Wissen um die eigene Tüchtigkeit beruht, und die selbstverständliche Respektierung der sozialen Gleichheit sind solche Eigenschaften. Geburt und Herkunft sind unmaßgeblich; die Bevorzugung eines Standes durch Geburt, wie es sie im europäischen Adel gibt, ist in Amerika unbekannt.

- Diese besondere Entwicklung der Kolonien führt, anfangs unbewußt, zu einer zunehmenden Distanzierung vom Mutterland, die durch die erhebliche Entfernung und die dadurch bedingte geringe Präsenz englischer Herrschaft gefördert wird. In Siedlervertretungen (assemblies) verwalten die Kolonisten ihre Angelegenheiten weitgehend selbst.

● Nicht zu unterschätzen ist auch der Einfluß der Aufklärung, vor allem des Engländers John Locke (s. Seite 167). Die Berufung auf die Prinzipien der Aufklärung, auf Naturrecht, Gleichheit, Menschenrechte, Volkssouveränität, wird wesentlicher Bestandteil der Unabhängigkeitserklärung und der Verfassungen.

Der Unabhängigkeitskrieg

Anlaß für den Konflikt liefern neue Zoll- und Steuerbestimmungen für die Kolonien, die das englische Parlament ab 1764 erläßt. Es geht England dabei darum, die Kolonien an den Kosten des Siebenjährigen Krieges (1756-63) zu beteiligen, der ja nicht zuletzt auch ein Krieg um die Kolonien gewesen ist (s. Seite 160).

Die neuen Gesetze, vor allem die *Stempelakte*[1], stoßen (für England, aber auch für viele Kolonisten überraschend) auf erbitterten Widerstand. Etliche Kolonien protestieren dagegen, daß sich das englische Parlament anmaßt, Steuern zu erheben von Bürgern, die nicht in ihm vertreten sind. Steuern könnten nur von selbstgewählten Vertretern erhoben werden, alles andere sei ein unzulässiger Eingriff in das Eigentum und somit ein Verstoß gegen ein wichtiges Menschenrecht. Für die Amerikaner gilt deshalb der Grundsatz: »*No taxation without representation!*«

Durch den Boykott englischer Waren erzwingen die Kolonisten die Rücknahme der Stempelsteuer. Aber schon 1767 werden neue Zölle erhoben, unter anderem auf Tee, und in Boston wird eine zentrale Zollbehörde eingerichtet. Wieder reagieren die Siedler mit Boykott; England seinerseits schickt Truppen zum Schutz der Zollbehörde. Im März 1770 kommt es in Boston zu einem ersten Zusammenstoß zwischen englischen Truppen und Kolonisten, bei dem fünf Amerikaner ums Leben kommen (»Massaker von Boston«). Wieder muß die englische Regierung nachgeben und die Zölle aufheben; nur den Teezoll läßt sie bestehen. Aber auch das ist den Amerikanern zu viel. Inzwischen hat sich die Tendenz zur endgültigen Loslösung verstärkt, haben sich »Korrespondenzkomitees« gebildet, in denen sich die Opposition quer durch die Kolonien formiert. Ihren spektakulären Höhepunkt findet die Bewegung in der

Boston Tea Party   16.12.1773,

bei der Bostoner Bürger, als Indianer verkleidet, eng-

lische Schiffe stürmen und die Teeladung ins Meer werfen.

Damit spitzt sich der Konflikt zu. England ergreift Maßnahmen gegen Boston und Massachusetts und schickt Truppen. Die Kolonisten berufen einen Kontinentalkongreß ein, auf dem der amerikanische Standpunkt nochmals klar formuliert wird (von *Thomas Jefferson*). Zu ersten Gefechten zwischen amerikanischer Miliz und englischen Truppen kommt es im Frühjahr und Sommer 1775 bei *Lexington* und Boston *(Schlacht von Bunker Hill)*. *George Washington*, Tabakfarmer aus Virginia mit einigen Erfahrungen aus dem Siebenjährigen Krieg, wird vom Kongreß zum Oberbefehlshaber einer noch zu organisierenden gemeinsamen Armee ernannt. Washingtons Armee erhält auch Zulauf aus dem Ausland. Besonders hervorzuheben sind der Pole *Tadeusz Kosciuszko*, 1793 Führer des polnischen Aufstands gegen die Russen (s. Seite 163), der Franzose *Marquis de Lafayette*, 1789 Kommandant der französischen Nationalgarde, und der Preuße General *von Steuben*, zu dessen Andenken noch heute jeweils im September in New York und Philadelphia die Steubenparade stattfindet.

Die Kolonisten sind 1775 gewissermaßen in den

Unabhängigkeitskrieg   1775-1783

hineingerutscht, ohne darauf wirklich vorbereitet und ohne sich noch über das Ziel einig zu sein. Erst im Sommer 1776 einigt sich der Kongreß und proklamiert die

Unabhängigkeitserklärung   4.7.1776

mit der berühmten Formulierung der Menschenrechte: »Folgende Wahrheiten erachten wir als selbstverständlich: daß alle Menschen als Gleiche geschaffen werden, daß ihnen von ihrem Schöpfer bestimmte unveräußerliche Rechte verliehen sind und daß zu diesen Rechten das Leben, die Freiheit und das Streben nach Glück gehören; daß zur Sicherung dieser Rechte unter den Menschen Regierungen errichtet werden, die ihre berechtigten Befugnisse aus der Zustimmung der Regierten herleiten; daß jedesmal, wenn sich eine Regierungsform im Hinblick auf diesen ihren Zweck als zerstörerisch zu erweisen beginnt, es das Recht des Volkes ist, sie zu ändern oder abzuschaffen und ein neues Regierungssystem zu errichten, indem es die Regierungsfundamente auf den Prinzipien aufbaut und die Regierungsbefugnisse in den Formen organisiert, die ihm als die zur Verwirklichung seiner Sicherheit und seines Glückes bestgeeigneten erscheinen.«

Mittlerweile hat die englische Regierung stärkere

---

[1] Die Stempelakte von 1765 sieht die Erhebung einer Gebühr für Beurkundungen, Zeitungen, Schriftstücke aller Art vor.

Kräfte aufgeboten, darunter auch zahlreiche deutsche Söldner, allein 17000 aus Hessen-Kassel. Nach wechselhaften Kämpfen, vor allem nach dem Sieg bei *Saratoga (17.10.1777),* gewinnen schließlich die Kolonisten die Oberhand – aber nur, weil sie die Unterstützung Frankreichs und Spaniens gewinnen. Beiden geht es um die Schwächung des englischen Rivalen, Spanien zusätzlich um die Rückgewinnung von Gibraltar. Frankreich unterstützt die Kolonisten mit Geld und Waffen, schließlich auch durch den Einsatz der französischen Flotte. Gemeinsam erobern Washington und die Franzosen die Stadt *Yorktown* von den Engländern zurück (19.10.1781). Die Niederlage von Yorktown bestimmt die Engländer, den Kampf um die Kolonien aufzugeben. Am 30.11.1782 erkennt England die amerikanische Unabhängigkeit an; mit Frankreich und Spanien schließt es den

Frieden von Versailles　　　3.9.1783,

in dem Spanien Florida und Menorca (aber nicht Gibraltar), Frankreich Senegambien (Westafrika) und Tobago (westindische Insel, also zwischen Nord- und Südamerika) erhält.

Die Verfassung der Vereinigten Staaten

Auch die Frage einer gemeinsamen Verfassung ist bei Ausbruch des Unabhängigkeitskrieges keineswegs geklärt. Bislang geschah die Abstimmung des gemeinsamen Vorgehens auf den Kontinentalkongressen. Erst Ende 1777 einigt sich der Kongreß auf eine erste Verfassung, die *Konföderationsartikel,* die schließlich (bis 1781) von allen Kolonien akzeptiert werden. Die Konföderationsartikel sehen einen lockeren Staatenbund vor. Die Zentralinstanz, der Kongreß, hat nur geringe Befugnisse. Weder hat er ein Legislativrecht noch kann er Steuern erheben.

Diese lockere Organisation erweist sich von Anfang an als unzureichend, sowohl auf militärischem wie auf wirtschaftlichem Gebiet. Vor allem nach dem Ende des Krieges, der noch zur Solidarität gezwungen hat, werden notwendige Beschlüsse von einzelnen Staaten verzögert oder verhindert. Der Bund droht sich aufzulösen. – So wächst bei einem Großteil der politischen Führung der Wunsch nach einem *Bundesstaat* mit starker Zentralgewalt, die aus den 13 rivalisierenden Einzelstaaten eine starke wirtschaftliche und politische Kraft machen könnte *(Föderalisten).* Dem stehen die Kräfte entgegen, die in einer zu starken Zentralgewalt eine Gefahr für den Republikanismus und die Freiheit der Einzelstaaten sehen *(Republikaner).*

Der schließlich einberufene Verfassungskongreß, der vom Mai bis September 1787 in Philadelphia den

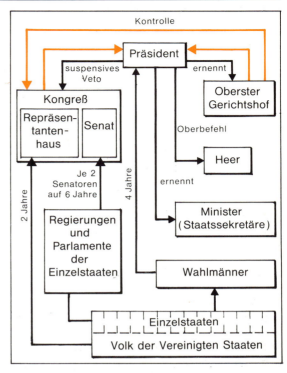

Verfassung der USA (1789)

Entwurf einer Verfassung berät, findet, vor allem auf Initiative von *James Madison,* einen überzeugenden Kompromiß. Die Verfassung beruht auf vier Prinzipien:

- dem *Föderalismus* (von lat. *foedus* = Bündnis): Die einzelnen Staaten organisieren sich in einem *Bundesstaat* mit gemeinsamer und übergeordneter Regierung, behalten aber ihre eigenen Regierungen und ein gewisses Maß an Souveränität (Innenpolitik, Justiz, Kultur usw.). Über eine eigene Vertretung, den *Senat,* haben sie Einfluß auf die Gesetzgebung. (Der Föderalismus ist demnach ein Kompromiß zwischen den Extremen des Partikularismus und des Zentralismus; auch das System der Bundesrepublik Deutschland ist föderalistisch organisiert.)

- der *Volkssouveränität* und der *repräsentativen Demokratie:* Die Gewalt geht vom Volk aus. Es übt über gewählte Repräsentanten (Abgeordnete) die Legislative aus und wählt (indirekt, über Wahlmänner) den Präsidenten als oberstes Organ der Exekutive (maximale Amtszeit: 8 Jahre).

- der *Gewaltenteilung:* Trennung von Legislative, Exekutive und Judikative entsprechend den Theorien von Locke und Montesquieu (s. Seite 167).

- dem *Machtgleichgewicht* und der *gegenseitigen Kontrolle* (checks and balances): Die gegenseitige Kontrolle betrifft zum einen das Verhältnis zwischen Kongreß, Präsident (suspensives (=aufschiebendes) Veto) und Oberstem Gerichtshof, zum andern das Verhältnis von Bund und Einzelstaaten, die durch die zwei Kammern des Kongresses – *Repräsentantenhaus* und *Senat* – jeweils ihre eigene Vertretung haben.

Die neue Verfassung tritt 1789 in Kraft. Erster Präsident der Vereinigten Staaten wird *George Washington (1789-97)*.

Die erste »moderne« Revolution

In der neueren Geschichtswissenschaft wird immer deutlicher hervorgehoben, daß die Vielzahl der Revolutionen vom späten 18. bis ins 20. Jahrhundert, einschließlich der Industriellen Revolution, in einem geistigen Zusammenhang stehen. All diese auf den ersten Blick so verschiedenartigen Revolutionen liegen in der Konsequenz des neuen Weltbildes, das sich im 17./18. Jahrhundert entwickelt hat und nun Wege zu seiner Realisierung sucht. Die Hauptprinzipien des neuen Weltbildes sind im Kapitel über die Aufklärung dargestellt (s. Seite 165). In den »modernen« Revolutionen geht es grundsätzlich um die Durchsetzung dieser Ziele. Die offenkundigen Unterschiede zwischen etwa der amerikanischen, der französischen und der russischen Revolution erklären sich zum einen aus den besonderen regionalen, politischen, sozialen und ökonomischen Bedingungen des jeweiligen Landes. Zum anderen aus der Interpretationsfähigkeit der leitenden Ideen. Ein Begriff wie »Gleichheit« erweist sich als dehnungsfähig: Überall bleiben die Frauen trotz des Gleichheitsgedankens bis ins 20. Jahrhundert wie selbstverständlich vom politischen Leben ausgeschlossen, und in den USA bleibt trotz der feierlichen Worte der Unabhängigkeitserklärung die Sklaverei vorerst erhalten. Der Begriff »Gleichheit« läßt sich auslegen im Sinne der Rechtsgleichheit, aber auch im Sinne der sozialen und ökonomischen Gleichheit – die eine Auffassung begünstigt die bürgerliche, die andere die sozialistische Revolution. Die Französische Revolution zum Beispiel ist so interessant, weil hier die verschiedenen Varianten des Gleichheitsbegriffs in einem kurzen Zeitraum »durchgespielt« werden und so schon das ganze Spektrum der modernen Revolutionen aufleuchten lassen.

Die amerikanische Revolution von 1764-1789 gewinnt ihre große Bedeutung daher, daß sie in der Kette dieser modernen Revolutionen das erste Glied bildet. Sie hat mit der Unabhängigkeitserklärung und der ersten geschriebenen demokratischen Verfassung zudem programmatische Entwürfe vorgegeben, die späteren zum Vorbild werden.

Die USA im 19. Jahrhundert

Zu Beginn des 19. Jahrhunderts kommt es noch einmal zu einem Krieg mit England, der von den USA in der Hoffnung auf Gewinne in Kanada geführt wird. In diesem zweiten

| *englisch-amerikanischen Krieg* | 1812-14 |

kann sich England jedoch behaupten (Zerstörung Washingtons, Belagerung von New Orleans). Da England gleichzeitig in Europa im Kampf gegen Napoleon gebunden ist, kommt es im Frieden von Gent zur Herstellung des Status quo. Nach dieser mißglückten außenpolitischen Unternehmung betreiben die USA eine Politik der *splendid isolation,* die in der

| **Monroe-Doktrin** | **1823** |

ihren Ausdruck findet (s. Bd. 2, Seite 26).

Die weitere Entwicklung der USA im 19. Jahrhundert ist gekennzeichnet durch ein stetiges Wachstum der Bevölkerungszahl durch Zuwanderung aus Europa sowie durch die kontinuierliche Ausdehnung nach Westen. Die politischen Probleme in Europa – etwa die Unterdrückung freiheitlicher Bewegungen in der Restaurationszeit (s. Bd. 2, Seite 25 f.) – oder wirtschaftliche Katastrophen – etwa die Hungersnot von 1845/49 in Irland – bewegen zahllose Menschen zur Auswanderung in das freie und reiche Amerika, das »Land der unbegrenzten Möglichkeiten«. Von 1790 bis 1810 steigt die Einwohnerzahl von ca. 4 auf über 7 Millionen, bis 1860 auf über 30 Millionen.

Die Immigranten suchen ihre Chance in den riesigen Gebieten des »Wilden Westens«, wo für wenig Geld Land zu kaufen und zu besiedeln ist. Die Bewohner des Landes, ca. eine Million Indianer, werden rücksichtslos verdrängt und ausgerottet. Die Überlebenden, nur noch ca. 200000, werden in sogenannte Reservate, großenteils unfruchtbare Gebiete, eingewiesen. Erst 1924 erhalten sie das amerikanische Bürgerrecht.

Die Expansion der Vereinigten Staaten führt auch zu Konflikten mit Mexiko und England. Mit England kommt es 1846 zu einer friedlichen Regelung: Als Grenze zwischen den Staaten und Kanada wird der 49. Breitengrad bestimmt. Mit Mexiko dagegen kommt es über die Frage der Zugehörigkeit von Texas zum

| *amerikanisch-mexikanischen Krieg* | 1846-48, |

der mit der klaren Niederlage Mexikos endet: Kalifornien, New Mexico und Texas, mit dem Rio Grande als Grenze, fallen an die USA. Einen enormen Zuwanderungsschub erhalten diese Gebiete durch die Goldfunde im Tal des Sacramento, die einen beispiellosen »Gold rush« in Gang setzen.

Seit Beginn der Unabhängigkeit ist das Verhältnis der amerikanischen Staaten durch den Gegensatz

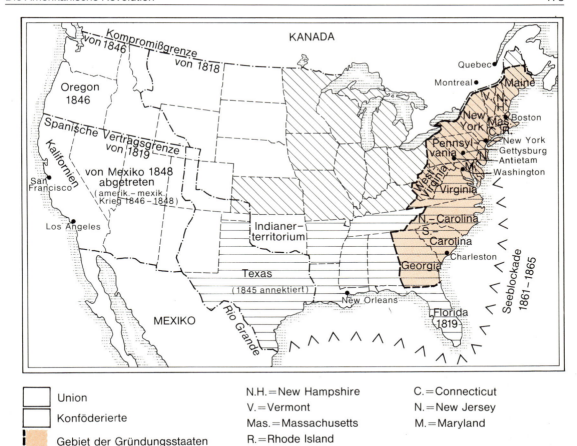

Die Karte zeigt die USA zur Zeit des Bürgerkriegs mit folgenden Beschriftungen:

KANADA — Quebec, Montreal

Kompromißgrenze von 1846 — Kompromißgrenze von 1818

Oregon 1846

Spanische Vertragsgrenze von 1819

von Mexiko 1848 abgetreten (amerik.-mexik. Krieg 1846–1848)

Kalifornien — San Francisco, Los Angeles

Indianer-territorium

Texas (1845 annektiert)

MEXIKO — Rio Grande — New Orleans

Florida 1819

Seeblockade 1861–1865

Maine, N.H., V., New York, Mas., C., R., Pennsylvania, New York, Gettysburg, Antietam, West-Virginia, N., M., Virginia, Washington, N.-Carolina, S.-Carolina, Charleston, Georgia

Boston

Legende:

☐ Union
☐ Konföderierte
▦ Gebiet der Gründungsstaaten

N.H. = New Hampshire
V. = Vermont
Mas. = Massachusetts
R. = Rhode Island

C. = Connecticut
N. = New Jersey
M. = Maryland

zwischen den Nord- und Südstaaten belastet. Es sind wirtschaftliche und soziale Unterschiede: Dem agrarischen Süden (Baumwolle) mit seiner Pflanzeraristokratie steht der bürgerliche, städtische, sich industrialisierende Norden gegenüber, der zudem durch die europäische Zuwanderung beständig gestärkt wird. Der gravierendste Unterschied aber betrifft die Sklavenfrage: Während der Süden mit seiner Plantagenwirtschaft die Sklavenhaltung als existenznotwendig ansieht, ist sie im Norden verboten. In der Verfassung ist zwar die Einfuhr afrikanischer Sklaven verboten, nicht aber die Sklaverei selbst. Die gebotene Rücksicht auf die Interessen der Südstaaten hatte ein generelles Verbot verhindert.

In zunehmendem Maße organisiert sich im Norden der moralische Protest gegen die Sklavenwirtschaft, die so offenkundig im Widerspruch zu dem Gleichheitsgrundsatz der Verfassung steht. Eine *Anti Slavery Society* engagiert sich als Fluchthelfer für Sklaven aus dem Süden; in Afrika wird Land zur Rückführung ehemaliger Sklaven erworben (1847 Grün-

dung Liberias); die *Abolitionisten*[1] fordern ein generelles Verbot der Sklaverei; eine ungeheure Wirkung entfaltet auch der 1851/52 erschienene Roman »Onkel Toms Hütte« von Harriet Beecher-Stowe.

Praktisch geht es vor allem um die Frage, ob in den jeweils neu erworbenen Gebieten Sklavenhaltung erlaubt sein soll oder nicht, also um das Gleichgewicht zwischen Norden und Süden. Mehrfach drohen die Südstaaten, unter Berufung auf ihre einzelstaatlichen Rechte *(states rights theory),* mit ihrem Austritt *(Sezession)* aus der Union, und immer wieder wird der schwelende Konflikt durch Kompromißlösungen zugeschüttet.

1854 wird die *Republikanische Partei* gegründet. Einer ihrer Hauptprogrammpunkte: Keine weitere Ausdehnung (und langfristig generelle Abschaffung) der Sklaverei. Als der Kandidat der Republikaner, *Abraham Lincoln,* im November 1860 zum Präsidenten gewählt wird (Amtsantritt März 1861), erklären elf Südstaaten, allen voran South Carolina

---

[1] (lat. *abolitio,* engl. *abolition):* Abschaffung, Aufhebung

(20.12.1860), ihren Austritt aus der Union und die Gründung der

Konföderierten Staaten von Amerika   1861.

Lincoln ist nicht bereit, die Einheit der Union aufzugeben, und hält an den Rechten des Bundes (Steuererhebungen usw.) auch in den Sezessionsstaaten fest. Darauf beginnen die Südstaaten mit der Einnahme des (Bundes)Forts Sumter im Hafen von Charleston (14.4.1861) die Kriegshandlungen, die den

amerikanischen Bürgerkrieg
(Sezessionskrieg)   **1861-65**

einleiten. Es dauert vier Jahre und kostet ca. 600 000 Tote, bis die materielle und zahlenmäßige Überlegenheit des Nordens (General Grant) den Krieg entscheidet. Die Blockade der Häfen trifft die Wirtschaft der Südstaaten, die auf den Export ihrer Baumwolle angewiesen sind, schwer, ebenso den Hauptabnehmer England. Die Hoffnung des Südens auf englische Unterstützung erfüllt sich jedoch nicht (und Ersatz für die Baumwolle findet England in Indien und Ägypten). In den Schlachten von *Antietam* (17.9.1862) und *Gettysburg* (1./3.7.1863) werden die konföderierten Truppen (General Lee) zum Rückzug gezwungen; am 9.4.1865 erfolgt in Appomattox die Kapitulation.

Obwohl der Krieg offiziell um die Einheit der Union geführt wird, ist er doch so eng mit der Sklavenfrage verknüpft, daß auch hier Entscheidungen getroffen werden müssen. Unter dem Druck der Abolitionisten proklamiert Lincoln die

Aufhebung der Sklaverei   1.1.1863.

Nach dem Krieg, 1866, erhalten die Neger das Bürgerrecht. Von wirklicher Gleichberechtigung ist jedoch nicht die Rede. Die Diskriminierung der Schwarzen, ihre faktische Rolle als Bürger zweiter Klasse bleibt bestehen bis weit ins 20. Jahrhundert (Bürgerrechtsbewegung).

Präsident Lincoln selbst wird, wenige Tage nach dem Sieg der Nordstaaten, von einem fanatischen Südstaatler erschossen (14.4.1865).

Das Hauptkriegsziel Lincolns, die Einheit der Union, ist erreicht worden. Trotz des blutigen Bürgerkrieges sind Süd und Nord wieder zusammengewachsen, fester als zuvor. Von der »Geburt einer Nation« ist gesprochen worden.

Zeittafel
Amerikanische Revolution

1756-1763	**Siebenjähriger Krieg:** England gewinnt die französischen Kolonien in Nordamerika
1765	neuartige Steuergesetze für die englischen Kolonien (Stempelsteuer, Teezoll) → Boykott: »No taxation without representation!«
1773	*Boston Tea Party*
1775	erste Kämpfe zwischen Amerikanern und englischen Truppen
1776	**Unabhängigkeitserklärung** → **Unabhängigkeitskrieg**
1783	Frieden von Versailles
1789	Verfassung der Vereinigten Staaten erster Präsident: George Washington
1812-14	2. englisch-amerikanischer Krieg
1823	*Monroe-Doktrin* Besiedelung des Westens Konflikte zwischen Nord- und Südstaaten in der Sklavenfrage
1846-48	amerikanisch-mexikanischer Krieg
1854	Gründung der Republikanischen Partei
1860	Wahlsieg der Republikaner (Abraham Lincoln)
1860/61	Austritt der Südstaaten aus der Union
1861-65	**Sezessionskrieg**
1863 (1.1.)	Aufhebung der Sklaverei

Register